JN008947

やさしい会社法講義

舩津浩司

日本評論社

はしがき

　この本は、法学セミナーで2019年4月から2021年9月まで連載していた「やさしい会社法」の原稿を基に、大幅に加筆・修正を加えて、会社法を一通り学べるような教科書の形にしたものです。

　連載から一貫して掲げている目標は、会社法を初めて学ぶ人にも、また、会社での勤務経験のない人にもわかりやすく、挫折しないで勉強できる内容とすることであり、そのために、一貫したストーリー展開を通じて会社法の内容を平易に説明することを心がけています。

　もっとも、本書のストーリーは、多分に現実離れしたところがあり、その設定自体、「それはどうなの？」と我ながら思うところも多数あります。そもそも、主人公（茂文）の営む事業が落花生の卸売業である必要性はこれっぽっちもありません。これは、先に述べた連載自体が、同じく法学セミナーのリレー連載企画における筆者の担当回（舩津浩司「企業グループと組織再編」法セミ718号〔2014〕74-80頁）の場面設定を拡張するのが話が早いだろうというところからスタートした企画であり、そのリレー連載企画の原稿を執筆する際には、食事にもお菓子にも使える食材を取り扱っている業者にするのが都合がいいということで「ピーナッツ」を商号に入れたという、完全に行き当たりばったりな経緯によるものです。ですので、ストーリー設定のリアリティについてはあまり深く考えずに読んでいただけると幸いです。また、会社法のルールは長い歴史を経て形成されたものであり、時代遅れの感の否めないルールも存在するところ、現代の会社の舞台を借りてその説明をすることに違和感を覚える読者がいらっしゃるかもしれません。この点については、必要に応じて該当箇所で注意喚起をしているつもりですが、そういった、現在の会社の実務の趨勢とは異なることをストーリーの中の会社がやっている可能性があることは心に留めておいていただけると幸いです。

　本書が成るにあたっては、上記リレー連載企画と筆者単独での連載の開始時点で法学セミナーの編集長でいらした柴田英輔・現日本評論社取締役には大変

お世話になりました。本書の編集もご担当いただくことになり、筆者の「あれがやりたい、これがやりたい」というわがままにも一つひとつ丁寧にご対応いただきました。本書が少しでもわかりやすいものとなっているとすれば、柴田さんのご尽力の賜物です。

　そのわがままの一つに、「"やさしい"と銘打っておきながらコワモテの表紙では様にならない」というものがあり、これについては、淵上恵美子さんにキャラクターや本文レイアウトのデザインをお願いしました。おかげさまで、「会社」や「法律」といった、世間一般にはお堅いイメージのあるテーマにもかかわらず、思わず手に取ってみたくなる素敵なデザインの本が出来上がったことに感謝しております。

　2024年2月

舩津浩司

目　次

第4講　滋、息子を信用できない
──機関総説、所有と経営の分離、株主総会の権限 53

第7講　晴子、茂文を許せない
──株主総会決議の瑕疵を争う訴え ································· 101

第13講　会社経営は難しい
——取締役の会社に対する責任 ·· 192

第16講　SL 食品、グローバル企業への道
——監査役設置会社以外の機関構成とコーポレートガバナンス論議 …… 234

第20講　SL 食品は割安、ウメザキ製菓は割高？
——上場株式の流通と権利行使、基準日、投資単位の括り直し …… 300

第21講　ヤスダ、金は欲しいが口出しはされたくない

第22講　晴子、追加出資する余裕がない

第25講　茂文、余裕のない晴子に配慮する
——新株予約権 ·· 371

第31講　Nemo パートナーズとの仁義なき戦い
——敵対的企業買収とその対抗策 ···················· 464

第 **0** 講
2つのプロローグ
——この本の読み方

　この本は、会社法という法分野の内容を、易しく感じられるように優しく説明することを目指している。

　……この前口上をみた瞬間に「嘘つき！」という罵声を浴びせたくなった読者もいるかもしれない。なぜならば、六法を開いてもらえばわかるように、会社法という法律は、条文が枝番号まで含めれば1000を超えるうえに、働いた経験のない人にとっては身近に感じづらい会社についての法律であることから、イメージが湧かず学習がしづらいという印象をもつ人も多いからである。

　そこで、この本では、特定の登場人物が繰り広げる一貫したストーリーを追うことで、具体的なイメージを描きつつ、少しずつ会社法の知識を身につけられるように工夫している。

1　ダブル主演

　それでは、まず、主人公の1人に登場願おう。

○○○○○○○○○○○○○○○○○○○○○○○○○○○○

Y0-1［茂文登場］
安田茂文（やすだ・しげふみ）は、父の滋（しげる）が個人で細々と営んでいた落花生の卸売業の跡を継いだ。20X0年、茂文は、この落花生卸売業をどんどん拡大し、大きな事業を経営する実業家になる野心を抱いて、「ヤスダピーナッツ株式会社」という会社を立ち上げようと考えている。

さらにもう1人の主人公にも登場願おう。

> **S0-1 ［慶彦登場］**
> 長井慶彦（ながい・よしひこ）は、東京証券取引所プライム市場上場の「SL食品株式会社」の5代目の社長である。慶彦は、赤門大学経済学部を卒業後新卒で採用されて以来、同社に30年間勤め、係長→課長→第一営業部長→取締役営業本部長→常務→専務→副社長→社長と上り詰めた。

　さて、この2人がこの本の主人公なのであるが、ついさっき「一貫したストーリー」を展開するといっておきながら、いきなり全く境遇の違う2人の主人公を登場させている時点で全然一貫していない、と思う読者もいるかもしれない。

　実は、会社法を理解しやすい形で説明するためには主人公が2人必要になるという、説明する側（筆者）の都合で茂文と慶彦のダブル主演になっているのである。どういうことかというと……

　慶彦が社長をしている会社は、いわゆる上場会社であるという設定である。上場会社とは、大雑把にいえばその会社の発行している株式が証券取引所（法律上は「金融商品取引所」。金商法2条16項）で取引されており、そこを通じて誰もが（お金さえあれば！）その株式を買うことのできる会社である。世の中の名の知れた大企業（"トヨタ"や"ソニー"等々）の多くは上場会社である[1]が、会社の種類でいえば「株式会社」というものである。

　他方、茂文が立ち上げようとしている会社も「株式会社」である。茂文が立

---

[1]　わが国最大の株式市場である東京証券取引所に株式を上場している会社は、2023年11月末の時点で3920社である。なお、かつては株式が取引される市場の違いに応じて「東京証券取引所一部上場企業」「二部上場企業」などと呼びならわされてきたが、2022年4月からは市場区分が「プライム市場」「スタンダード市場」「グロース市場」および「TOKYO PRO Market」に再編されている。

ち上げようとしている会社は、お金を出すのも働いているのも茂文とその家族、といったような極めて小さな会社となるだろうが、そのような小さな会社も、「株式会社」であるから、会社の種類としては上場会社と同じである。現実世界でも、世の中の圧倒的多数を占める中小企業の多くは株式会社形態をとっている[2]。本書の話題も株式会社が中心となる。

　大企業も中小企業も同じ「株式会社」であるから、会社法という法律に定められた株式会社を対象とする規定の多くが両者に共通して適用される。しかしながら、他方で、大企業についての規律と中小企業についての規律とが、全部が全部同じであっては不都合なことも多いことから、会社法は、同じ「株式会社」であっても、大企業向けの規律と中小企業向けの規律とを分けて定めていることもある。この両方のルールを説明するためには、<u>大企業のモデルとして慶彦が率いる SL 食品株式会社を</u>、<u>中小企業のモデルとして茂文が率いるヤスダピーナッツ株式会社</u>を登場させた方が便利なわけである。

　読者は、2 人の主人公をみるたびに、同じ株式会社であっても、大企業と中小企業とで規律が異なることが多いことを思い出し、そして話題の中心人物がどちらであるかで、大企業と中小企業のどちらを念頭に置いた規律についての説明であるかを理解しやすくしよう、というのがダブル主演の狙いである。

2　この本の読み方・使い方
[1]　この本の読み方

　本書は、会社法を一通り学んだといえる程度の内容について、初学者の自習に耐えうる程度に平易な叙述で説明することを第一の目標としている。そのために、基礎的な内容から順番にトピックを並べたうえで、基本的には時系列に沿ったストーリーに基づき説明を展開している（もっとも、2 人の主人公を中心に展開するストーリー〔本筋〕の情報だけでは、会社法が用意する多様な規律内容を説明しきれないことから、本書では、"もし、ストーリーが別の展開を示していたら……？"という「if シナリオ」を用意して、本筋とは異なる展開となった場合の規

2）2021年末時点で、日本には約261万社の株式会社があるとされる。

律内容についても説明できるようにしている）。したがって、初学者は、本書を頭から順番に読んでいくことをお勧めする。もちろん、既にある程度会社法を学習している読者が、既存の教科書・体系書では理解できない箇所について、よりわかりやすい説明を求めて本書を参照する場合もあるだろう。その場合でも、ストーリー（と if シナリオ）は理解の助けになると思われるので、最低限、該当箇所の講全体に目を通すようにしてほしい。

また、最も重要な事項は本文の大きな文字で説明し、それだけではわかりにくい箇所については、少し文字を小さくして補足説明を加えている。そのため、初学者は、基本的には本文の大きな文字を読んでいき、わからないところがあれば小さな文字に目を通すという方法がお勧めである。

さらに、下段には脚注がたくさんついている。これは、基本的に、本文の記述から派生した論点に関する説明を加えている箇所である。裁判例や学説の詳細を示したものであるから、少し学習が進んだ時や、本文で何か面白そうな雰囲気を感じとったときに、脚注を参照していただければよいかと思う。

[2]　裁判例と学説

ところで、法律を学習するうえでは、実際にその法律の条文がどのような事案で問題となり、裁判所がどのような判断をしたのか、という、いわゆる判例（最高裁の判例のみならず、下級審の裁判例も含む）も学習する必要がある。本書では、判例教材の代表格である**神作裕之ほか編『会社法判例百選〔第 4 版〕』（有斐閣、2021年）**、および初学者向け判例教材である**久保田安彦ほか『START UP 会社法判例40！』（有斐閣、2019年）**に登載されている判例にはなるべく言及するようにしている。それぞれの判例集をすぐに参照できるように、裁判例の掲載誌情報の前に、それぞれの判例集の事件番号を付している（判例百選の10事件であれば 百10 、START UP 会社法判例40！の21事件であれば SU21 のような形で表示している）ので、適宜活用いただきたい。

また、判例があるところもないところも含めて、条文の解釈は 1 つだけとは限らず、その意味内容をめぐって学説の争いがあることもある。本書は初学者向けの教科書であるから、細かな学説の対立までを追うことは基本的にしておらず、いわゆる通説とか多数説と呼ばれるものをベースとして叙述している

（つもりである）。本来はその際に、どれだけの学説が同じ見解をとっているかを、たとえば現在有力な体系書や教科書などを引用して示す必要があるのだが、教科書という性質上、そのような引用は最小限にとどめた方がよいと考え、現在最も信頼できる逐条解説書であると思われる商事法務発行の『会社法コンメンタール』シリーズのみを必要に応じて引用する（たとえば、江頭憲治郎編『会社法コンメンタール1 総則・設立[1]』〔商事法務、2008年〕1頁［江頭憲治郎執筆］であれば、コンメ(1)1頁［江頭憲治郎］とのみ表示する）にとどめている[3]。

[3] おさらい

各講の最後に、その講での重要ポイントを確認するための「おさらい」のコーナーを設けている。そこで示された質問に対する答えを、自分の言葉で説明できるまで繰り返し復習をしてほしい。

3 登場人物

そういうわけで、本書のウリはストーリー（とifシナリオ）であるから、それらのストーリー（やifシナリオ）において活躍（？）する登場人物[4]や、ストーリーの大まかなあらすじを（筆者としてはネタバレするのがやや残念だが）ここでまとめて紹介しておこう。本書を読んでいる途中で誰がどんな人物かがわからなくなったら、常にここに戻って確認をするとよいだろう。

SL食品株式会社：東京証券取引所プライム市場上場の食品メーカー。製菓業から出発して、現在は消費者向けの食品の製造販売を広く手掛けている。

> 長井 慶彦（ながい・よしひこ）：本書の主人公の1人。SL食品の第5代社長。赤門大学経済学部を卒業後新卒で採用されて以来、同社に30年間勤め、20X0年に代表

3）『会社法コンメンタール』シリーズは、22巻＋補巻から構成されており、その刊行時期や編者はまちまちであるが、本書は初学者向けの教科書という性質上その書誌情報をすべて記載することはせず、後述するフォローアップサイトに載せるにとどめている。

4）もちろん、本書の一連のストーリーはフィクションであるから、登場する人物・団体・名称等は架空のものであり、実在のものとは関係がない。

　　　取締役社長になった。

宮崎 琢也（みやざき・たくや）：SL 食品の創業家である宮崎家の3代目にして SL 食品の
　　　第4代社長。伸也の息子。20X0年に長井に社長職を譲って取締役会長に就任。
　　　気弱な性格であり、偉大な父に逆らうことができない。創業家の資産管理会社
　　　である「宮伸エンタープライズ株式会社」の代表取締役も兼務している。

宮崎 伸也（みやざき・しんや）：創業家出身、琢也の父で SL 食品の第3代社長。社長時
　　　代には SL 食品の事業拡大を進め、剛腕経営者としてその名を轟かせる。20X0
　　　年に会長を退き取締役相談役の地位にとどまっていたものの、20X1年に高齢
　　　を理由に取締役も退任。その後の長井社長の会社運営に不満をもち、20X7年
　　　の Nemo パートナーズとの経営権争いを機に、復権を図る。

山本 誠（やまもと・まこと）：SL 食品の代表取締役副社長。本社・管理部門の総括担当。

村上 泰正（むらかみ・やすまさ）：SL 食品の専務取締役。営業部門の総括担当であり、代
　　　表権も有する。

角 泰成（すみ・やすなり）：SL 食品の常務取締役。開発・製造部門の総括担当だが、
　　　代表権はない。

堺 信江（さかい・のぶえ）：SL 食品の取締役で、人事担当。

竹下 誠一（たけした・せいいち）：SL 食品の取締役で、製造・品質管理担当。

足立 知希（あだち・ともき）：SL 食品の宣伝・広報部長。20X1年6月から取締役に就任
　　　し、同年10月に西日本営業の担当の常務となる。

浅井 健一（あさい・けんいち）：SL 食品の常勤監査役。かつては同社の財務部長を務め
　　　ていた。思ったことをはっきりという性格。

西田 良平（にしだ・りょうへい）：SL 食品の常勤監査役。かつては同社の子会社の社長を
　　　務めていた。

安井 伸一（やすい・しんいち）：SL 食品の（社外）監査役。SL 食品のメインバンクであ
　　　る青井銀行の頭取経験者であり、現在は同銀行の取締役相談役。

高橋 直志（たかはし・ただし）：SL 食品の（社外）監査役。検察 OB の弁護士。

北村 佳代（きたむら・かよ）：経済官庁出身の大学教授。20X7年に（社外）取締役に就任。

宮島 雄太（みやじま・ゆうた）：SL 食品の株主総会の運営を取り仕切る総務部の部長。

長井 慶彦

宮崎伸也

清水 雅人（しみず・まさと）：SL 食品の経営企画部の部長。SL 食品の経営戦略を立案する部門の長だが、友人の岸拓人に会社の機密情報を漏らしてしまう。

船木 浩一（ふなき・こういち）：SL 食品の法務部長。法的センスのない社長に手を焼いている。

ヤスダピーナッツ株式会社：20X0年に安田茂文が家業を法人成りさせて設立した、豆類の販売事業を手掛ける会社（登記簿については表 0 参照）。

安田 茂文（やすだ・しげふみ）：ヤスダピーナッツを設立して同社の代表取締役社長に就任。ひとヤマ当てたいという気持ちが強く、その情熱がときとして空回りする。

安田 滋（やすだ・しげる）：茂文の父。ヤスダピーナッツの設立時には、同社の設立時出資金額の 8 割弱にあたる3100万円を出資。20X1年の定時株主総会を前に死去。

関 智弘（せき・ともひろ）：赤門大学工学部宇宙物理学科の教授。ヤスダピーナッツの設立時に、友人の茂文から頼まれて100万円を出資。

安田真知子（やすだ・まちこ）：茂文の母、滋の妻。滋の死後、ヤスダピーナッツの取締役に就いているが、事業運営はすべて茂文に任せている。末っ子の茂文が可愛くて仕方がない。

多田 道子（ただ・みちこ）：茂文の長姉。常に冷静・合理的だが、争いを好まない性格であるため、幼い頃から妹と弟のきょうだいげんかの仲介役を務めていた。

近藤 晴子（こんどう・はるこ）：茂文の次姉。しっかり者で口うるさく、弟の茂文とことあるごとに対立している。

新藤 斉（しんどう・ひとし）：茂文の友人。茂文からの依頼を受けて関の保有する株式を買い取り、ヤスダピーナッツの株主となる。

岸 拓人（きし・たくと）：茂文の友人で、ヤスダピーナッツ設立時に、その経理の能力を買われて取締役に就任。その後、友人の清水から聞きつけた情報を基に、独立を画策する。

安田 茂文

近藤 晴子

安田 真知子

| 安田 弓子（やすだ・ゆみこ）：滋の妹。ヤスダピーナッツ設立時に、甥の茂文に「決算を確認してハンコを押してくれればいいだけだから」と頼まれ、監査役に就任。

表0　登記簿サンプル

会社法人番号	0133-01-009369
商　号	ヤスダピーナッツ株式会社
本　店	埼玉県さいたま市ＸＸ三丁目○番○号
公告をする方法	官報に掲載してする
会社成立の年月日	令和X年4月1日
目　的	1. 食品の販売 2. 前各号に付帯又は関連する一切の事業
発行可能株式総数	1万6000株
発行済株式の総数 並びに種類及び数	発行済株式の総数 4000株
資本金の額	金4000万円
株式の譲渡制限に 関する規定	当会社の株式を譲渡により取得するには、取締役会の承認を受けなければならない。
役員に関する事項	取締役　安田 滋
	取締役　安田 茂文
	取締役　岸 拓人
	埼玉県草加市ＸＸ五丁目○番○号 代表取締役　安田 茂文
	監査役　安田 弓子
取締役会設置会社 に関する事項	取締役会設置会社
監査役設置会社 に関する事項	監査役設置会社
登記記録に関する事項	設立　　　　　　　　　　令和X年4月1日登記

ウメザキ製菓株式会社：東京証券取引所スタンダード市場上場の食品メーカー。永年 SL 食品とライバル関係にあったが、20X3年ごろから、SL 食品との経営統合の話が浮上する。

| 梅　崎　仁（うめざき・ひとし）：ウメザキ製菓株式会社の創業家の3代目であり、同社の

代表取締役社長。SL 食品の長井社長とは大学時代からの親友でもある。

その他の関係者

根本 博光（ねもと・ひろみつ）：投資ファンド Nemo パートナーズの代表。投資先企業に対する強気の姿勢で上場会社から恐れられている。

有田大五郎（ありた・だいごろう）："最後の総会屋"の異名をとる特殊株主。昔はかなり手荒な手法を用いていたが、時代の変化とともに、より目立ちにくい形で圧力を掛けて企業から利益を搾り取ろうと画策している。

中島陽太郎（なかじま・ようたろう）：個人投資家で、20X1年から SL 食品の株式を200株（2単元）保有している。義侠心が強い反面、自分の利害にも敏感である。

吉村 健吾（よしむら・けんご）：反社会的勢力のフロント企業である吉村企画の代表。

高木 健太（たかぎ・けんた）：関の友人。関がヤスダピーナッツ株式を換金しようとした際に、譲渡の相手方になる予定であったが、会社の承認が得られなかった。

望月 麗子（もちづき・れいこ）：中小企業への投資に特化したファンド「フルムーンキャピタル」の代表。ヤスダピーナッツの資金需要を満たすべく、茂文と粘り強く交渉を行う。

4　法令の構造と本書での表記

　法律の学習をするうえで、まず身につけておきたいのは、常に最新の六法を手元に置いて、条文の番号（条番号）が出てきた都度、その正確な規定内容を確認することである。本書は、わかりやすさを重視した解説を心がけているので、法規定の細かな内容には触れていない場合も多い。したがって、本書に書いてあることがルールのすべてだとは思わないで（誰も思っていないだろうが）、条文を確認してほしい。本書に登場する法令はついては、以下のような方針で表記することとする。

[1]　会社法とそれに関する省令

　本書は、基本的に会社法と呼ばれる法分野の規律内容を説明するものであり、登場する条文も、「会社法」という法律（平成17年法律第86号）のものが中心となる。そこで、スペースを省略するために、法令名なしに条番号だけ記したものは、すべて会社法（令和5年法律第53号までの改正を反映したもの）の条文を指している。

　ところで、法律というのは国会で審議されて決定されるというプロセスが必要であるところ、ルールの細かな内容については、状況の変化に迅速に対応するために速やかな改正が必要な場合があり、そのような細かな内容の変更についてまでいちいち国会審議を要求していたのでは対応しきれない可能性がある。そこで、法律の定めるべきルールのうちでも細目的な内容については、省令という行政機関レベルで決めてよいルール形式によって定められることがある。大枠は国会が法律の形で定めたうえで、細かな部分は省令で定めておき、社会状況の変化に応じて後者を行政機関が機動的に変更する、という対応をとることができるようにしているのである。会社法の条文の中に「法務省令で定める」という文言がある場合には、法務大臣が定める省令が別にあって、それを参照する必要があることを意味しているのだが、この「法務省令」としては、**「会社法施行規則」**（平成18年法務省令第12号）、**「会社計算規則」**（平成18年法務省令第13号）および**「電子公告規則」**（平成18年法務省令第14号）と呼ばれるものがある。それぞれの規定の条番号を引用する際には、「施則X条」「計則Y条」「公則Z条」という略称を用いている。

[2]　会社法以外の法令の略称

　本書では、要所で会社法以外の法律も登場する。**民法**（明治29年法律第89号）や**商法**（明治32年法律第48号）は名称が短いので略称を用いる必要はないが、頻繁に出てきて比較的長い名称のものについては、以下の略称を用いている。

　　商業登記法（昭和38年法律第125号）＝**商登法**
　　社債、株式等の振替に関する法律（平成13年法律第75号）＝**振替法**
　　民事訴訟法（平成8年法律第109号）＝**民訴法**
　　金融商品取引法（昭和23年法律第25号）＝**金商法**

5　フォローアップサイト

　本書の記述は、2023年11月時点の情報に基づいている。その後に法令改正があった場合や、引用している判例教材が改訂された場合などには、記述が合致しないことになって不便が生じる。また、筆者は本書を細心の注意を払って

執筆しているつもりではあるが、どうしても誤りを犯してしまう可能性もある。これらの改正・改訂による情報のアップデートや訂正情報等は、以下のウェブサイトを参照してほしい。

日本評論社ウェブサイト　書籍情報ページ
https://www.nippyo.co.jp/shop/book/9112.html

no+e　フナツ@やさしい会社法
https://note.com/funatsu_kaishaho/

※このサイトは本書出版時点のものであり、事情によりサイトやURLが変更になることがある。その場合の移転先等の情報については、上記日本評論社ウェブサイト書籍情報ページを参照。

日本評論社ウェブサイト
書籍情報ページ

no+e
フナツ@やさしい会社法

第1講

会社とは、会社法とは

―― 会社(法)をめぐる基礎知識

それでは、本講から会社法の解説らしい話題に移ろう。

1 会社法とは何か

S1-1 [SL食品株式会社をめぐる関係者]
長井慶彦が社長を務める「SL食品株式会社」は、仕入先から原料を仕入れて菓子類を中心とした食品を製造し、小売店に販売するというのが主たる事業である。同社は国内に約2000人の従業員を有し、その発行する株式は東京証券取引所プライム市場に上場しているため、多くの個人投資家も同社の株主となっている。また、同社は事業運営に必要な資金について、銀行から借入れを行っている。

　ご存知の通り、会社はビジネスを行っている。さしあたりビジネスをお金儲けだと捉えるとして、それを行うためには、色々と資源が必要になる。まず、お金儲けのために元手となる資金が必要であるし、ビジネスを回すための人手（経営者や従業員）も必要となる。これらの資源（一般的には**経営資源**といった語が用いられたりする）の出し手は、ボランティア精神から会社にそれらを拠出しているわけではなく、何らかの見返りがあることを期待してそれを行っているのが通常である。そうだとすると、それぞれの資源の出し手それぞれが会社に対して見返りを期待する結果、誰がどういう順番でどれだけの分け前を受け

取るかについての争いが生じかねない。そのような紛争をあらかじめ防ぐためには、それぞれの資源の出し手（会社に対して利害関係を有する者＝**利害関係者**という語もよく用いられる）間の利害を調整するルールを決めておいた方がよいだろう。これから本書で勉強しようとしている会社法という法分野は、このような、会社をめぐる利害関係者の利害調整の方法を定めたルールの塊なのである。

　もっとも、ここで注意すべきであるのは、会社法は、**ストーリー S1-1**に登場するような、銀行・従業員・経営者（社長）・取引先・投資家といったそれぞれの資源の出し手を細かく分類してきめ細かに利害調整の方法を定めているわけではない。極めて大雑把にいえば、**出資者（株主）・経営陣・債権者**という3分類で規律をしているのである。

> 　上記では大企業のモデルとしての SL 食品（以下では、「株式会社」を省略して呼ぶことがある）を例に説明をしたが、利害関係者は、会社がどのような規模であれ、多かれ少なかれ存在している。ヤスダピーナッツのような中小企業にしたって、誰かが株主となって資金を拠出していたり、どこかの銀行から借入れをしていたり、少ないながらも従業員がいたりする（少なくともその可能性がある）点では変わらない。なお、会社法に全く触れたことのない人のために念のために注意しておくと、日常用語では会社の従業員のことを"社員"と呼んだりするが、後ほど説明するように、法律用語で「社員」とは、会社に対して資金を拠出してくれる人（出資者≒株主）のことであって、従業員のことではない。

2　会社とは何か

　さて、ここまでは、読者にも馴染みがあるであろう「会社」という語を、何の説明もなしに使ってきたが、法的な議論をするうえでは、「会社」とはそもそもどのようなものであるかを少し厳密にみておく必要がある。

　すなわち、会社とは、「**営利社団法人**」であると定義されるのが一般的である。この定義は、「営利」「社団」「法人」という3つの構成要素からなるものであるから、以下ではそれぞれについて詳しく説明していこう。

[1]　営利性

　まず、会社とは一体何を目的に活動しているのだろうか。これについては先

ほども述べているし、なんとなく想像がついていると思うが、一言でいえば
"お金儲け"のためである。もっとも、"お金儲け"と聞くと、典型的には、品
物を安く仕入れて高く売ることによってその値差を利益として得るための活動
が思い浮かぶだろう。しかしながら、会社が営利を目的とする、という場合の
「営利」は、そのような対外的な"お金儲け"活動だけではない、プラスアル
ファの意味内容を有している点に注意が必要である[1]。すなわち、後で述べる
ように（☞[2]）、会社は出資者[2]を構成員（メンバー）とする団体であるところ、
そのような団体の最終目標は、先に述べた一般的な意味での"お金儲け"活動
の結果として得られた利益を、その構成員（＝出資者）に対して分配すること
にあることまでを意味しているのである[3]。

[2]　社団性

(i)　何の"集まり"か

　次に、会社が「社団」であることの意味を確認しておこう。社団というと、
団体の"団"の字が入っているから、何かの"集まり"だということくらいは
なんとなくわかるかもしれない。では、何の集まりだろうか。

　[1]でも述べたように、会社は出資者への利益の分配を第一の目標とする団
体である。会社というのは、その活動の結果利益を享受できる可能性のある出
資者が、自らの利益の増大を目的として集うことで形成された団体だと法的に
は理解するのである。

1）もっとも、ここで述べる「一般的な"お金儲け"活動」、すなわち、利益を得る活動のみを指
　して「営利」という語が用いられることもある。詳細については商法総則・商行為法の教科書等
　に譲るが、商法の適用の有無を決める際などに用いられる（商法4条・501条等参照）。
2）ここでの出資者という表現が何を意味するかの詳細については第2講を参照していただきたい
　が、差し当たりは"返ってこないかもしれないことを覚悟して資金を提供する人"だと考えてお
　こう。
3）その具体的な表れである規定が105条の規定である。そこでは、株主にはその有する株式につ
　き剰余金の配当を受ける権利および残余財産の分配を受ける権利がある旨を明らかにしたうえで、
　この2つの権利を全く与えない旨の定款の定めは無効であることが定められている。

　「会社は人の集まりだ」といわれた場合、そこで働く人たち（従業員）の集まりが真っ先にイメージされるかもしれない。しかしながら、実は、会社法の文脈ではそういった従業員固有の視点は原則として含まれていない。会社法の文脈では、会社という団体のメンバー（法律用語で「社員」という）はあくまで株主などの出資者であり、会社で働く従業員は、単に会社に対して労務を提供している会社の取引相手という取扱いが原則なのである。

(ⅱ)　1人でも"集まり"といえるか？

　もっとも、**ストーリー Y0-1**では、茂文は1人で出資して会社をつくることも視野に入れている。その場合、出資者が複数人集まって会社をつくっているわけではないから、営利「社団」法人である会社をつくったことにはならないと考えられるかもしれない。

　しかしながら、会社が「社団」であることの意味内容として、現実に複数の出資者が集まることまでは要求されておらず、集まる可能性があればそれでよいと考えられている。とりあえず1人で始めるけれども、後からメンバーを追加すれば集まりといえるのだから、先にメンバーを複数人集めないと会社がつくれないとするのは不便だ、と考えれば、このような緩やかな理解にも説得力があるといえよう。

　出資者が1人の会社のことを**一人会社**という。実務的にも、ある会社が別の会社の株式の全部を保有して結びつくことで企業グループを形成して活動することも行われており（☞第17講4[1](ⅱ)）、一人会社を認めるニーズは高いといえる。

(ⅲ)　団体内部の自治

　ところで、会社といっても人の集まりである点において、学生のサークルや学校の同窓会と変わるところはない。人が複数集まると色々と揉めごとも生じる可能性があるから、そういった団体では、団体内部の約束事を定めた規約のようなものを作成することも多いと思われる。この点は、出資者の集まりである会社も異なるところはなく、会社という団体（社団）のメンバー内で定められたルール（あるいはそのようなルールを書いた文書それ自体）のことを**「定款」**という。定款の内容に関しては、たとえば会社の名前（「商号」）やどこに本社を置くか（「本店の所在地」）、どんな事業活動を行うのか（「目的」）といった、必ず定めておかなければならない内容[4]が法律で規定されている（27条）が、

それ以外の内容であっても、出資者間で決めたことを会社のルールとして継続的に適用していきたい場合には、定款に記載しておけばそれがその会社のルールとして拘束力をもつことになる[5]。

> たとえば、会社の役職として「社長」「副社長」「専務」や、最近では「最高経営責任者（CEO）」や「最高財務責任者（CFO）」といった呼称を耳にすることも多いだろう。これらの役職は、実は会社法上定められたものではなく、多くの会社でその根拠となる規定を定款に置いている。また、株主総会の議長を誰が務めるかを定めた規定は会社法にはないが、定款で「取締役社長が議長となる」と定める会社も多い。

　もっとも、定款が会社という団体の内部のルールを定めるものだとして、これから勉強する会社法も会社の利害関係者の利害調整のルールを定めているのであるから、両者の内容が"カブる"（重複し矛盾が生じる）ことになるかもしれない[6]。この場合にどちらのルールが優先するかという問題があるが、基本的には会社法の規定そのもの、あるいは会社法から導かれる大原則に反する内容のルールを定款で定めても無効であると考えられているものの、逆に会社法の規定に反しておらず、またその趣旨に照らしておかしな内容でもないのであれば、定款で自由にルールを決められるというのが一般的な理解である。特に、後者の意味で、定款でのルール設定の自由が認められることを指して**定款自治**という表現がされることもある。

4）絶対的記載事項と呼ばれる。詳細については、☞第33講注4参照。
5）たとえば、AとBという2人の出資者で会社をつくる場合において、この会社に関してA＝B間で合意したことは、A＝B間の契約の形で残すこともできるし、本文のように定款に定めておくこともできる。合意内容をA＝B間の契約の形にとどめていた場合には、AとBの間でしか効力がないのが原則であるのに対して、定款に定めておけば、出資者たるA・B以外の会社関係者（取締役等）に対しても効力が及ぶ（たとえば取締役Cが定款に違反する行為をしようとしたら差止めの対象となりうる〔360条〕等）ことになるし、そのルールを変更するためには、株主総会の特別決議が必要になる（466条・309条2項11号）、といった違いが出てくる。
6）たとえば、①株式会社が稼いだ利益のうちどの範囲までを出資者に分配してよいかは461条に定めがあるが、この規定と異なる定めを定款においた場合、あるいは、②株式会社の経営を担う取締役は、出資者の集まり（株主総会）に出席した株主の保有する議決権の過半数で選任するという趣旨の定めが341条にあるが、この規定とは異なり、全株主の同意が必要となる、とする定めを定款に置いた場合、それぞれの定款規定は有効か、というのがここでの問題である。①は認められないと解されている一方、②は争いがある。

　このことに関連して、会社法の規定の中には、ⓐ当事者の合意（会社内部の話であれば定款の定めの形をとることもある）をもってしても変えることのできないルールを定めた条文と、ⓑ当事者が別の内容で合意すればそちらが優先して適用され、当事者が何も決めていないときにだけ適用されるルールを定めた条文とがあり、ⓐを**強行規定**、ⓑを**任意規定**と呼ぶ[7]。特にⓑは、コンピュータなどにおいて、ユーザによるカスタマイズがされていない工場出荷時の設定のことを"デフォルト設定"と呼ぶのと同様に、当事者が何も特別な定めをしていない場合に適用されるルールという意味で、**デフォルト・ルール**という呼び方することも併せて覚えておいてほしい。

［3］　法人格

　会社は法人であるとされている（3条）。このことの意味は、具体例を挙げて少し詳しく説明しておこう。

（i）　法人格の意味

○ ○

Y1-1　［安田家の家業の状況］
茂文は、父から落花生卸売業を受け継いだとはいっても、落花生の仕入先1社（「ヤマケン商事株式会社」）と得意先（販売先）1社（SL食品株式会社）と取引をしているだけであり、事業用の建物もなく自宅で細々と事業を営んでいるに過ぎない。なお、茂文は、持家（3000万円相当）に住んでいるが、茂文はこの持家を買うために黄緑銀行から住宅ローン1500万円を借りている。

7）会社法という法律では、わりと親切に、「この規定とは別のルールを定款で定めたらそちらが優先されます」という趣旨が条文上明記されていることが多い（「定款に別段の定めがある場合を除き、○○である」といった文言が用いられる。この場合、○○の内容がデフォルト・ルールである。たとえば309条1項参照）。もっとも、逆にそのような定めのない規定すべてを強行規定と解さなければならないわけではなく、規定の趣旨に沿って強行規定か任意規定かを判断する必要がある。

図1-1

　茂文は「会社」というものをつくってこの落花生卸売業を営もうとしている
が、その場合、会社はどのような機能を果たすことになるだろうか。会社の機
能を探るうえでは、会社という仕組を使わなかった場合と比較した違いを明
らかにする方がわかりやすいだろう。そこで、次のような if シナリオを考え
てみよう。

---

if シナリオ Y1-a［茂文、会社をつくらない］
　茂文は、自己資金800万円を元手に、本格的に落花生の卸売業を行おうと
考えたが、面倒なので、会社などつくらず、**個人事業主**として事業を営むこ
とにした。

　茂文が会社をつくらずに落花生卸売業を営む場合、これは、安田茂文という
個人が事業を行うことになる。落花生をヤマケン商事から仕入れて SL 食品に
売るという活動に関していうならば、安田茂文という個人がすべての権利義務
の当事者となる（**図1-2**参照）。これは要するに、ヤマケン商事に対して仕入
代金を支払う義務や、SL 食品に注文通りの商品を納入する義務を負うのが茂
文自身であることを意味し、そういった義務を茂文が果たさなかったら、茂文
自身の財産で埋め合わせがされなければならないことを意味する[8]。逆に、ヤ
マケン商事から商品を受け取るのも SL 食品から代金を受け取るのも茂文自身

8）具体的には、たとえばヤマケン商事であれば、安田茂文という個人を訴えて裁判をし、その勝
　訴判決を基に強制執行という手続を用いて（国の力を借りて）茂文の所有する個人の財産（**スト
　ーリー Y1-1**でいうなら茂文の自宅）を差し押さえて売り払い、代金を回収することができるこ
　とを意味する。

図 1-2

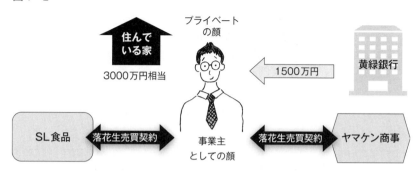

であるし、これらの取引先が義務を果たさなければ裁判所に訴えて両社の義務を強制的に果たさせることができるのも茂文自身であることを意味する。

では、会社をつくってそこで事業を営んだ場合はどうなるのだろうか。

○　○

Y1-2［茂文、株式会社設立を決意する］

　茂文は、自己資金800万円を元手に「ヤスダピーナッツ株式会社」を設立し、同社を事業主体として落花生の卸売事業を運営していくことにした。

　茂文が会社をつくってそこで落花生卸売事業を営む場合には、先のような状況とは異なり、会社という存在そのものが権利義務の当事者となる。つまり、茂文が設立した「ヤスダピーナッツ株式会社」という目に見えない何かが、あたかも1人の人間であるかのように、契約を締結して権利を有し義務を負担することができるのである。これは、会社法という法律がそのようことができると定めてくれていることによって可能になったのである。このように、法によって与えられる、生身の人間と同様の権利義務の主体となれる資格のことを**法人格**と呼び、法人格が与えられた主体は「**法人**」と呼ばれる[9]。これに対して、世の中に物理的に存在している生身の人間は、法人と対比する際には**自然人**と呼ばれる。

図1-3

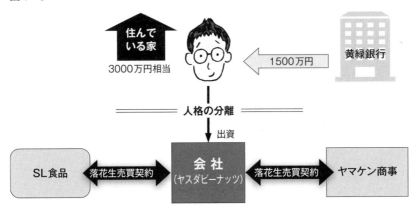

(ii) 分離原則

「ヤスダピーナッツ株式会社」という目に見えない存在に法人格が与えられているとは具体的にどのようなことを意味するのだろうか。(i)と同様に落花生をヤマケン商事から仕入れて SL 食品に売るという活動を念頭に置けば、すべての権利義務を引き受けるのはヤスダピーナッツ株式会社という主体であって、茂文とは別の人格であることになる（**図1-3**参照）。これが何を意味するかと

---

9) なお、法人は、自然人と全く同じ範囲で権利義務の主体となれるわけではなく、性質上主体となれない権利義務がある（たとえば、親族法上の権利義務等）ほか、定款で定める目的（登記簿サンプル〔☞第0講3表0〕の「目的」欄を参照。「事業目的」とも呼ばれる）の範囲でのみ権利義務の主体となるとされている（民法34条）。会社も法人である以上、民法34条の規定が適用されると解さざるをえない（ただし、反対説も多い）が、狭い目的しか定めていない会社はその範囲でしか義務を負わないことになると、取引の相手方が害される可能性が高い。そこで、判例（百1 最判昭和27年2月15日民集6巻2号77頁）では、取引の安全を重視して、事業目的に直接含まれない行為であっても目的の遂行に必要な行為は目的の範囲に含まれること、また、目的遂行に必要であるか否かも、現実的な必要性ではなく、定款の記載自体から観察して客観的抽象的に必要かどうかで決めるべきであることを述べる。さらに、SU01・百2 最大判昭和45年6月24日民集24巻6号625頁では、ある行為が一見定款所定の目的とかかわりがないとしても、社会通念上会社に期待・要請されるものである限り会社はそれをすることができる、としたうえで、会社による政治資金の寄附も、客観的、抽象的に観察して、会社の社会的役割を果たすためになされたものと認められる限りにおいては、会社の定款所定の目的の範囲内の行為となる、としている。現在の実務では、定款の目的の範囲に含まれるか否かが争いとなって取引の効力に争いが生じないように、「前各号に付帯又は関連する一切の事業」（登記簿サンプルの「目的」欄第2号参照）のような形で広い範囲をカバーできるような目的が定められているのが通常である。

いうと、要するに、ヤマケン商事に対して仕入代金を支払う義務や、SL食品に注文通りの商品を納入する義務を負うのはあくまで「ヤスダピーナッツ株式会社」であって茂文ではなく、したがって、そういった義務を果たさない場合に埋め合わせの対象とされるのは基本的には「ヤスダピーナッツ株式会社」の財産であって、茂文の財産ではないことを意味する。

　同様のことは、茂文の側からみても当てはまる。すなわち、**ストーリーY1-1**の黄緑銀行の住宅ローンも、あくまで茂文個人が借りたのであって会社が借りたわけではないから、たとえ茂文が、会社の経営に深く関与していようとも、また会社に多額の出資をしていようとも、黄緑銀行は茂文の住宅ローンの返済を会社に対して請求できないのが原則である。

　このように、法人格を付与することにより、団体の構成員（メンバー）と別個独立の財産上の権利義務主体がつくられることを、法人格の**分離原則**と呼ぶことがある。もっとも、営利社団法人たる会社には株式会社以外にも色々種類があり、分離原則についてもグラデーションがある（☞第35講）のだが、別の法人格がつくられるということは、会社はもはや出資者とは別の人格（権利義務の主体）であること、そして、ある人のモノは別の人のモノではない以上は、会社の財産と出資者の財産とは分離され、それぞれの債権者も自らが債権を有している主体以外の主体の財産に対してかかっていくことはできない、という原則をまずはしっかりと理解しておいてほしい。

(iii)　法人格否認の法理

　もっとも、団体にその構成員とは別の人格を与えると、それを悪用する者が現れることも想定される。

---

if シナリオ Y1-b［茂文、執行逃れに会社をつくる］

　茂文は、特に何か事業をするわけではないにもかかわらず、「ヤスダピーナッツ株式会社」という会社を設立し、茂文の自宅（3000万円相当）の所有名義を同社に移転した。これは、茂文が金融機関から借り入れた資金をギャンブルにつぎ込んで返済できなくなったため、茂文の持家が売り飛ばされるのを避けることを目的としたものであった。

　法人はその構成員である自然人とは別人格だ、という原則を例外なく認めてしまうと、if シナリオ Y1-b のような場合に、正義に反するような結論が導かれてしまうことになる。そこで、そのような場合には、例外的に法人格の独立性（分離原則）を否定し、法人とその背後にいる出資者とを同一視して法的な処理をすることが必要となる。このような処理を認める法理論のことを「**法人格否認の法理**」という。

　どのような場合に法人格否認の法理が妥当するかについては、最高裁の判例[10] によれば、①法律の適用を回避するために**法人格が濫用**されている場合と、②**法人格が形骸化**している場合の2つの類型があるとされている。**if シナリオ Y1-b** については、執行逃れという①法人格の濫用をしていることを明らかにできれば、茂文の債権者に過ぎない黄緑銀行であっても、会社（ヤスダピーナッツ）名義の不動産をも借金の返済原資としてあてにすることができる可能性が生じる。

　もっとも、法人格否認の法理は、法人格の分離原則という会社法の大原則に対する例外であるから、次の2点に注意する必要がある。

　1点目は、法人格否認の法理は、裁判で争われている事案の解決に必要な範囲についてだけ、会社とその背後にいる出資者とを同一視する法理に過ぎないという点である。問題となったその事案限りで同一視するに過ぎないのであるから、この法理が適用されたからといって、以後その会社が固有の権利義務の主体としての資格を失ったり、あるいは会社が消えて無くなってしまうわけではない。

　2点目は、法人格否認の法理は（その事案限りで認められるものだとはいえ）分離原則という法人格の重要な機能をそもそも否定してしまう極めて強いツールであるから、他の様々な手段を使っても正義に適う結論が出せない場合の最終手段として使われる法理だという理解が一般的であることである。

---

10) SU02・百3 最判昭和44年2月27日民集23巻2号511頁。

　したがって、**if シナリオ Y1-b** も、確かに直感的には法人格を濫用しているといえそう
だが、だからといってすぐに法人格否認の法理を用いて解決してよいわけではなく、妥当
な結論を導くより具体的な解決方法（たとえば上記の例なら民法上の詐害行為取消〔民法424
条以下〕等）がないかをまずは探るべきであると考えられている。

(iv)　会社の活動方法と存在の確認方法

　さて、以上のように、出資者が集まった団体に、あたかも自然人と同じよう
な権利義務の主体となる資格を与えたものが「会社」という法人である。しか
しながら、法人という目に見えないバーチャルな権利義務主体が現実の世の中
で活動するためには、誰か生身の人間（自然人）に実際に行動してもらう必要
がある。そうすると、どの自然人の行動をその会社の活動と法的に評価するか、
という問題が出てくる。この問題は、商法総則という法分野にも関係する話な
ので、ここで詳しく説明することはしないが、さしあたりは、「代表権」とい
うものを有する人（法律上の名称としては「代表取締役」や「代表執行役」）がそ
れに当たると考えておこう。

　ところで、"安田茂文"や"長井慶彦"といった自然人の活動については、
その生身の人間を観察すればその主体がどこにいて何をしているのか容易にわ
かるのに対して、法人という目に見えない存在は、そもそも存在しているのか
どうか、また、存在しているとして、その活動を実際に行う自然人は誰なのか、
といったことは、外部の人間からはわかりづらい。そうすると、法人について
は、そもそもそのような法人が存在しているのかどうか、また、存在している
として、どこの誰（自然人）が行為をすればその法人の行為として取り扱われ
るのかを世の中に明らかにしておかないと、法人と取引をする相手にとっては
極めて不便である。そこで、そのような情報を明らかにするために、特に会社
については**商業登記**というデータベースが存在しており、現在では誰でも（お
金さえ払えば）インターネットを通じてそこに記録されている情報を取得する
ことができる[11]。

●**第1講のおさらい**

・会社法の文脈で、会社の「社員」とはどのような人のことを指すだろうか？⇒**1**

・会社が「営利社団法人」であるという場合の「営利」の目的とはどのような意味だろうか？⇒**2 [1]**

・定款とは何だろうか？強行規定とは何だろうか？⇒**2 [2]**(iii)

・法人格否認の法理はなぜ必要なのだろうか？法人格否認はどのような場合に認められるだろうか？会社の法人格が否認されると、その会社は以後事業活動を行えなくなるのだろうか？⇒**2 [3]**(iii)

・会社を相手に取引をする場合において、どの自然人を相手にすればその会社との間で有効な法律関係が成立するかを知るためにはどうすればいいだろうか？⇒**2 [3]**(iv)

---

11) 現在は、一般財団法人 民事法務協会が運営する「登記情報提供サービス」のウェブページ〈https://www1.touki.or.jp〉で情報を取得することができる。ある株式会社について、どのような情報が商業登記から分かるかについては、911条3項参照。また、ヤスダピーナッツを例とした登記情報のサンプルとして、☞第0講3表0。

第 **2** 講

赤井銀行と関株主の皮算用

―― 株式会社法総説（株主有限責任と株主の残余権者性、株式の譲渡性）

本講から第34講までの本書の大部分では、実社会でひときわ大きな存在感を放つ株式会社に関する法的な規律を説明する。

前講において、会社法は、大まかに株主（出資者）・経営陣・債権者という3類型の利害関係者を想定して、会社をめぐる利害関係者の利害調整の方法を定めていると説明した。第2講から第4講では、これらの利害関係者の利害調整のあり方についての総論的な話をする。本講では、まず、株主と債権者の間の利害調整に関する規律について、特に株式会社に特徴的な株主有限責任制度を中心に、基本的な内容をみていこう。

1 会社の財務状況と出資者・債権者の利害状況

Y2-1 ［茂文、資金の目処が立つ］

20X0年、安田茂文は、落花生卸売業を営む「ヤスダピーナッツ株式会社」という会社を立ち上げようとしている。茂文には自己資金が800万円あるが、それだけでは考えている規模の事業ができそうもない。もっとも、父の滋が3100万円出資してもいいと言っているし、また、友人で大学の宇宙物理の研究職に就いている関智弘も100万円出資してもいいと言ってくれている。それでもまだ資金が足りそうにないので、父の代から取引のある赤井銀行から、5年後に5000万円返済するという条件で会社に対して4000万円を融資してもらう約束を取りつけた。

図2-1

　ストーリーY1-2において会社の設立を決意した茂文だったが、手持ちの資金だけでは思うような規模の事業ができないようである。そうすると誰か他の人からお金を引っ張ってくる必要があり、**ストーリーY2-1**ではその目処が立ったようである。しかしながら、滋や関はなぜ茂文に"出資"をしたのだろうか？また、赤井銀行はなぜお金を"貸して"くれたのだろうか？そして、会社に"出資をする"ことと、会社に"お金を貸す"ことでは、どのような違いがあるのだろうか。

　　滋や関が茂文の会社に出資したのは、親子の情や友情といった要素が大きく作用している可能性が高いし、赤井銀行も、先代からの付き合いで仕方なく貸したのかもしれない。そのような背景事情は現実社会では大事なのだが、ここでは、そういったものは度外視して、それぞれの登場人物は利己的に（自分の経済的利益だけを考えて）行動するものとして分析する。そうすることで、株式会社をめぐる経済構造が明らかになると考えられるからである。

　"出資をした人"は、その見返りとして会社から「株式」というものをもらって「株主」という地位に立ち、"お金を貸した人"は貸金と引換えに会社に対する「債権」というものを取得し「（会社）債権者」という地位に立つことになるのだが、株主の利害状況も債権者の利害状況も、会社の経営状態がどうなっているかによってかなり違ってくる。ここでは、一挙に5年後にワープしたifシナリオを2つ用意して、その違いを明らかにしてみよう。

[1]　会社の事業運営が順調である場合

> **if シナリオ Y2-a［５年後に大きく儲かっている］**
> （ストーリー Y2-1の状況を受けて）茂文は「ヤスダピーナッツ株式会社」を設立した。同社には、設立時点で財産（現金）が総額8000万円（株主からの出資4000万円＋銀行からの借入れ4000万円）あり、それを元手に事業を開始したが、茂文の努力の甲斐あって新規顧客の開拓が進み、事業が拡大していった。５年後には、会社の財産が20億円にもなったことから、茂文はさっさと会社を畳んで悠々自適の暮らしをしようと考えている。

（ⅰ）　債権者の利害状況

　まず、会社の事業運営が順調にいった場合の債権者の利害状況からみてみよう。債権とは、一般的には、ある人（債権者）が別の人（債務者）に対して何かをしてもらう（給付）ことについての法的に認められた地位のことを指すのだが、難しい話は抜きにして、ここでは端的に、金銭債権の保有者、すなわち債権者が、債務者に対して、定められた日（履行期や弁済期と呼ばれる）に定められた金額（債権額。債務者の立場からみた場合には債務額ともいう）のお金を払ってもらえる（弁済を受領する）権利だと理解しておこう。**ストーリー Y2-1**では、赤井銀行が、借入れの日から５年後を履行期として、債務者たるヤスダピーナッツ株式会社から5000万円の弁済を受領する内容の債権を有する債権者に該当する。

> 　お金の貸し借りをする際には、借りた金額（元本）に対して、年率いくらの利子をつけていつまでに弁済する、という形の契約が多くの人にとってなじみがあると思われるが、ここでは、わかりやすいように利子1000万円を５年後に一括して支払う契約だということにしている。

　そして、**if シナリオ Y2-a** のように会社の事業運営がうまくいった場合には、５年後に5000万円支払うという約束も、会社は問題なく履行できるであろう。
　ここで重要なポイントが２点ある。１点目は、債務の履行期が来たら、債務者は債権者に対して債務額全額を弁済しなければならないという点である。こ

の原則は、債務者が法人たる会社であっても変わらないから、ヤスダピーナッツは、借入れから5年経ったら、5000万円を赤井銀行に支払わなければならない。注意すべきであるのは、後に述べるように、会社を畳む(法的には会社を解散しそれに引き続き清算手続を行う〔☞第34講〕)際には株主にも会社の財産を分け与えられる権利があるものの、順番としては、先に債権者が弁済を受けたうえで、その残りを株主に分配するのであり、このことは、502条が明確に規定している。

　2点目は、債務者は債権者に対して債務の金額を弁済すればそれ以上の支払いをする義務はないから、債権者の側からみれば、債務者である会社がどれだけ儲かっていても、事前に合意された内容(債権額)を超えた支払いを請求することはできないという点である。すなわち、赤井銀行は、5年後にヤスダピーナッツから5000万円を受け取ることができるが、ifシナリオY2-aのように、ヤスダピーナッツが5年の間にものすごく儲かっていたとしても、そしてそれが赤井銀行の貸した4000万円を活用した結果であったとしても、事前に合意された債権額5000万円以上は受け取ることができないのである。これはお金の貸し借りという話からすれば極めてあたりまえのことのように感じられるが、次に述べる株主の利害状況と対比するうえで最も重要な点である。

(ii)　株主の利害状況

　他方で、ifシナリオY2-aのような状況で会社を解散・清算する場合、株主である滋・茂文・関は、それぞれどのような利害状況となるだろうか。話を簡単にするために、茂文には経営者としての報酬は支払われないと仮定すると、まず、(i)でも述べたように、借りたお金は約束通り弁済しなければならない以上、5年後に会社(ヤスダピーナッツ株式会社)が有する全財産のうち、5000万円は先に赤井銀行に支払われなければならない。

　そのうえでなお会社には19億5000万円の財産が残ることになるが、これは株主である滋・茂文・関に分配されることになる。前講で述べたように、会社は、出資者たる株主がメンバーとなって、稼いだ利益を自らに分配することを目指して活動する団体だからである(☞第1講2[1][2])。

なお、この19億5000万円を株主（滋・茂文・関）の間でどのように分配するかについては次講で説明する。ここではとにかく、債権者に弁済した残り全部を株主が取ることができる、ということを理解しておいてほしい。

[2]　会社の事業運営がうまくいかなかった場合

もっとも、この世の中で「必ず儲かる！」という話はないから、儲け（て利益を出資者に分配す）ることを目指して会社をつくったとしても、逆に損をしてしまうことも当然ありうる。会社が損をした場合、その損はどのように取り扱われるのだろうか？

> ### if シナリオ Y2-b［5年後に大損を抱えている］
> if シナリオ Y2-a とは逆に、茂文の事業運営がまずかったためにどんどん赤字が膨らんでいき、5年後には、会社の財産をすべて売り払っても会社には2000万円しか残らない状況になってしまった。茂文は、もうこの事業に見切りをつけて、会社を畳みたいと考えている。

(i)　債権者の利害状況

借りたお金は（利子をつけて）必ず返さなければならないが、**if シナリオ Y2-b** のヤスダピーナッツには、赤井銀行に対する債務5000万円を返済する余力はない。会社にあるだけの2000万円を支払った後も、弁済しきれない3000万円の債務がなお残るが、これをどう処理するかが問題となる。

[1](ii)でみたように、儲かった利益が株主に分配されるのであれば、損をした場合も株主が負担すべきだ、という考え方もあるかもしれない。しかしながら、株式会社では、出資者である株主は、会社債権者に対して直接弁済する義務を負わない[1]。すなわち、**if シナリオ Y2-b** のような状況に陥っても、株主である茂文・滋・関は、赤井銀行から「私財で会社の債務を弁済しろ」という

---

1) "株式会社では"と書いているのは、そうではない会社類型もあるからである。この点については☞注3。

請求を受けることはないのである。結果的に、会社が弁済できなかった3000万円は、赤井銀行が負担する（3000万円を誰からも返してもらえない）ことになる[2]。

(ii)　株主の利害状況

　もっとも、事業がうまくいかなかった**if シナリオ Y2-b** のような状況で、株主が全く損をしていないかというとそうではない。会社の設立時に、滋は3100万円、茂文は800万円、関は100万円をそれぞれ会社に出資しているにもかかわらず、**if シナリオ Y2-b** のような状況に陥ってしまうと、たとえ会社を解散・清算したとしても、彼らは、もはやこれらの出資金に見合った価値を再び手にすることはできないという意味では、損をしているといえる。

　要するに、株式会社の出資者である株主は、自らの出資が無価値になるという意味において会社に生じた損失の負担をするが、それを超えて会社が払いきれなくなった債務を弁済する義務までは負わなくてよい。104条が「株主の責任は、その有する株式の引受価額を限度とする」と定めているのは、このことを意味しているのである。これを**株主有限責任**という[3]。

[3]　小　括

　以上から、会社を解散・清算する際の株主と債権者との取り分は、大まかには**図2-2**のようにまとめることができる。

　すなわち、債権者は、自分の債権額という固定額を会社財産から先に弁済を受ける。会社の債務の額を超えて会社財産が存在する場合には、株主は債権者が取った残りすべてを自分たちのものにすることができる（株主が残りを総取

　2）例外としては、法人格否認（☞第1講2 [3](iii)）や役員（たる株主）の対第三者責任の追及（429条。☞第15講）が考えられる。

　3）このような結論は、他人の借金は自分の借金ではないから返済する義務はない、という意味で、法人格の分離原則（☞第1講2 [3](ii)）からは当然のことと思われるかもしれない。しかしながら、一般的に他人の借金を肩代わりしてはいけないという絶対的な決まりがあるわけではなく、むしろ、出資者が、自分とは別人格である会社の債務を肩代わりするような仕組みをパッケージとして揃えておくと便利そうである。実際に、会社法には、会社債務につき個人として弁済の責任を負う出資者の存在を前提とした「合名会社」と「合資会社」という会社類型が設けられている（☞第35講）。

図2-2

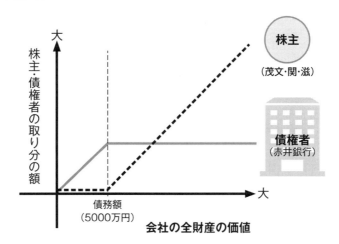

りできることを指して、"株主の**残余権者性**"という表現が用いられることがあることも覚えておいてほしい)。他方、<u>会社財産が債務の額に満たない場合には、株主有限責任によって株主は追加支払いの義務を負わず、足りない分は債権者が負担する</u>ことになる。

2　株主有限責任の機能とそれを支える諸制度

　ところで、一見すると借金踏み倒しの奨励策にもみえる株主有限責任制度であるが、第0講でも述べたように、わが国の会社の圧倒的多数は、この株主有限責任制度を備えた「株式会社」という法形態をとる。なぜ、株式会社形態がこれほどまでに普及したのだろうか？

[1]　株主有限責任の機能

　その答えは、株主有限責任制度という特性を有する株式会社が、事業に果敢にチャレンジするための資金を集めやすいという点にあると考えられる。

(i)　小規模投資の糾合

　まず、株主有限責任があるがゆえに、株式会社は色々な人から出資を募るこ

とができる。もし株主有限責任でなかったとしたら、**ifシナリオY2-b**のように会社が債務を弁済できない状態になった場合に、たとえば株主である関が3000万円の支払請求を赤井銀行から受けてしまう可能性があることになる。関は大学の研究者らしいから収入はそれほど高くないだろうし、保有資産もそれほど多くないであろうにもかかわらず、である。逆に、株主有限責任としておけば、資産の少ない零細投資家も会社に出資する気になるであろうし、そのような形で出資者の裾野を広げることで、より多くの資金を会社にもたらすことに繋がると考えられるのである。

(ii)　リスクは高いが社会的に有益な活動の促進

　さらに、株主有限責任制度によって、失敗する可能性が高いけれども成功すれば社会的に有益な結果をもたらしうる事業を行うことを奨励できるという利点もある。たとえば、起業家が落花生から多くの命を救えるような成分を抽出する方法を編み出したものの、そのための設備が3億円かかり、またその事業化が成功する可能性が10%だったといった場合、その起業家は自腹で（失敗したら自分が借金を背負うことまで覚悟して）やろうとはしないだろう。起業家は株式会社を設立したうえで、会社に融資を受けさせてその事業を行わせることによって、株主有限責任により失敗時の起業家自身の固有の財産への影響を抑えながら、社会的に有益な事業にチャレンジすることができると考えられる。

(iii)　留意点：実態との乖離をどう考えるか

　もっとも、ヤスダピーナッツのような中小企業の場合、現実には、大株主（であって同時に経営者でもあるような人）が、会社の銀行借入れに対して保証をしている（これにより会社が債務を弁済できない場合に保証人である大株主〔兼経営者〕が個人として弁済する責任を負う）ことも稀ではなく、その意味では、株主有限責任といっても形ばかりである可能性も高い。

　しかしながら、だからといって現実社会で株式会社の株主有限責任制度が全く機能していないわけではない。まず、上場会社の株式を購入する個人投資家でその会社の債務を保証しているような人はいないであろうから、そのような投資家は紛れもなく株主有限責任の恩恵を受けているといえる。また、中小企

業についても、会社の債務の弁済の責任を負う株主を個別に調整できるという意味で、有限責任を前提としておいた方が使い勝手がよいともいえる。

> 中小企業でも財務状態が非常に良好なA会社と財務状態が微妙なB会社があり、B会社の債権者の中でも会社債務の弁済を株主に保証してもらわないと困ると考えている債権者Cとそこまでの必要性を感じていない債権者Dがいるとしよう。また、保証が必要だと考えている債権者Cであっても、大株主Eには保証してほしいが、零細株主Fにまで保証を求めなくてもいい、と考えているとしよう。この場合には、真に保証の必要性のある債権者Cと株主Eとの間で交渉して合意すればよいのであり、他の組合せパターンについては、会社法の原則通り株主有限責任原則をあてはめればよいから特段の合意をする手間が省ける。

[2]　株主有限責任を支える制度的基盤

　上述のように、株主有限責任制度によって事業に果敢にチャレンジできるようにするための資金を集めやすくなるとしても、会社が負った債務を出資者（株主）に弁済してもらうことは期待できないのであるから、そのような会社とは取引をしたくない（資金を貸したくない）と思う取引先（たとえば銀行）も出てくるかもしれない。事業に関する権利義務は出資者や経営者個人に負ってもらった方が安全だという考え方の取引先が大多数になってしまうと、せっかく会社に法人格を与えて権利義務の主体になれるようにしても、結局使い道がないということになりかねない。そこで、取引相手方が安心して株式会社と取引できるような制度を、株主有限責任と併せて導入しておく必要がある。

　取引先からみて株主有限責任だとどういうときに困るかというと、会社に対する債権を会社が弁済してくれなかった場合に株主に請求しても肩代わりしてもらえない、ということであろう。逆にいえば、会社にきちんと弁済させる仕組みさえ整えておけば、債権者も株主のことを意識しなくて済むはずである。

(i)　情報開示

　会社からの弁済を確保するための第一の方法は、情報開示である。これは、次のような逆算的な発想の話である。

　債権者として銀行や納入業者のような取引先を念頭に置いた場合、会社と取

引をするかしないかは、銀行や取引先が自ら決めるのが通常であろう（このように、会社との取引を自らの意思で行った結果、債権を有するに至った会社債権者は**自発的債権者**と呼ばれる）。つまり、自発的債権者の場合、自らが会社に対して有することになる債権がきちんと弁済されるかどうかを予測したうえで、弁済されそうならば取引をし、弁済されない危険性があるのであれば取引をしない（すでに取引がある場合には以後の取引を打ち切る）という選択ができると考えられる。このような形で債権者が自衛をするためには、会社の財務状況がどうなっているのかをきちんと知る必要がある。そこで、会社法は、株式会社に対してその財務状況がどのようなものであるかを公に開示することを要求している（440条等。会社の業績や財務状況の開示に関する制度については☞第17講）。

(ii) 債権者の引当てとなる会社財産の維持

　他方で、会社の活動によって損害を受けた被害者も、会社に対して損害賠償請求権という債権を取得しており、会社債権者であるわけだが、このような債権者は、その会社の債権が欲しくて取得したわけではない（したがって、このような債権者は**非自発的債権者**と呼ばれる）。非自発的債権者については、あらかじめ会社の財務状態を把握して自分の意思で会社の債権者とならないように自衛することは期待できない（ある会社の車に撥ねられた被害者の中で、あらかじめその会社の財務状態を確認したうえで撥ねられるかどうかを選んだ人はほぼいないだろう）から、情報開示だけでは非自発的債権者の保護としては十分でなく、それ以外の仕組みも必要となる。

　そこで、非自発的債権者も株主有限責任によって不利な状況に陥らないように、会社自身が債務をきちんと弁済できるだけの財産を確保しておくべきことが会社法に定められている。

　まず、このことを会社の解散・清算の局面に関して定めているのが、1[1]（i）で述べた502条である。もっとも、この規定のように、すべての債権を弁済した後でなければ株主に分配できないというルールを徹底してしまうと、会社の事業が継続している間は入れ替わり立ち替わり会社債権者が現れる以上、事業継続中に株主に分配することが事実上不可能となってしまう。そこで、会社の解散・清算を待たずに（＝事業を継続しながらでも）株主に利益の分配ができ

るように、債務を弁済できるだけの財産額に＋αのバッファー（余裕を持たせる部分）を上乗せした額を超える財産を保有する状況になれば、その超えた部分の財産は株主に分配してもよい、という規律が設けられている。そのような規律を定めた461条を中心とした一連の規定によって、事業継続中における株主と債権者との取り分に関する利害調整が行われているのである（これらの規律の詳細については、☞第18講）。

3　株式とその譲渡性

[1]　株式の譲渡性

　2 [2](ii)で述べたように、事業の継続中は一定額を超える財産を会社が保有する状況にならない限り株主に会社財産を分配してはいけない、というルールによって会社債権者を保護するのが会社法の基本的な利害調整のスタイルである。しかしながら、株主に分配できる状況でないときに、株主の方がお金に困るということもある。

> **if シナリオ Y2-c ［関株主の懐事情］**
> ヤスダピーナッツ株式会社に100万円を出資した関は、会社設立から3年後に、滅多にお目にかかれない高級外車が2000万円で売りに出されていると聞いて、なんとしても手に入れたいと思った。しかしながら、手元資金が足りなかったので、財産的価値のありそうなヤスダピーナッツ株式会社の株式も換金したいと考えている。
> 他方、設立後3年の時点におけるヤスダピーナッツ株式会社の事業は比較的順調で会社の資金も潤沢であったが、茂文は、この資金を今後の事業拡大のためのさらなる投資に振り向けるつもりでいる。

(i)　株主に払戻請求権は（原則として）ない

　すでに述べた通り、設立時に株式会社に出資した関は、出資と引換えに「株式」を取得している（株式とは何かついては第3講で説明するが、さしあたりここでは、会社が儲かったときに利益の分配を受けられる権利や、会社の重要な事項に

ついての決定をする際の議決権などが1つの束になった地位のことだと考えておこう)。この **if シナリオ Y2-c** において、仮に、関が株式を換金したいと思った会社設立後3年の時点で、ヤスダピーナッツ株式会社に、その債務全額を支払える金額＋α(バッファー)の額を超えて(関の保有する株式の価値に見合うだけの)財産を保有しているのであれば、関の保有する株式を買い取る形で出資を払い戻しても、会社債権者は害されないと一応考えることができ、実際にそのような払戻しも一定の手続を踏めば認められる(☞第18講3[2])。しかしながら、そもそも会社にそのような財産的余裕がない場合に株主に払戻しをするのは、2[2](ii)で述べた債権者保護の観点から問題があることはいうまでもない。

　さらに、現実に会社が潤沢に財産を保有している場合であっても、株主の求めがあれば必ず出資を払い戻さなければならないとしたのでは、経営者が構想していた事業運営を妨げることにもなりかねず、会社の発展という観点からは好ましくない。

> 　設立時に出資された資金は事業のために集められている以上、すでに事業のために使われて現金以外の形の資産(たとえば商品や営業拠点の建物等)になっていることが通常であるから、突然の株主の払戻請求にも応じなければならないとすると、それらの資産を慌てて売却しなければならないことになりかねない。また、現金に余裕がある場合であっても、**if シナリオ Y2-c** で示したように、それは経営戦略上すでに投資先の決まっている資金であるかもしれない。

　そこで、会社法では、事業の継続中は<u>個々の株主が出資の払戻しを会社に対して要求することは基本的にできない</u>ことにしている。

> 　このように、**ストーリー Y2-1**でいうならば同じく4000万円を会社に渡した債権者と株主であるが、会社に対して「返せ」といえるかどうかが、両者の決定的な違いであるといえる。返すことを前提として会社が受け入れた事業資金のことを**他人資本**あるいは**デット**(debt)、返すことを前提としないで受け入れた事業資金のことを**自己資本**あるいは**エクイティ**(equity)と呼ぶことも多い。

(ii)　株主の出資回収手段

　では、**if シナリオ Y2-c** の関が車を購入するための資金を工面するためには、どうすればよいだろうか？仮に、会社を解散・清算しない限り出資した部分を取り戻せないのであれば、誰も出資したがらなくなり、結果的に"事業に果敢にチャレンジできるようにするための資金"が集まらないことになりかねないから、事業の継続中であっても、株主に出資を回収する方法を与える必要がある。

　そこで、会社法は、会社の財務状態・資金繰り等に左右されることなく、会社の事業継続中でも出資者たる株主にその出資分を回収する機会を与えるために、株式を自由に譲渡することを認めている（127条）。要するに、<u>株主は、出資した資金を会社から回収するのではなく、株主としての地位を表している「株式」という金融商品を別の投資家へ売却することによって、その売却代金の形で出資を回収することができる</u>とされているのである[4]。

> 　もちろん、他の投資家に売却したからといって、出資した金額がそのまま返ってくるとは限らない。株式とは、会社から利益の分配を受けることのできる地位を表すものであるから、大まかにいえば、会社がより多く利益を稼げる能力があれば（≒儲かっている会社であれば）、株式はより高い値段で売れる可能性が高いが、会社の利益獲得能力が低ければ、出資した額より安くでしか売れないこともある。

　このような投資（出資）の回収の方法が最もよく機能しているのは、上場会社である。**金融商品取引所**（☞第0講1）では、株式を売りたいと思う人と買いたいと思う人とが出会う場が設けられており、株主の投資回収に役立てられているのである。

　4）他の投資家への株式の譲渡代金の形で株主が出資を回収するうえで、株主有限責任が極めて重要な役割を果たしている点にも留意する必要がある。出資者としての地位を表す株式に何かしらの義務がついてまわるとすると、どんな義務を負わされるかわからないから、それを取得し保有することをためらわざるをえないが、株主有限責任制度があればそのような義務を考えないで済むため、売買が成立しやすいと考えられるのである。

[2]　譲渡性の制限

　もっとも、株式を自由に譲渡できることを無制限に認めてしまうと、会社にとって好ましくない人物が株式を保有するという事態も起こりうる。株式には会社に対して様々な請求をすることのできる権利が付着していることから、そのような好ましくない人物がこの権利を使って会社運営にあれこれ口出しをしてくることにもなりかねない。

　そこで、株主が誰であるかという株主の素性を重視したい会社については、会社の定款で、株式を譲渡する際には会社の承認が必要である旨を定めることができるとされている（107条1項1号、108条1項4号。そのような定めのある株式は法律上「**譲渡制限株式**」と呼ばれる〔2条17号〕）。

> 　もっとも、株式の譲渡性は有限責任制度の下での株主の投資回収の要であるから、会社が譲渡承認を拒否した場合には、その株主に別の投資回収手段を与える必要がある。詳細については、☞第19講2。

[3]「公開会社」と「公開会社でない」会社

　本講の最後に、株式の譲渡性に関連して、「**公開会社**」という、テクニカルだが極めて重要な法律用語を説明するので覚えてほしい。会社法は、「公開会社」かそうでないかで規律を分けていることが多いからである。

　「公開会社」は、条文上「その発行する全部又は一部の株式の内容として譲渡による当該株式の取得について株式会社の承認を要する旨の定款の定めを設けていない株式会社」であるとされている（2条5号）が、この条文を理解するうえで前提知識として必要であるのは、株式会社は、内容を異ならせた複数の種類の株式を発行できるということである（詳しくは、種類株式のところ〔☞第21講〕を参照）。たとえば、ある会社がA種株式とB種株式の2種類を発行していると仮定しよう（以下は**図2-3**を参照しながら読んでほしい）。

　①「全部……の株式の内容として……［譲渡制限の］定めを設けていない」場合とは、A種株式にもB種株式にも譲渡制限がついていない場合であり、②「一部の株式の内容として……定めを設けていない」場合とは、A種株式には譲渡制限がついているが、B種株式には譲渡制限がついていない、といった場

図2-3

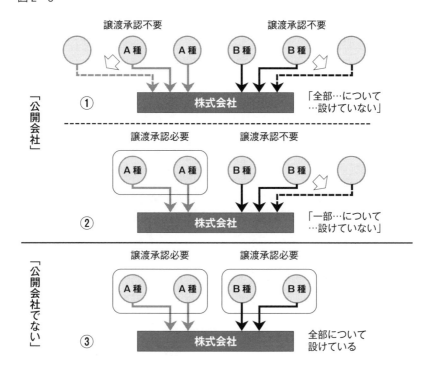

合であり、これらが「公開会社」に該当する。

> 日常用語で公開会社というと、株式が広く流通している会社、という意味に理解される
> ことが多いが、特定の種類にのみ譲渡制限がかけられている＝流通性が部分的にのみ制約
> されている②の会社も、会社法上の「公開会社」に含まれる点は特に注意が必要である。

　発行する株式の全部に譲渡制限がついている③のような会社のみが、「公開会社」の定義から外れることになる。発行する株式の全部はおろか一部ですら譲渡制限がついていないものがないためである。上でも述べた通り、会社法の規律は、「公開会社」かそうでないかで規律を分けていることが多く、とりわけ条文の文言としては、③の会社のみを対象として規律する際に「**公開会社でない**」会社という表現が頻繁に用いられているので、むしろ、「公開会社でな

い」会社がどのような会社かを厳密に覚えておく方が重要であるとさえいえる。そして、複数の種類の株式を発行していない会社が発行する（＝唯一の種類の）株式に譲渡制限がついていれば、発行する株式の全部に譲渡制限がついていることになるため、その会社は「公開会社でない」会社となる点には特に注意が必要である。

●第2講のおさらい
・「株主の残余権者性」とは、どのような意味だろうか？⇒1 [1](ii)・[3]
・「株主有限責任」とはどのような意味だろうか？根拠条文はどれだろうか？⇒1 [2](ii)
・株式会社において株主有限責任が認められているのはなぜだと考えられるだろうか？⇒2 [1]
・株主有限責任だと会社にお金を貸してくれる（債権者になってくれる）人がいなくなるように思われるが、大丈夫なのだろうか？⇒2 [2]
・株主が投資を回収する（株式を換金する）ためにはどうすればいいだろうか？⇒3 [1]
・「公開会社」とはどのような意味だろうか？複数の種類の株式の一部に譲渡制限をつけている会社は「公開会社」だろうか、「公開会社でない」会社だろうか？⇒3 [3]

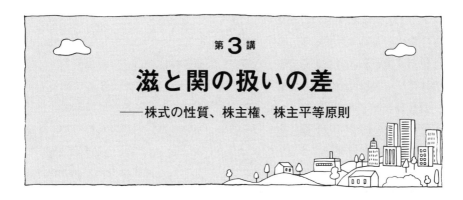

第3講

滋と関の扱いの差
──株式の性質、株主権、株主平等原則

　本講では、個々の株主がどのような地位に立つのかについて、株主が保有する「株式」というものの性質にも触れつつ説明する。

1　株式とは何か

　本講でも、前講と同じ状況のストーリーを舞台に説明していく。

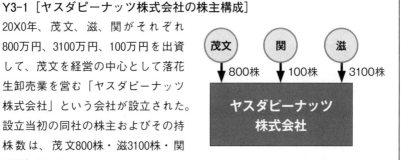

○ ○

Y3-1 [ヤスダピーナッツ株式会社の株主構成]

20X0年、茂文、滋、関がそれぞれ800万円、3100万円、100万円を出資して、茂文を経営の中心として落花生卸売業を営む「ヤスダピーナッツ株式会社」という会社が設立された。設立当初の同社の株主およびその持株数は、茂文800株・滋3100株・関100株である。

茂文 → 800株　関 → 100株　滋 → 3100株

ヤスダピーナッツ株式会社

[1]　株式とは何か

　ここで、改めて株式とは何かを示しておこう。

　一言でいえば、株式とは、株式会社の出資者（＝社員）としての地位のこと

であるし、前講でもそのようなものとして説明をしてきた。だったら、わざわざ「株式」という言葉を使わなくても、"出資者としての地位"という表現を法律上も用いれば済むように思われるが、実は、株式とは、その出資者としての地位を一定程度細分化して取り扱いやすくした点に特徴があるのである。

　教科書などでは、「株式」とは、<u>株式会社における出資者の地位を細分化して均一の割合的単位の形にしたものである</u>、といった説明がされていて、わかったようなわからないような気分になるが、たとえば、**ストーリーY3-1**のヤスダピーナッツ株式会社の場合だと、会社が発行した株式は全部で4000株（これは**発行済株式総数**と呼ばれる。113条2項等参照）であるから、比喩的には会社を4000等分したうちのカケラ1つ分を基準の単位として、出資者としての地位をその基準単位いくつ分保有しているかで表示する。その表示単位として「○株」という形で株式の数が用いられるのである。

[2]　地位を等分した単位で表示することのメリット

　なぜそのように出資者の地位を細分化して均一の割合的単位の形にしているのか、といえば、先にも述べた通り、出資者としての地位を取り扱いやすくするためである。

(i)　法律関係の明確化

　まず、株主の会社に対する法律関係を明確にしやすくなり、株主の権利行使の際のわかりやすい基準を示してくれる。たとえば、先の例では、4000等分したうちの1つ分（＝1株）を基準として考えることになり、1株を保有するごとに500円の配当をします、というように決めれば、誰にいくら配当すべきかを、保有している株式の数だけで計算できる。配当を受け取る権利以外の権利についても同様である。

　このように細分化した割合的単位とした関係から、投資家がより多く出資し、より大きな権利を得たいと考える場合には、より多くの数の株式を取得し保有するという形でそれを実現することになる。

　ストーリーY3-1のヤスダピーナッツ株式会社の場合だと、出資した金額に応じて、茂

文800株・滋3100株・関100株をそれぞれ保有することになったわけである。会社の出資者としての地位は全部で4000株あるのだから、会社に関して出資者が有する権利の全体を1とすれば、茂文は40分の8、滋は40分の31、関は40分の1を持っていると即座に計算することができる。

(ⅱ)　株式譲渡の容易化

さらに、法律関係を明確化できることから派生するメリットというべきかもしれないが、均等に分割した一片をいくつ持っているかという割合として示すことで、出資者としての地位（＝株式）の売買がしやすくなるというメリットもある。

図3-2をみればわかるように、同じ4000円のピザを8分割する場合であっても、上のように均等に分ければ、その1切れはだいたい500円くらいの価値があるというのがわかりやすいのに対して、下のようにバラバラに分けた場合、自分の買おうとしている部分が、aの部分なのかbの部分なのか、aだとしてそれが全体に占める割合はどれくらいなのか、といったことを買うときにいちいち計測したうえでないと価値の推計すらできない。それでは売買がしづらいだろうということはなんとなく感じられるのではないだろうか。

図3-2

(ⅲ)　メリットを活かすための均一性・不可分性

(ⅰ)や(ⅱ)で述べたメリットを活かすうえでは、出資者としての地位を細分化するとしても、その分け方は均等である必要がある。もっとも、先のピザの図の例はあくまで比喩であって、会社という目に見えない存在に関する、権利という目に見えないものを均等に切り分ける線など観念しようがない。そこで、会社法では、何分割するかという数字を一旦決めてしまえば、それは等分されたもの、すなわちその一片一片はすべて同じものとして取り扱うべきことを定めている（株式の**均一性**）[1]。

　先の**ストーリー Y3-1**の例でいえば、ヤスダピーナッツ株式会社の出資者としての地位を4000分割した以上は、そのうちの一片を持っているとされた人は誰であれ同様に取り扱われる（等しく4000分の1を持っているものとして取り扱われる）、という形にしているのである。

　もっとも、株式とは、後で述べるように（☞ 2 [2]）会社から経済的利益を享受する権利や会社の経営に一定程度関与する権利など種々の権利の束であるところ、会社が「うちの会社では出資者としての地位を4000等分しました」と宣言したとしても、束にされていた権利を株主が勝手にバラバラにすることができてしまうと、やはり(i)や(ii)のメリットを活かせないことになる。そこで、会社側で決めた分け方（**ストーリー Y3-1**の例では4000等分）を超えて出資者としての地位を細分化したり（株式の**不可分性**）、たとえば、経済的利益を享受する権利はAさんに、会社の経営に関与する権利はBさんに譲渡する、といったことはできない[2]。

2　株主とはどういう立場か

　このように、均一に細分化された出資者としての地位を示す「株式」なるものを保有するのが「株主」である。では、株主は具体的にどのような地位に立つのであろうか。

[1]　株主の義務

　まず、株式を保有し株主という地位にあることによって、その人が会社（あ

1）なお、内容の異なる複数の種類の株式を発行できることは第2講で少し触れたが、本講での説明はすべて、会社が1種類の株式しか発行していないことを前提としている。ピザの比喩でいえば、一枚の生地の全体にトマトソースとチーズが満遍なく載っているシンプルなものを想定しているのであって、生地1枚で異なるトッピングが楽しめる"ハーフ＆ハーフ"のようなピザではない。

2）第4講1 [1]でも説明するが、株式会社においては、株主が残余権者である（☞第2講1 [3]）ことを根拠として、株主総会における議決権等の重要な意思決定に関与する権利を（債権者等ではなく）株主に与えることが適切であると説明されることもある。このような立場からは、とりわけ、経済的利益を受ける権利と議決権とが分離してしまう状況が生じるのは望ましくないことになる（もっとも、株式を共有することは可能であるとされているが、この点については、☞第19講3 [1]）。

るいは第三者）に対して何らかの義務を負うことになるかというと、ないといって差し支えない。株式会社では、会社に必要な資金を払い込んではじめて株主になるとされている（34条、63条、208条等参照）し、それを超えて、株主となった後に追加で出資しなければならない義務はなく、また、株主有限責任により債権者に対する弁済義務も基本的には生じない（☞第2講1）からである[3]。

[2]　株主の権利

逆に、株式を保有し株主という地位にあることによって、その人はどのような権利を有することになるのであろうか。これには様々なものがあるが、ここでは、最も重要であると思われる、105条1-3号に掲げられた権利を中心に概観しておこう。

(i)　会社から経済的な利益を受ける権利

第1講でも述べたように、株主は、会社が儲かったときにその利益を自らに分配してもらうことを期待してその会社に出資している、というのが営利社団法人としての株式会社の理念型である。したがって、株主には会社から直接的な経済的利益を受けることを目的とする権利（「**自益権**」と呼ばれる）が与えられている。具体的には、前講でみたように、会社が稼いだ利益を分配するタイミングとしては、①事業継続中と、②事業をやめて会社を解散・清算する際とが考えられるところ、①のタイミングで分配を受ける権利を**剰余金配当請求権**（105条1項1号。453条参照）、②のタイミングで分配を受ける権利を**残余財産分配請求権**（105条1項2号。504条参照）という。

(ii)　会社の経営に参加する権利

他方で、株主には、会社の経営に一定程度関与する権利（「**共益権**」と呼ばれ

3）会社類型によっては、債権者に対して直接弁済の責任を負ったり、あるいは資金が足りないから資金を拠出しろといわれれば出資をしなければならない義務を負ったりする制度もある（☞第35講）が、株式会社についてはそういった義務は法律上定められていない（ただし、中小企業の実態については、☞第2講2[1](iii)）。

る）が与えられている。最も重要であると考えられるものとして、会社の基礎的な変更や株主の利害に直接影響する事項等について決定する株主総会という会合（☞第4講）における議決権（105条1項3号。308条参照）がある。このほかにも、経営者が違法な行為を行おうとした場合にそれを差し止めることのできる権利（360条）なども与えられている。

　なお、とりわけ共益権に関しては、<u>1株（ただし厳密には単元未満株式を除く。☞第20講3[5]）でも保有していれば行使できる</u>**単独株主権**と、<u>一定数あるいは一定比率の株式を保有している場合に限って権利行使が認められる</u>**少数株主権**とがあることも合わせて覚えておいてほしい。特に後者は濫用されないように権利行使のハードルを上げているのである[4]。

3　株主平等原則

[1]　意味内容をめぐる争い

(i)　文言に忠実な"比例的取扱い"原則

　さて、株式には1で述べた均一性があるがゆえに、それを保有する株主は、2で述べた権利を、（単独株主権である限り）保有株式数（持株数）に比例する形で有することになる。逆に、保有株式数に比例しない権利を与えられ、あるいは義務を負担することになっては、株式の形で均一化したことの意義が大幅に損なわれてしまうことになる。そこで、会社法では、<u>株主は、その保有する株式数に応じて平等に取り扱われなければならない</u>旨が定められている（109条1項）。このような取扱いの要請は**株主平等原則**と呼ばれる[5]。

4）いつの時点でその株式保有要件を満たす必要があるかは、それぞれの権利を定める規定に明確に定められていることが多いが、そうでなければ制度趣旨に沿って解釈をする必要がある。たとえば総株主の議決権の100分の3以上または発行済株式の100分の3以上の保有が必要な業務執行に関する検査役の選任請求（358条1項）の場合、会社側が妨害のために請求者の議決権比率または持株比率を下げる意図で新株発行をしたなどの特段の事情がない限り、裁判所に請求した時点から裁判所の決定があるまで、請求者はこの株式保有要件を満たす必要があると解されている（百57最決平成18年9月28日民集60巻7号2634頁参照）。

　　ストーリー Y3-1の例でいえば、会社がそこそこ儲かって、債権者に弁済できるだけの財産＋α（バッファー）の額を超えて（☞第2講2[2](ⅱ)）、たとえば200万円の財産的余裕ができたのでそれを株主に分配（剰余金配当）をするとした場合には、200万円を3人の株主に適当に配分してよいわけではなく、持株数に比例する形で分配しなければならないのである[6]。

(ⅱ)　高次の要請から生ずる "株主" 平等原則

　もっとも、株主平等原則とは、(ⅰ)で述べたような保有株式数に比例した取扱いのみをいうのではなく、文字通り「株主」間の平等を要請する内容も含まれていると考える見解もある。このような見解の根底にあるのは、出資者＝団体の構成員である以上、いくらを出資したかにかかわらず、構成員として平等に取り扱われるべき局面もある、という考え方である。

　　「そうはいっても109条1項は『数に応じて』取り扱えと命じているのだから、結果的に保有株式数に比例しない取扱いを強制しかねない本文のような考え方は、この条文に反するおかしな考え方だ」と思う読者もいるかもしれない。しかしながら、会社法が制定される以前は、109条1項のような条文が存在していなかったにもかかわらず、株主平等原則というものが存在していると考えられており、それは、正義や衡平といった、制定法を超えたよりレベルの高い理念から導き出されるものとして考えられてきた。このような考え方からすれば、株主平等原則の内容を109条1項の規定が定める保有株式数に比例した取

5）109条1項の文言は、正確には、「株式会社は、株主を、その有する株式の内容及び数に応じて、平等に取り扱わなければならない」であるが、本文では、初学者にわかりやすいようにあえて「内容……に応じて」という点には触れていない。この文言が問題となるのは、本講では説明しないと宣言した（☞注1）、複数の種類の株式を発行している場合である。たとえば、A種株式とB種株式との2種類の株式を発行している会社に関して、A種株式の保有者（A種株主）とB種株式の保有者（B種株主）との間に、平等な取扱いをしなければならないという要請が働くか、という問題がある。

　109条1項の文言からすれば、「内容……に応じて」平等に取り扱えばよいのであるから、内容が異なれば異なる取扱いをしてもよいということになりそうである。しかしながら、そもそも株主平等原則というのは109条1項に定められた内容に尽きるものではなく、より高次の正義や衡平といった理念に基づく普遍的要請として存在すると解する見解（☞(ⅱ)）からは、A種株式とB種株式の間の実質的平等が保たれる必要があると考えることになる可能性がある。

6）もっとも、剰余金配当の局面では、454条3項が明文で保有株式数に応じた配当をすべき旨を規定するなど、個別の局面について比例的平等取扱いをそれぞれ定めている場合もある。したがって、109条1項は、個別の規定で平等取扱いが定められていない場合にも、比例的平等取扱いをすべきことを要請する一般規定としての役割を果たすことになる。

扱いに尽きるものとして理解することに対しては、正義や衡平という、法律を超えた理念によって昔から認められてきた“株主”平等原則を、立法によって矮小化するものであるとの批判がなされることになる。

　このような見解の対立は、たとえば、株主総会の会場での座席位置として持株数が多い順に議長に近い席を割り当てることが許されるか、といった問題の結論を分ける可能性がある。議決権も持株数に応じて割り当てられている以上、持株数が多いほど株主総会決議に対する影響力が大きいといえるから、決議への影響力の強い人ほど会合の進行を把握しやすく発言もしやすい前列に座らせるという取扱いも、ある意味で持株「数に応じ」た取扱いといえなくもない。しかしながら、持株数が多かろうと少なかろうと同じ会議体の構成員である以上、会合において不利益を被ることがわかっているような座席位置を会社側であらかじめ持株数の少ない株主に割り当てるようなことがあってはならない、と考えれば、このような座席指定は許されないことになりそうである[7]。

[2]　具体的な解釈問題

　[1]の(i)と(ii)とどちらの考え方が妥当であるかは、それぞれが拠って立つ株式会社像に依存するものであり、その当否をここで軽々に論ずることはできない。とはいえ、以下では、最もシンプルかつ最低限の内容としては争いの少ない、「持株数に比例した取扱いをすべき」という要請であることを前提に、話を進めることにする。

(i)　株主平等原則違反の典型例とその効果

> **ifシナリオ Y3-a［茂文、関に配当したくない］**
> （ストーリー Y3-1の状況を受けて）事業運営が順調なヤスダピーナッツ株式会

7）もっとも、持株数と無関係に従業員である株主を前列に座らせた場合（ 百 A11 最判平成8年11月12日判時1598号152頁参照）には、いずれの考え方によっても株主を平等に取り扱ったとはいえないであろう。

社は、設立の3年後には配当できるだけの財産を確保することができたが、配当額を決める段階になって、茂文は、父の滋から、赤の他人である関にまで家業の落花生卸売業から得た利益を分配するのはおかしいと苦情をいわれた。そこで、茂文は、配当は行わず、代わりに400万円分の商品券を会社の資金で購入し、そのうち300万円分を滋に渡したうえで、残りを自分の懐に収めた。

　株主平等原則違反の具体例として、判例には、それまで行っていた配当ができなくなったときに、大株主にだけ配当額相当の現金をお中元やお歳暮などとして贈る、という**if シナリオ Y3-a** に似たような事例[8]がある。

　株主平等原則に反するような取扱いは無効であると解されている。これは、経営者が独断で行った場合のみならず、株主総会等の会社の意思決定を行う組織（機関）での決定や定款の規定があろうとも無効である（ただし、公開会社でない会社については、[3]も参照）。株主の（持株数に応じた議決権による）多数決であれば通ってしまうような内容であっても、その内容を実現することが許されないわけであるから、株主平等原則は、多数派株主の横暴な振舞いから少数派株主を保護する機能を果たすことになる。

　もっとも、多数派株主の横暴な振る舞いから少数派株主を保護する制度は、株主平等原則以外にも考えられる（たとえば、株主総会決議取消しの訴えに関する831条1項3号〔☞第7講2 [4](iii)〕）が、株主平等原則は、少数派株主が多数派株主と自分とで扱いが違うことさえ示せば救済が受けられる可能性が高くなるため、少数派株主にとっては使いやすい手段であるといえる。

(ii) 株主平等原則の限界

　このように、株主平等原則は、少数派株主の保護にとって重要な原則であるものの、株主間で取扱いに何らかの差異が生じれば形式的にはこの原則に違反していることになる一方で、その違反の効果は、(i)で述べたように無効という

8）最判昭和45年11月24日民集24巻12号1963頁。

極めて強いものであることから、硬直的で使い勝手の悪い法理であるとも指摘されている。

　そこで、近時は、まず、株主平等原則違反となるか否かの判断に関して、持株数に比例しない取扱いであっても、そのような取扱いをする**必要性**と、目的に照らした取扱いの**相当性**があれば違法ではない、という形で、株主平等原則違反となる範囲を制限する試みがなされている。もっとも、誰にとってのどの程度の必要性・相当性が要求されるのか、という点は、突き詰めていくとなかなか悩ましい問題である（この点については、さらに企業買収の箇所〔☞第31講4〕参照）。

> 　広く行われてきた実務慣行であっても、形式的には持株数に比例した取扱いをしていないものもたくさんある。たとえば、株主総会の会場に来た株主には、持株数にかかわりなく1000円程度の物品をお土産として渡すことが多かった（いまでも渡しているところはあるが、コロナを契機にその数は大きく減少している）。これは、株主総会の会場に来たかどうか、という、持株数とは異なる要素で異なる取扱いをしているといえるし、また、会場に来た株主についても、1株しか保有していない株主も100株保有している株主も等しく1000円のお土産1個だけを渡されるのであるから、持株数に応じた取扱いとなっていない。このほか、一定数以上の株式を保有する株主にのみ自社製品等を無償あるいは割引価格で提供する株主優待制度も問題となる。

　他方、平等原則違反の効果としても、一律に無効と考えるべきではなく、取扱いそのものは有効としたうえで、あとは取締役等の責任で処理すべき類型もあるのではないか、という問題提起もなされている。

[3]　属人的定め

　ところで、109条には2項が存在し、そこには、公開会社でない会社については、定款で定めれば、剰余金配当請求権、残余財産分配請求権および株主総会の議決権を（保有株式数に比例させずに）株主ごとに、すなわち属人的に異なる取扱いをすることができることが定められている[9]。閉鎖的な会社について、定款自治を優先する趣旨であるとされる。

> 　実は、ヤスダピーナッツ株式会社は公開会社でない会社を想定している（☞第0講3表

O登記簿サンプル「株式の譲渡制限に関する規定」参照）。したがって、if シナリオ Y3-a のようなケースも、創業家株主（滋と茂文）には（他の株主にはない）配当を受領する特別な権利を与える旨が会社の定款に定められていれば、適法となる可能性があるということになる。

　この規定をみると、公開会社でない会社については持株数に比例した取扱いという意味での株主平等原則ですら全く存在しないかのようである。しかしながら、公開会社でない会社についても少数派株主保護のためになお株主平等原則の趣旨は妥当し、属人的定めも、それを定める必要性と内容の相当性が求められるとする見解もある[10]。定款自治という言葉があるからといって、あるいは109条2項があるからといって、公開会社でない会社において、定款変更さえすれば多数派株主は何でもかんでもやっていいとは考えられていない点には注意が必要である。

●第3講のおさらい
・株式とはどのようなものだろうか？⇒1 [1]
・株主にはどのような権利が与えられているのだろうか？⇒2 [2]
・株主平等原則とはどのような内容の原則だろうか？条文でいうと何条に規定されているだろうか？⇒3 [1]
・株主平等原則に反する行為の効力は一般にどうなると考えられているだ

9）なお、109条2項の属人的定めを置いた場合の手続的な取扱いは、複数種類の株式が発行されている場合の取扱いと同じである（同条3項）ので、属人的定めに関する手続的な規律については、種類株式の箇所（☞第21講3）を参照されたい。

10）会社法制定以前の平成17年改正前有限会社法39条・44条・73条では、属人的定めを定款に置くことができると定める反面、それを定款変更により設定する場合の手続は定められていなかったため、株主全員の同意か、あるいは通常の定款変更決議に加えて不利益を受ける社員の同意が必要であるとするなど、いずれにせよ不利益を受ける社員が同意しなければそのような定めは置けないと理解されていた。しかしながら、現行会社法では、属人的定めを設定する定款変更の決議要件を、総株主の議決権の4分の3以上＋総株主の頭数の半数以上の賛成と法定しており（309条4項）、かつての多数説のように、不利益を受ける株主の同意を求めるような規律とはなっていない。そこで、不利益を受ける株主の保護を図るべく、属人的定めにも、必要性と相当性が要求されると解し、それらが守られない場合には、株主平等原則の趣旨に照らしてそのような属人的定めを導入する定款変更決議が無効になるとする考え方が提唱されている（東京地立川支判平成25年9月25日金判1518号54頁）。

ろうか？⇒3 [2](i)

・株主優待制度は適法だろうか、違法だろうか？その必要性と相当性を考
えてみよう。⇒3 [2](ii)

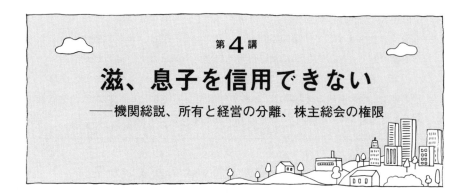

第4講

滋、息子を信用できない
——機関総説、所有と経営の分離、株主総会の権限

　会社とは、出資者を構成員として、対外的活動から得た利益を出資者に分配することを目的とした団体であり、その団体に自然人と同じような権利義務の主体となる地位（法人格）が与えられているのであった（☞第1講2）。もっとも、会社が権利義務の主体になるといっても、その存在はまさに法律がつくり出したバーチャルなものであるから、現実社会で何らかの活動を行うためには、自然人がいわば"中の人"として関与しなければならない。

　第4講から第16講では、そのような会社の"中の人"として、会社法ではどのような役割をもった人を想定し、それらに対してどのような規律を置いているのかについて説明する。もっとも、"中の人"といっても、1人の自然人に対して何か役割を割り当てている場合もあれば、人の集まり（組織体）に対して役割を与えている場合もある。それらの、会社運営に関して一定の役割を担う自然人あるいは自然人による組織体のことは、会社法上、「**機関**」と呼ばれる。

　本講では、これらの機関相互の関係について説明したのち、機関の中でもとりわけ根源的な決定権を有する株主総会についての総論的な話をする。

○○○○○○○○○○○○○○○○○○○○○○○○○○○○○○○○

Y4-1 ［滋、息子を信用できない］
20X0年、茂文、その父滋、友人の関の出資により、落花生卸売業を営む「ヤスダピーナッツ株式会社」が設立された（保有株式数は茂文800株・滋3100株・

関100株）。素性のわからない人間が株主として入ってきては困るので、同社の発行する株式すべてに譲渡制限が付されている。関は、大学の研究職という本業があるため、同社の経営に日常的に携わる気はない。滋も高齢であったので、落花生卸売事業の経営は茂文に任せたいと思ってはいるものの、息子の能力（特に金銭の管理能力）をあまり信用していないし、無断でよからぬことをしでかすのではないかとむしろ警戒すらしている。

1　どのようにして会社を動かしていくのがよいか？

　自然人もそうだが、ある主体によって何らかの活動が行われる場合には、通常、それ以前の段階でその活動を行うことについての「意思」が何らかの形で形成されていると考えられる。

　本講の冒頭でも述べたように、会社はバーチャルな存在であって、その意思は最終的には自然人の誰かの意思に還元されることになるが、では、"会社の意思"とは誰の意思のことであろうか。

[1]　株主の意思を尊重することの望ましさ

　ここで、考察の手がかりとして、会社ではなく、自然人が個人で事業を営んでいる場合を考えてみよう。

> **ifシナリオ Y1-a（再出・抜粋）[茂文、会社をつくらない]**
> 茂文は、自己資金800万円を元手に、本格的に落花生の卸売業を行おうと考えたが、面倒なので、会社などつくらず、個人事業主として事業運営をしていくことにした。

　個人事業主が従業員もなしに文字通り個人のみで事業を営んでいるとすれば、その事業に関係するのはその個人事業主しかいないのであるから、その人が一から十までその事業に関する意思決定を行わざるをえない。もっとも、そのような消極的な理由だけでなく、個人事業主自身がその事業に関して行った意思決定の結果（事業がうまくいって儲かるか、うまくいかなくて損をするか）は、最終的にはその個人事業主に帰属するのであるから、その個人事業主自身が意思

決定を行えば、その事業が発展する方向での決定をする可能性が高い、という積極的な理由も見出せるかもしれない。

これに対して、株式会社の場合は、意思決定に関与しうる立場の者が多数にわたることが想定されることから、個人事業主のように、消去法で意思決定主体が決まるようなことにはならない。そうすると、誰の意思をもって会社の意思とするかを決める必要があるが、個人事業主の話と同様に考えれば、損益が最終的に帰属する主体が誰であるかを考えたうえで、その主体に意思決定権限を与えるのが会社の発展にとって好ましいといえそうである。

すでに述べたように、株式会社は何のために存在しているのか、といえば、それは営利のためであり、そこでいう「営利」とは、対外的活動から得た利益を出資者たる株主に分配することを意味する（☞第1講2[1]）。そして、会社が損をすれば取り分が減り、利益を得ればその分だけ取り分が増えるという残余権者性が、株主としての経済的地位の特色なのであった（☞第2講1[3]）。そうすると、出資者の利益を図ることを目的とした（会社法が想定する理念型としての）会社のあるべき姿を考えた場合には、最終損益の帰属主体たる株主の意思を、なるべく会社の意思として反映させることが望ましいことになる。

> 頭の体操として、会社とは全く無関係の第三者を含めて誰に会社の意思決定を担わせればよいかを考えてみよう。全く無関係の第三者に行わせたとしたら、テキトーな決定しかしない可能性が高く、会社運営がうまくいかなそうだということは何となく想像がつくかもしれない。では、たとえば会社の債務弁済能力という点に強い関心を有する債権者に会社の主要な意思決定の権限を与えるというのはどうだろうか。すでに述べたように、債権者は固定額をもらって満足すべき立場にある（☞第2講1[1](i)）から、自分の取り分を確保すること以上に会社を発展させることには関心をもたないだろう。これに対して、株主の場合、その残余権者性から、少なくとも会社の財産的価値が債権者の債権額を上回っている限りは、会社の財産的価値が増大すればするほど、株主の取り分は増える。逆に考えれば、株主の取り分を増すような活動をすれば、債権者の取り分はなお一層安全に確保できるともいえる。このように、株主の残余権者性を踏まえて、会社法は、債権者や会社に対して利害関係をもたない第三者よりも、損益の最終的な帰属主体である株主に意思決定権限を与える方が望ましいという立場に立って、会社の意思決定に関するルールを定めていると考えられる。

もっとも、株主の意思が重要だとしても、「株主」が複数人いる限り、その

中での対立もありうることから、会社としての統一的な「意思」を株主が形成するためのルールを決めておかないといけない。この点について、会社法は、（原則として）株主全員により構成される**株主総会**[1]という組織体（会議体）における多数決によって意思を決定すべきことを定めている（株主総会における意思決定手続のルールの詳細については後述する〔☞第5講～第7講〕）。

[2]　株主の意思で会社のすべてを動かすことの難しさ

[1]で述べたような発想からは、損益の最終的な帰属主体である株主（より具体的には、株主の集団としての意思決定を行う組織体である株主総会）にすべてを決めさせれば、会社が発展する方向で意思決定がなされて万事うまくいくと思うかもしれない。しかしながら、現実問題として、会社運営を何から何まで株主総会で決めることが可能なのか、望ましいことなのかはもう少し考えてみる必要がある。ここで注意を要するのは、**ストーリーY4-1**のヤスダピーナッツのような小規模閉鎖会社のみが株式会社なのではなく、上場会社なども同じ株式会社であって、後者の場合には株主が大勢、もしかすると数万人規模で存在する可能性があるという点である。ここで、久しぶりに慶彦率いるSL食品株式会社に登場してもらおう。

S4-1［SL食品の株主構成］
SL食品株式会社の発行済株式総数は1億株で、同社の創業者一族である宮崎家の人々の持株比率は4％程度であり、このほか、同社のメインバンクである青井銀行をはじめ、保険会社や取引先などの安定株主の割合は30％程度で、残りは市場で比較的活発に取引されており、その株主数は5000人を超えている。

1）「原則として」という留保がついているのは、株主の中には、株主総会の意思決定に関与できない株主（議決権のない株式を保有する場合など）がありうるからである（☞第6講2[2](ii)）。

(i)　機動性の問題

　株主が多数に及ぶということは、2つの困難をもたらす。

　第一は、会議体は、メンバーが多くなればなるほど会合を開催すること自体が困難になることである。会議体である株主総会も、メンバーである株主の数が多くなればなるほど開催することが容易ではなくなり、株主総会による意思決定が機動的にできなくなる。そうすると、適時に的確な意思決定が求められる局面では、事業運営に支障を来たすことになりかねない。

> 　**ストーリーS4-1**のSL食品のような上場会社の場合、株主総会の開催のためには少なくとも3ヶ月くらいの準備期間が必要である。同社のような食品会社において、たとえば原料の調達先を切り替える、工場を売却する、営業部門長の人事異動を行う、といった意思決定は合計して年に幾度となく発生すると思われるが、その度に株主総会を開くというのは事実上不可能である。

　このように考えると、株主が多数存在する会社については、出資者全員が集まって会社の意思決定をしていたのでは追いつかないことから、ある程度意思決定を他の主体・組織体に委ねた方がよさそうである。

(ii)　専門性の問題

　第二は、株主の属性の問題である。株主が増えるに従って、その会社の事業のことをよく理解していない人が株主になる可能性も高まる。そうすると、**ストーリーS4-1**のSL食品のように、株主が5000人超いる会社において、食品事業の経営ノウハウをもち、また、その会社自体の事業展開の詳細を把握している株主は、いてもごくわずかになってしまうであろう。

> 　もちろん、経営の専門家でない株主が増えるということ自体は、実は株式会社制度の機能の観点からは悪いことではない。小規模投資の糾合という株式会社制度の機能（☞第2講2[1](i)）を考えれば、会社の事業を理解していない経営の素人であっても、その会社に投資してそこから分け前に与ることができる仕組みにしておいた方が、出資者の裾野が広がってよいとすらいえるのである。

　そうであれば、損益の最終的な帰属という利害関係のみを根拠として、株主

という事業経営の素人に合理的な意思決定を期待するよりも、むしろ、そのような利害関係を有していなくとも、経営のプロであるような人（々）に経営を委ねた方が、資金も調達しやすくなるし事業活動もより円滑となって、会社が発展する可能性が高まるといえそうである。

[3]　所有と経営の分離

(i)　調和点としての権限分配

　このように考えていくと、[1]で述べたように株主の意思を尊重しつつ、[2]で述べたような株主（株主総会）自身による意思決定の難しさをある程度克服できるような制度を組むことが望ましいといえそうである。

　そこで、会社法は、それほど頻繁には生じないけれども株主の利害に大きく関わるような重要な事項については、株主自身が意思決定をするという仕組みを維持しつつ、それ以外の、とりわけ専門的な経営上の意思決定については、経営のプロで構成される主体にその意思決定を委ねるという原則を採用している。具体的には、会社の解散等の会社の命運を決する事項については株主総会が意思決定をするとする一方で、日常の業務については、「取締役」という経営の専門家から構成される「取締役会」という会議体、あるいはその取締役会から権限を与えられた「代表取締役」「業務執行取締役」といった人々が意思決定をするとされているのである。

　このように、会社の損益の最終的な帰属主体である株主が経営に直接携わらず、専門家に経営を委ねることを指して、**所有と経営の分離**という表現が用いられることがある。

　　“所有と経営の分離” というときの想定は、上で述べた通り、所有＝出資者（株主）、経営＝取締役等の経営陣であるが、出資者を所有者と表現しているのはあくまで比喩的なものにすぎない点には注意が必要である。そもそも法的な意味での所有とはどのような権限を有することなのか、ということ自体、かなり難しい問題ではあるが、たとえば、所有者は所有物を自由に処分できる、といった典型的な権限を思い浮かべても、株主が会社の財産についてそのような権限を有していないことは法人格の分離原則（☞第1講2 [3](ⅱ)）からも想像がつくと思われる。出資者が最終的な損益の帰属主体であり、かつ重要な事項に

ついての意思決定権限を有していることをもって、比喩的に所有者になぞらえているだけなのである。この本でも、しばしば"所有と経営の分離(あるいは一致)"といったフレーズが登場するが、そこでの"所有"とはその程度の意味であると理解しておいてほしい。

(ii) 留意点:エージェンシー問題への対処

ところで、所有と経営が分離している株式会社にあっては(そうでない会社もある点については、次の (iii) 参照)、たとえ株主に重要事項についての決定権限があるとされていても、[2]で述べたような現実的な制約からすれば、経営陣(取締役会、代表取締役・業務執行取締役等)の意思決定に委ねられる事項の範囲はどうしても広くなってしまう。そうすると、任された範囲が広いことをいいことに、経営陣が、会社の利益のためではなく、自分たちの利益のために会社を利用することを企むかもしれない。たとえば、経営陣自らが取引の相手方となって、会社との間で、経営陣にとって有利な(会社にとって不利な)取引をすることで、経営陣は簡単に利益を得ることができる。本来株主のために働いてくれるはずの経営陣が、会社の利益ひいては株主の利益を損なうような行動をとるのだから、株主の立場からすればたまったものではない。このように、何かを任された人(エージェントと呼ばれる)が、任せた人(プリンシパルと呼ばれる)の利益のためではなく自分の利益のために行動をする結果として、任せた人の利益が害されるという問題は、**プリンシパル=エージェント問題**とか、**エージェンシー問題**と呼ばれる。

このような経営陣のズルを放置してしまうと、出資をしても損をするだけであるから、会社に出資をする者がいなくなってしまいかねない。したがって、とりわけ所有と経営が分離している会社については、この株主と経営者との間のエージェンシー問題に対する有効な抑止策を講ずることが、会社法の重要な役割の1つになっている(会社法がどのような抑止策を講じているかは、第8講以降の経営機構のところで詳しく説明する)。

(iii) "所有と経営の一致"も認められている

以上は、"多数の株主が集まって機動的に専門的な意思決定をすることはできないだろう"という現実的な想定を踏まえて、会社法が所有と経営の分離を

制度的に定めていることについての説明である。しかしながら、会社法は、そのような所有と経営が分離された経営体制しか認めていないわけではない。

　まず、事実の問題として、所有と経営が一致している、すなわち大株主が経営者として（取締役等の資格を併せもつことで）経営に携わっている会社は、とりわけ中小企業においては多い。株主が経営に携わってはいけない、といった禁止規定は、会社法には置かれていないのである。

　また、制度的にも、株主が株主としての資格で経営に携わることも認められている。所有と経営の分離が必要となる趣旨を逆に考えれば、株主が集まって機動的に専門的な意思決定ができる会社については、わざわざ所有と経営を分離させる必要はないといえる。そこで、会社法は、そのような会社には、株主総会が細かな事項まで意思決定をすることも認めているのである（この点については、2[1]で詳しく説明する）。

2　株主総会の権限

　では、株主は、株主総会を通じて、具体的にどのような事項について決定する権限を有するのであろうか。ここでは、会社法の条文の内容を確認したうえで、それらの規定が1で述べた基本的な考え方とどのように繋がっているのかに注意しながら説明していこう。

[1]　どんな会社類型があるのか：株主総会の権限の範囲を知るための前提知識

(ⅰ)　権限の違いは「取締役会設置会社」であるかどうか

　株主総会の権限に関して真っ先に頭に叩き込んでおくべきは、その会社に「取締役会」があるかどうかによって、株主総会が決定権限を有する事項の範囲が変わるという点である。株主総会の権限を定めている条文は295条であるが、この条文を理解するうえでのコツは、先に同条2項をみることである。295条2項は、「前項の規定にかかわらず、取締役会設置会社においては、株主総会は、この法律に規定する事項及び定款で定めた事項に限り、決議をすることができる。」と定めている。「前項の規定にかかわらず」という文言をさしあ

たり無視すれば、この条文は、**取締役会設置会社**では、株主総会は、会社法で定められている事項と定款で定めた事項に限って決議することができると規定していることがわかる。

(ⅱ) 「取締役会設置会社」には任意設置会社と強制設置会社の両方を含む

では、取締役会設置会社とはどのような会社だろうか。この言葉だけをみると、なんとなく取締役会を置いている会社のことだろう、くらいに思うかもしれないが、2条7号にきちんと定義されているれっきとした法律用語であり、会社法が取締役会を置くことを強制している会社（327条1項参照。以下、本講において「強制設置会社」という）と、会社法によって設置の強制はされていないけれども会社の意思として（＝株主の意思の現れである定款の定めによって）取締役会を設置することを定めた会社（326条2項参照。以下、本講において「任意設置会社」という）の両方が含まれる[2]。

> ところで、取締役会を置いていない会社のことを「取締役会"非"設置会社」ではなく「"非"取締役会設置会社」と記載している教科書が多い。日本語としては前者の方がしっくりくる表現であろうが、これも「取締役会設置会社」というのが法律用語で、その法律用語の定義に当てはまらない会社を指すために、その法律用語の前に"非"をつけているのである。言葉遣いの好き嫌いはさておき、一見変な言い回しにも、実は深い意味があったりするのである。取締役会を置いていない会社のことを指す条文上の文言に一貫したものはなさそうだが、比較的多いのが**「取締役会設置会社以外」の会社**であると思われるので、本書も基本的にそれにならうことにしたい。

(ⅲ) 強制設置会社の特徴

どのような会社に取締役会の設置が強制されるかは、327条1項が定めているが、ここでは「公開会社」である場合の設置強制（327条1項1号）を覚えておけばさしあたりは十分である。株式が一部でも自由に流通するような会社

2）現在の通説では、2条7号のうち、「取締役会を置く株式会社」が任意設置会社、「この法律の規定により取締役会を置かなければならない株式会社」が強制設置会社を指すと考えられているようである（コンメ(1)33頁［江頭憲治郎］）。

（これが「公開会社」の定義から導かれることは☞第2講3 [3]）については、誰が株主であり株主総会の構成員であるかを把握するのが容易でないことから、（たとえば、突然意思決定の必要性が生じたからその日のうちに株主総会を開く、といった意味で）機動的に株主総会を開いて意思決定を行うことは事実上不可能であるし、必ずしも事業に精通しているとは限らない様々な人が株主になりうることを考えれば、経営はプロに任せておいた方がよさそうである（☞1 [2]（ii））。以上のような発想から、株主総会以外に意思決定を行う機関であって、経営のプロから構成される取締役会の設置が義務づけられているのである[3]。

(iv)　任意設置会社の特徴

　他方、「公開会社でない」会社については、現実問題として株主数は少ないと考えられること、および、制度的にその株式が流通することはほとんどなく、また、仮に株式の流通により株主が交替したとしてもそのことを会社も把握しうることなどから、機動的に株主総会を開いて意思決定を行うことも困難ではない場合もある。したがって、公開会社でない会社すべてに、意思決定を委ねる機関としての取締役会の設置を強制するのはいき過ぎとなる可能性がある。

　しかしながら他方で、公開会社でない会社であっても、株主が経営に関与したがらず、むしろ専門家の判断に委ねたいという要望をもつ場合もありうる。そこで、公開会社でない会社については、定款の定めに基づき取締役会を設置する（326条2項）ことで、公開会社と同様に、株主総会と取締役会との間で意思決定を分担する仕組みを採用できるようにしている。

3）公開会社以外に取締役会の設置が強制されるのは、取締役会の内部委員会である指名委員会や監査等委員会を置くこととしている「指名委員会等設置会社」や「監査等委員会設置会社」である場合（☞第16講）、および、監査役というお目付役3人以上で組織される監査役会を置くこととしている「監査役会設置会社」である場合（☞第12講）である（327条1項2-4号）。前者は、取締役会を設置しなければその内部委員会も設置できないと考えられるし、後者は、お目付役が3人以上いて会議体の形を成しているのだから、執行側が取締役1、2名で会議体を置かないというのではバランスが悪いと考えられたためである（コンメ(7)388頁［近藤光男］参照）。

　　ストーリー Y4-1の関は大学の研究者という本業が別にあって会社の事業に関与する気がないし、また、宇宙物理の知識は食品の卸売業を成功させるノウハウとは関係なさそうである。そうであれば、経営に関する事項についての意思決定のために頻繁に会社に呼び出されるのは煩わしいし、むしろ、経営は専門家に任せて、自分は必要な時だけ意思決定に加わるようにすればよいと考えているかもしれない。そのような事情もあってか、ヤスダピーナッツ株式会社は公開会社でない会社であるが、定款に取締役会を設置する旨を定めている（☞第0講3表0登記簿サンプル）。

[2]　取締役会設置会社の株主総会の権限

　　さて、取締役会設置会社については、重要な事項のみを株主総会で意思決定する仕組みになっていると述べた。では、それは具体的にどのような事項であろうか。基本条文である295条2項をみれば、株主総会の決議事項は、会社法で定められた事項と、定款で定めた事項とに分けられることがまずはわかるであろう。

(i)　会社法で定められた株主総会決議事項

　　まず、会社法のあちこちに、会社が特定の事項を行おうとする場合には株主総会の決議が必要であると定める規定がある。具体的にどのような事項について株主総会決議が必要なのかはそれぞれの該当箇所で説明をするが、大まかには、①会社の基礎的な変更に関する事項、②株主の利害に直接関係する事項、および、③利益相反等により他の機関に決定させるのが不適切な事項、に分類することができる。

　　①は、まさに会社の運命を大きく左右するような決定であり、会社の事業活動をやめてしまう決定（会社の解散：471条3号。詳細については☞第34講）や、他の会社と一緒になる決定（会社の合併：783条等。詳細については☞第27講以下）、会社内部の自治ルールの変更の決定（定款変更：466条）等がこれに該当する。

　　②は、①のように会社の運命を大きく左右するほど（会社にとって）インパクトのある決定ではないが、それにより個々の株主が大きな不利益を被りかねない決定であり、典型例としては、投資単位を大括り化する結果として、持株数の少ない株主を締め出すことになる決定（株式併合：180条2項1項。詳細については☞第20講3[3]・第32講1[2](i)）を挙げることができる。

表4−1

趣旨	具体例
会社の基礎的な変更に関する事項	・定款変更（466条） ・合併契約の承認（783条1項・795条1項・804条1項） ・会社の解散（471条3号）
株主の利害に直接関係する事項	・株式併合（180条2項） ・剰余金配当（454条1項）
利益相反等により他の機関に決定させるのが不適切な事項	・役員の選任（329条1項） ・取締役の報酬の決定（361条1項）

　③は、①ほどの会社にとってのインパクトのある決定ではなく、②のようにその決定によって個々の株主が大きな不利益を被ることもなさそうな決定であるものの、他の機関（特に取締役会等）に決めさせるのが適切でないことから、株主総会が決めざるをえないような事項であり、取締役の選任（329条1項。詳細については☞第8講3）や取締役の報酬の決定（361条1項。詳細については☞第10講）などが挙げられる。

(ii)　定款で定められた株主総会決議事項

　他方で、会社法上取締役会等の株主総会以外の機関が決定すべきとされている事項であっても、株主総会で決めたいと考える会社もありうる。

　そこで、会社法は、取締役会設置会社において、法律の規定上は株主総会の権限事項とされていないものであっても、定款で定めれば株主総会が決めることができることを定めており、これにより各会社の事情に合わせて株主総会決議事項をカスタマイズできるようになっている[4]。

　　ストーリー Y4-1のヤスダピーナッツの場合だと、滋は、日常の業務に常時携わるのは億劫だが、経営者としての茂文の金銭管理能力に不安を覚えているのであれば、定款に、たとえば、一定金額以上の資産の購入については株主総会で決めなければならない、といった規定を置くことで、大株主である滋が、株主総会の決定権限を通じて、茂文の金銭管理の甘さに対して一定の歯止めをかけることができるようになるのである。
　　このような定款規定による株主総会決議事項のカスタマイズは、何もヤスダピーナッツ

のような中小企業に限った話ではなく、上場会社でも、（特に買収防衛策に関連して）定款
で株主総会決議事項を増やすといったことがされることもある（☞第31講）。

[3] 取締役会設置会社以外の会社の株主総会の権限

295条1項では、「株主総会は、ⓐこの法律に規定する事項及びⓑ株式会社の
組織、運営、管理その他株式会社に関する一切の事項について決議をすること
ができる」と定められている。ⓐは、取締役会設置会社において法律上株主総
会決議事項とされている事項（☞[2]（ⅰ））と同じであるが、ⓑで、取締役会設
置会社のデフォルト・ルールでは株主総会以外の機関（取締役会、代表取締役
等）が決めるとされている事項についても、取締役会設置会社以外の会社では
定款の規定がなくても株主総会で決定することができるとされているのである。
取締役会設置会社以外の会社の株主総会は、まさに万能の機関として、会社の
あらゆる事項を決定することができるのである。

　すでに述べた通り、295条は、2項で「前項の規定にかかわらず、取締役会設置会社に
おいては」と定めているから、同条1項は取締役会設置会社以外の会社のみに適用される
規定である点は改めて注意をしておこう。295条の条文は、あたかも1項が大原則を定め
る一方で2項が例外を定めているようにみえるが、しばしばその動向が世の中に対して大
きなインパクトを与える上場会社については、すべて、会社法上の公開会社である→取締
役会設置会社となる→株主総会の権限は295条2項が定めている、という適用関係にある
点には注意が必要である。

4）もっとも、取締役会設置会社において、定款で定めればどんな事項でも株主総会で決めること
　ができるかは争いがある。特に問題となるのが、法律上取締役会が行うとされている代表取締役
　の選定・解職（362条2項3号）を、定款に規定を置くことにより株主総会が行うことができる
　かである。この問題に関しては、「代表取締役は取締役会の決議によって定めるものとするが、
　必要に応じ株主総会の決議によって定めることができる」旨の定款規定が有効である旨を述べる
　判例（百41 最決平成29年2月21日民集71巻2号195頁）がある。もっとも、この事案は、公開
　会社でない取締役会設置会社（したがって、任意設置会社）に関するものであり、また、定款規
　定によって株主総会で代表取締役を選定することができるとしつつも、取締役会にも代表取締役
　を選定・解職する権限が残されていた事案であることから、まず、①上記判例の事案と同じ任意
　設置会社を念頭に置いた場合において、取締役会の代表取締役選定・解職権限を完全に取り上げ
　て株主総会に帰属させる趣旨の定款規定が許容されるのか、さらに、②強制設置会社についても
　任意設置会社と同様に考えてよいか、といった点は必ずしも明らかではない。

[4]　下位機関への決定権限の委譲の禁止

　なお、取締役会設置会社にしろ、それ以外の会社にしろ、会社法が株主総会の決議を要すると定めている事項について、定款で、たとえば「取締役会決議で決める」とか、「（代表）取締役が決める」といった形で下位の機関への権限の委譲を定めても、そのような定めは効力を有しない（295条3項）。

●第4講のおさらい
・「所有と経営の分離」とはどういう意味だろうか？⇒1 [3]
・株主総会の権限は何を基準としてその範囲が変わるのだろうか？⇒2 [1](i)
・取締役会設置会社とは、どのような会社のことをいうのだろうか？⇒2 [1](ii)
・取締役会設置会社の株主総会にはどのような意思決定権限が与えられているだろうか？⇒2 [2]
・取締役会設置会社以外の会社の株主総会にはどのような意思決定権限が与えられているだろうか？⇒2 [3]

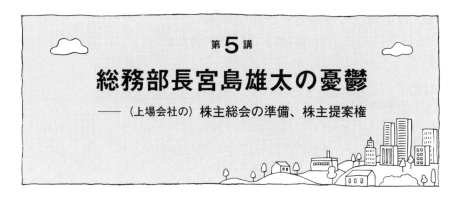

第5講

総務部長宮島雄太の憂鬱
── （上場会社の）株主総会の準備、株主提案権

本講では、株主総会の準備段階の規律を概観する。

株主総会は、株主をメンバーとする会合であり、会合はメンバーが多くなる
ほど開催の手続が煩雑になることが想定されるし、その分だけ、法的な規律も
複雑になる。そこで、本講では、大は小を兼ねるということで、株主数の多い
上場会社のモデルとして SL 食品を舞台に説明をしていこう。

S5-1 ［宮島総務部長の憂鬱な日々］
東京証券取引所プライム市場上場の SL 食品株式会社の株式は市場で比較的
活発に取引されており、同社の株主数は5000人を超えている。同社の決算日
は毎年 3 月31日であり、同社の総務部長である宮島雄太は、株主総会の事務
局の責任者として年明けから落ち着かない日々を過ごしている。

上場会社ともなれば、株主はかなりの数に上る。株主総会は、基本的には株主全員を
（来るかどうかはともかく）呼ぶ（招集する）必要があるし、全員が会場に来ることはなかっ
たとしても、（少なくとも感染症の流行等がなければ）千人以上が集う会議となる可能性もあ
る。これを仕切らなければならい事務局の責任者も、準備の段階から相当なプレッシャー
を感じているようである。

1　株主総会の種類とその開催時期

　まず、株主総会には、**定時株主総会**と**臨時株主総会**の２種類があることから説明しよう。

[1]　定時株主総会

(i)　意　義

　定時株主総会は、主として会社の業績を株主に提示するために開かれるものである。

　会社の業績は、通常は一定の期間を区切って、その期間において会社がどれだけ儲かったか（損をしたか）で測定する。この測定期間のことを「**事業年度**」と呼び、現在、たいていの会社では１年間を区切りとして業績を測定している。業績は、ある事業年度においてどれだけの利益が出たかを「**損益計算書**」という形式で、また、その**事業年度の末日**（これは一般に**決算日**[1]と呼ばれる）における会社の財産状況を「**貸借対照表**」の形式で、それぞれ示す必要があり、さらに、会社の状況を文章で示した「**事業報告**」も併せて提示することが求められている（438条１項[2]）。わが国では、学校と同じように<u>４月１日から翌年の３月31日を一事業年度とする（したがって、決算日は毎年３月31日である）会社が多い</u>。

(ii)　定時株主総会は実際にはいつ開催されているか

　会社法では、定時株主総会は、毎事業年度の終了後一定の時期に招集しなければならないと定められている（296条１項）のみであり、決算日から何日以内に開催せよといったルールは存在しない。しかしながら、３月31日を決算日とする会社の多くは、６月に株主総会を開催している。

1）　同じ意味の法律用語として「決算期」という表現も用いられることがある（たとえば平成17年改正前商法33条２項）が、日常用語としての"決算期"は、決算をする時期といった、少し広めの期間を示す言葉として用いられることも多いことから、本書においては「決算日」という表現に統一することとする。

2）　厳密には、株主総会で計算書類を「報告」すれば足りる場合と「承認」の決議をしなければならない場合があるため、本文では「提示」と表現している。決算の詳細については、☞第17講。

　これは、貸借対照表や損益計算書などの「**計算書類**」（435条2項参照）と呼ばれる書類の作成が終わるまでは定時株主総会を開催することができないから、4月や5月に開催することは現実的にはかなり難しい反面、後で述べる基準日の制約（☞2 [4](ⅲ)）により決算日（3月31日）に株主総会関係の権利行使の基準日を設定した会社は7月以降に株主総会を開くことができないことによる。

(ⅲ)　定時株主総会では業績の提示のほかに通常何が決められているか

　(ⅰ)で述べたように、定時株主総会は、会社の業績を提示することを主たる目的とするが、とりわけ上場会社のような株主が多数存在する会社にとっては、株主総会を頻繁に開くことは手間もコストもかかることから、株主総会で決める必要がある事項（議題。☞2 [3]）が定期的に（ルーティーンで）発生する場合には、定期的に開かれる定時株主総会においてそれも併せて決めてしまった方が、手間が省けるし安上がりでもある。

　そのようなルーティーンで発生するイベントとして、取締役をはじめとした株主総会が選任権を有する**役員**（ほかに監査役と会計参与が含まれる。329条1項）の選任がある。役員の任期は概ね年単位（1年、2年、4年等）で定められており（332条・336条等参照）、また、現実問題として役員は任期が満了するまで務め上げるのが通常であるから、役員選任の議題も年単位で株主総会にかける必要が生じることになる。そこで、多くの会社では、定時株主総会で計算書類の提示と併せて役員の選任もしている。

　なお、役員の任期に関する会社法の規定は、「選任後○年以内に終了する事業年度のうち最終のものに関する定時株主総会の終結の時まで」といったややこしい文言となっている。これは、たとえば20X1年の定時株主総会が6月20日開催だった場合において、20X2年以降の定時株主総会が6月21日以降にずれても役員の任期が切れないようにするためである。このように、法律上も、定時株主総会で役員の選任がなされることを前提とした規律となっているのである。

[2]　臨時株主総会

　定時株主総会以外の株主総会は、臨時株主総会と呼ばれる。「必要がある場合には、いつでも」開催されることになる（296条2項参照）。実務的には、他社との合併など、次の定時株主総会まで待てないほど重要で、かつ速やかに決

める必要のあるイレギュラーな事項が議題となることが多い。

2　会社による招集

　さて、およそ会議を開いて何かを決めたり確認したりする場合には、その会議体の構成メンバーを集めなければならない。定時であれ臨時であれ、株主総会についても同様であり、会社法では株主総会という会議体の構成メンバーたる株主に集合をかける手続を「株主総会の**招集**」という（"召集"ではない）。

　一般的に、会議というものは、そのメンバーが自ら招集することもあれば、その会議を取り仕切る事務局が招集することもある。株主総会でも、メンバーである株主自身が招集することも一定の要件の下で認められている（☞ 3 [3]）が、通常は、その会議を取り仕切る会社（取締役）の側で招集することとされている（296条3項参照）。

[1]　誰が招集内容を決め、誰が招集の手続をとるのか

　もっとも、"会社が招集する"といってみたところで、会社は実体のないバーチャルな存在であるから、誰か自然人（あるいは自然人の集まりである組織体）が"中の人"として現実に招集に関する事項を決定し、また実際の招集の手続をとる必要がある。

　株主総会の招集に関係する条文は296-307条にあるが、それらの条文には「取締役」を主語としたものが多い。しかしながら、これは、会社の"中の人"（＝機関）としては取締役しかいない会社（取締役会設置会社以外の会社）をベースとして会社法の条文がつくられているためであって、上場会社をはじめとした多くの株式会社が当てはまる「取締役会設置会社」（☞第4講2 [1]）の場合は、これから招集をする株主総会をどのようなものにするのかについての内容は取締役会が決定する（298条4項）一方で、その決められた内容に沿った具体的な招集の手続（招集通知の発送等）は、取締役会によって会社を代表する者として選任された「代表取締役」の名前で行われると考えられている点には注意が必要である[3]。

　以下の本文では、実務的な重要度が相対的に高い取締役会設置会社を前提に説明し、取締役会設置会社以外の会社については適宜脚注で触れるにとどめる。

[2]　招集に関する決定の内容

　株主総会の招集に関して決定すべき事項は、298条1項が定めており、①株主総会の日時・場所、②株主総会の目的である事項、③会場で実際に行使する方法以外の議決権行使方法を認める場合にはその旨、④その他法務省令で定める事項、である。

　①は、会議を開く場合にはその会議が行われる時間と場所を示してメンバーを招集しなければならないという、あたりまえともいうべき規定である。

　②は、いわゆる議題というものを定めるべしという規定であるが、詳細については[3]で改めて説明する。

　③は、どのような方法でその会議体の意思を決定するかという、いわゆる「決の取り方」に関係する話であり、詳細については株主総会当日の話題を含めて次講で説明するが、株主が株主総会の会場に赴くことなく書面や電磁的方法を用いて議決権を行使することを会社が認める場合には、その旨を招集に際して決定すべきことが定められている（298条1項3号・4号）。なお、株主数が千人以上の会社については、原則として、書面による議決権行使の制度を採用することが強制される（298条2項参照）点にも注意が必要である。

　④については、イレギュラーな日時や場所で定時株主総会を開催する場合にはその理由[4]、議決権行使に関連する取扱いの細目的事項、議案（☞[3]）が決まっている場合についてはその内容などを定めることが求められている（施則63条）。

[3]　議題と議案

　②の「株主総会の目的である事項」は、通常、**議題**と呼ばれるものである。

3）296条3項および299条以下で具体的な行為を行う「取締役」とは、本講において前提としている取締役会設置会社である監査役設置会社の場合は「代表取締役」のことを指すものと解されることになる一方で、取締役が業務執行をできない指名委員会等設置会社の場合（415条参照）は執行役が具体的な招集行為をすると解することになるため、本文で挙げた規定の招集者として執行役が含まれていない点には批判がある（コンメ(7)52頁［青竹正一]）。
4）これは株主の出席が困難となるような場所や日時での開催を決定したのはなぜか、という理由を、会社として公式に決定しておかなければならないという趣旨である。

議題とは、一般的には、その会議体において討議すべき主題（テーマ）である
とされるが、具体例がある方がわかりやすいので次の例をみてみよう。

S5-2［SL 食品の取締役の改選］

SL 食品株式会社の取締役は、長井社長のほか、創業家出身で取締役会長の
宮崎琢也とその父で前会長の宮崎伸也、副社長の山本誠、専務の村上泰正、
常務の角泰成、および、いわゆるヒラ取締役の堺信江と竹下誠一の 8 名であ
る。来る20X1年 6 月27日開催の定時株主総会終結の時をもって、現任取締
役 8 名全員の任期が満了するが、宮崎伸也は高齢であるため、これを機に取
締役を退く意向を示している。会社としては、伸也以外の 7 人はそのまま再
任したうえで、宣伝・広報部長である足立知希を新たに取締役に選任するこ
とを予定している。

　この場合、一般的には、会社として取締役を 8 名選任してほしいという"議
題"を設定していると考えられている。この議題について、具体案を示してそ
れを採用するかどうかを会議体に諮り議決することになるが、その議決の対象
となる案のことを「**議案**」という[5]。取締役会設置会社において招集に際して
必ず決めなければならないのは議題（「株主総会の目的である事項」〔298条 1 項 2
号〕）だけであるが、通常はその段階で経営陣が通したいと考える議案も決め
ている（なお、書面や電磁的方法を用いて議決権を行使することを認めている場合
には、招集の決定の段階で議案も決定しなければならない。☞[4](ii)）。

[4]　株主への情報提供

(i)　招集通知

　取締役会で決めた内容（[2]の内容。議案が決まっている場合は議案の概要を含

5）何をもって「議案」というかは、とりわけ株主提案権の制限との関係で問題となる（株主総会
　が開かれる前のものにつき☞3 [1]、総会当日の議場におけるものにつき☞第 6 講注 8 ）。

む。施則63条7号参照）を記載した通知書面[6]を、株主総会の日の2週間前までに、代表取締役などの会社の代表権を有する役員の名前で株主に対して発送する（299条1項・2項2号・4項）[7]。

　この招集通知は、株主が株主総会に出席するかどうかを判断するための情報提供手段として、法的にも重視されている。すなわち、（少なくとも取締役会設置会社については）株主には株主総会に出席する義務はないから、株主は、招集通知を見て、大した議題がなさそうだと考えれば、株主総会に出席しない（議決権を行使しない）という判断をすることができる。しかしながら、そのような形で欠席を決めた株主にとっては、招集通知に示されていない事項が当日突然議題に上り、それについて株主総会の決議がなされてしまったのでは、「話が違う！」「そんなことなら出席したのに！」ということになってしまう。そこで、取締役会設置会社の株主総会では、招集の取締役会決議の際に議題として決定された事項（298条1項2号に掲げる事項）以外の事項については決議をすることができないとされている（309条5項）[8]。

(ⅱ)　議決権行使書面と株主総会参考書類の交付

　[2]で述べたように、会場に赴かずに書面により議決権を行使することが認められる場合には、議案に対する賛否を表明するための書面（「**議決権行使書面**」）を株主に渡しておく必要がある（301条1項）。議決権行使書面は、料金受

6）取締役会設置会社における株主総会の招集通知は書面が基本であるが、電磁的方法（電子メール等。2条34号・施則222条参照）での通知について株主の承諾が得られた場合に限り、電磁的方法も利用することができる（299条3項）。

7）公開会社でない取締役会設置会社については、株主総会の日の1週間前までに発送すればよい。取締役会設置会社以外の会社については、書面・電磁的方法による議決権行使を採用していない限りは書面を送付する必要はない（299条2項参照）し、通知の時期も1週間前まででよく、定款でこの期間をさらに短縮すること（より株主総会の日に近い日を発送期限とすること）もできる（299条1項かっこ書の中のかっこ書）。ただし、電子提供措置（☞注9）をとる場合の特則（一律2週間。325条の4第1項）にも注意。

8）これに対して、取締役会設置会社以外の会社の株主総会は、会社に関する事項のすべてを決定することのできる万能の機関であるし（☞第4講2[3]）、また、株主総会に機動性があることが前提となっていることから、株主が招集通知を見てから出席するか否かを判断することは想定されておらず、招集通知に載っていない議題でも決議することができる。

取人払の専用ハガキの形で提供されるのが一般的であり、このハガキの裏面に、それぞれの議案に対する賛否の意思を示すためのチェックボックスが印刷され、賛成か反対かどちらかに印をつけるという様式が一般的である（施則66条1項参照）。なお、電磁的方法による議決権行使は、専用ウェブページにログインして、議案に対する賛否の意思を示すボタンをクリックする形が多いようである。

> 　書面や電磁的方法で議決権を行使する以前の段階の問題として、株主はあらかじめ原案を提示してもらわないと何に対して賛否を表明すればよいかわからないことになるので、会場に赴かずに書面や電磁的方法により議決権を行使することが認められる場合には、会社は、招集の決定の際に会社として提案する議案を決めていることが前提となる（施則63条3号イ・73条1項1号参照）。

　ところで、招集通知は「この議題を審議するから株主総会の会場に来てください」という趣旨の書面であり、それに呼応して会場に赴いた株主は、審議を通じて議案の理解を深めたうえで議決権を行使することができると考えられる。しかしながら、書面や電磁的方法による議決権行使（以下「書面投票等」という）をする株主については、議決権行使の判断に際して会場での審議や説明を通じて理解を深めることはできない。そこで、書面投票等を採用した会社については、招集通知に併せて、議決権行使について参考となる情報を記載した書類（「**株主総会参考書類**」）も株主に交付しなければならないとされている（301条1項・302条1項）。株主は、この株主総会参考書類を見て、議案への賛否を判断し、書面投票等をすることが想定されている[9]。

(ⅲ)　誰に送付しなければならないか

　招集通知や議決権行使書面・株主総会参考書類は、株主総会のメンバーである株主に送付されるべきものであるところ、素直に考えれば、株主総会が開かれる時点で株式を保有している株主こそが株主総会のメンバーとしてふさわしいといえそうである。しかしながら、とりわけ上場会社のように株式が頻繁に売買される会社を想定すると、株主総会開催時点の株主を（そしてそのような者のみを）株主総会に招集することは困難であることに気づくであろう。招集

通知を送る時点で株主だった人が、2週間以上後に行われる株主総会の時まで
その株式を保有しているとは限らないし、逆に株主総会当日に株主である人が
その2週間前にも株主であった保証もないからである。そうすると、ある程度
割り切って、特定の時点で株式を持っている人のみが、そしてその人がその時
点以降に株式を保有し続けているかどうかに関わりなく、株主総会で株主とし
ての権利を行使する（具体的には議決権を行使する）ことができるとせざるをえ
ない。このことを正式に制度化したのが124条であり、このような制度は**基準
日**制度と呼ばれる。基準日制度の詳細については、☞第20講2。

　　たとえば、決算日が3月31日である会社が6月27日に定時株主総会を開催するためには、
　6月12日までには招集通知を発送しなければならない。しかし6月12日に発送するために
　は、その時点で招集通知等の送付物の宛名の印刷などが完了していなければならないから、
　招集通知発送よりかなり前の段階で、宛名印刷を開始するために誰を宛先にするかを固定
　しておかなければいけないことになる。実務的には、決算日に基準日を設定し、その時点
　で株主である人のみが株主総会に出席できる株主として取り扱って（その旨を定款で定めて

9）なお、令和元年改正によって、定款の定めがあれば、株主総会参考書類等（株主総会参考書類、
　議決権行使書面、計算書類および事業報告〔437条〕ならびに連結計算書類〔444条〕を指す。
　325条の2）の情報を電子ファイルの形でインターネットウェブサイト（たとえばいわゆる自社
　のホームページ）に提供（「電子提供措置」。施則95条の2も参照）することで、会社はこれらの
　書類を紙媒体で送付しなくてもよくなった。
　　もっとも、電子提供措置の対象資料の中には招集通知自体は含まれていないため、電子提供措
　置がとられる会社であっても、原則として、電子提供措置のためのURLの記載された招集通知
　（325条の4第2項3号、施則95条の3参照）は送付しなければならない。また、議決権行使書面
　は電子提供措置の対象とされているものの、データをダウンロードして印刷して返送する手間が
　掛かることで株主の議決権行使が滞っては困るので、実務的にはこれも招集通知に同封する形で、
　書面で株主に送付されているものと思われる。とはいえ、ちょっとした冊子にもなろうかという
　分量の株主総会参考書類等を紙媒体で送付する必要が（デジタルデバイド対策としての書面交付
　請求に応じる場合〔325条の5〕を除けば）なくなるため、印刷代や郵送費の削減に繋がるだけ
　でなく、それにより会社側の負担も軽減されて情報提供の時期を前倒しする余裕が生まれること
　が想定される。そこで、電子提供措置を採用する会社については、株主総会の日の3週間前（そ
　れより前に招集通知を発送した場合にはその発送の日）から電子提供措置を開始しなければなら
　ないとされている（325条の3第1項。書面による場合は2週間前の発送でよい〔☞(ii)〕）。この
　ような情報提供時期の前倒しは、特に上場会社の株主である海外機関投資家にとって有益である
　と考えられることから、上場会社（振替株式の発行会社。☞第20講）については電子提供措置を
　とる旨を定款で定めることが義務づけられている（振替法159条の2第1項。要するに、上場会
　社については必ず株主総会の日の3週間前から電子提供措置を取らなければならないとされてい
　るのである）。

いる会社も多い）、それらの株主に対して招集通知を発送するという対応が行われている。この基準日は、株主が実際に権利を行使する日から遡る3ヶ月以内に設定しなければならない（124条2項かっこ書）とされているから、3月31日を決算日とする会社の多くは、6月中に定時株主総会を開いているという話（☞1 [1][ii]）に繋がるのである。

3　株主総会に関連した株主の請求

さて、2は、会社が主導して開催する株主総会の準備の流れに関する説明であった。これに対して、会社は必要性を感じていないけれども、株主が何らかの理由で株主総会の決議等が必要だと考えた場合には、株主としてはどのような対応ができるだろうか。

S5-3［Nemo パートナーズ、SL 食品の支配を狙う］

Nemo パートナーズという投資ファンドは、近時 SL 食品株式会社の株式を盛んに買い続けており、同ファンドは20X1年の1月の段階で SL 食品の相当数の株式（総議決権の4％）を保有するに至った。同ファンドの運営会社の根本博光代表としては、SL 食品の今の経営状態に不満があるため、まもなく行われる SL 食品の定時株主総会において、長井社長ら現経営陣（取締役）を全員クビにして、自身をはじめとした Nemo パートナーズの関係者8名を取締役に選任してもらいたいと考えている。

[1]　議案通知請求権

ストーリー S5-3における Nemo パートナーズの狙いは、現経営陣を押しのけて Nemo パートナーズの関係者8名を SL 食品の取締役に就任させ、同社の経営を牛耳ることである。取締役を選任するのは株主総会である（329条1項）ところ、ちょうどよいタイミングで会社が準備する株主総会が開かれるのであれば、そこで Nemo パートナーズの関係者8名を取締役に選任する議案を審議してもらえばよさそうである。

しかしながら、会社が準備する株主総会においては、議案を決めてそれを書面に印刷して株主に送付する作業を行うのは会社である（299条1項・301条の

主語はいずれも「取締役」である）し、実態としても招集通知や株主総会参考書類は現経営陣の提案する議案（会社提案議案。**ストーリー S5-3**であれば長井社長以下の現経営陣を取締役に選任すること）を可決してもらうための事前の情報提供手段として機能しているから、それと異なる議案（株主提案議案。**ストーリー S5-3**であれば根本代表以下の Nemo パートナーズ関係者を取締役に選任すること）を会社提案議案と同じ土俵で戦わせるためには、会社提案議案と同じように事前に株主に情報提供しておく必要があると考えられる。

　そこで会社法では、一定の要件を満たす株主が株主総会の会日の8週間前まで（それより株主総会に近い日を期限とすることを定款で定めることもできる）に会社に請求をすれば、その株主が株主総会に提出し審議してもらいたいと考えている議案の要領を、会社が発送する招集通知に記載して他の株主に通知してもらうことができる旨が定められている（305条1項）。また、株主総会参考書類の株主への交付が必要な会社（☞2 [4](ii)）については、株主総会参考書類への記載も請求していることになる（施則93条参照）。以下では、このような権利を、「議案通知請求権」と呼ぶことにする。

　議案通知請求権は、取締役会設置会社については少数株主権であり[10]、公開会社の場合、原則として、<u>総株主の議決権の100分の1以上または300個以上の議決権</u>を請求の日の6ヶ月前から引き続き保有している株主でなければならない[11]。これは、株主であれば誰にでも議案通知請求権を行使できるとしてしまうと、色々な人が色々なことを請求して混乱する（印刷代も郵送代も嵩む）ことから、ある程度真剣に提案してくれそうな利害関心を有する株主に限定しているのである。

10）取締役会設置会社以外の会社（これはすなわち公開会社でない会社である。327条1項1号参照）の場合には、株主総会の決議事項は招集時に決定した議題に限られるものではなく（☞注8）、また、公開会社でないため閉鎖性が維持されていることから、議案通知請求権は単独株主権であり株式継続保有要件もない（会社の準備の都合があるから、議題提案権とは異なり8週間前の請求の要件はある）。

11）持株比率要件および議決権個数要件ならびに株式継続保有要件のいずれも、定款において、より株主が権利行使しやすい方向で軽減することができる。なお、公開会社でない取締役会設置会社については、持株比率要件および議決権個数要件は公開会社と同じだが、6ヶ月間の継続保有要件はない（305条2項）。

　少数株主要件を満たす株主が議案通知請求権を行使したとしても、会社は、法令・定款違反の議案を通知する義務を負わないことはもとより、いわゆる泡沫提案に毎度毎度付き合わされる煩わしさを避けるべく、通知請求された議案が株主総会で採決され総株主の議決権の10分の1以上の賛同を得られなかった場合には、それと実質的に同一の議案については、3年間その要領を株主に通知する（参考書類に記載する）義務を負わないとされている（305条6項）。

　さらに、近時、とりわけ上場会社における議案通知請求権の濫用事例が目立つようになった[12]ことを踏まえて、令和元年改正で、取締役会設置会社については、1人の株主につき10を超える議案についてはその要領を株主に通知する（参考書類に記載する）義務を負わない旨の規定も導入された（305条4項）。

[2]　議題提案権

　本講の一連のストーリーでは、SL食品の現任取締役は全員20X1年6月の定時株主総会で任期が満了になるから、そのときに会社が取締役の選任を議題として取り上げることはまず間違いない。しかしながら、もし、根本代表が、現任取締役の任期満了のタイミング以外のタイミング（任期2年の取締役の1年目の定時株主総会など）で取締役の入替えを行いたいと考えたとしたならば、株主総会において、①現任取締役の解任と②新たな取締役の選任という、会社側としては特に必要性を感じていない事項を議題として取り上げてもらう必要がある。

　取締役会設置会社の株主総会では、招集の取締役会決議によって決められた議題以外の議題について決議することはできない（☞2[4](i)）から、株主総会当日に「現任取締役全員を解任し、後任としてNemoパートナーズ関係者8名を取締役として選任する」といった議案を提示しても、そもそも現任取締役の解任も後任取締役の選任も議題とされていなければ、それらを決議することは法律上できないのである。

　そこで、取締役会設置会社においては、一定の要件を満たす株主が株主総会の会日の8週間前まで（それより株主総会に近い日を期限とすることを定款で定め

12）百28 東京高判平成27年5月19日金判1473号26頁は、個人的な目的あるいは会社を困惑させる目的のために114個もの議案の通知請求がなされたと認定された事案である。

ることもできる）に会社に請求をすることで、その株主が審議をしたいと望む
議題を追加することができる旨が定められている（303条1項・2項）[13]。株主
の株式保有要件は議案通知請求権と同様である。持株要件等も揃えられており、
一緒に行使されることの多い303条の議題提案権と305条の議案通知請求権とを
併せて、**株主提案権**という表現が用いられることも多い。

[3]　**株主による株主総会の招集請求**

　本講の一連のストーリーでは、Nemoパートナーズは次の定時株主総会のタ
イミングで株主提案権を行使することができそうであるが、会社が株主総会を
開くことを意図していないタイミング（定時株主総会以外のタイミングなど）で
取締役の入替えを行いたいと思った場合や、（小規模閉鎖会社においてままある
ように）そもそも株主総会がきちんと定期的に開かれていない場合には、株主
総会で審議をしたいと考える議題のある株主としては、まずは株主総会を開催
させるところから始めなければならない。

(i)　会社に対する招集の請求

　そこで、会社法は、一定の要件を満たす株主が、会社に対して株主総会の招
集を請求することができると定めている。この請求を行う株主（以下「請求株
主」という）には当然株主総会で審議したい事項（議題）があるはずであるから、
その議題と併せて株主総会の開催を必要とする理由を明示して招集を請求する
ことになる（297条1項）。この請求をすることができる株主は、公開会社であ
る取締役会設置会社においては、<u>総株主の議決権の100分の3以上</u>を保有して
いる株主とされており、議題提案権・議案通知請求権よりも厳しい（6ヶ月間
の継続保有要件は同じ[14]）。

13）取締役会設置会社以外の会社については、（取締役会設置会社の8週間前のような）行使期限
　はない。これは、このような会社では招集時に決定した議題以外の議題も審議の対象とすること
　ができる（☞2 [4](i)）以上、事前の議題提案の期限を切るのは無意味だからである。
14）公開会社でない会社においては、株式の継続保有要件はない（297条2項）。

(ⅱ)　裁判所の許可を得て株主がする招集

　もっとも、(ⅰ)の請求は、あくまで、会社に株主総会の招集手続をとらせるためのものに過ぎないから、株主の側からそのような請求が出されても、①会社が無視を決め込んでしまえば、株主は集まらないし、株主総会としての意思決定もできない。また、②株主からの請求に応じて会社が招集手続を一応は行うけれども、その招集にかかる株主総会の開催日がものすごく先の日であるために、請求株主が望む株主総会決議が必要な時期までに成立しえない、といった事態も生じうる。そこで、①(ⅰ)の請求をした後遅滞なく会社が招集手続をとらない場合、および、②(ⅰ)の請求があった日から8週間（定款で短縮可能）以内の日を株主総会の日とする株主総会の招集通知が発せられない場合には、請求株主は、裁判所の許可を得て株主総会を招集することができるとされている（297条4項）。

(ⅲ)　調査者制度

　株主の請求によって招集された株主総会（結果的に会社が招集することになった場合と株主自身が招集する場合の両方を含む）においては、その決議によって、会社の業務および財産の状況を調査する者を選任することができる（316条2項）。そのような状況では、会社（経営陣）と招集請求をした株主との間に対立があることから、経営陣とは異なる立場の者によって会社の業務や財産の状況を明らかにさせることを意図した制度である[15]。

●第5講のおさらい
　・定時株主総会では一般にどのようなことが行われるだろうか？⇒1 [1]

15）もっとも、この調査者の選任には株主総会決議が必要であるから、多数派株主が経営陣を選任
　　しているという構造を前提とすれば、少数派株主の請求により株主総会が招集されたとしても、
　　そこでの決議によって経営陣に対抗するような調査者を選任することは考えにくいとされてきた。
　　しかしながら、近時、日本を代表する大企業においてこの調査者制度が活用され、一躍脚光を浴
　　びるようになった。

・取締役会設置会社が株主総会を招集する場合、どのようなことを決めなければならないだろうか？⇒2 [2]
・議題と議案との違いを説明してみよう⇒2 [3]
・会社側（現経営陣）に批判的な株主が、株主総会で自分の意向を実現するためにはどのような手段が考えられるだろうか？⇒3

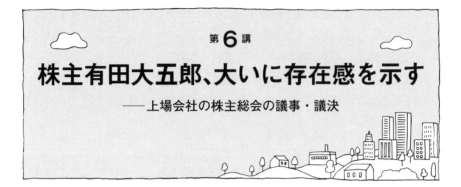

第6講

株主有田大五郎、大いに存在感を示す
―― 上場会社の株主総会の議事・議決

　本講では、いよいよ、株主総会の当日の話、すなわち、当日にどのような進行がなされ、機関としての株主総会の意思が実際にどのようにして決定されるのかについての話をする。ストーリーは、なるべく実際に行われている上場会社の定時株主総会の流れがイメージできるような展開にしているつもりである。

1　議長による議事進行

S6-1［SL 食品の株主総会が始まる］
発行済株式総数 1 億株の SL 食品株式会社は、第 XX 回定時株主総会を、20X1年 6 月27日、東京都江東区の本社講堂において開催した。午前10時、議長席の長井社長が開会を宣言して株主総会が始まった。

まず、浅井監査役による監査報告ののち、貸借対照表や損益計算書等の20X1年 3 月期の業績に関する事項が、会場のモニタに映し出されたビジュアル資料とアナウンサーのナレーションにより報告され、その後、今後の対処すべき課題等について、長井社長が自身の言葉で株主に語りかけた。近年の業績は芳しくないため、長井社長が話し始めたときからかなり会場がざわついている。とりわけ、大きな声でヤジを飛ばしているのは、最後の大物総会屋と呼ばれる有田大五郎である。

［1］　議長には誰がなるか
　株主総会の進行役として議事の整理を行う役割の人を「議長」という。多く

の上場会社でもみられるように、**ストーリーS6-1**では、長井社長が議長として株主総会の進行を行うとともに、会社の経営トップとしての立場から要所で株主への説明も行っている。

　誰が議長になるかについて会社法に規定はなく、多くの場合、社長あるいは会長が株主総会の議長を務めるといったことが定款に定められている。

[2]　議長の議事整理権

　他方で、株主総会の議長の権限は会社法に明記されている。すなわち、議長は、「株主総会の秩序を維持し、議事を整理する」とされ、また、「その命令に従わない者その他当該株主総会の秩序を乱す者を退場させることができる」とされている（315条）。

　ところで、株主総会は、経営陣（取締役）にとって、自分たちを取締役に選んでもらうという意味で絶大な権限を有する機関であることもあって、可能な限り株主総会を穏便に済ませたいと思うのが経営陣の偽らざる心情である。そのことにつけ込んで、株主総会を荒らすぞと脅すことで、あるいは株主総会を荒らす輩から会社を守ってやるという名目で、会社から経済的利益を搾り取るという手口を典型とした**総会屋**と呼ばれる反社会的勢力が跋扈していた時期があった。現在は、種々の総会屋対策規定の整備や関係機関の協力等により、そのような典型的な形で会社を食い物にする総会屋は少なくなったと思われる。しかしながら、総会屋以外にも、株主総会とは無関係の役員個人に対する私怨をぶつけるために議場での質疑応答の機会が利用されたり、自らの主張を世間にアピールする場として株主総会が利用されることもあることから、今日でもなお、先に述べたような議長の議事整理権等を通じた議場の秩序維持は、株主総会実務にとって無視できない重要性を有する。

　　今となっては総会屋といわれてもピンとこないかもしれないが、かつてはその影響力は絶大であった。このため、かつての株主総会運営は総会屋対策を全面に押し出したものとなっていたし、判例もそれを後押しするような解釈論を容認してきた（たとえば、後述する代理人の資格の制限に関する判例法理〔☞ 2 [3](ii)]）。もっとも、反社会的勢力の排除のためにはやむをえないものであったとはいえ、株主の姿を借りた反社会的勢力を排除することを容易にする一連のルールは、"真っ当な"株主をも排除してしまうことに繋がるもの

である。教科書や学習用判例集にも掲載されているような、現在の実務を形づくる裁判例の中には、そのような時代背景の下で出されたものも存在しているのであって、総会屋の姿を見ることが少なくなった現代において、なおこれをそのまま維持してよいかは慎重に検討する必要があろう。

[3]　（補論）利益供与禁止規定

せっかくなので、本講のストーリーである株主総会当日の話からは外れるが、上記のような総会屋対策を当初の目的として導入された利益供与禁止規定について、ここで説明しておこう。

(i)　規定の沿革と「何人に対しても」禁止されることの現代的意義

120条は、会社が株主の権利行使に関して財産上の利益を供与することを禁止している。この規定は、上述のように、会社が総会屋と呼ばれる反社会的勢力の資金供給源となることを防止するために昭和56（1981）年改正によって導入されたものである[1]。

しかしながら、120条1項は、正確には「株式会社は、何人に対しても、株主の権利……の行使に関し、財産上の利益の供与（当該株式会社又はその子会社の計算においてするもの……）をしてはならない」と定めていることから明らかなように、会社（またはその子会社）の計算で利益供与が禁止されるのは、総会屋に対するものに限られない。誰に対しても、株主の権利の行使に関して利益供与をしてはならないのである[2]。そのことからすると、120条は、会社の意思決定を経営者が歪めることがないようにするという会社運営の健全性の確

1）昭和56年改正において、現行970条に相当する刑事罰規定も導入されている。同改正以前において、総会屋による株主総会の議事進行協力の見返りとして金員が交付された事案につき、当時から存在していた現行会社法968条1項1号・2項に相当する規定によって刑事罰が科せられたものがある（[百102]最決昭和44年10月16日刑集23巻10号1359頁）。この規定では、「不正の請託」の存在を証明することが必要となるため、総会屋に対する利益供与を実効的に捕捉することが困難であったことから、970条に相当する規定が新たに導入されたのである。

2）株主が会社からみて好ましくない者に株式を譲渡したと聞き、これを買戻しさせるための資金を当該株主に迂回融資の形で供与した行為が利益供与に該当するとしたものとして、[百12]最判平成18年4月10日民集60巻4号1273頁。

保と、特定の株主に対する不明朗な会社財産の流出を防止するという財産的な健全性の確保の両方を目的とした規定であると理解することになろう[3]。

(ii)　「株主の権利の行使に関し」

このように、規定の趣旨は現在では非常に理解しづらいものとなっているが、この規定の導入の直接の動機が総会屋対策であったことからも明らかなように、「株主の権利の行使に関し」という文言で冒頭に置かれているのは、典型的には、株主総会の議場における質問権の行使を装って株主総会を混乱に陥らせることを防ぐために利益を供与する、といったことが考えられている。もっとも、それに限られるわけではなく[4]、株主の権利の行使に「関し」であるから、株主権の「不行使」も含まれ、たとえば、会社側の提案が通るように、会社提案に異議を唱えない見返りに利益を供与することも禁止の対象となる。

立証を容易にするために、特定の株主に対する無償の利益供与は「株主の権利の行使に関し」てなされたものであると推定されるし、また、取引に仮装した利益供与を捕捉しやすくするために、特定の株主との取引において会社（またはその子会社）が得た対価が著しく低い場合には、「株主の権利の行使に関し、財産上の利益を供与した」ことが推定される（120条2項）。

(iii)　違反の効果

この規制に違反して利益供与を受けた者は、それを会社（または子会社）に返還しなければならない（120条3項）。もっとも、とりわけ総会屋等の反社会的勢力を念頭に置けば、利益供与を受けた側が自発的に返還するとは思えないし、返還を受ける会社（経営陣）の側も（目的の善し悪しはともかく）供与する

3）特定の株主を優遇してはならないという意味内容を含むものであるから、株主平等原則（☞第3講3）を具体化しているという側面ももっている。

4）利益供与の相手方は総会屋に限られないから、広く一般株主を対象としていたとしても、株主総会において議決権を行使した株主だけに金券を配るといったことは、議案への賛否等議決権行使の内容を直接問うものでなかったとしても、態様によっては会社提案議案への賛成の見返りともとれなくないことから、利益供与禁止規定違反となる可能性がある（ SU07・百31 東京地判平成19年12月6日判タ1258号69頁）。

必要があったから供与したのだろうから、会社（経営陣）から相手方に対して返還請求がなされることは期待しづらい。そこで、会社に代わって株主も、利益供与を受けた者に対して代表訴訟（☞第14講）により会社に対する返還を請求することができるとされている（847条1項）[5]。

2　出席株主の議決権数の把握

話が脱線してしまったが、再び株主総会の議場に戻ろう。

S6-2［出席議決権数等の報告］
報告事項の説明を終えた長井議長は、この株主総会に出席している株主の議決権数等の報告を事務局に命じた。これを受けて事務局から、「本株主総会の基準日における、議決権を行使することのできる株主の議決権数は96万3255個であるところ、事前の議決権行使書面等による議決権行使を含めて、本日午前10時時点で本株主総会にご出席の株主の保有する議決権数は77万3321個であり、各議案を審議するのに必要な定足数を満たしている」旨の報告がなされた。その中には、SL食品のメインバンクである青井銀行から通知を受けて入場させた同銀行本店営業第二部の従業員により行使が予定されている、同銀行の保有分5200個も含まれている。

［1］　定足数と議決要件の意義

さて、**ストーリーS6-2**では、決議事項の審議に入る前に、まずは出席株主が保有する議決権の数などを確認している。

株主総会は、会社の重要事項を決める機関であり、会議体であるというのが会社法のタテマエであるところ、一般に、会議体は、出席者があまりに少ない

5）利益供与に関与した取締役や執行役は、その供与した利益の額について会社に対して連帯して支払いをする義務を負う（これも代表訴訟の対象となる）。とりわけ、利益供与を実際に実行した取締役や執行役は無過失責任を負うことになる（120条4項。それ以外の者は、無過失を立証したときは責任を免れる）。

と、メンバーの意見を適切に反映できない可能性があることから、その会議体が意思決定を行う（「議決する」）際には一定数以上の出席者が必要であるとする定めが設けられることがある。このように、会議体がその意思を決定するのに必要な最小限度の出席数のことを**定足数**という。また、議案につき一定数の構成員の賛同が得られた場合にだけ、その議案をその会議体の意思として決定したことにするのが一般的であるが、このように、議決をするためにどれだけの数の賛同が必要であるかを、以下では「議決要件」と呼ぶことにしよう。

　一般に、会議体においては、定足数や議決要件は、出席した構成員の議決権の数を基準として決められていることが多く、株主総会においても基本的には「出席した……株主」の「議決権の……数」を基礎とすることが定められている（309条1項・2項。☞2 [3]）。

[2]　議決権の数
　まず、「議決権」の数に関してである。

(i)　一株一議決権の原則
　株主総会について特徴的であるのは、一般的な会議体とは異なり、1人1票（1人につき1議決権）ではなく、原則として1株につき1議決権を有することである（308条1項本文）。なぜ「一人一議決権」ではなく「一株一議決権」とされているかといえば、会社から得られるリターンが大きな人ほど、会社の意思決定に対する影響力を大きくしておいた方が、合理的な（会社が発展しやすい方向への）決定がされやすいだろう、という発想が基礎にある。そして、株主が会社から受けるリターンの大きさは株式の数に比例する（☞第3講1 [2] (i)）のが原則であるから、保有株式数に議決権数を比例させるのが合理的だということになる。

(ii)　「一株一議決権」の例外
　もっとも、**ストーリーS6-1**でSL食品株式会社の発行済株式総数が1億株であるとされているのに対して、**ストーリーS6-2**では総議決権数は96万3255個と報告されており、文字通りの「一株一議決権」にはなっていない。

　これは、まず、同社が100株を1単元とする単元株制度を採用していることが影響している。単元株制度とは、ざっくり説明すれば、複数の株式をまとめて1つのユニットとし、その1ユニットがあたかも1株であるかのように取り扱う制度である（詳細については☞第20講3[5]）。この1ユニットのことを「1単元」と呼び、単元株制度を採用している会社については、1単元に対して1議決権が与えられる（308条1項ただし書）。

　さらに、（1単元を満たす株式数であっても）そもそも議決権が認められない場合があるため、**ストーリーS6-2**でも「議決権を行使することができる株主の議決権」の数が100万個（1億株÷100株〔1単元〕）よりも少なくなっていると考えられる。

　これについては、まず、議決権を認めると会社の意思決定に歪みが生じやすくなる**自己株式**と**相互保有株式**には議決権が認められないという規律（308条2項および同条1項かっこ書）がある。

　自己株式とは、ストーリーの例でいえばSL食品自身が保有しているSL食品株式のことであり、相互保有株式とは、SL食品が総株主の議決権の4分の1以上を保有している他社（この会社が「ヤマケン商事株式会社」だったとする）があった場合に、このヤマケン商事が保有しているSL食品株式のことであり、この株式には、SL食品の株主総会での議決権が与えられない（図6-1参照）。いずれの規律も、これらの株式を通じてSL食品の経営陣の意向がSL食品の株主総会決議に反映されることを回避するためにある。

図6-1　相互保有株式

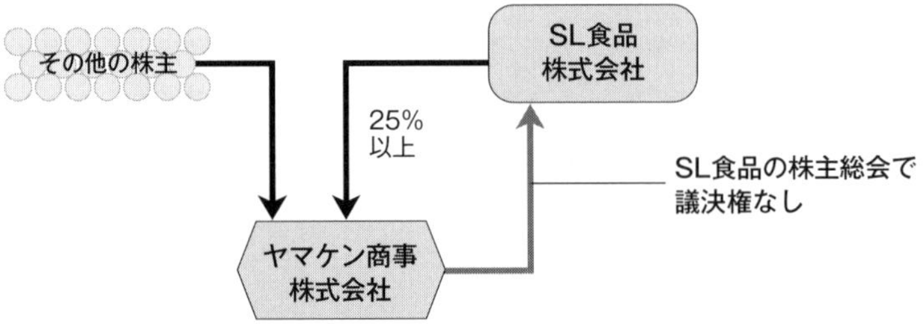

また、いわゆる種類株式の内容として、議決権制限株式（115条参照）というものも認められている（詳細については☞第21講2[2](i)）。

[3]　「出席した」株主の議決権の数に含まれるもの

　他方で、定足数の充足の有無を判定したり、議決要件の充足の有無の計算の基礎となる、「出席した」株主の議決権の数はどのように算定するのであろうか。

(i)　本人による議決権行使

　「出席した」という語感から真っ先に思い浮かぶのは、株主自身が実際に株主総会の会場に赴いて、自ら会場で議決権を行使することであろう[6]。かつては株主総会に行けばお土産がもらえることも多かったので、それを目当てに出席する個人株主も少なくなかった（☞第3講3[2](ii)）。

(ii)　代理人による議決権行使

　株主自身が会場に赴かない場合であっても、代理人を立ててその者を通じて「出席」すること（いわゆる代理出席）も会社法では想定されている。代理人を立てる場合には、株主総会ごとに、代理権を証する書面等を会社に提出しなければならない（310条1項–3項）[7][8]。

6）なお、自然人の株主を想定した場合、特定の議案について賛成か反対か、どちらか1つの意思を有しているのが通常だと思われる。しかしながら、信託銀行のように、複数の人からお金を預かって自分の名義で株式を保有しているような株主（「他人のために株式を有する者」）については、なるべく実質的な所有者ともいうべき資金拠出者の意思を反映した議決権行使をすることが望ましいから、それぞれの資金拠出者の意向に応じて、たとえば、保有株式の6割は賛成に、残り4割は反対に、というような形での**議決権の不統一行使**を認めた方がよいことになる。そこで、会社法では、議決権の不統一行使は原則可能である（ただし取締役会設置会社の場合には株主総会の日の3日前までに会社に対して通知が必要）としつつ、他人のために株式を有する者でない者による不統一行使については、会社はこれを拒めるとされている（313条）。

7）会社からの経済的利益を受ける（残余権者たる）株主に意思決定を委ねるのが望ましいというのが株主総会制度の基本的な考え方なのだ（☞第4講1[1]）とすれば、経済的利益を受けない者が株主総会で議決権を行使すること（このような状態は、**エンプティ・ボーティング**などと呼ばれる）は望ましくないといえる。議決権の代理行使も、株主本人の意向に完全に沿っているのであればよいが、そうでなければエンプティ・ボーティングの問題となりうる。株式を信託することで真の所有者ではなく受託者が議決権を行使するという契約（議決権信託契約。[百30]大阪高決昭和58年10月27日高民集36巻3号250頁参照）も、議決権の代理行使に関する法令・定款の規定を潜脱するものでないかという観点のみならず、エンプティ・ボーティングの危険性という観点からもその適法性が判断されるべき問題であると考えられる。

　そうすると、たとえば**ストーリーS6-1**の有田氏が仮に株主ではなかったとしても、誰か他の株主からの委任状をもらうことができれば、代理人として株主総会の会場で議決権等の株主権を行使することができる。しかしながら、実務上は、代理人の資格を株主のみに制限する規定が定款に設けられていることが多い。これは、総会屋をなるべく会場に立ち入らせないための苦肉の策として導入されたものであり、最高裁判所も、そのような定款規定を有効としている[9]ことから、代理人の数の制限（310条5項参照）とともに、実務では定着している定款規定である[10]。

(iii)　書面・電磁的方法による議決権行使

　このほか、すでに述べたように、会社が決めた場合には、株主は、書面または電磁的方法による議決権行使（☞第5講2[2]）ができる。集計の便宜から、株主総会の前日のXX時までに到達すること、といった議決権行使の期限が設けられるのが通常である（施則69条、70条、63条3号ロ・ハ参照）。そして、このように書面や電磁的方法によって行使された議決権の数は、「**出席**した株主

8）本文では、議決権を有する株主（本人）が主体的に代理人を指名してその者を株主総会に代理出席させるということが想定されているが、それとは逆に、代理人となる者の側から、自身に議決権行使を委ねてくれる株主を募るということも行われうるのであり、これは**委任状勧誘**と呼ばれる。委任状勧誘は、出席できない株主の議決権行使手段として書面投票に代わるものとして（あるいは併用して）会社が提供する場合のほか、特に現経営陣と対立する株主が支配権を取得するための一つの手段として活用されることもある（勧誘者は、他の株主から議決権の行使を委ねてもらうことで、自身の主張に沿う形で行使される議決権数を増やすことができるからである）。上場会社における委任状勧誘は金商法（に基づく内閣府令）が規律をしている。

9）百29 最判昭和43年11月1日民集22巻12号2402頁。

10）ところが、本文のような代理人の資格を制限する規定を字義通り適用してしまうと、今度は、法人株主の議決権行使が阻害されかねないし、それにより定足数を充たさなくなって決議をすることができなければ、会社側が困ることにもなりかねない。**ストーリーS6-2**の青井銀行のように、会社や地方公共団体などの法人が株主であるような場合、社長や市長等の当該法人の代表者は多忙であることが多いため、その部下の従業員等に代わりに行ってもらわざるをえないが、そのような法人株主の従業員等が法人の出資先の会社の株主である（その会社の株式を保有している）ことを一般的に期待することはできないからである。そこで、SU05・百34 最判昭和51年12月24日民集30巻11号1076頁は、定款の代理人資格制限規定は有効としたうえで、法人の従業員等に議決権行使をさせても当該定款規定には反しないとした。現在の実務では、職務代行通知書と呼ばれる書面を提示させるなどにより、法人の従業員等による議決権の代理行使を認めている。

の議決権」の数に算入するとされている（311条2項・312条3項）。要するに、本人や代理人が会場に赴いてその場で行使した議決権と同じように、定足数や賛成した議決権数に含めるのである[11]。

　以上を踏まえて、具体的に定足数や議決要件がどのよう定められているかについては、実際に決議が行われる場面で決議の種類ごとに説明する（☞3 [2]）。

3　質疑応答・審議・議決

> **S6-3［長井社長、セクハラ問題を追及される］**
> 出席議決権数等の報告ののち、長井議長は「決議事項の審議に先立ち、本日のすべての報告事項および決議事項に関して、株主の皆様からのご質問をお受けしたいと思う。質問のある株主は挙手をし、議長の指名を受けてから質問に入っていただきたい」旨を述べた。
> これを受けて有田株主が挙手をし、議長の指名を受けて次のように切り出した。「私が知り合いの記者から仕入れた情報によると、来週発売の週刊誌に、プライム市場上場の食品会社の社長が深夜に泥酔して部下にセクハラをしたという記事が載るようだ。これはどうやらこの会社の話のようだが、長井社長は一体いつどのようなことをしたのか詳しく説明してほしい」。これに対して、長井議長から回答者として指名された人事担当の堺取締役は「当社としてはそのような週刊誌の報道を把握していない。事実であればしかるべく対処する」と回答した。

11）実務的にややこしいのは、書面や電磁的方法により事前に議決権を行使した株主が当日会場に現れた場合の取扱いである。ダブルカウントは許されないから、事前の議決権行使は撤回されたものとして取り扱うのが通常であるが、会場に現れたのが本人である場合はともかく、代理人や法人の職務代行者である場合に、事前の議決権行使は常に撤回されたものとして処理してよいか難しい事案もある（事前に議決権行使をした法人株主の従業員が会場に現れて傍聴に来ているだけであるとの説明をした場合に、事前の議決権行使の撤回はなく有効としたものとして、百 A9 東京高判令和元年10月17日金判1582号30頁）。

> 　会議体においては、決めなければならない事項（議題）が複数ある場合には、まず1つ
> の議題を取り上げて、それについての質疑応答をし、議論が尽くされたところで、採決を
> 行ってその議題に対する会議体としての結論を出した後に、次の議題に移るという形（個
> 別審議方式と呼ばれる）が多くの人に馴染みのある会議の進行であると思われる。実際に株
> 主総会でもそのような順序で審議をしている場合もあるが、**ストーリーS6-3**のように、
> 決議事項の採決に先立ってすべての報告事項・決議事項に関する質疑応答の時間を設けた
> うえで、質疑応答終了後に決議事項の採決を一気に済ませるという方法（一括審議方式と
> 呼ばれる）も比較的多くの会社で行われている。

[1]　取締役等の説明義務

(i)　説明義務の発生

　会議体として議題に対する意思を決定するに際して、その会議体のメンバー
としては、原案（議案）の提案理由だけでは判断材料が足りず、さらに詳細な
情報提供を受けないと賛否の判断がつきかねるという場合もあると思われる。
株主総会においては、基本的には会社についての話題が議題に上っていること
から、そのような詳細な情報の提供は会社を熟知した人間が行うのが適切であ
ろう。そこで、314条では、取締役や監査役等は、株主総会で株主から特定の
事項について説明を求められた場合には、その事項について必要な説明をしな
ければならないと定められている。

　これは、株主の質問権を裏から規定したものであると説明されているが、そ
もそも株主からの質問がなければ取締役に説明義務は生じない[12]とされてい
る点には注意が必要である。さらに、会社のことについての質問であれば何で
もかんでも説明しなければならないわけではなく、議題に関連した質問でなけ
れば回答する必要はないし、未発表の新製品の開発状況のような企業秘密に属
するようなことについてまで説明義務の対象としてしまうと、かえって株主の
利益を損なうことになりかねないから、それらを含む一定の質問については、
取締役等の説明義務が発生しないことも併せて規定されている（314条ただし

12）たとえ株主があらかじめ質問状を会社に提出していたとしても、議場で質問をしない限り説明
　　義務は生じないのである。[百32]東京高判昭和61年2月19日判時1207号120頁参照。

書・施則71条参照)。

　とはいえ、議題と関係するかどうかの判断はなかなか微妙である。たとえば、社長に不倫疑惑があるからその詳細を説明しろというのは、単なるゴシップ好きの野次馬根性から出たものに過ぎないのかもしれないが、家庭用品メーカーなど、家庭を大切にすることに価値を置くイメージを有する会社にとって、不倫をして家庭を顧みないような人間が会社を動かすのは、ブランドイメージを損なうことになり、会社ひいては株主の利益にとってマイナスであるかもしれない。そう考えると、社長の個人的なスキャンダルであっても、社長が取締役選任の候補者であればもちろん、定時株主総会での業績の提示（決議事項または報告事項）に関連した質問として、説明義務の対象となる場合もありうる。実務的には、およそ会社に関係のないことが明らかな質問でない限り、できる限り真摯に対応しようとするのが近時の傾向のようである。なお、**ストーリー S6-3**の堺取締役の回答が説明義務を果たしたといえるかは、施則71条1号の要件を満たしているかという事実の評価に依存する。

(ii)　どこまで説明すれば説明義務を果たしたといえるか？

　問題は、説明義務が生ずるような質問があった場合に、どれだけのことを説明すれば、取締役は義務を果たしたことになるかである。この点については、原則として「平均的な株主」を基準として、議題についての合理的な理解と判断のために客観的に必要だと考えられる程度になされていればよいと考えられている。この平均的株主基準がいわんとするところは、要するに、取締役の説明によって他の大方の株主が理解できたにもかかわらず、質問した株主の理解力が劣っているなどが理由でその株主には理解できなかったとしても、取締役はさらに説明しなくてもよいということである[13]。

---

13) これとは逆に、たとえば投資ファンドが株主であり、その代表者が会社の投資戦略について質問した場合など、質問株主が他の株主よりも前提知識が豊富である場合に、質問した株主さえ理解できれば、他の多くの株主が理解できていなくてもそれ以上説明する必要はないのか、という問題もある。説明する必要はないと考えているように読める下級審裁判例も存在する（ SU06 東京地判平成16年5月13日金判1198号18頁）が、この問題は、説明義務に基づいてなされる説明が、質問者に向けたものだと考えるのか、株主総会という審議の場にいる株主全体に向けたものだと考えるのかに応じて結論が異なりそうである。

[2]　決議の種類

> ### S6-4 [質疑を打ち切り採決に入る]
> 質疑応答開始から45分が経過し、12名の株主から延べ15問の質問が出され、それに対して会社側からそれなりに回答がなされた。そこで長井議長は、「そろそろ質疑を終了して決議事項の採決に入りたい」旨を議場に提案し、多くの株主が拍手をした。
> これを受けて、長井議長は、「第1号議案　定款一部変更の件」を付議し、提案の理由を説明したうえで承認を求めたところ、多くの株主が拍手をしたため、長井議長は「第1号議案は出席株主の議決権の3分の2以上の賛成により原案通り可決された」旨を宣言した。
> さらに、長井議長は「第2号議案　取締役8名選任の件」を付議し、提案の理由を説明しはじめた。

　さて、一括審議方式の場合、質疑応答が終了すれば、いよいよ議案の採決に入る。**ストーリーS6-4**では、定款変更議案と取締役選任議案が上程されているが、実は、この2つは定足数や議決要件が異なっている。会社法には、大きく分けて、定足数や議決要件の異なる4種類の決議がある。

(i)　普通決議

　まず、議決権を行使することができる株主の議決権（以下「行使可能議決権数」という）の過半数を定足数とし、「出席した」（☞2 [3]）株主の保有する議決権（以下「出席議決権数」という）の過半数の賛成を議決要件とする**普通決議**と呼ばれる種類の決議がある（309条1項）。取締役の選任や解任のほか、剰余金の配当決議など、後に述べる(ii)～(iv)に該当しない決議はすべてこの種の決議に該当する。なお、普通決議の定足数は、基本的には定款で定めることで完全に排除することもできるけれども、取締役等の役員の選解任の場合は、行使可能議決権数の3分の1以上までしか定款で軽減することができない（341条）点には注意が必要である[14]。

(ⅱ) 特別決議

合併や定款変更（466条）など、株主の利害により大きく関わる事項については、行使可能議決権数の過半数を定足数とし、出席議決権数の3分の2以上の賛成を議決要件とする**特別決議**と呼ばれる種類の決議による（309条2項）。なお、定足数については、行使可能議決権数の3分の1以上までであれば定款に定めることで軽減することができる。

(ⅲ) 株式に譲渡制限がかけられる際の特殊決議

定款変更や合併等によって、譲渡制限のない株式に譲渡制限がかけられるという状況が生じることがあるが、そのような場合には、議決権を行使することができる株主の（頭数の）半数以上、かつ、行使可能議決権数の3分の2以上の賛成が議決要件となる（309条3項）。議決要件自体が厳しいので、定足数は定められていない。

(ⅳ) 属人的定めを設ける際の特殊決議

公開会社でない会社において属人的定め（109条2項。☞第3講3[3]）を設けたりそれを変更する際には、総株主の（頭数の）半数以上、かつ、総議決権の4分の3以上の賛成が議決要件となる（309条4項）。(ⅲ)同様、議決要件自体が厳しいので、定足数は定められていない。

表6-1　株主総会の決議の種類（309条）

種類	対象事項	定足数	議決要件
普通 （1項）	取締役選解任、剰余金配当、計算書類承認等	行使可能議決権の過半数（軽減・廃止可。ただし取締役選解任は1/3まで軽減可）	出席議決権の過半数
特別 （2項）	定款変更、通常の合併等	行使可能議決権の過半数（1/3まで軽減可）	出席議決権の2/3以上
特殊Ⅰ （3項）	株式の譲渡性が失われるような場合	なし（議決要件が厳しいので事実上、議決要件が定足数の機能も果たす）	議決権を行使可能な株主の半数以上＆総議決権の2/3以上
特殊Ⅱ （4項）	属人的定めの設置・変更の場合		総株主の半数以上＆総議決権の3/4以上

[3]　採決の実際

　一連のストーリーでは、特別決議事項と普通決議事項との両方が付議されているところ、行使可能議決権数96万3255個に対して、78万個弱の出席議決権数があるから、定足数軽減の定款規定がなかったとしても、過半数という定足数は満たしている（ストーリーS6-2の事務局の報告参照）。これに対して、ストーリーS6-4では、長井議長は、議決要件である出席議決権数78万個弱の３分の２以上の賛成があることをきちんと確認しないまま定款変更議案の可決を宣言している。これは、議決要件を満たしていることを明らかにできれば、厳密な票数までを集計する必要はないと考えられている[15]からであり、多くの上場会社の株主総会ではそのような処理がなされていると思われる。

> 　とりわけ、書面投票等を採用している場合には、その議決権行使期限を株主総会の前日までに設定していることが多いため（☞2 [3](ⅲ)）、株主総会が始まる前に賛成票がどれくらい集まったかを集計して出すことができる。上場会社において、書面投票等のみで行使可能議決権数の過半数あるいは３分の２以上に達していることも稀ではないし、それほど極端な状況でなくとも、開会直後に出席株主の保有議決権数さえ集計しておけば、書面投票等による賛成票がその過半数あるいは３分の２以上に達しているかどうかはすぐに計算できる。また、親会社等の大株主が存在する場合には、包括委任状（☞[4](ⅰ)）を取っておけばその委任状を持参している代理人が賛成の拍手をしていることさえ確認すれば、それだけで過半数に達したことを確認できる場合もある。以上のようなことから、議場での議決権行使の正確な集計をせずとも「原案通り可決」の結論が出せる場合は多いのである。

　むろん、ストーリーS6-4のように事前に結論が判明しているわけではない株主総会もあるのであり、そのような場合には、挙手や投票、あるいは電子機器等を利用して厳格な集計が行われることもあるし、裁判所により選任された検査役（総会検査役と呼ばれるのが一般的である）に中立の立場から招集手続や決議方法を調査させることもある（306条）[16]。

14）なお、監査役（☞第12講）や監査等委員である取締役（☞第16講4 [1]）の選任は取締役の選解任と同様の定足数軽減制限付きの普通決議である（341条）が、解任は特別決議である（309条2項7号かっこ書後段。343条4項も参照）点は注意が必要である。

15）最判昭和42年7月25日民集21巻6号1669頁。

[4]　動議の種類と対応

　他方で、株主総会の会場に赴くことなく書面や電磁的方法により議決権を行使した株主（以下「不在株主」と表現する）が、会場で出席している株主本人あるいは株主の代理人（以下、併せて「臨場株主」と表現する）に比して圧倒的な議決権数を有している場合であっても、なお、当日の会場での対処が重要となる局面もある。

S6-5　[動議が出される]

長井議長が第2号議案の採決に移ろうとしたときに、有田株主より「スキャンダルを起こすような者を取締役にするわけにはいかない。だから、会社が提案する8名のうちの1名については、長井氏ではなく、私、有田大五郎を取締役として選任することを提案する。また、対立候補の出された長井氏がこの議題について議事進行役を務めるのは適切でないから、議長の交代を要求する」との動議が出された。

　ストーリー S6-5では、有田株主は、取締役として長井氏ではなく自分を選任すべきとしており、株主総会の目的事項（議題）について、会社提案の議案とは異なる議案を提案していることになる。このような提案は、**実質的動議**と呼ばれる。また、有田株主は、併せて議長の交代を提案しているが、このように、議題には直接関係しない、株主総会の運営や議事進行に関して出される変更の提案は、**手続的動議**と呼ばれる。

(i)　手続的動議

　手続的動議には、議長の交代のほか、審議の中断や延期[17]などがある。会議をどのように進行させるかは、会議の場で意思表示ができるメンバーが決め

---

16)　総会検査役の調査の結果は裁判所に報告され（306条5項）、その結果、株主総会の決議に瑕疵がある場合には、決議のやり直し等のために裁判所によって株主総会の招集が命じられることがある（307条1項1号）。

るというのが一般的な会議における処理であると思われる。株主総会においても、手続的動議の採否は、臨場株主が保有する議決権の過半数で決せられることになり、不在株主が保有する議決権については無視して決することになる。

　　そのような処理が行われることを前提とした場合、仮に、不在株主の大多数は会社側の考えたシナリオ通りに株主総会の議事が進み会社提案議案が可決されればよいと考えていたとしても、臨場株主が会社（現経営陣）と対立する者ばかりだと、手続的動議が通ってしまい、会社が想定したシナリオ通りに進まないおそれがある（たとえば、株主総会が延期されてしまうなど）。会社としては、そのような場合に備えて、あらかじめ手続的動議への対応も含めた一切について委任する旨の**包括委任状**を大株主から取得しておき、それを自社の従業員等に持たせて臨場させることで、臨場株主の保有議決権数が基準となる手続的動議に対しても、会社の意向に沿った対応ができるよう準備しておくという実務が行われている。

(ii)　実質的動議

　株主総会について、会議体として、各メンバーが討議によって認識を深め、それを相互にすり合わせることで1つの意思が形成されていくという理想論を貫くならば、会議体のメンバーが会場で様々な案を提示することは望ましいことであるはずであり、**ストーリーS6-5**において有田株主が行った、長井氏ではなく自分を取締役に選任すべしという提案も、そのような会議体の一般原則に照らして当然認められるべきだということになる。会社法も、304条において、議決権数や議決権比率、株式保有期間等を問うことなく、株主には株主総会の議場における議案の提案権が認められる旨を明確に定めている[18]。

---

17)　何らかの理由で株主総会の議事を後日に持ち越さなければならない場合、後日持越しの決定を株主総会としてすることになる。議事に入る前の持越しの決定は**延期**の決議、議事に入った後の持越しの決定は**続行**の決議と呼ばれ、持ち越されて後日に開催される会議のことは**継続会**と呼ばれる。継続会のための招集手続は不要である（317条）が、継続会としてどの程度の期間であれば持ち越すことができるか（招集手続なしで実施可能であるのは当初の株主総会からどれくらいの期間以内か）は争いがある。

　もっとも、会社法は他方で、株主総会において実質的審議が行われることは滅多になく、株主は事実上会社提案に対して Yes か No を示すだけであることを前提とした現実的な規律も置いている。その典型が書面や電磁的方法による議決権行使であるところ、それらの現実的対処に重点を置いた制度に、突然、タテマエに過ぎなかったはずの「メンバーからの実質審議を必要とする対抗提案」が投げかけられた場合に、それをいかに処理すべきかという難しい問題が生じる。

　討議を尽くして1つの結論を導き出すという会議体の理想論を株主総会においてもあくまで貫くとすれば、(i)の手続的動議と同様に、会場で討議に加わることのできる臨場株主のみで意思決定をすべし、ということになりそうである。しかしながら、これを認めてしまうと、会場での提案権が行使された瞬間に、不在株主の意思を全く反映しないで会社としての意思を決定することになってしまい、それではあまりに株主の意見分布とかけ離れた意思決定をしてしまうことになりそうである。そこで、実務的には、書面投票等で原案に賛成する議決権行使は、それと相容れない会場での実質的動議に対しては賛成ではない（反対あるいは棄権している）ものとして処理されている。

S6-6 ［株主総会の終結］

結局、有田株主からの手続的動議・実質的動議のいずれも否決され、長井議長は改めて会社提案である第2号議案の採決をしたところ、賛成多数で原案通り可決された。

これを受けて、7名の再任取締役と新任の足立取締役が順次紹介されたのち、長井議長は来場株主への謝辞とともに閉会を宣言し、SL食品株式会社の第XX回定時株主総会は幕を閉じた。

---

[5]　議事録の作成

　株主総会が終わったら、株主総会の議事について議事録を作成しなければならず（記載内容につき、施則72条3項参照）、これを株主総会の日から10年間本店に備え置いて、株主および債権者等[19] の閲覧や謄写の請求があれば対応し

18）　会議体の一般原則から導けるはずの会議体メンバーの議場での議案提案権を、304条がわざわざ明文の規定で定めているのは、そのただし書（とりわけ、過去3年以内に10分の1以上の賛成が得られずに否決された議案と実質的に同一の議案は取り上げなくてもよいとする規律）に意味があるからであると考えられている。

なければならない（318条）。

●第6講のおさらい
・利益供与の禁止規定（120条）は、株主総会の議決権行使に関して、総会屋に対して利益を供与することのみを禁止している、という理解は正しいだろうか？⇒ 1 [3]
・株主総会に関する規律において、「出席した株主の議決権の数」には、どのようなものがカウントされるだろうか？⇒ 2 [3]
・議題に関連する質問を受けた取締役は、どの程度まで説明をしなければならないのだろうか？⇒ 3 [1](ii)
・取締役の解任決議の定足数と議決要件はどうなっているだろうか？⇒ 3 [2](i)

---

19) 株主総会を開催した会社の親会社の株主等（親会社が株式会社でない場合もあるので、条文上は「親会社社員」〔31条3項参照〕となっている）は、裁判所が許可した場合に限って閲覧・謄写が可能である（318条5項）。

第7講
晴子、茂文を許せない
――株主総会決議の瑕疵を争う訴え

　本講では、株主総会という機関の意思決定に何かおかしな点（＝法律学では「瑕疵」という、キズや欠点等を意味する語がよく用いられる）があった場合に、誰がどのような主張をすることができるのかを中心に説明する。

　本講の舞台はヤスダピーナッツである。

○○○○○○○○○○○○○○○○○○○○○○○○○○○○○○

Y7-1 ［晴子、茂文を許せない］

ヤスダピーナッツ株式会社の株主は、茂文・滋・関の３人であったが、設立後間もなく滋が他界し、相続が発生した結果、ヤスダピーナッツの株式は、真知子（滋の妻）が1600株、多田道子（滋の長女）と近藤晴子（滋の次女）がそれぞれ500株、茂文が1300株、関が100株保有している。

道子も晴子もすでに実家を離れ、ヤスダピーナッツの事業には関与していなかったが、晴子は同社の経理を担当している従業員から、茂文が会社資金を私的流用しているらしいという話を聞いた。元々茂文に不信感を抱いていた晴子は、これ以上茂文に会社経営を任せられないと考え、茂文を会社経営から排除するよう、母の真知子の説得を試みたが、これまでもっぱら茂文に経営を任せきりにしてきた真知子はなかなか煮え切らない。折しも同社の取締役３名（茂文・真知子・岸）の任期切れが近づいたことから、晴子は、次の定時株主総会の場で、姉の道子の協力を得て母を説得し、茂文の再任を阻止しよう（茂文の代わりに道子を取締役に充てよう）と密かに考えていた。

1　株主総会決議の瑕疵

○○○○○○○○○○○○○○○○○○○○○○○○○○○○○

Y7-2［茂文、道子に招集通知を送らない］
晴子に会社財産の私的流用の疑いをかけられた茂文としては、問題視された支出は適正な交際費の範囲内だと考えていたものの、いつも年上風を吹かせる姉2人から揃ってまくし立てられたのでは、シロいものもクロと断ぜられかねないと考えて、まだ事情を知らない道子には株主総会の招集通知を送らないことにした。
20X1年6月27日、ヤスダピーナッツ株式会社の定時株主総会が本社事務所で開催されたが、道子はこれに出席しなかったこともあり、晴子は真知子の説得に失敗し、晴子の反対にもかかわらず、茂文と真知子の賛成により取締役3名全員の再任が承認された。

さて、**ストーリー Y7-2**のような事態が生じた場合に、晴子としてはどのような対応をとることができるだろうか？

[1]　瑕疵の種類

一連のストーリーにおいて、ヤスダピーナッツの株主は真知子、茂文、道子、晴子、関の5人であり、株主総会の招集通知はこの5人全員に送付しなければならない（299条参照）にもかかわらず、道子には送付されていない。したがって、この株主総会でなされた取締役3名の選任決議には、招集手続が会社法に違反しているという瑕疵がある。このように、正しい手続を踏まずになされた株主総会の決議（以下、本講で単に「決議」という場合には株主総会決議を指すものとして用いる）は、**取消し**の対象となる。

他方で、決議の内容が法令に違反するようなものである場合には、その決議は**無効**であるとされ、さらに、そもそも株主総会が開かれていないなど、およそ決議が存在していない場合には、決議の**不存在**と呼ばれる。

［2］　無効と取消し

　まず、法律を学習した人にはあたりまえともいえることを念のため確認しておこう。無効とは、はじめから効力がないことであり[1]、取消しとは、取消しという法的なイベントが生じてはじめて効力が否定されることである。

　これを株主総会決議の瑕疵に当てはめると、次のように考えることになる。すなわち、まず、内容の法令違反という、決議を無効とするような瑕疵（**無効事由**または**無効原因**と呼ばれる）がある場合には、その決議ははじめから効力がない。また、株主総会決議が不存在である場合も、（存在しないものの効力を云々することに違和感はあるものの、）無効と同様にはじめから効力がないものとして取り扱うことになる。

　これに対して、株主総会決議に取消しの瑕疵（**取消事由**または**取消原因**と呼ばれる）がある場合には、その決議は取り消されてはじめて効力が否定されることになり、逆に、取り消されない限りその決議には効力があることになる。**ストーリーY7-2**の例でいうと、取消しというイベントが生ずれば取締役3名選任（再任）の決議は遡って効力を失うことになるが、取消しというイベントを生じさせるためのアクションを誰も起こさなければ、取締役3名の再任の決議は有効なものとして取り扱われ続けることになる。

2　株主総会決議取消しの訴え

　それでは、まず、決議の取消しから考えてみよう。

［1］　訴訟によってのみ取消しが可能

　先にも述べた通り、決議に取消しの瑕疵がある場合、（何もしなければ）決議の効力があることは前提としつつ、取消しという法的なアクションが起こされた場合にはじめて、その決議の効力がなくなることになる。ここで、一体誰が

1）もっとも、合併無効等の会社の組織に関する行為の無効の訴えと呼ばれる類型の訴訟の対象となる事項については、「無効」と評価されたとしてもはじめから効力がないものとして取り扱われるわけではないが、それは民事法の原則からすればあくまで例外的な取扱いである。詳細については、☞第24講2［2］。

どのようなアクションをとれば決議の効力を否定できるかが問題となる。たとえば、二当事者間の契約に取消事由があれば、契約を取り消すために当事者のどちらかが取消しの意思表示というアクションをとる（民法96条参照）ことになるが、株主総会のように、会社が開催した会議体によって決定された事項の効力を否定できる権限を、数多くいる会社関係者がバラバラと行使できてしまうとすると、いつ誰が取り消したのか（していないのか）がわからず、法律関係が混乱しかねない。

　そこで、株主総会決議の効力を取消しという形で否定すべきか否かは、最終的には裁判所が判決によって決めるという制度になっている。これが、831条に定められている株主総会決議取消しの訴えの制度である。会社の関係者であっても裁判所に訴え出ることによってしか決議の取消しをすることができないとすることによって、株主総会決議に関する争いを会社の本店所在地を管轄する裁判所に集約し（835条1項参照）、裁判所がそれに対して一元的な判断（決議を取り消すべきか否か）を示し、そのような裁判所による判断の確定を待ってはじめて具体的な法的効果（決議が取り消されるという効果）が生じるとすることで、多数の関係者に影響が及ぶ決議取消しの問題を一元的に解決しようというのが、決議取消しの訴えの制度の基本的な建て付けである。このように、判決によって権利関係の変動が宣言されてはじめて当該権利関係の変動が生じるタイプの訴訟は、**形成訴訟**または**形成の訴え**と呼ばれる。

［2］　提訴権者

（i）　規定の内容

　裁判所に対して判決を求めることができる地位のことを**原告適格**という。原告適格は、争いのある権利関係の主体に認められることが通常であるが、関係者が多数に及ぶ会社関連訴訟の場合、判決を求めるために訴えを提起できる主体が法律で特定されていることが多く（そのように訴えを提起できる主体として法律で定められた者のことを**提訴権者**と呼んだりする）、決議取消しの訴えも、831条1項柱書により「**株主等**」に該当する場合に限り提起できるとされている[2]。ここで注意すべきは、「株主等」という語の定義は828条2項1号にあって、その意味は、株主のみならず、取締役や監査役等も含まれる点である。

(ii)　原告適格付与の意味と主張できる瑕疵の内容

　ところで、**ストーリー Y7-2**では、手続的な不備は道子に対するものであるのに対して、決議の取消しを誰よりも望んでいるのは、招集通知を受け取り実際に20X1年6月27日開催の株主総会に出席し議決権も行使できた晴子である。晴子は株主である以上、文言上は831条の提訴権者に含まれるものの、晴子の株主としての権利や利益は何も侵害されていないようにもみえることから、このような場合に晴子が決議取消しの訴えを提起することは認められないとする少数説もある。しかしながら、判例[3]・通説は、自らに対する招集手続に瑕疵がない株主（晴子）であっても、他の株主（道子）に対する招集手続に瑕疵があれば決議取消しの訴えを提起することができるとする。後者の見解は、株主に原告適格を認める趣旨として、適正な手続により株主総会決議を行わせることを求める権利があることを重視するものであると考えられる[4]。

[3]　提訴期間制限

　[1]で述べた通り、株主総会決議に取消事由がある場合であっても、決議取消しの判決が確定していない限りはその株主総会決議は効力を有していることになる。他方で、いつまでも決議取消しの訴えを提起できるとしてしまうと、いつかは決議取消しの判決が確定して決議が取り消されてしまうかもしれないという不安定な状態が続くことになる。そのような状態を長く続けることは、法律関係を混乱させることになり、望ましいことではないから、株主総会決議取消しの訴えについては、決議の日から3ヶ月以内でなければ訴えを提起でき

2）厳密には、831条1項では、「株主等」のほかに、「当該決議の取消しにより株主……又は取締役……、監査役若しくは清算人……となる者」も決議取消しの訴えを提起できるとされている。たとえば、取締役解任の決議により解任された元取締役のAさんは、当該解任決議が取り消されれば取締役に復帰することになるから、この「決議の取消しにより……取締役……となる者」に該当し、決議取消しの訴えを提起することができるのである。また、「決議の取消しにより株主……となる者」による決議取消しは、いわゆる締出しに株主総会決議を要する場合おける救済手段としての利用が考えられる（☞第32講1[2](i)）。

3）SU04・百33最判昭和42年9月28日民集21巻7号1970頁。

4）他方で、取締役・監査役等の会社役員に原告適格を認める趣旨は、適正な手続により株主総会決議を行うことについての義務があり、その履行手段の1つとして決議取消しの訴えを用いることにあると解されている（コンメ(19)280頁［岩原紳作］参照）。

ないとされている（831条1項柱書）[5]。裏を返せば、決議に取消事由があるにとどまる場合には、決議の日から3ヶ月以内に決議取消しの訴えが提起されなければ、その決議の効力が否定されることはなくなるということになる（ただし、この点については、☞3[2]も参照）。

[4]　取消事由

　では、具体的に決議にどのような瑕疵があれば、株主は裁判所に対して決議取消しを請求できるのであろうか。これについては、831条1項1-3号が定めており、①招集の手続または決議の方法が法令もしくは定款に違反しまたは著しく不公正なとき、②決議の内容が定款に違反するとき、③決議について特別の利害関係を有する者が議決権を行使したことによって著しく不当な決議がされたとき、がこれに当たる。

(i)　招集手続・決議方法の法令・定款違反または著しい不公正

表7-1

	⑦法令違反	④定款違反	⑦著しい不公正
ⓐ招集手続	招集通知漏れ・期間不足	定款所定の招集権者以外の者による招集	株主の出席困難な時間や場所での株主総会の招集
ⓑ決議方法	説明義務違反、定足数不足	定款所定の議長以外の者による議事進行	株主の修正動議の無視

　831条1項1号は、細かくは、ⓐ招集手続やⓑ決議方法について、⑦法令違反、④定款違反、⑦著しい不公正のいずれかがあるという、2×3＝6パター

5）なお、決議取消しの訴えを提起した後、提訴期間経過後に新たに取消事由を追加主張することは、本文で述べたような、瑕疵ある決議の効力を早期に明確にさせるために提訴期間制限を設けた趣旨を没却することになるため許されないとするのが最高裁の判例である（SU05・百34最判昭和51年12月24日民集30巻11号1076頁）。他方で、後述する株主総会決議無効確認の訴えには提訴期間の制限はない（☞3[1]）ところ、最高裁は、株主総会決議の無効確認の訴えを提起したものの主張する瑕疵が取消事由にとどまる場合において、無効確認の訴えが決議後3ヶ月という決議取消しの訴えの提訴期間内に提起されているときには、提訴期間経過後に決議取消しの主張をすることは許されるとする（百40最判昭和54年11月16日民集33巻7号709頁）。

ンが考えられる（**表7-1**参照）。ⓐ-⑦の招集手続の法令違反は、まさに**ストーリー Y7-2**の場合のように、本来招集通知を送るべき株主（道子）に対する招集通知が漏れていた場合が典型的であるが、このほか、取締役会設置会社であるのに招集が有効な取締役会決議に基づかず（☞第5講2[1]）代表取締役が独断で行った場合や、招集通知や株主総会参考書類の記載に不備がある場合などが考えられる。ⓑ-⑦の決議方法の法令違反は、説明義務（☞第6講3[1]）違反や、定足数（☞第6講3[2]）不足、取締役会設置会社において議題として決定された事項以外を議題とした場合（☞第5講2[4](i)）などが考えられる[6]。

> 　　ここで、招集手続の法令違反に関して、重要な判例法理があるのでみておきたい。**ストーリー Y7-2**では道子に対してのみ招集通知が漏れていたわけだが、仮に、道子が何らかの形で株主総会が開かれるのを把握して当日株主総会に出席できたのであれば、株主全員が揃うことになる。株主総会の招集通知は、株主の出席機会を確保するためのものであるから、仮に、招集通知漏れのあった株主も出席できたのであれば、実害はないといえそうである。そこで、判例では、招集権者による株主総会の招集の手続を欠く場合であっても、株主全員がその開催に同意して出席した場合には、株主総会決議は有効に成立するとした[7]。このような、株主全員がその開催に同意して出席している株主総会のことを、**全員出席総会**という[8]。

　さらに、法令には違反していないものの、会社が独自ルールとして定款に定めた手続や方法をとらなかった場合には、招集手続や決議方法の定款違反（ⓐ-⑦、ⓑ-⑦）となり、たとえば、何ら合理的な理由なしに、定款に定められ

6）議決権行使を促す際に利益供与禁止規定に違反した態様でこれ行った場合、決議方法の法令違反になるとした裁判例がある（SU07・百31 東京地判平成19年12月6日判タ1258号69頁）。

7）SU03・百27 最判昭和60年12月20日民集39巻8号1869頁。

8）なお、会社法では、株主全員が同意している場合には招集手続を省略することを認めている（300条。もっとも、書面投票等を認める場合は省略できない）が、これは、招集手続の省略に株主全員の同意があれば、株主全員が出席していなくても適法に株主総会を開くことができるとする規律であり、上記判例法理とは適用局面が異なる。さらに、会社法では、株主の全員の意向が確認できるような株主数の少ない会社の株主総会の簡略化を認め、いわゆる**書面決議・メール決議**（株主全員が議案に対して書面や電磁的記録で同意をした場合には、株主総会の決議があったものとみなす。319条1項）や書面報告・メール報告（株主全員に報告すべき内容を通知し、報告を不要とすることにつき株主全員の同意があった場合には、当該事項の株主総会への報告があったものとみなす。320条）の制度を設けている。

た招集権者（たとえば社長）以外の代表取締役が招集通知を発した場合や、定款に定められた議長（たとえば社長。☞第6講1[1]）以外の者が議長となった場合が考えられる。

加えて、招集手続や決議方法が法令や定款に違反しているとまではぴったりといえない場合であっても、たとえば、ことさら株主の出席困難な時間や場所で株主総会を招集した場合や、株主の修正動議（☞第6講3[4]）を無視した場合などには、ⓐ-ⓦやⓑ-ⓦの招集手続や決議方法の著しい不公正の瑕疵を帯びることになると解されている[9]。

(ii) 決議内容の定款違反

831条1項2号は、定款違反の内容の決議は取消事由に該当すると定めている。定款に「取締役は7名以内とする」と定めているのに、取締役を8名以上選任したような場合がこれに当たる。

(iii) 特別利害関係株主の議決権行使による著しく不当な決議

831条1項3号は、決議について特別の利害関係を有する者が議決権を行使したことによって著しく不当な決議がされたときには、取消事由がある旨を定める。この取消事由は、株主総会決議を用いた多数派株主による専横に少数派株主が対抗するための手段として重要である。

> たとえば、S会社が、その総議決権の過半数を保有する親会社P会社との間で合併をする場合において、その条件がS会社（あるいはS会社株主）に著しく不利なものであるにもかかわらず、S会社の株主総会において株主であるP会社（これが「決議について特別の利害関係を有する者」に該当する）が賛成することによってそのような条件を含む合併契約が承認された場合などがこれに当たると考えられる（☞第30講3[2]）。

[5] 裁量棄却

ところで、決議取消しの訴えを定める831条には、2項として、招集手続・

9）コンメ(19)263頁［岩原紳作］参照。

決議方法の法令・定款違反がある場合であっても、①その違反事実が重大でなく、かつ、②決議に影響を及ぼさないものであるときには、裁判所は決議取消しの訴えを棄却することができるとの規定がある。この制度は、（誤解を招きやすい表現であるものの）一般に**裁量棄却**と呼ばれている。裁量棄却は、あまりに些細な瑕疵を捉えて決議取消しという利害関係者に多大な影響の及ぶ効果を生じさせる必要はないという考えに基づくものである。

　注意すべきは、裁量棄却は、[4]で述べた取消事由のうち、(i)の中でも招集手続・決議方法の法令・定款違反（⑦と⑦）の場合にのみ認められるに過ぎないのであって、(i)の中でも招集手続や決議方法が著しく不公正だと評価された場合（⑦）や、(ii)決議内容の定款違反、(iii)特別利害関係株主の議決権行使による著しく不当な決議が問題となる場合には、およそ裁量棄却の対象とはならない点である。

　さらに、多数説は、裁量棄却が可能となる場合についての上記①と②の要件を、その語感から受ける印象よりは厳しく（裁量棄却を認めない方向で）捉えている点にも注意が必要である。たとえば、**ストーリー Y7-2**の場合には、総議決権の８分の１程度しか保有していない株主１人のみに招集通知を送っていないだけであって、その株主（道子）が反対票を投じたと仮定しても計算上は会社提案議案の可決は阻止できないことから、①違反が重大でなく②決議に影響を及ぼさないという両要件を満たすと考えたくなるかもしれない。しかしながら、招集通知漏れの瑕疵は基本的に重大でないとはいえないとして、裁量棄却を認めない考え方が有力であると思われる[10]。このような考え方による場合、極めて限られた場合にのみ裁量棄却が認められることになると思われる。

[6]　判決の効果

　さて、原告適格のある者により取消しの訴えが提起され、**訴えの利益**等の判決をするための条件（**訴訟要件**と呼ばれる）を満たした[11]うえで、原告の主張に理由があれば、裁判所としては効力を否定する最終的な判断を判決の形で出

---

10)　百38 最判昭和46年３月18日民集25巻２号183頁も参照。

すことになる。株主総会決議取消しの訴えについては、株主等が原告となって（☞2[2]）会社を被告として訴えを提起することになる（834条17号）ところ、裁判所が決議を取り消すべきだという判断をする場合は、原告の「決議を取り消せ」という請求を認める判決（「**請求認容判決**」と呼ばれる）が出される。請求認容判決が確定すれば、原告と被告（会社）の間の関係のみならず、世の中全体に対して効力を生じる（838条。「対世効（たいせいこう）」と呼ばれる）[12]。

> 　つまり、**ストーリー Y7-2**の状況を踏まえて晴子が提起した決議取消しの訴えの請求認容判決が確定した場合には、晴子だけでなく、茂文も真知子も道子も関も、さらにはヤスダピーナッツと取引をする会社等の世の中すべての人との関係において、20X1年6月27日の決議は効力がないものとして取り扱われることになるのである。
> 　通常の民事訴訟では、原告Aさんと被告Bさんとの間での訴訟の結果は、法理論上はこの訴訟の当事者になっていないCさんに影響が及ばないのが原則である（相対的解決の原

---

11) 形成の訴えは、法律の規定する要件を充たす限り通常は訴えの利益がある。しかしながら、決議取消しの訴えについては、事後的な事情の変化によって例外的に訴えの利益がなくなる可能性がある。たとえば、取締役選任決議の瑕疵については、決議取消しの訴えの係属中に当該決議により選任された取締役全員が任期満了で退任し、新たな取締役が就任した場合には、「特別の事情」がない限り決議取消しの訴えは訴えの利益を欠くことになるとされる（百36 最判昭和45年4月2日民集24巻4号223頁。この「特別の事情」の1つとして、新たな取締役の選任の決議の効力を争う訴えも併合されている場合〔百A14 最判令和2年9月3日民集74巻6号1557頁参照〕が考えられる）。他方で、T_1期の計算書類承認決議の取消しの訴えの係属中に、T_2期以降の計算書類の承認決議があった場合であっても、T_1期の計算書類承認の再決議がされたなどの特別の事情がない限り、訴えの利益は失われないとされる（百37 最判昭和58年6月7日民集37巻5号517頁）。その理由は、取消しの訴えの請求認容判決が確定してT_1期の計算書類が未確定の状態となる（決議取消しの遡及効につき、注12参照）ことになれば、承認済みのT_1期の計算書類を前提として作成されたT_2期以降の計算書類も未確定となり、これらについても改めて承認が必要となることによる。
　また、近時、議案が否決された場合にそれを決議取消しの訴えによって法的になかったことにできるかも問題とされている。百35 最判平成28年3月4日民集70巻3号827頁は、「否決の決議」という概念を認めつつ、否決の決議を取り消しても新たな法律関係が生じることはないから、否決の決議の取消しの訴えは不適法であるとした。

12) なお、ある行為が取り消された場合、その行為の効力はその行為の時点に遡って失われる（行為がなかったことになる）のが民事法の原則である（民法121条。**取消しの遡及効**）。この原則は決議取消しにも当てはまるため、決議の日から決議取消しの訴えの請求認容判決が確定するまでの間に行われた会社の様々な行為の効力をどのように考えればよいか、という問題がある。詳細は割愛するが、表見法理（たとえば表見代表取締役の規定〔☞第8講2[2](i)〕）の活用等により取引の安全の保護が図られることになろう。

則）のに対して、決議取消しの訴えをはじめとした会社訴訟では、請求認容の確定判決に対世効が与えられているものも多く、注意が必要である。

他方で、決議を取り消す必要はないという判断を裁判所がする場合には、原告の請求は認められないという判決（**請求棄却判決**と呼ばれる）が出されるが、この場合には、民事訴訟の一般原則（相対的解決の原則）の通り、その訴訟の当事者（原告と会社）の間でのみ判決効が生じる。

3　株主総会決議無効・不存在確認の訴え

次に、決議の無効と不存在について説明する。これらは、<u>当初から効力がないことを前提として取り扱うことができる</u>という点で、決議取消しの場合とはかなり異なる点に、まずは注意が必要である。

[1]　決議無効確認の訴え

株主平等原則違反の決議（☞第3講3 [2]）など、株主総会決議の内容それ自体が法令に違反するようなものである場合には、決議は無効であり、この場合、先に述べたように、他のいかなるアクションも必要とすることなく、誰から誰に対しても、いつでもいかなる方法でも効力がないことを主張できる[13]。

もっとも、いつでも誰でも主張できるという状態であったとしても、裁判所に"この決議は効力がない"ということを世の中に確定的に宣言してもらった方が、とりわけ多数の利害関係者を有する会社をめぐる法律関係は、より安定するであろう。

そこで、株主総会決議に無効の瑕疵がある場合には、会社を被告として訴える（834条16号）ことによって、当該決議が無効であることの確認を裁判所に求めることができ、その請求認容判決に対しては対世効が付与される（838条）。これが、830条2項が定める**株主総会決議無効確認の訴え**であり、提訴権者は

13）この点に関しても、会社の組織に関する行為の無効の訴え（☞注1）との違いに注意が必要である。

法定されていないことから、確認の利益がある限り誰でもこの訴えを提起することができ、提訴期間制限も存しない。請求認容判決についてのみ対世効が認められる（**片面的対世効**と呼ばれる）点は、決議取消しの訴えと同様である。

[2]　決議不存在確認の訴え

(i)　物理的不存在

> #### if シナリオ Y7-a［茂文、虚偽の登記申請をする］
>
> ストーリー Y7-1の状況において、株主総会を実際に開くのはまずいと思った茂文は、株主の誰にも知られることなくこっそりと、取締役全員を再任する議案が株主全員の賛成によって可決された旨の株主総会議事録を作成し、それに基づき取締役全員の重任登記（再任の登記）を済ませてしまった。

　if シナリオ Y7-a のように、決議が存在していないのに、存在したかのように議事録が作成され、それに基づき登記がなされたような場合には、決議は不存在と評価される。

　決議不存在の場合も、他のいかなるアクションも必要とすることなく、誰から誰に対しても、いつでもいかなる方法でも効力がないことを主張できることに加えて、決議無効の場合と同様に裁判所に効力がないことを宣言してもらうメリットが大きいことから、**株主総会決議不存在確認の訴え**という類型が認められている（830条1項）。確認の利益がある限り誰でも訴えを提起できること、提訴期間制限はないこと、被告が会社であること、片面的対世効が定められていることなども決議無効確認の訴えと同様である。

(ii)　法的不存在

> #### if シナリオ Y7-b［茂文、親族に内緒で株主総会を開く］
>
> ストーリー Y7-1の状況において、株主全員を招集して株主総会を開催するのはまずいと思った茂文は、事情を知らない関のみに招集通知を送って20X1年6月27日に株主総会を開催した。そこで議長を務めた茂文は、定足

数を満たす出席者があり取締役全員を再任する議案が出席株主全員の賛成に
よって可決された旨を宣言し、株主総会議事録にもその旨を記載して取締役
全員の重任の登記を行った。

他方、20X1年7月を過ぎても一向に株主総会の招集がないことを怪しんだ
晴子が茂文に問い合わせたところ、「今は顧客対応で忙しいからもう少し後
で開くつもりだ」という説明を受けた。晴子は、この説明を信じて20X1年
10月過ぎまで待っていたが、それでもなお株主総会が開かれる気配がないの
で、おかしいと思い登記を見たところ、すでに株主総会が6月末に開かれ、
そこで役員全員の再任の決議がされたことになっていることを知った。

「株主総会決議の不存在」というと、決議がされたという事実がおよそ存在
しないという **if シナリオ Y7-a** のような場合（**物理的不存在**と呼ばれることが多
い）が真っ先に思い浮かぶであろう。しかしながら、通説・判例においては、
決議されたという事実が一応は存在する場合であっても、手続的瑕疵があまり
に酷い場合には、"およそ法的に決議と呼べるような代物は存在していない"
という意味で決議不存在という法的評価をすること（物理的不存在と対比して、
法的不存在と呼ばれることが多い）を認めている[14]。

　if シナリオ Y7-b でいうならば、ヤスダピーナッツの定款に、取締役選任議案について、
定足数を3分の1に軽減する規定があれば、茂文の保有議決権1300個に関の100個を加え
た1400個の出席があれば、総議決権数4000個の3分の1という定足数を満たしていること
になるから、事実としておよそ会合が物理的に存在しなかったと評価することは難しいか
もしれない。そこで、このような場合において、たとえば65%もの議決権比率を有する株
主に招集通知を送っていないという瑕疵の著しさに鑑みて、20X1年6月27日の会合はも

14）取締役でない者によって招集された株主総会は決議不存在事由だと解するのが通説である。そ
　うすると、ある株主総会の決議（以下「先行決議」という）に効力がないとされた場合、その決
　議により選任された取締役（らしき者）によって招集された株主総会には不存在の瑕疵があり、
　そこでなされた決議（以下「後行決議」という）は適法ではないからその決議で選任された取締
　役も適法に選任されたといえず、その取締役（らしき者）によって招集された株主総会の決議も
　不存在であるから……という形で、連鎖が生じることになる。先行決議が不存在である場合に後
　行決議に**瑕疵の連鎖**が生じることを認めた判例として、百39最判平成2年4月17日民集44巻3号
　526頁がある。

はや法的には株主総会と評価できず、そこで決めたことも株主総会決議としては存在していないのだ、という形で、法的不存在の評価を下すのである。

　これは、日常用語としての"不存在"の素朴な語感からはかなり離れてしまうが、それでも法的不存在という類型を認める必要があるのは、手続的瑕疵に対する救済手段が決議取消しの訴えに限られるとすると、あまりに酷い手続的瑕疵に気づいたときにはすでに提訴期間が経過していた、といった場合に、その決議の効力を否定する手段がなくなってしまう（☞ 2 [3]）のは不当だと考えられているからである。

　if シナリオ Y7-b でいうならば、招集通知漏れの瑕疵は招集手続の法令違反であって、あくまで決議取消事由にとどまるから、6月27日から3ヶ月以内に決議取消しの訴えを提起していなければ、もはやその決議の効力を否定することはできなくなる。しかし、そのような提訴期間制限を例外なしに認めたのでは、特定の株主を株主総会に出席させないような悪質な妨害行為をしても、決議の日から3ヶ月間はバレないように隠蔽工作を続けて、とにかく提訴期間が経過するまで逃げ切ればよい、となってしまう。そこで、提訴期間制限のない不存在確認の制度を活用することで、悪質な手続違反について逃げ切りを許さないことにしているのである。もっとも、法的不存在をあまりに広汎に認めてしまうと、決議取消しの訴えにおいて提訴期間制限を設けた趣旨を損ないかねないため、法的不存在をどこまで認めるか、その限界づけはなかなか悩ましい。

●第7講のおさらい

- 株主総会の招集手続に不備があった場合、その株主総会でなされた決議の効力はどのような形で否定することができるだろうか？⇒ 2 [1]
- 株主総会決議取消しの訴えは誰が提起することができるだろうか？取締役は提起することができるだろうか？⇒ 2 [2]
- 決議取消事由にはどのようなものがあるだろうか？また、取消事由があるにもかかわらず請求認容判決が出されない場合として、どのような場合が考えられるだろうか？⇒ 2 [4]・[5]
- 株主Aの提起した株主総会決議取消しの訴えの請求認容判決が確定した場合、会社が、株主Bに対して当該株主総会決議が有効であることを前提とした主張をすることは認められるだろうか？⇒ 2 [6]

・株主総会決議の無効や不存在は、どのような形で主張することができる
　だろうか？⇒ **3** [1]・[2]

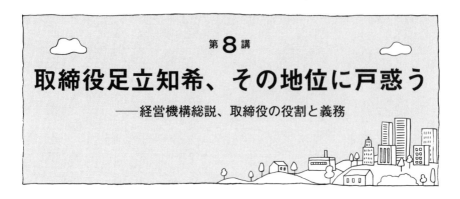

第**8**講

取締役足立知希、その地位に戸惑う
―経営機構総説、取締役の役割と義務

　本講から、いよいよ会社経営において中心的な役割を果たす「取締役」という地位にある人々の話に入る。

1　経営機構総説

[1]　監査役設置会社という基本形

　すでに第4講において、取締役会設置会社であるかどうかで株主総会の決議事項の範囲が異なると説明したことからも明らかなように、同じ「株式会社」といっても、意思決定などの株式会社の経営に携わる機関にはどのようなものがあり、それぞれがどのような役割を果たしているか（以下「機関構成」という）については、実は様々なバリエーションがある。そして、本講の主題である「取締役」も、通常の事業運営を行っている株式会社であれば最低1名は必ず存在している役職ではあるが、その役割に関する法的規律は機関構成のバリエーションに応じて異なっている。

　それらのバリエーションの1つひとつを取り上げて説明するのは手間であるし、理解もしづらくなることから、ここからしばらく（本講〜第16講）は、取締役会設置会社であって、かつ**監査役設置会社**」（2条9号）と呼ばれる機関構成の会社類型を念頭に説明する。

> 　この本で取締役会設置会社である監査役設置会社を真っ先に取り上げて説明するのは、①そのような機関構成の会社の数が、他の機関構成の会社の数と比べて多いと考えられること、および②監査役設置会社に対する規律が取締役会設置会社全般の規律の基本形とな

っている（他の会社類型については監査役設置会社とは異なる点についてのみ規定が定められていることが多い）ことによる。①については、平成14（2002）年までは、（有限会社という、現在の「取締役会設置会社以外の会社」に相当する会社類型を除けば）今でいう取締役会設置会社である監査役設置会社の機関構成しか認められていなかったため、他の会社類型が認められる以前につくられた株式会社は、機関構成をぜひとも変えたいという強い意思がない限りは、取締役会設置会社である監査役設置会社のままである可能性が高い。②については、立法で新たな会社類型を追加する際に、それまで存在している規定をベースに、いわば建て増しをする（これまでと異なる部分についてだけ条文を新設して対応する）のが技術的に効率的だったためであると考えられる。

　なお、監査役設置会社は必ずしも取締役会設置会社であるとは限らないものの、上記①の理由から、多くの監査役設置会社は取締役会設置会社であると考えられることから、以下では取締役会設置会社である監査役設置会社のことを指して、単に「監査役設置会社」と表現することとする。

[2]　監査役設置会社の機関構成と役割分担

　では、その監査役設置会社というのは、具体的にどのような体制で運営されているのだろうか。ここでは、まず、会社法の想定する（広い意味での）会社の経営機構の概略を説明しておこう。

　会社に限らず、組織を運営していくうえでは、大まかに、意思決定を行う役割、その決定を実際に実施する役割、意思決定の内容やその実施をチェックする役割、の3つの役割に分けられると考えられる。

S8-1 ［SL 食品の経営機構］

20X1年6月27日の株主総会後の SL 食品株式会社の経営陣は、代表取締役社長の長井慶彦のほか、創業家出身で取締役会長の宮崎琢也、代表取締役副社長で経理・財務部門をはじめとした本社部門を総括担当する山本誠、代表取締役専務で営業部門を総括担当する村上泰正、代表権のない常務取締役で開発・製造部門を総括担当する角泰成、取締役で人事担当の堺信江、製造・品質管理担当の竹下誠一および宣伝・広報担当の足立知希である。また、監査役は、前財務部長の浅井健一と前職は SL 食品の子会社の社長であった西田良平が常勤監査役に就任しているほか、社外監査役として、青井銀行の頭取

経験者の安井伸一、検察 OB で弁護士の高橋直志の4人が務めている。

宣伝・広報部長の足立は、株主総会を経て新たに付け加わった「取締役」という肩書によって自分が背負うことになる役割や義務などをいまひとつよくわかっていない。

(i)　意思決定

　公開会社においては、所有と経営が分離していることを前提とした制度が組まれており、会社の意思決定についても、会社の命運を決するような重要な事項については株主総会が意思決定をするという仕組みを維持しつつ、それ以外の、とりわけ専門的な経営的意思決定については、経営のプロに委ねられている（☞第4講1[3](i)）。

　会社の事業を実際に運営していくことを会社法では「**業務執行**」と呼んでいるが、上で述べた"経営のプロ"が行うべき業務執行の決定については、さらに二段構えの構造が取られている。すなわち、取締役会設置会社である監査役設置会社においては、重要な業務執行事項については「**取締役**」という地位にある人々全員で構成される「**取締役会**」（362条1項）が決定しなければならないとされる（362条4項）一方で、その裏返しとして、それよりも重要度が低い（日常的な）事項の決定は、個々の取締役（代表取締役・業務執行取締役〔☞(ii)〕）に委ねることができると解されている。

　　たとえば、**ストーリー S8-1** の SL 食品において、1件1億円以上するような製造設備を購入することが重要な財産の譲受け（362条4項1号）等に該当するとされるならば、宮崎・長井・山本・村上・角・堺・竹下・足立の取締役8名全員で構成される取締役会の承認が必要だが、それに満たない金額の設備や機器等であれば、それを購入するかどうかは、たとえば経理担当の山本や製造部門総括担当の角の判断に任せてよいことになる。同様に、関西支店長に従業員の誰を充てるかは取締役会で決めなければならないと考えられる（362条4項3号参照）のに対して、たとえば営業部門の課長職の人事については、営業部門総括担当の村上が（人事担当の堺と相談するなりして）決めればよい、といった形にしている会社が多いと思われる。

(ⅱ)　決定の実施（執行）

　何かをやるとした場合に、やることを決めただけでは物事は何も進まない。会社も、意思決定をしただけでは事業は動かないのであって、その決定を実際に実施する（**執行**という表現もよく用いられる）自然人が必要である[1]。

　これにあたるのが、「**代表取締役**」（47条1項参照）を含む「**業務執行取締役**」（2条15号イ参照）と呼ばれる人々である。これらはいずれも取締役会により取締役の中から選定される（362条3項・363条1項2号）。

(ⅲ)　チェック機能

　これまたすでに説明したこと（☞第4講1 [3](ⅱ)）であるが、所有と経営が分離している株式会社にあっては、業務執行を任された経営陣が、株主の利益に反する行動をとる危険性がある（「**エージェンシー問題**」）。この問題に対処するために、監査役設置会社の場合には、その時々の意思決定や執行が適切に行われているかを取締役会や監査役がチェックするという体制になっている[2]。

　まず、**監査役**は、主として、取締役など業務執行を行う者が法令に違反するような行為をしていないかをチェックする役割を担っている（詳しくは、☞第12講）。

1）本文では、説明の便宜のために、業務執行を意思決定とその執行とに分けて説明したが、実際にはこの両者を区別することが難しい場合も多いだろう。たとえば、1件1億円以上の設備を買うことを取締役会で決定し、その「執行」を経理担当の山本に任せた場合を考えたとしても、山本は機械的に（自らの判断を介在させることなく）処理できるわけでもなさそうである。細かな条件（設備の仕様の細目、納期、保証期間等々）までをすべて取締役会で決めることは困難であるし、また望ましいことでもないから、それらについては山本に任されていると考えられる。山本は、取締役会の決議の趣旨に沿って相手方と交渉して条件について"決定"したうえで契約を締結し、納品と引換えに代金を支払うといったことを行うのがここでの"執行"の中身になると思われる。

2）このほか、計算に関してチェック機能を果たす会計監査人を一部の会社で設置することができ、またはその設置が義務づけられている（☞第17講3 [1](ⅱ)）。また、総株主の議決権（または発行済株式）の100分の3以上の保有を要する少数株主権として、株式会社の業務の執行に関し、不正の行為または法令・定款に違反する重大な事実があることを疑うに足りる事由があるときは、会社の業務・財産の状況を調査する検査役の選任の申立てを裁判所にすることができるとされている（358条1項。検査役選任が認められた事例として、百A30 大阪高決昭和55年6月9日判タ427号178頁）。

他方、取締役会も業務執行のチェックをする役割を担っている。

　所有と経営の分離を前提とした会社の場合、会社のすべての業務執行事項を、取締役会が、経営の専門家である取締役の集合知に基づいて決定するのが望ましいかもしれない。しかしながら、取締役会も会議体である以上、機動的な意思決定を行うことはできないため、業務執行取締役に決定をある程度委ねざるをえない。また、取締役会自身が決定権限を保持している事項についても、決めたことを実際に執行するのはやはり自然人である業務執行取締役に委ねざるをえない。しかしながら、任された者がきちんと任されたことを実施することにこそ意味がある以上、任せた側である取締役会も任せっぱなしではいけないのであり、任せたことをきちんと実施しているかどうかを確認し、それがなされていないのであれば是正措置をとるようにしなければならない。このような理由から、取締役会には、取締役の職務の執行を**監督**する役割も与えられている（362条2項2号）のである。

　　たとえば、**ストーリーS8-1**のSL食品において、竹下は、取締役会から製品の品質管理に関する事項の決定および執行を委ねられていると考えることができる。取締役会としては、竹下から定期的に品質管理に関する事項の報告を受ける（363条2項参照）などして竹下の業務執行が適切かをチェックし、万が一、竹下が製造部門のずさんな製品管理体制を放置した結果として不良品が市場に出回るといったことがあったならば、取締役会は、竹下に改善措置を命ずる決議をし、それが功を奏しないようであれば竹下を製造・品質管理担当から外して別の適切な人材をその担当につけるなどして、品質を向上させ製品の信頼の回復を図る必要がある。

2　取締役の役割

[1]「取締役」の役割の2つの側面

　以上のことから、監査役設置会社において、「取締役」という地位にある者の役割としては、取締役会のメンバーとして、取締役会の意思決定に関与し、あるいは取締役会が委ねた意思決定事項や執行事項の監督に関与するという役割と、逆に取締役会から任された仕事（意思決定や意思決定の執行）をこなすという役割という、大きく分けて2つの役割がある。

　もっとも、取締役会のメンバーとしての役割は、法律で定められたものであって、「取締役」という地位についている者はおよそその役割から逃れることができないと考えられるのに対して、業務執行者としての役割は、会社（具体的には取締役会）がその者にその役割を割り当てた場合にのみ与えられるものに過ぎない。つまり、取締役全員が業務執行をする（権限がある）とは限らないし、また、取締役それぞれに与えられた業務執行の内容も多様なものとなる。

　ストーリー S8-1に基づいて、取締役の2つの役割について1つの図で同時に示すのはなかなか難しいので、それぞれについて、**図8-1**と**図8-2**で示してみた。たとえば、足立取締役も、取締役会のメンバーとして重要な意思決定に関与するとともに、宣伝担当として売上に貢献するような業務執行を行うという役割が割り当てられていると考えられる。

図8-1　取締役会メンバーとしての役割

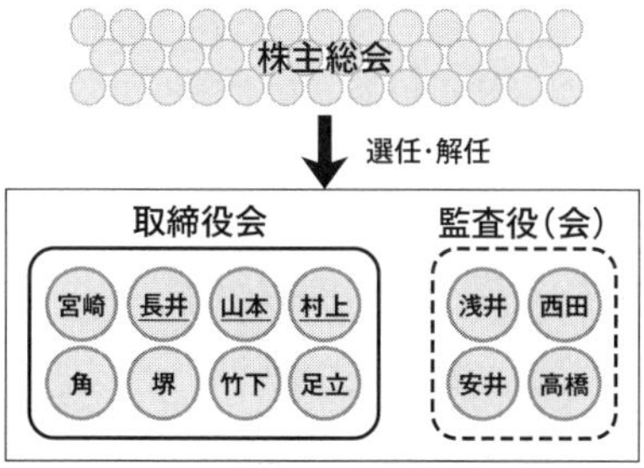

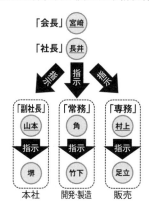

図8-2　SL食品の取締役会が決めた業務執行者としての役割

　ところで、勘のいい読者であれば、上で述べたような、取締役は "任せてチェックする側（取締役会）の構成員" であると同時に、"任される側" にもなりうる、という説明に違

和感を覚えたかもしれない。実際、取締役が業務執行者として自分が行った決定・執行を取締役会のメンバーとしてチェックすることができるのか、また、社長・副社長・専務といった役位（肩書）が業務執行者としての立場における序列づけのために（＝指揮命令系統を明らかにするために）取締役につけられることが多い（**図8-2参照**）が、そのような序列づけが取締役会という業務執行をチェックする機関にも持ち込まれることになるのは不都合ではないか、といった点は、監査役設置会社という機関構成の弱点として指摘されているところでもある。この点については第16講で改めて説明する。

[2]　業務執行者としての役割に関する規律

　取締役の役割の2つの側面のうち、取締役会のメンバーとしての役割については、取締役会のところ（☞第11講）で改めて説明することとし、ここでは、業務執行者としての側面に関する会社法の規律を大まかにみておこう。

(i)　代表取締役

　取締役会設置会社である監査役設置会社においては、必ず1人は代表取締役を選定しなければならない（362条3項参照）。これは、会社は法人格を有し権利義務の主体となれるといっても、所詮はバーチャルな存在であるから、会社の外の人を相手とした取引等については、その者の行為を会社の行為とみることのできるような生身の人間（自然人）を特定しておく必要があることによる。監査役設置会社の場合、その自然人というのが、349条4項において「会社の業務に関する一切の裁判上又は裁判外の行為をする権限を有する」と定められている代表取締役なのである[3]。代表取締役は、取締役会が選定し、解職する（362条2項3号）[4]。

　ストーリーS8-1のSL食品の場合、長井社長・山本副社長・村上専務が代表取締役としてSL食品を対外的に代表する権限を有している。したがって、SL食品が会社として権利を有し義務を負うような契約については、基本的には、この3人の誰かが代表して締

3）なお、会社は、代表取締役がその職務を行うについて第三者に加えた損害を賠償する責任を負う（350条）。
4）なお、定款の定めに基づき代表取締役の選定解職を株主総会決議事項とすることの可否については☞第4講注4。

結することになる[5]。

　ところで、社長・副社長・専務といった役位の名称やそれにいかなる権限が伴うかは、会社法によって定められたものではないため、たとえば副社長という肩書があるからといってその人が会社を代表する権限があるとは限らない。しかしながら、このストーリーの長井や山本のように、社長や副社長といった一定の肩書を有する取締役は、会社運営を差配する権限を有する"エライ人"であって、したがって、会社を代表する権限もあって当然だと考える人も多そうである。そうだとすると、そのような信頼に基づいて会社と取引した相手方を保護する必要が生じる。そこで、会社の代表権を有する地位にあると思わせるような（社長や副社長といった）名称がその会社によって付与された（けれども代表権は与えられていない）取締役が対外的に行った行為については、相手方（条文上は「第三者」）が**善意**（これは、特定の事実を知らないことを意味する法律用語である）である限り、会社も責任を負うと定められている（354条）[6]。このような取締役を「**表見代表取締役**」という。

(ⅱ)　代表取締役以外の業務執行取締役

　他方で、会社の外の人を相手にするような活動（**対外的業務執行**と呼ばれる）ではなく、会社内部で完結する業務執行もある。そのような**対内的業務執行**についても代表取締役が行うことができる（363条1項1号）が、対内的業務執行は代表権が必要ないため、代表取締役以外の取締役も行うことができる。もっとも、誰が何を担当するか、ということは決めておく必要があるから、そのような個々の取締役による業務執行の分担も取締役会が決めることとされている（363条1項2号）。代表取締役と、それ以外の取締役であって取締役会によって業務執行を担当するものとして**選定**された取締役は、「**業務執行取締役**」（2条

5）もっとも、いわゆる会社法総則（商法総則）の分野に属する規律であるが、一定の事項については、代表権のない者であっても、会社から代理権が当然に与えられているものとして、契約締結等を行えば会社に効果が帰属する場合がある（14条〔商法25条〕参照）。

6）ただし、相手方（「第三者」）に重過失がある場合は除く（[百46]最判昭和52年10月14日民集31巻6号825頁）。

7）もっとも、2条15号イの「業務執行取締役」は、本文で述べたような、取締役会が業務執行する者として選定した取締役だけではなく、取締役会による選定がないにもかかわらず実際には業務執行をしてしまっている取締役も含む概念である点には注意が必要である。これは、「業務執行取締役」という概念が、社外性の判定の際に用いられるものであるため、表向きはどうあれ実際に業務執行に関与したかどうかが重要であるためである。

15号イ参照[7]）という上位概念で括られるが、特に対内的業務執行のみを行う、代表取締役以外の取締役のことを**選定業務執行取締役**と呼ぶことも多い。

> 　1 [2](ii)で挙げた例でいえば、山本が行う製造設備購入のための予算措置とか、堺が行う営業部門の課長職の人事の発令などが対内的業務執行にあたると考えられる。

3　取締役の資格、員数、選任・終任

　次に、「取締役」にはどのような人が何人なるのか、どのように選任され、どのような場合に取締役でなくなるのかという点に関する規律をみておこう。

[1]　資　格

　所有と経営の分離した会社では、株主は経営のプロである取締役に経営を委ねているのだ、と説明した。しかしながら、会社法は、"経営のプロ"であることを示す何らかの資格がなければ取締役になれないという規律までを設けているわけではない。もっとも、会社運営に関係する規定に違反して刑事罰を受けてから一定期間経たない間は取締役となれない等の制約はある（331条1項参照）ものの、そのような**欠格事由**に該当しなければ、基本的には誰でも取締役になる資格がある。近年、高校生社長が話題になったように、未成年でも取締役になることができる[8]。取締役候補者が経営を任せるに足る能力を有するかは株主総会が判断する、というのが会社法の基本的な考え方である[9]。

[2]　員　数

　取締役会設置会社については、取締役は3人以上いなければならない（331

8）令和元年改正によって、成年被後見人や被保佐人も、成年後見人や保佐人の同意を得れば取締役に就任することができるようになり、この場合、成年被後見人や被保佐人がした取締役としての資格に基づく行為は、行為能力の制限を理由に取り消すことができないとされた（331条の2）。
9）取締役の資格に関して、定款で何らかの制限を加えることも可能であるが、公開会社については、取締役は株主でなければならない旨を定款で定めることができないという規定（331条2項）がある。所有と経営の分離した株式会社では、経営に携わる有能な人材を広く求める必要があるための規律であると説明がされているが、このように一律に禁止してまで守らせなければならない内容であるのか筆者には疑問である。

条 5 項)[10) 11)]。

[3]　選　任

　取締役は株主総会が選任すること、その際の株主総会決議の議決要件は出席議決権数の過半数であるが、定足数は行使可能議決権数の 3 分の 1 以上までしか軽減できない、という取締役選任の原則的規律（341条）についてはすでに説明した（☞第 6 講 3 [2](i)）。

　この原則に対する例外的な規律として、**累積投票**と種類株式がある。前者は、株主全員に 1 株につき選任すべき人数分の票数（取締役 8 名選任予定であれば 1 株につき 8 票）を与え、特定候補に複数票を集中的に投票することもできることとしたうえで、得票数が多い候補者から順に必要な人数になるまでを取締役として選任するという制度（342条）である[12)]。後者は、特定の種類の株式にだけ取締役の選（解）任の権利を与えることを可能とするものである（108条 2 項9 号。詳細については☞第21講 2 [2](iii)）。

[4]　終　任

　取締役であった者が取締役でなくなる原因として重要なものとしては、①任期満了、②委任の規定に基づく終任、③株主総会による解任、④少数株主によ

---

10) 取締役会設置会社以外の会社については、最低 1 人の取締役を選任すればよいとされている（326条 1 項）。そして、取締役が複数人いる場合において、その中から代表取締役を定めていないときには、各自が会社を代表する権限を有する（349条 2 項）。

11) 3 人しかいない取締役の 1 人が任期満了や辞任により退任したけれども、何らかの理由で後任が選任されなかった場合など、法令または定款によって置かなければならないとされている員数に役員の数が満たなくなった場合、任期満了や辞任によって退任した役員は、新たに選任された役員が就任するまで、役員としての権利義務を有する（346条 1 項。なお、補欠役員につき、第12講注10）。このような形で退任役員がなお役員としての権利義務を有するのが不都合であれば、新たな役員を選任するか、申し立てにより裁判所に仮役員（「一時役員の職務を行うべき者」。同条 2 項）を選任してもらう必要がある（判例〔百43 最判平成20年 2 月26日民集62巻 2 号638頁〕によれば、退任した後も役員としての権利義務を有する者の解任を訴えにより請求する〔854条。☞[4](iv)〕ことはできない）。代表取締役に関しても同様の規定がある（351条）。

12) もっとも、累積投票制度については、多くの上場会社では定款で排除しているようであり（排除していない場合における取締役選任の議題についての招集通知の記載につき、百 A8 最判平成10年11月26日金判1066号18頁）、実務的な重要性は高いとはいえない。

る解任の訴えがある。

(i)　取締役の任期

　任期が満了すれば、取締役は退任する。もっとも、任期満了時に再任される場合も当然あり、また定款等に制限がない限り再任は何度でも可能である。

　監査役設置会社の取締役の任期は原則として2年である（332条1項。厳密には、「選任後2年以内に終了する事業年度のうち最終のものに関する定時株主総会の終結の時まで」〔その意味については、☞第5講1[1][iii]〕だが、くどいので以下ではそのような意味を含めて「○年」と表現する）が、重要な例外として、次の2つを挙げておく。

　1つは、定款の定めで任期を短縮する場合である。2年に1度取締役選任議案を株主総会に諮れば済むのをわざわざそれより高い頻度にするのは面倒に思われるが、上場会社ではこの短縮規定を置いている会社も多い。これは、株主への配当金の額（剰余金配当の額）等を取締役会で決定することができると定款で定めることができる（定款に何も規定がなければ株主総会決議事項である）ところ、そのような定款規定を置くための条件として、取締役の任期が1年以内に短縮されている必要があるためである（459条1項。☞第18講3[1]）。

　もう1つは、公開会社でない会社（監査等委員会設置会社および指名委員会等設置会社〔☞第16講〕を除く）の取締役については、10年までの間で任期を定款で伸長することができる（332条2項）ことである。閉鎖的な中小企業においては、株主が入れ替わることも取締役が入れ替わることもほぼないことから、そのような定款の定めを置くことで、2年に1度の再任決議と再任（重任）の登記を繰り返す無駄を省くことができる。

(ii)　委任の規定による終任事由

　後に述べるように（☞4[1]）、取締役と会社とは委任に関する規定に従う（330条）ことから、基本的には民法に定められている委任契約の終了事由が取締役の終任事由に該当する（委任者を会社、受任者を取締役と読み替える）。すなわち、取締役が辞任を申し出た場合（民法651条1項参照）や取締役が死亡・破産・後見開始審判を受けた場合（民法653条1-3号）であるが、会社の破産（民

法653条 2 号）は取締役の終任事由とはならないとするのが判例[13]である。

(iii)　株主総会による解任

　会社側からの委任契約の解除もいつでも認められる（民法651条 1 項参照）が、解任するかどうかを決めるのは株主総会であり（339条 1 項）、これは原則として（定足数軽減制限付きの）普通決議で足りる（341条）[14]。

　もっとも、その解任が客観的に「正当な理由」に基づくものでないと評価された場合には、解任された取締役は、会社に対して損害賠償を請求することができる（339条 2 項）。損害賠償責任の発生のために会社の故意や過失は必要ではないと解されており[15]、また、損害賠償の範囲は、任期の残りの期間と任期満了時に取締役を解任されていなければ得られたであろう利益（具体的には任期満了までの期間得られたはずの報酬相当額など[16]）であると考えられている。「正当な理由」にあたるものとして、不正・違法行為の存在、長期の病気休養[17]や、職務不適任などが挙げられている。これに対して、経営判断に失敗したことが「正当な理由」として認められるかについては争いがある。

(iv)　少数株主による解任の訴え

　取締役をはじめとして、原則として株主総会で選解任される「役員」に関しては、その職務執行に関し不正の行為または法令定款違反の重大な事実があっ

---

13)　百 A15 最判平成21年 4 月17日判時2044号74頁。

14)　例外としては、たとえば、累積投票で選任された取締役の解任には株主総会の特別決議が必要である（342条 6 項、309条 2 項 7 号）し、特定の種類の株式の保有者（種類株主）のみが選任できる取締役についてはその種類株主からなる会合（種類株主総会）の決議によって解任が決定されることになる（347条 1 項）。

15)　コンメ(7)524頁［加藤貴仁］。

16)　コンメ(7)531頁［加藤］。なお、定款の取締役の任期の規定を短縮した場合（☞[4](i)）、現任の取締役も変更後の定款規定に従うとされ、たとえば任期10年が 1 年に短縮された場合、法形式的には解任ではなく任期満了による退任に過ぎないことになる。そのような場合に、339条 2 項を類推適用して退任取締役の賠償請求を認めた裁判例がある（百 A16 東京地判平成27年 6 月29日判時2274号113頁）が、類推適用に際して、最長10年間にも及びうる報酬相当額のうちどこまで賠償を認めるべきかという問題がある。

17)　SU08・百42 最判昭和57年 1 月21日判時1037号129頁。

たにもかかわらず、その役員を解任する議案が株主総会で否決されるなどして解任が功を奏しなかった場合には、株主は、その役員を解任することを裁判所に請求することができる（854条）[18]。非行のある役員は、まずは株主総会によって解任されることが期待されているものの、多数派の専横等によってそれが実現しない場合には、裁判所に救済を求めることができることにしているのである。

4　取締役の義務（総説）

　会社運営において重要な役割を担う取締役は、会社との関係では、他人のために事務処理を行う委任関係（民法第3編第2章第10節）と同様の関係に立つとされており（330条参照）、そのような関係に基づき取締役は会社に対して種々の義務を負っている。後ほど説明するように（☞第13講）、取締役は、会社に対する義務違反があった場合には、会社に対して損害賠償責任を負うことになる（423条参照）こともあって、会社に対して負うべき義務の内容は、取締役の行動を規律する重要な要素となっている。ここで、その主なものについて大まかな説明をしておこう。

[1]　善管注意義務

　委任関係において、受任者は、<u>委任の本旨に従って善良な管理者の注意をもって委任事務を処理する義務を負う</u>とされている（民法644条）。取締役も、会社から委ねられた（2の内容の）事務を、「委任の本旨に従って」「善良な管理

---

18) 取締役の解任を裁判所に請求したとしても、すぐに解任の当否についての最終的な結論が出るわけではない。その間に、解任の対象とされた者が（代表）取締役として職務執行を続けることが望ましくない可能性もある。そこで、民事保全法に基づいて解任（解職）対象の（代表）取締役の職務執行を停止させ、その者の職務を代行する者（以下「職務代行者」という）が選任されることもある（民保法23条2項・56条）。取締役を選任する株主総会決議の不存在・無効確認または取消しの訴えが提起された場合も同様である。判例〔百44〕最判昭和45年11月6日民集24巻12号1744頁）によれば、職務執行停止の仮処分は、対象となる取締役が退任し後任として株主総会で選任された取締役にも効力が及ぶ。職務代行者が会社の「常務」に属しない行為（たとえば、百45〕最判昭和50年6月27日民集29巻6号879頁参照）をするには裁判所の許可が必要である（352条）。

者の注意をもって」処理する義務を負う。このような取締役の義務は、**善管注意義務**と呼ばれる。

どのような場面でどのような決定なり執行なりをすればその義務を果たしたことになるか、という善管注意義務の履行態様はケースバイケースで評価すべきものであり、その点については役員の責任のところ（☞第13講）で説明するが、おおまかには、会社の利益のために行動することが取締役の最も重要な義務だと考えておけばよいだろう。

> この点に関しては、会社は、儲けることだけを考えるのではなく、たとえば社会貢献活動や環境保護活動など、儲からないことであってもやらなければならないことがあるのではないか、という指摘もある。
>
> これに対して、少なくともこれまでの通説は、社会貢献活動といった美名の下で、取締役が会社あるいは株主の利益を損ねて自らの私腹を肥やすことが容易になることへの警戒から、取締役は会社の利益の増大を第一目標にすべきであって、社会貢献活動等はあくまで副次的なものにとどめるべきであるとする考え方が有力であった。
>
> 次に述べる法令遵守義務などにみられるように、会社の活動が儲け一辺倒であってはならないことは会社法も認めているものの、会社はどこまで儲け（あるいは、株主への利益の還元）よりも社会貢献活動等を優先してよいか、という線引きはなかなか難しい。特に、最近では持続可能性（サステナビリティ）等の意識の高まりを受けて、これまでの通説のような利益第一主義とも表現しうる会社運営の考え方は見直されるべきではないか、という議論もなされている。

[2]　法令遵守義務、定款・株主総会決議の遵守義務

取締役は会社が儲かれば何をしてもよいわけではなく、国が定めたルールである法令を遵守して、その範囲内で活動をしなければならないという制約もある。このような制約は委任の本旨から自ずと導かれる内容であるのかもしれないが、会社法では、特に取締役の**法令遵守義務**を明示的に規定している（355条）。また、同じ条文によって、会社の内部ルールである定款や、株主総会の決議を遵守して職務を行うべき義務も定められている。

[3]　忠実義務

取締役は、会社の業務を処理する際に、会社の利益と自己（取締役）の利益

とが相反する状況に陥ることがある（そのような状況は、**利益相反関係**あるいは **利益相反状況**と表現されることが多い）。取締役は会社が儲かるように行動すべきである、という基本方針からすれば、利益相反状況において、取締役が自己の利益を優先することは、会社の利益を犠牲することに繋がりかねず、許されないと考えられる。それを防ぐことも委任関係全般にあてはまる義務（その意味で善管注意義務の内容の1つ）として認識する[19]ことができるのかもしれないが、学説においては、<u>取締役が自己（や関係の深い第三者）の利益を優先して会社の利益を害するような行為をしない義務のことを特に指し示す語として</u>「**忠実義務**」が用いられることが多い[20]。次講で取り上げる競業取引規制や利益相反取引規制は、そのような利益相反状況の典型的な局面について、会社法が具体的な規律を置くものであると理解することができる。

●第8講のおさらい

・取締役とは、どのような役割を果たす人のことだろうか？⇒**2**

・未成年者は取締役になれるだろうか？⇒**3**[1]

・取締役はどのような場合に解任されるだろうか？解任を決めるのは誰だ

---

19) 判例（SU01・百2 最大判昭和45年6月24日民集24巻6号625頁）は、基本的にはこのような立場をとる。

20) 会社法が、取締役と会社との関係は委任に関する規定に従うという一般的な規定（330条）に加えて、忠実義務を明文で定めている（355条）ことから、そこに何か独自の意味があるのではないか、といった議論が一時期盛んになされていた。特に、アメリカ法の影響を受けて、忠実義務違反の場合には取締役は無過失責任を負うべきであるとする主張がなされていた。

　利益相反状況で取締役が自己の利益を優先するようなことがあると、会社の利益が害される危険性が極めて高くなることから、取締役がそのような行動に出にくいように、より厳格に規律しておこうという考え方には一理ある。もっとも、日本法では、利益相反状況のうち、特に重要な局面については個別に規律がされており（☞第9講）、ある程度はそれで対応できると考えられているためか、忠実義務違反とそれ以外の義務違反とで、取締役が責任を負うための要件を一般的に区別するといった対応はとられていない（取締役の会社に対する損害賠償責任の発生要件は、「任務を怠った」かどうかという1本の基準である〔423条1項〕。ただし、428条1項に注意）。しかしながら、その損害賠償責任規定を具体的に運用する（「任務を怠った」かどうかを判断する）にあたっては、利益相反状況（忠実義務違反）の場合にはより取締役の責任が認められやすい方向での解釈（たとえば、忠実義務違反の場合には経営判断原則〔☞第13講2[2]〕が適用されない、といった主張）が有力に主張されている点にも注意が必要である。

ろうか？解任された場合、取締役は会社に対して何か請求できるだろうか？⇒ **3** [**4**](ⅲ)

・取締役が会社に対して負う義務としてはどのようなものがあるだろうか？⇒ **4**

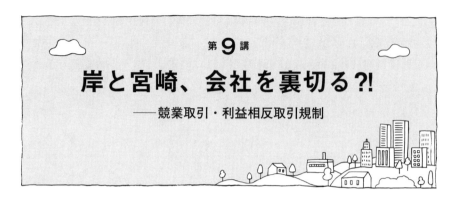

第**9**講

岸と宮崎、会社を裏切る?!
—— 競業取引・利益相反取引規制

事業運営において中心的役割を果たす取締役は、会社の業務を処理する際に、会社の利益と自己（取締役）の利益とが相反する状況に陥ることがあるが、自己（や関係の深い第三者）の利益を優先して会社の利益を害するような行為をしないという**忠実義務**を会社に対して負っていると考えられる（☞第8講4 [3]）。本講では、この忠実義務をより具体的に規律した競業取引規制と利益相反取引規制について説明をする。

1 競業取引規制

○○○○○○○○○○○○○○○○○○○○○○○○○○○

Y9-1 ［岸、独立を画策する］

ストーリー Y7-1や Y7-2のようなゴタゴタがあったヤスダピーナッツ株式会社であったが、茂文が非を認めて晴子・道子に謝罪し、問題とされた交際費支出はポケットマネーから返金することで、一連の騒動は解決に向かった。結果として、同社の取締役は、20X1年6月27日の株主総会で再任された茂文、真知子、岸が引き続き務めることとなった。

ある日、岸は、大学時代の同級生で、ヤスダピーナッツの得意先である SL食品の企画部長を務める清水誠と呑みに行き、その際、清水から、まもなく SL食品がアーモンドを使用した期間限定の高級菓子の製造販売プロジェクトを立ち上げることを聞いた。この期間限定のプロジェクトが軌道に乗れば、

常備製品に格上げされる可能性があり、SL 食品によるアーモンドの仕入れ
が大量に発生すると見込んだ岸は、自らが100％出資して、SL 食品にアーモ
ンドを納入するための会社である「キシアーモンド株式会社」を設立して同
社の代表取締役に就任した。キシアーモンドは、期間限定製品の製造段階の
SL 食品に対してアーモンドの納入を行い、この取引で同社は総額500万円の
利益を上げた。なお、これまでヤスダピーナッツと SL 食品との間で、落花
生の取引はあったものの、アーモンドの取扱いはなかった。

[1]　競業取引規制の趣旨と内容

　取締役は、会社の経営の中枢にあって、会社の事業についてのノウハウや事
業に有益な人脈をもっていると考えられることから、取締役がそれらを活かし
て自ら会社の事業活動と競合する取引を行い、あるいは競合会社の代表者とな
って取引をすること（さしあたりこれを「**競業取引**」と呼んでおく。詳細は☞1
[3]）になると、会社の利益が害される危険性は高い。会社の利益を考えた場合、
このような取締役の競業取引を野放しにしてはいけない反面、全面的に禁止す
るのも硬直的に過ぎる。

　そこで、会社法では、取締役が競業取引を行う場合には、当該取引につき重
要な事実を開示したうえで、取締役会から「そのような取引をしてもよい」と
いう承認を受けなければならず[1)]、また、取引後は遅滞なく、その取引につい
ての重要な事実を取締役会に報告しなければならない旨が定められている（356
条1項1号、365条）。

　　条文構造としては、356条1項柱書において特定の類型の取引をするには株主総会決議
　が必要だと定められたうえで、同項各号でその規制対象取引類型が特定されているものの、
　取締役会設置会社については、365条において、それらの類型の取引をする場合には取締
　役会の承認が必要だと定められているのである（つまり、株主総会決議が必要なのは取締役
　会設置会社以外の会社に限られるのであり、これは同じ条文で規律されている利益相反取引につい
　ても同様である）。両規定はかなり離れているので、意識的に覚えておかないと気がつきに

---

1)　当該競業取引の当事者である取締役（**ストーリー Y9-1**なら岸拓人）は、特別利害関係者とし
　　て取締役会での議決から排除される（369条2項☞第11講3[2](ii)）。

> くいと思われる。

[2] 承認を得ないとどうなるか

(i) 取引の効力

会社の承認を得ずに競業取引を行った場合でも<u>相手方との関係では当該取引は有効であり</u>、これは相手方が必要な承認を得ていないことにつき悪意（これは、特定の事実を知っていることを意味する法律用語である）であっても変わらないと解されている[2]。これは、競業取引の主体はあくまで会社とは別人格の取締役（あるいは第三者）と相手方であって、その取引の効力に会社は本来関わる立場にないからである。

> したがって、**ストーリー Y9-1**の SL 食品＝キシアーモンド間の取引は、ヤスダピーナッツによる岸取締役に対する競業の承認の有無にかかわらず、そしてそのこと（承認の有無）について SL 食品側の人間が知っているか否かを問わず、有効である。

(ii) 取締役の責任

会社の承認を得ていない競業取引が当事者間で有効であるとしても、それをそのまま放置したのでは会社の利益が害されたままになる。そこで、会社としては、「取締役……は、その任務を怠ったときは、株式会社に対し、これによって生じた損害を賠償する責任を負う」と定める、取締役の責任に関する一般規定（423条1項。詳細については、☞第13講）に基づき損害賠償責任を追及することで、会社の損害を回復することを考えることになる。

この規定に基づき会社に対する損害賠償が認められるためには、取締役が「任務を怠った」（**任務懈怠**という表現もよく用いられる）と評価される必要がある。ここで注意をすべきであるのは、会社の承認を得ていたからといって、直ちに任務懈怠がないとは評価されない点である。つまり、<u>競業取引についての取締役会の承認に取締役の責任を免除する効果はないのである</u>[3]。

---

2) コンメ(8)74頁［北村雅史］。

　では競業について取締役会の承認を得ることに何の意味もないのかというとそうではない。取締役会の承認を得ないで競業取引をした場合には、当該取引により当該取締役または第三者が得た利益の額を会社の損害額と推定する旨の規定（423条2項）が適用され、取締役の責任を追及する側の証明負担が軽減されることになる[4]。逆に、競業についてきちんと取締役会の承認を得ていた（にもかかわらず結果的に会社に損害を生じさせてしまった）場合には、損害額の推定規定は働かないから、取締役の責任を追及する側が訴訟において会社の損害を証明する責任を負うことになり、その意味で責任の認められやすさが変わってくるのである。

　　仮に、**ストーリー Y9-1**の岸の行った SL 食品との取引が競業取引に該当することを前提とした場合において、岸がヤスダピーナッツの取締役会の承認を得ていなかったときには、損害の推定規定が働くので、取締役の会社に対する責任を追及する者（＝会社の監査役や株主が考えられる。☞第14講1・2）としては、キシアーモンド（「第三者」）が得た利益が500万円であること、ヤスダピーナッツの取締役会の承認がなかったことを主張・立証すれば、ヤスダピーナッツの損害がそれよりも少ないことを岸が証明しない限りは、岸のヤスダピーナッツに対する500万円の損害賠償責任が認められる可能性は極めて高い。

　　これに対して、取締役会の承認を得ていた場合、岸の責任が認められるためには、岸がキシアーモンドの代表取締役として行った SL 食品との取引がヤスダピーナッツの取締役としての岸の任務懈怠になることに加えて、ヤスダピーナッツが被った損害の具体的な金額までを責任を追及する側が証明しないといけない。損害額については、たとえば、SL 食品がキシアーモンドと取引したことによってヤスダピーナッツは SL 食品との取引を5000万円分減らされてしまい、その取引ができていたならば得られたであろう利益は、これまでのヤスダピーナッツの実績に照らせば売上高の10％以上であるから、ヤスダピーナッツは少なくとも500万円の損害を被っているのだ、といった具体的な金額の証明をしないといけないことになる。

3）コンメ(8)76頁［北村］。

4）なお、平成17年改正前商法264条3項では、取締役が会社の承認を得ずに自己のために競業取引をした場合には、取締役会の決定によってその取引を会社のためにしたものとみなすという、講学上**介入権**と呼ばれる権利が会社側に認められていた。しかしながら、会社がこの権利を行使したとしても、直ちに会社が当該競業取引の相手方に対して直接何らかの請求ができる立場に立つわけではなく、当該競業取引を行った取締役が会社に対して当該取引関係から生じる経済的効果を会社に帰属させる義務を負うにとどまると解されていたことから、平成17年の会社法制定時に、損害額の推定規定に一本化され、介入権は廃止された。

[3]　どのような活動態様が競業取引規制に掛かるか

　いままでは漠然と、"取締役が会社と競合する取引をする場合"だと説明していたが、会社の承認が必要になるのは、厳密には、取締役[5]が、(i)自己または第三者のために、(ii)会社の事業の部類に属する取引をしようとする場合である（356条1項1号）。

(i)　自己または第三者のため

　かつては「自己又は第三者のため」の意味が盛んに争われていたが、初学者としては、取締役自身が競業取引の当事者となったり（「自己」のため）、取締役が競合会社の代表取締役となってその競合会社を代表して競業取引を行う場合（「第三者」のため）がこれに該当すると理解しておけば足りるであろう[6]。

(ii)　会社の事業の部類に属する取引

　他方、「会社の事業の部類に属する取引」とは、会社の事業と市場において競合する取引のことをいうと解されており、その場合の会社の事業とは、原則として現に行っている事業を指すと解されている[7]。もっとも、会社が現に営んでいる事業ではないが、会社が進出を計画している事業については、先んじて取締役が営むことで会社の進出を阻むようなことがあると、進出準備のための支出等が無駄になり会社を害することになりかねないことから、規制の対象に含まれると解されている[8]。

5）取締役を退任した人は「取締役」ではないから、「取締役」を規制対象とする356条1項1号・365条の競業取引規制の対象外となると解されている。しかしながら、取締役の在職時に得たノウハウを用いて、在籍していた会社の事業と競合する事業を営むことによって会社が害されるという危険性は、（現役の）取締役が競業する場合と同じくらい高いとも考えられる。現実問題としても、会社の取締役職に留まったまま会社の利益を侵食する事業を営むような神経の図太い人よりも、会社と喧嘩別れの形で取締役を退いてから本格的に競合事業を行う人の方が多そうである。このように、退職後の元取締役による競業は会社の脅威となりうることから、取締役は、退任時に退職金の支払いと引換えに守秘義務や競合会社への再就職の禁止などの競業避止義務を負うことを内容とする契約を結ばされることもある。もっとも、取締役といえども個人としての人権は守られるべきであり、職業選択の自由も一定程度尊重する必要がある（憲法22条1項参照）ことから、どのような内容や拘束期間であればそのような契約の効力を認めてよいかという難しい問題がある。詳細については、コンメ(8)72頁［北村］参照。

図 9 - 1

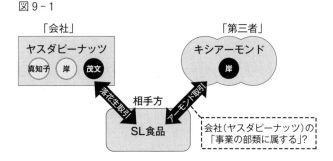

ストーリー Y9-1の岸の一連の動き（図9-1参照）に関していえば、問題となる市場として、たとえば、SL 食品との取引という狭いものを想定して考えることができるのであれば、キシアーモンドが SL 食品と取引をすることによって、ヤスダピーナッツと SL 食品との間の取引を減少させるような要因となるかどうか、がまずは問われることになる。そのうえで、仮に現実に営んでいる事業と市場が競合しないとしても、ヤスダピーナッツが実は SL 食品に対してアーモンドの納入取引の準備をしていたなどの事情があれば、岸の動きは「会社の事業の部類に属する取引」をしたものとして評価されることになる。

6）どのような取引が競業取引規制の対象となるかについては、後で利益相反取引のところで述べるのと同様の、「自己又は第三者のために」の意義に関する「名義説」と「計算説」の対立がある（☞ 2 [2]）。しかしながら、名義説か計算説かは、競業取引が「自己のために」行われたのか「第三者のために」行われたのかで異なる効果が生じていた平成17年改正前の制度（☞注4）においては重要な意義を有していたが、その区分がなくなった現行会社法の下においてはあまり実益のない議論であると考えられることから、初学者にとって基本的な規律対象を覚えやすいという観点から、取締役が「取引」をしようとしているという条文の要件を重視して、本文では名義説的な考え方で説明をしている。

　なお、競業取引規制のリーディングケースと目される著名裁判例（ SU09・百53 東京地判昭和56年3月26日判時1015号27頁）では、会社と競合する事業を営んでいる主体が会社の取締役自身ではなく別の会社であって、当該取締役が競合会社の取締役・代表取締役ではない場合であっても、当該取締役が競合会社を実質的に支配し事実上の主宰者となっている場合には競業取引規制の対象となる、としており、この結論は学説でも概ね支持されている。この結論を導くためには、取締役が競合会社の株式を実質的にすべて保有している点を捉えて、自己に利益を帰属させるために競業をしていたと評価する計算説がしっくりくるようにも思われる一方、競業取引に関して取締役の名義で権利義務を取得するわけでもなければ、取締役が競合会社を代表して権利義務を取得するわけでもないので、名義説では捕捉できないようにもみえる。しかしながら、名義説の立場からも、取締役が競合会社を意のままに操っていた点を重視して、競合会社の名義で事業をしていたと評価すべきことが主張されている。

7）コンメ(8)66-77頁［北村］。

8）前掲注6の裁判例（ SU09・百53 ）参照。

[4]　会社の機会の法理

　他方で、会社が現に営んでいる事業や、進出の準備をしている事業ではないけれども、会社にとっての格好のビジネスチャンスを、取締役がその地位を利用して（たとえば、取締役としての立場で入手した早耳情報などを利用して）横取りするといった行為は、会社の利益を損なっているという評価がふさわしい反面、競業取引規制には引っかかりそうもない。このような場合、会社に帰属させるべきビジネスチャンス（会社の機会）を奪った取締役には、忠実義務（☞第8講4[3]）に反するという任務懈怠があるとして、損害賠償責任が生ずると解されている（**会社の機会の法理**と呼ばれる）[9]。

> 　ストーリー Y9-1の岸の一連の動きに関していえば、仮に、それが競業取引規制に該当せず、会社の機会の法理のみが問題となるとした場合には、SL 食品へのアーモンドの納入取引の機会が、本来ヤスダピーナッツに帰属するべきものといえるかが分かれ道となる。岸は SL 食品の清水からアーモンド取引のチャンスに関する情報を仕入れたわけだが、岸と清水との関係が、純粋に納入元会社の取締役と納入先会社の部長職とのビジネス上の繋がりのみであれば、岸はまさに取締役としての地位を利用してその情報を入手したといえる。しかしながら、上記ストーリーでは、岸は清水との学生時代の友人という個人的な付き合いの中でたまたま情報を仕入れただけであるとも考えられ、そのようなビジネスチャンスを直ちに「ヤスダピーナッツに帰属させるべきであった」と評価してよいかは難しい問題である。

2　利益相反取引規制

S9-1［創業家の家計は火の車］

20X1年9月、SL 食品株式会社の創業家出身で代表権のない取締役会長である宮崎琢也は、自らが代表取締役を務める創業家の資産管理会社「宮伸エンタープライズ」が投資に失敗し多額の損失を生じさせたため、その穴埋めの

9）このほか、取締役在任中に従業員に声をかけて、退任後設立した会社に引き抜いたという事案について、忠実義務違反に基づく損害賠償責任を認めた裁判例（ 百 A20 東京高判平成元年10月26日金判835号23頁）がある。

ために、宮崎琢也の個人名義で所有している都内の不動産を SL 食品に買い取ってもらい（取引①）、その資金で宮伸エンタープライズの財務状況を改善させようと考えている。また、不動産を SL 食品が買ってくれないのであれば、宮崎琢也個人が黄緑銀行から融資を受けることとし、その融資について SL 食品に連帯保証させることを考えている（取引②）。

[1]　利益相反取引の典型例とその問題点

　ストーリー S9-1 の取引①のように、取締役と会社との取引、具体的には、取締役が売主となって会社に何かを売るという取引を考えてみよう（**図 9-2** 参照）。この場合、売主である取締役（宮崎）は、対象物件（所有する不動産）をなるべく高い値段で売りたいのに対して、会社（SL 食品）の利益を考えれば、値段は安ければ安いほどよい。このように、取締役が当事者となって会社と取引するという局面は、取締役と会社の利益が相反する典型的な局面であり、会社の取引相手となる取締役が、会社の意思決定に一定程度関与できる立場にあることを利用して、自らの利益のために会社の利益を害する決定をする危険性が高い。このような、取締役と会社との利益が相反する取引（以下「利益相反取引」という）に対して会社の利益を保護する措置が必要となるが、利益相反取引が会社の利益を害する危険性が高いからといって、それを全面的に禁止するのは硬直的に過ぎる。状況によっては、取締役との取引が会社にとっても有益である可能性もあるからである。

図 9-2　取引①（自己のためにする直接取引）の図解

　ストーリー S9-1 では、もっぱら取締役（宮崎）側の事情に焦点が当てられているが、会社（SL 食品）の側にも、実は、事業拡張に伴って手狭になった事務所の代わりとして都内の適切な場所に不動産を探しており、当該取締役が保有する物件は、そのような会社の要望にぴったり合致するものである、といった事情があるかもしれない。

そこで、会社法では、一定の類型の利益相反取引については、取締役会から「そのような取引をしてもよい」という承認を受けなければならならず、また、取引後は遅滞なく、その取引についての重要な事実を取締役会に報告しなければならない旨が定められている（356条1項2号・3号、365条）[10]。

[2]　規制の対象となる具体的な取引態様

　問題は、取締役会の承認が必要な利益相反取引の範囲である。この点について、会社法は、①取締役が、自己または第三者のために会社と取引をしようとする場合（356条1項2号）、および、②会社が取締役の債務を保証するなど取締役以外の者との間で会社と取締役との利益が相反する取引をしようとする場合（同項3号）、を挙げている。①の取引類型は**直接取引**、②の取引類型は**間接取引**と呼ばれる。

　もっとも、どのような取引がこれらに該当するかについては、古くから学説が対立しており、現在も混乱している。以下では、そのような学説の諸相には立ち入らずに、条文に比較的忠実な考え方を紹介して、その要点を簡潔に述べることにしよう。

(i)　直接取引

　直接取引とは、取締役が自己または第三者のために会社と取引をするという類型である。ここで、学説上は、直接取引の要素となっている「自己又は第三者の"ために"」会社と取引をするとはどのような意味か、を盛んに論じている。大きく分けて、自ら当事者となってあるいは第三者を代表してという意味に理解する**名義説**と、行為の経済的効果が自己または第三者に帰属するという意味に理解する**計算説**とが対立しているとされる。

　この点に関しては、問題となる取引が「取締役が……会社と取引」したものとして評価できるかがまずは問われるべきであると考えられる。そのうえで、

---

10)　なお、利益相反取引規制は、会社の利益ひいては株主の利益を保護するための規制であるため、株主全員が同意している場合には、取締役会の承認がなくともその取引が無効となることはないと解されている（百54最判昭和49年9月26日民集28巻6号1306頁）。

初学者にとっては、取引をするという語感にふさわしく、会社の取引相手として、取締役自身が当事者として、あるいは第三者の代理人・代表者として登場したか否か（カウンターパートとして取締役が登場したか否か）を基準として判断する（その意味で名義説的に捉える）のが、この問題を理解するうえでの第一歩としてはふさわしいと筆者は考えている。

> 取締役の名義でもなければ第三者の名義でもないが、経済的効果は当該取締役か第三者に帰属する取引があったとすれば、それは名義説では直接取引として捕捉できないことは確かである。しかしながら、それが不都合なのであれば、間接取引の方に含めるという方法が考えられる（直接取引と間接取引は、条文（号）は分かれているものの、どちらかに該当すれば会社（取締役会）の承認が必要だという点では同じであるため、その点に限れば両者を区別する意義は乏しい）。他方で、取締役の責任に関して、「自己のためにする」「直接取引」の場合には、それ以外にはない強い効果が生じる（428条）ため、「自己のため」と「第三者のため」とを区分する意義がありうるが、この点に関しても、そのような強い効果を与えるに相応しい取引類型とは何か、という効果の点から遡って、それが条文の文言に合致しないようであれば類推適用などの手法を用いて適切な規律範囲を画するという解決方法も提唱されており、そのような考え方を前提とすれば、やはり「ために」の意義を厳密に定義する意味はあまりなくなりそうである（取締役の責任の局面を含めた利益相反取引に関する学説への接し方については、さらに☞ 2 [5]）。
>
> 通常は、自分が当事者となった取引の経済効果は自分に帰属するものであるし、自分が代理人となった取引の経済効果は委任者本人（「第三者」）に帰属するものであるから、多くの場合、名義と計算は一致する。そうであれば、初学者としては、両者の一致しない例外的な取引についての考え方を細かく覚えようとして混乱するよりも、基本形として両者が一致する取引をまずはしっかりと理解できる方がはるかに重要であると思われる。

もっとも、このように解したとしても、さらにとりわけ初学者が混乱しやすいのは、第三者のためにする直接取引に関して、利益相反状況にある取締役（以下「利益相反取締役」という）は、どちら側に代表者や代理人として登場する必要があるか（会社側かそれとも相手方〔＝「第三者」〕か）という点である。「取締役が……会社と取引をする」という要件からは、取引のカウンターパートとして取締役が本人または代理人・代表者として登場することが重要である一方、多数説は、利益相反取締役が会社側を代表しているか否かは無関係だと考えている[11]。後者の点は、利益相反取締役が会社側を代表していなかったと

しても、会社を代表する者と利益相反取締役とが結託すれば同様に会社を害する危険性があると考えられることによる。

> ストーリーS9-1の取引①が直接取引に該当するかどうかは、会社（SL食品）の取引相手として、会社の取締役（宮崎拓也会長）が本人または代理人（代表者）として登場するかどうかが決定的であると解されている。ストーリーの例でいえば、ⓐ取引の対象不動産が宮崎会長個人の所有物であって、売買契約がSL食品の代表取締役（誰でもよい）と宮崎琢也個人との間で締結される（「自己のため」）か、ⓑ対象不動産が宮伸エンタープライズの所有物であって、売買契約はSL食品の代表取締役（誰でもよい）と宮伸エンタープライズの代表取締役宮崎琢也との間で締結される場合（「第三者のため」）である。とりわけ、ⓑの場合において、第三者（宮伸エンタープライズ）の側をSL食品の取締役でない者が代表しているときには、直接取引としては利益相反取引規制の対象外だと考えるのが多数説である。
>
> 他方で、取引相手として琢也会長が登場する限りは、琢也会長が会社（SL食品）側を代表していなくとも直接取引に該当すると考えられているのは、会社側を他の代表取締役（たとえば長井社長）が代表していたとしても、同僚のよしみで会社を害する内容の取引が行われる危険性があると考えられていることによる。

　なお、利益相反取引規制は、取締役と会社との利益が相反する取引を行うことにより会社に損害が生じることを防止するためのものであるから、会社に損害が生じない契約（取締役が会社に対して贈与する等）や、取締役が自社店舗で定型的な取引（相手方が誰でも同じ条件で行われる取引）を行う場合などは規制対象外と解されている[12]。

(ii)　間接取引

　(i)の理解からは、間接取引は、取締役がカウンターパートとして登場しないものの、会社と取締役との利害が相反する取引として理解されることになる。条文の文言上は極めて広い範囲の取引を捕捉可能であるようにみえることから、法的安定性のために、たとえば直接取引と同程度の会社の利益が害される危険

---

11)　コンメ(8)81頁［北村］。この点は百家争鳴の学説にあっても概ね一致した理解であると思われる。

12)　コンメ(8)78頁［北村］。

性があるか、といった基準でその限界を画すことが主張されている。そのような考え方は理論的には適切であると考えられるものの、直接取引とは取引形態が異なる間接取引が"直接取引と同程度"の危険性を有しているかを判断するのはなかなか難しい。

典型的には、条文でも例示されているように、取締役が第三者（条文上は「取締役以外の者」）に対して負っている債務を会社が保証する場合が考えられる（取引②。**図9-3**参照）[13]。

図9-3　取引②（間接取引）の図解

[3]　会社による承認の手続とその効果

（i）　手　続

利益相反取引に該当する場合、当該取引に関する重要事実を開示したうえで取締役会の承認が必要である（356条1項2号・3号、365条1項）[14]。また、取引の実施後に、遅滞なく当該取引についての重要な事実を取締役会に報告しなければならない（365条2項）。

---

13) なお、会社の取締役が代表取締役を務める別の会社の債務を保証する場合、会社と利益が相反するのは当該別の会社であって取締役本人でない以上、文言上は「会社と……取締役との利益が相反」しているとはいえないが、判例（最判昭和45年4月23日民集24巻4号364頁）ではこれも利益相反取引規制の対象となるとされ、その考え方は概ね支持されている（コンメ(8)83頁［北村］）。

14) その際、当該利益相反取締役（**ストーリーS9-1**なら宮崎琢也）は、特別利害関係者として議決から排除される（369条2項。☞第11講3 [2](ii)）。

⑪　取引の効力

　会社（取締役会）の承認を得た場合には、民法108条（自己契約・双方代理その他代理人と本人の利益が相反する場合に無権代理になるとする規定）は適用されず、取引は有効となる（356条2項）。

[4]　承認を得ない場合の取引の効果

　利益相反取引に該当するにもかかわらず、有効な会社の承認がない場合は、判例[15]によれば、「一種の無権代理人の行為」として「無効となることを予定している」とされている。しかしながら、会社にとっては無効とすべき悪しき取引であったとしても、取引の相手がいる以上は、相手方の保護にも配慮する必要がある[16]。

　もっとも、直接取引の場合には、取引のカウンターパートは取締役自身であって、会社の承認がないことを理由として無効としても不意打ちにはならない[17]ことから、会社は当該取引の無効を主張できるのが原則である[18]。

　他方で、間接取引の場合には、相手方が会社の内情を知っているとは限らない。そこで、判例[19]では、会社側が取引の相手方の悪意を証明するのでなけ

---

15)　SU10・百56最大判昭和43年12月25日民集22巻13号3511頁。

16)　以下の本文では、会社が無効を主張した場合に認められるか、という議論を展開している。これに対して、会社が無効を主張していないにもかかわらず、相手方から無効を主張することはできないと解されている（コンメ(8)89頁［北村］）。利益相反取引規制は、会社を保護するためのものであるから、少なくとも当初は取引の成立を望んでいたはずの相手方に棚ぼた的な無効主張を認める必要はないからである。

17)　自己のためにする直接取引の場合は、まさに取引の相手方＝取締役であるから利益相反取引の効果を享受させなくとも問題はないと考えられる。

　　他方、第三者のためにする直接取引の場合は、当該取引の権利義務が帰属するのは取締役とは別の権利主体である第三者（他の会社）であり、自己のためにする直接取引とは利害状況が少し異なる。しかしながら、当該第三者も、取引が無効とされるような者に会社を代表させたという点で落ち度があり保護の要請は後退すると考えることができる。

18)　例外としては、直接取引の目的物が第三者の手に渡った場合がある。判例（百55最大判昭和46年10月13日民集25巻7号900頁）では、会社が取締役を受取人として手形を振り出した場合には、当該取締役との関係においては、会社は原則通り手形の無効を主張することができるものの、当該手形が取締役により裏書譲渡されるなどして第三者に渡った場合には、間接取引の場合と同様に、当該第三者が取締役会の承認を欠くことにつき悪意であることを会社側が証明しなければ手形上の責任を免れないとする。

れば、取引の無効を主張できない（「**相対的無効**」と呼ばれる）という形で会社の保護と取引の相手方の保護とのバランスをとっている。

[5]　取締役の責任

　利益相反取引を取締役会で承認したとしても、関与した取締役の責任を免除する効果はない。したがって、利益相反取引によって会社が損害を被った場合には、取締役会の承認があったかどうかに関わりなく、関係する取締役には会社に対する損害賠償責任が発生しうる。役員等に会社に対する損害賠償責任が発生するための一般的な要件は「任務を怠った」ことであり（423条1項。☞第13講1[2]）、通常は責任を追及する側がこれを証明しなければならないが、利益相反取引の場合には、そもそも取引類型として会社の利益を害しやすいものであることから、会社に損害が生じた場合には、利益相反取引取締役だけでなく、会社側を代表した取締役や、取引の承認のための取締役会決議に賛成した取締役についても任務懈怠が推定されるとする規定が設けられている（423条3項1-3号）。注意すべきであるのは、任務懈怠の推定規定は、会社に損害が生じていれば利益相反取引が承認を得ていたかどうかとは無関係に適用されるという点である（423条2項〔競業取引の場合の損害額の推定規定。☞1[2](ii)〕と対比すると、同条3項には「第356条第1項の規定に違反して」という限定がない）。また、自己のために直接取引を行った取締役については、通常であれば許されるはずの「責めに帰することができない事由」を理由として責任を免れることができず、また、責任軽減制度の適用がない（428条。☞第14講3[2](ii)）など、より厳しく責任が追及されることになる。

　　すでに述べた通り、取締役会の承認がいるかどうかという判断の段階で、自己または第三者の「ために」の意義を論ずる実益は乏しいが、利益相反取引取締役がより厳しい責任を負うケースとなるかを判断するために、「自己のため」と「第三者のため」の区別、直接取引と間接取引との区別が重要になると説かれる。もっとも、近時の学説の中には、①利益相反取引取締役に厳しい責任を課すにふさわしい取引とはどのようなものか、という観点から

---

19)　前掲注11（SU10・百56）参照。

「自己のため」の直接取引を考えるという帰納的なアプローチや、②「自己のため」の直接取引について一定の定義を先に示しつつ、それから外れる取引でも利益相反取締役に厳しい責任を課すべきである場合には428条の類推適用により対処するという解決方法も提唱されている。

　このように考えると、「自己のため」にした直接取引という区分が責任の局面では重要になるといってみても、厳しい責任の適用範囲が「ために」の意義によって演繹的に決まると考えている学説は少なく、むしろ、あまりに酷い（会社を害する）取引を仕組んだ取締役には厳しい責任を課すべきだ、という価値判断を先行させたうえで、その"あるべき結論"を正当化するために条文の文言とどのように折り合いをつけるかを考える、というのが実情であるように思われる。初学者としては、そのような複雑な考慮要素を踏まえた「ために」や直接取引の概念のあれこれを覚えるよりも、まずは、規制対象として異論の少ない基本的な取引類型をきっちりと覚えることが重要であると考えられる。

●第9講のおさらい

・競業取引の際に取締役会の承認を得た場合には、当該取引によって会社に損害が生じた場合でも、競業取引を行った取締役は会社に対して損害賠償責任を負わないと考えてよいだろうか？⇒1 [2](i)

・「会社の事業の部類に属する取引」とは具体的にどのようなものが考えられるだろうか？⇒1 [3](ii)

・競業取引規制に引っかからなければ、会社のビジネスチャンスを取締役が自分のものにすることができると考えてよいだろうか？⇒1 [4]

・「自己のための直接取引」「第三者のための直接取引」「間接取引」の典型例をそれぞれ1つずつ挙げてみよう⇒2 [2]

・競業取引も利益相反取引も、取締役会の承認が必要だが、承認がない場合にその取引の効力はどのように考えられているだろうか？⇒1 [2](i)、2 [4]

・利益相反取引の際に取締役会の承認を得た場合には、当該取引によって会社に損害が生じた場合でも、取引の相手方当事者となった取締役は会社に対して損害賠償責任を負わないと考えてよいだろうか？⇒2 [5]

第10講
取締役広報部長の懐具合
―― 取締役の報酬規制

本講では、取締役会設置会社である監査役設置会社を前提として、取締役の報酬に関する会社法の規律について説明する[1]。

取締役と会社との関係は委任に関する規定に従うとされており（330条）、委任関係の民法の原則では、特段の合意がなければ受任者は報酬を請求することができないとされている（民法648条１項）ものの、現実には、取締役は会社からその職務執行の対価として報酬を受け取っている場合がほとんどである。

1　前提知識としての "サラリーマン重役" の実態

S10-1　［足立取締役の収入］
SL食品では、20X0年６月の定時株主総会で、取締役に対して年間総額５億円を限度として報酬を支払う旨、および、各取締役に具体的にいくらを支給するかの決定は取締役会に委ねる旨の決議がされている。

SL食品の宣伝・広報部の部長であった足立知希は、20X1年６月27日の定時株主総会において取締役に選任された。定時株主総会後しばらくは宣伝・広

1）本講でも取締役会設置会社である監査役設置会社を念頭に説明するが、取締役の報酬規制の基本規定である361条の規律の多くは、監査等委員会設置会社にも適用される。他方で、361条は指名委員会等設置会社の取締役（や執行役）には適用されない。指名委員会等設置会社については、社外取締役が過半数を占める（400条３項参照）報酬委員会が取締役・執行役の報酬等の内容を個人別に決める（404条３項）こととされている（☞第17講）。

報部長の兼務が続いていたが、同年10月に新しい宣伝・広報部長が任命され
たため、足立取締役の部長兼務は解消された。足立取締役が受け取った事務
連絡では、今後は毎月25日に200万円が支給されるとされていた。

　会社が取締役に対して報酬を支払うことに関する法的規律の中心は、報酬の
内容を定款か株主総会で定める旨を規定する361条である。他方で、会社で現
実に行われている手続は**ストーリー S10-1** に示したようなものであると思わ
れるところ、読者の中には、実務では法規定からイメージする手続とは随分異
なることをしていると感じる人もいるかもしれない。このような実務がどのよ
うな理屈で許されているのかは後ほど説明するが、なぜそのような違いが生じ
たのかについての原因を筆者なり考えてみると、それは、会社法が想定する
「取締役」像と、現実社会において「取締役」となっている人の自己意識ある
いは社会的な認識が大きく異なっていることにあるように思われる。

　もう少し詳しく説明しよう。まず、会社法の規律の基本的な考え方は、取締
役と会社との関係は委任に関する規定に従うとされていることからもわかるよ
うに、取締役は、誰かの指揮命令に従って働くのではなく、自らが独立して判
断し経営を行う"経営のプロ"であり、したがって、会社に雇用されている従
業員とは切り離された（少なくとも規律において連続性は意識されていない）存
在として取り扱うというものであると考えられる。

　これに対して、（少なくともこれまでの）わが国において取締役になるような
人は、経営の専門的な教育・訓練を受けて経営のプロとして会社を渡り歩いて
いるような人ではなく、むしろ、新卒でその会社に入社して以来ずっとその会
社の従業員として勤務し、その会社の中での出世競争に勝ち残った人がほとん
どであったと推測される。要するに、取締役は、従業員の延長線上に（＝従業
員の出世のゴールとして）位置づけられており、"サラリーマン重役"という言
葉もあるように、従業員との連続性が自他ともに認められてきたと考えられる。

　そのような連続性から、「家族の生活を支えるための給料」といった意識や、
「給料をいくらもらっているかは大っぴらにするものではない」といった意識
など、（語弊があるかもしれないが）従業員としての"ささやかさ"が、サラリ
ーマン重役にもかなりの度合いで当てはまるものとして認識されており、その

ような状況を背景として、プロ経営者を念頭に置いていると考えられる会社法の規律を換骨奪胎した実務慣行（☞2）が容認されてきたと考えられる[2]。

2　報酬規制の伝統的な運用実態

さて、肝心の報酬規制の内容であるが、「報酬」といっても、その払い方には様々な形がありうる。ここでは、まず、毎月いくら（月給）、あるいは年にいくら（年俸）という形で、固定額の金銭が会社から取締役に支払われるという、おそらく読者が最もイメージしやすいと思われる報酬支払形態を前提に説明する。何かの数値と連動して金額が変動する場合や、そもそも支払われるのが金銭でない場合については、3で説明する。

[1]　法規定

361条1項は、取締役が「報酬、賞与その他の職務執行の対価として株式会社から受ける財産上の利益」を「報酬等」と呼び、その金額を定款に定めていないときは、株主総会の決議によって定める旨を規定している（同1号）。

報酬等は、委任者たる会社が、会社に関係する事務を受け持ってくれる受任者たる取締役に対して支払うものであるから、会社が委託した業務をしてくれた業者に料金を支払うのと同様に、会社の業務執行として代表取締役や取締役会がその額を決めれば済むようにも思われる。しかしながら、取締役に対する報酬等の支払いの場合、受け取る側の人間が、自分たちのもらう報酬等の額を決めることになってしまうことから、取締役（会）が自由に決められるとすると、報酬等の額が不当に釣り上げられる（これを**お手盛り**と呼んだりする）おそれがある。そこで、定款か株主総会決議によって定めるという形で、株主が金

2）なお、取締役の"サラリーマン重役"としての側面が強いことから生じる、法規定の理念型と現実の運用との乖離は、報酬規制の局面に限った話ではなく、いわゆるコーポレート・ガバナンスをめぐる会社法上の規律全般に当てはまる話である。たとえば、取締役は、法的には取締役会のメンバーとして社長の行いをチェックする役割を担っているとされているものの、社長により抜擢されたサラリーマン重役に果たしてそのような役割を期待できるのか、といった問題（☞第8講2[1]）は、まさに法規定が示す理念型から乖離したわが国の取締役の実態から生じる問題点であるということができそうである。

額についての最終的な決定を行うという仕組みにしているのである[3]。

[2]　実務運用

(i)　規定の趣旨

　お手盛りの何が問題なのであろうか？決定権を握っている者がそれを使って私腹を肥やすのは行儀のよい振る舞いとはいえないのはもちろんだが、会社法の観点からは、取締役への報酬等の支払いの形で会社財産の不当な社外流出が生じることによって、株主が不利益を被ることこそが問題の核心であると捉えられてきた。このような考え方からは、先の361条1項1号の規定は、取締役への報酬等という形でどれだけの会社財産を社外に流出させてよいかを株主に決めさせる趣旨であると理解されることになる。

(ii)　趣旨を踏まえた実務運用

　(i)のような理解からは、報酬等という形で最大限いくらが社外に流出するかを決めることが重要であって、取締役個人個人にそれぞれいくら支払われるかは重要ではないと理解してよいことになる。実務においては、古くからこのような理解に基づいて、各取締役の個別の報酬額を明示することなく、1年（あるいは1ヶ月）につき総額いくらまでなら取締役に報酬等として支払ってよい、という形の株主総会決議をとるという運用がなされてきた[4]。また報酬等の支払総額の上限を決める決議は、毎年行われる必要はなく、一旦決議した内容（報酬等の総額の上限）に変更がない限りは、株主総会の決議は必要ないものと

3）定款または株主総会決議による決定がない場合には、委任の原則に戻って無償となるから、取締役には会社に対する報酬請求権は生じないことになる（百 A21 最判平成15年2月21日金判1180号29頁。定款の定めまたは株主総会の決議なしに報酬等が支払われた場合、不当利得として取締役は会社に対して返還義務を負うが、個別の事情によっては受け取った報酬等について信義則上会社が返還を請求できない場合もある〔百 A22 最判平成21年12月18日判時2068号151頁〕）。逆に、適法な決議を経て発生した取締役の会社に対する報酬請求権については、その後に株主総会決議で無報酬とする変更がなされたとしても、取締役の本人の同意がない限り消滅することはない（百 A23 最判平成4年12月18日民集46巻9号3006頁）。

4）定款で定めるという方法ももちろん可能であるが、そうすると、その変更は定款変更として特別決議が必要になる（466条、309条2項11号）ため、少なくとも上場会社に関しては、株主総会決議（普通決議）で定めるのが一般的である。

して取り扱われてきた[5]。

> ストーリーS10-1のSL食品も、20X0年に、「取締役に対して年間総額5億円を限度と
> して支払う」という株主総会決議がされているから、20X1年に報酬額に関する決議がさ
> れていなくとも、各取締役にその年の報酬等を支払うことができる。

　総額いくらを上限として報酬等を支払うという株主総会決議がされた場合、
どの取締役にいくらを支払うかという具体的な金額は、取締役会が決めること
が想定されている。実務的には、さらに、取締役会で具体的な金額を決めるこ
となく代表取締役等の特定の取締役（とりわけ社長）に具体的な金額の決定を
委任する（**再一任**などと呼ばれる）ことも行われている。このような運用も法
的に問題ないと理解されてきたのは、法的に問題となるのは社外流出額のみで
あるから、それさえ株主が決めてしまえば、それをどう配分するかについては
もらう人（取締役）たちが内輪で相談して決めればよい、という発想である[6]。
　さらに、会社法上、公開会社については報酬等の額を事業報告で開示しなけ
ればならないが、取締役全員の報酬総額または取締役の個人別の報酬額のいず
れかを開示すればよいとされている（施則119条2号・121条4号）ことから、実
務的には圧倒的多数が総額開示をするにとどまる。
　このように、個々の取締役の個人別報酬額を具体的に開示することなく株主
総会決議をとり、また、実際に支払われた金額も総額で開示する、といった実
務運用がされているのは、個人の収入や給料は表沙汰にするべきではないとい
うわが国のプライバシー意識あるいは品性に関する通念に根差すものだと思わ
れる。

[3]　報酬規制の対象

　ところで、定款や株主総会で定めなければならない「**報酬等**」に含まれるこ
とになる、取締役への支払いとは、規定上は「報酬、賞与その他の職務執行の

5）コンメ(8)162頁［田中亘］。
6）コンメ(8)167頁［田中］参照。

対価として株式会社から受ける財産上の利益」とされている。毎月一定の日に支給されるいわゆる給与や、夏と冬の一定時期に追加的に支給されるようないわゆるボーナスが、「報酬」や「賞与」に含まれることは容易に理解できると思われる。このほかに「報酬等」に該当するか問題となりうるものとして、ここでは、退職慰労金と使用人兼務取締役の使用人部分給与をみておく。

(i)　退職慰労金

　従業員が会社を辞める際には、いわゆる退職金と呼ばれるものが支払われることが多い。取締役の場合にも、退任する際に**退職慰労金**と呼ばれる支払いがなされることがある[7]。従業員の退職金と同様に、取締役の退職慰労金も在職中の職務執行の対価の後払い的性質を有するものが多いと思われるが、そのように在職中の職務執行の対価としての性質を有する限りは、361条1項の「報酬等」に含まれると解され[8]、その支払いには定款の定めまたは株主総会決議が必要となると解されている[9]。

　しかしながら、取締役個人個人がいくらもらっているのかはなるべくわからないように処理したい、という [2](ii)のような実務の発想からすると、退職慰労金というのは非常に悩ましい存在である。というのも、当該定時株主総会終結時に退任する取締役に対して支払われる退職慰労金の総額を株主総会で示して決議をとるとした場合でも、該当者が1人である場合には、その退任取締役が受け取る具体的な金額がいくらかが自動的に明らかになってしまうからである。

　そこで、退職慰労金については、退任取締役の氏名およびその者に一定の基

7）任期満了を前に取締役が死亡退任した場合には、同様の性質のものが**弔慰金**という名目で会社から遺族に支払われることもある。

8）百59最判昭和39年12月11日民集18巻10号2143頁。

9）取締役を退任した者に対する支払いである点に鑑みれば、「取締役」が会社から受ける支払いではないとも考えられるが、すべての取締役はいつかは退任することになる（☞注7）以上、（退任取締役の同僚の）取締役が、自分たちも将来たくさんもらえることを期待して高額の退職慰労金を支払う可能性があるという意味で、お手盛りの危険性は現任の取締役への支払いと変わらないことから、退職慰労金も361条1項の規律の対象となると解するのが通説である（コンメ(8)170頁［田中］参照）。

準に従って支給することのみを示して株主総会決議をとれば、総額いくらを上限として退職慰労金を支給するかを明示していなくても違法にならないとするのが確立された実務である[10]。この支給基準は、上場会社のような書面投票等を採用している会社の場合には株主総会参考書類に内容を記載しなければならないとされている（施則82条2項本文）ものの、各株主が支給基準を知ることができるようにするための適切な措置を講じている場合には、その記載すら不要になる（同項ただし書）ことから、支給基準を本店に備え置くことで参考書類への記載をしないで済ませるのが実務の大勢である。

　もっとも、ここまでいくと、[2](i)で述べた、社外流出額が最大いくらになるかを株主が決定する、という規律の趣旨の建前すら守れているのか怪しい。このような不透明な実務運用に対する批判の高まりもあって、近時は退職慰労金を廃止する動きが加速している。

(ii)　使用人兼務取締役の使用人部分給与

　会社法は取締役という会社の機関の構成員についての規律を設けているに過ぎないため、報酬等の決定に株主の関与を求める361条1項の規定は、「取締役」として受け取るものにしか及ばないと一応考えることができる。しかしながら、同一人物が受ける支払いを、「取締役」としての職務執行の対価ではないと強弁すれば361条1項の規定をすり抜けることができてしまうとすると、報酬等の決定に株主の関与を求めるというルールが骨抜きにされてしまうおそれがある。

　これが特に問題となるのは、使用人兼務取締役に関してである。使用人兼務取締役とは、**ストーリーS10-1**における20X1年10月以前の足立取締役のように「宣伝・広報部長」といった従業員としての身分を維持したまま「取締役」となった人のことである。判例では、使用人として受ける給与の体系が明確に確立されている場合、すなわち、使用人としての給与に取締役としての報酬等を混ぜ込む余地がない場合に限って、取締役として受ける報酬等の額のみを株

---

10) 注8の 百59 最判昭和39年12月11日参照。

主総会で決議することとしても、361条1項の脱法行為にはあたらないとされている[11]。

3　変動額報酬とエクイティ報酬

S10-2　[成果が求められる足立取締役]
足立取締役は、20X1年10月から西日本営業本部担当の常務となった。これは、長井社長が立てた中期経営計画達成のため、手薄であった西日本での販売のテコ入れを図る方策の一環であったが、西日本の市場は特に競争が激しいため、売上・利益を増加させることは容易なことではない。

　2で説明した固定額の金銭報酬の場合、会社がどのような業績になろうとも、基本的にはその額を受け取れる。生活に困るような額しかもらえないことになりかねない不安定な給料の変動を望まない従業員が多いのと同様に、取締役の報酬についても、固定額である方が生活の安定という観点からは望ましいと考えるサラリーマン重役も少なくないのではないかと推測される。

　しかしながら、このことは、会社（ひいては株主）の立場からは別の評価となりうる。すなわち、報酬が固定額であれば、どのような業績になろうとも決まった金額がもらえるのであるから、取締役は、会社の利益を向上させようというやる気を出さなくなるかもしれない。取締役にやる気を出させるためには、頑張った分だけ報酬が多く支払われる仕組み、すなわち成果主義的な報酬額の決定方式も認めておいた方が、株主の利益に適うことになりそうである。

　会社経営に限らず、ある人のやる気を引き出すために、何らかの成果を出すことを条件として与えられる報酬のことを、**インセンティブ報酬**といったりするが、ここでは、会社の利益を向上させるためのインセンティブ報酬として取締役の報酬を設計する際の会社法の規律の概略を説明する。

---

11)　SU11 最判昭和60年3月26日判時1159号150頁。

[1]　金銭による業績連動報酬

　取締役に対して、会社の利益を上げるように一所懸命働くという動機づけをするための1つの方策として、報酬等として受け取る金銭の額を業績に連動させることが考えられる。とりわけ、自分の持ち場で一所懸命働いてほしいと考えれば、**ストーリーS10-2**の足立取締役のような社内の一部門の責任者についてはその部門の業績（足立取締役なら西日本営業本部の、たとえば売上高や利益額）に連動させるようにすればよいし、社長のように全社的な観点から経営を考えるべき立場の取締役については会社全体の業績に連動するような制度が考えられる。

　そのような業績連動の（金銭）報酬を支払う場合には、総額の上限額を事前に定款あるいは株主総会で決めておくという方法（☞2[2](ⅱ)）が馴染まない場合もある。そこで、361条1項2号では、業績連動報酬など、「報酬等のうち額が確定していないもの」については、「その具体的な算定方法」を定款に定めるか株主総会で決議すればよいとされている。これを、報酬規制に関する伝統的な理解（☞2[2](ⅰ)）から説明するならば、会社側からは算定式を示し、その算定式を基に各株主がシミュレーションをして社外流出額が過大にならないかを判断する、という仕組みにしているということになろう。

[2]　エクイティ報酬

　株主利益に適う会社経営をすることを取締役に動機づけるためには、株主と利害を共通にすること、たとえば、自らが所属する会社の株式（以下「自社株」という）の価値に連動するような報酬を与えるという方法も考えられる。このように、何らかの形で株式に絡めて支払う報酬のことは、**エクイティ報酬**とも呼ばれる。

(ⅰ)　ストック・オプション

　自社株の価値と連動する報酬として、会社法において比較的古くから制度的な手当てがされてきたものとして、**ストック・オプション**がある。オプション（とりわけここではコール・オプションと呼ばれるもの）とは、一定の日あるいは一定の期間内にあらかじめ決められた価格で金融商品を買うことのできる権利

のことであるが、特に上場会社（および将来株式上場を考えている会社）については、自社株のオプション（あらかじめ決められた価格で自社株を買うことのできる権利）を取締役などの経営陣に与えることによって、経営陣が株価を上昇させるような（その意味で株主の利益に適った）経営をしてくれることを期待するのである。このように、特に会社経営に携わる人々に付与される自社株のコール・オプションのことを指して、ストック・オプションと呼ぶことが多い。

　　ストック・オプションの典型的な仕組みは次のようなものである（図10-1参照）。たとえば、ある時の株価が1000円であれば、権利行使価格をそれより高い1200円に設定したストック・オプションを取締役に付与しておく。その後、業績の伸びに連動して株価が上昇し、権利行使期間中に株価が1200円を超えれば（たとえば1500円になれば）、ストック・オプションを付与された取締役は、権利を行使して、相場より安い1200円のみを支払って自社株を手に入れることができる。手に入れた株式を直ちに売れば300円の儲けが出るのだから、ストック・オプションを付与された取締役としては、付与された時から権利行使可能となる時点までに株価を上げる努力をしてくれるはずだ、というのがその狙いなのである。

　　図10-1

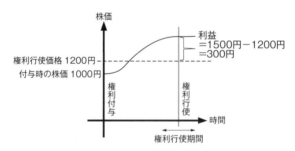

　　現行の会社法では、会社が発行する株式を買う（厳密には「交付を受ける」）ことのできる「**新株予約権**」という権利（2条21号参照。☞第25講）を、会社が発行して特定の者に付与することを認めていることから、実務においては、この新株予約権を取締役に与えるという形でストック・オプションの制度を組むことが多い。

(ii)　自社株そのもの（現物株式）の支給

　もっとも、(i)で述べたストック・オプションの場合、権利行使可能となる時点において、株価が権利行使価格を下回っている場合には、取締役は、（オプションの保有者は、買うことの**でき**る権利をもつものの、買わ**なけれ**ばならない義務は負っていないため）ストック・オプションに基づいて株式を保有するという状況は生じず、したがって、株価下落による損失を被ることもない。これに対して、株主は、株価が値下がりした場合にはそれに見合う損失を丸々負担することになるのであるから、端的に取締役も（ストック・オプションではなく）自社株そのものを保有して株主となってもらった方が、取締役も株主と同様の喜びや痛みを感じることになり、株主の利益に真に適った経営をする動機づけとしては適切なのではないかとも考えられる。これまでも、役員持株会などを通じて取締役が自発的に自社株を購入することは推奨されてきたが、近時は、より端的に、自社株を交付するという報酬形態の有用性も主張されるようになっている。

(iii)　自社株・新株予約権を用いて報酬等を支払う場合の株主総会の決定内容

　さて、自社株であれ、自社株を買うことのできる権利（ストック・オプション）であれ、それらそのものを報酬として取締役に渡す場合には、（上限金額やその算定式を承認する）金銭報酬とは異なる形での定款の定めあるいは株主総会の決議を考えなければならない。この点について、一般に（自社株や新株予約権を除いた）金銭以外のものを報酬等として支払う場合には、その具体的な内容について定款の定めあるいは株主総会の決議が必要であるとされている（361条1項6号）が、報酬等として自社株や新株予約権を与えることになる場合には、その「具体的な内容」が会社法で明示されていて、どれくらいの数の株式あるいは新株予約権が与えられることになるのかの上限数等を定める必要があるとされている（361条1項3号・4号、施則98条の2・98条の3）[12]。

4　上場会社に関する取締役報酬をめぐる近時の動き

　3で説明したように、業績連動報酬に対応できる制度も会社法上設けられているものの、これはあくまで「業績連動報酬を導入するとすれば」そのような

手続をとるべしという定めに過ぎず、必ず業績連動報酬を導入しなければならないということまでを会社法が定めているわけではない。

[1]　会社法以外の制度的な動き

　そして、現実にも、わが国の上場会社の取締役の報酬等は、いまなお固定額の金銭報酬が中心であるといわれている。しかしながら、そのような固定額報酬偏重の状況は改善すべきであるという声が高まりをみせている。3で述べたように、固定額報酬の場合、会社がどのような業績になろうとも取締役がもらう額は基本的に一定であることから、そのことが、大胆な投資等を行わないなどの事なかれ主義の経営姿勢に繋がっているのではないかという問題認識である。

　この点に関して国としてできる最も強力な手段は、法律で業績連動報酬・エクイティ報酬の採用を各会社に強制することであろうが、それはさすがに個々の会社の自由をあまりに制約し過ぎるものであって抵抗が強いし、そもそも一律の強制が望ましいことなのかという問題もある。そこで、法律という強力なルールで縛るのではなく、大企業の多くが上場会社であることに着目して、上場会社について上乗せで適用される諸ルール（金商法や金融商品取引所の上場規則等）で、業績連動報酬やエクイティ報酬の採用を検討するように仕向ける制度が組まれている[13]。

12）なお、最終的に取締役にエクイティ報酬として自社株や新株予約権（以下「株式等」という）を渡した状態にする方法は、株式等そのものを取締役に交付するという形式（361条1項3号・4号）だけではない。たとえば取締役には株式等を引き受けるための資金に相当する金銭を報酬として支払うという形式をとれば、金銭を支払っているのだから、361条1項1号や2号の問題に過ぎないのであって3号や4号の問題ではないとの解釈になりそうである。しかしながら、どのような方法をとるにせよ、最終的に、株式（あるいは将来株式を取得することのできる権利）という株主の利害に重大な影響を及ぼすものを取締役に与えることになる以上は、その内容はきちんと株主が承認しておくべきだと考えられることから、最終的に株式等をエクイティ報酬として取得させるために直接的には金銭報酬が与えられる（その金銭報酬債権を払込み債務と相殺するか、金銭報酬債権を現物出資することで株式等を引き受ける）場合にも、株式等そのものを取締役に交付する場合と同様に取締役が取得することになる株式・新株予約権の上限数等の内容を定款または株主総会で定めなければならないとされている（361条1項5号・施則98条の4）。

[2]　会社法の報酬規制の趣旨の変容？（令和元年改正）

　[1]のような役員報酬の動機づけ機能（インセンティブ機能）を重視するという制度的変化と相前後して、そもそもの会社法の制度設計としても、報酬規制をいままでのようなお手盛り防止の観点から社外流出の上限額を設定するためのものとして位置づけたままでよいのかという課題意識が強まっている。これを受けて、令和元年に改正された後の361条の規律も、役員報酬のインセンティブ機能をより重視した形の規律となっている。

(i)　エクイティ報酬に関する手続の改正

　先に述べた取締役へのエクイティ報酬に関する決定内容の明確化（☞ 3 [2](iii)）も、令和元年改正により追加されたものであるが、これは、従来必ずしも明らかとはいえなかった規律内容を明確化するなどによって、エクイティ報酬を導入しやすくすることが 1 つの大きな目的である。

　さらに、会社が株式あるいは新株予約権を発行する際には、それぞれ固有の手続が会社法上定められており（株式発行につき199条以下〔☞第22-23講〕、新株予約権発行につき238条以下〔☞第25講〕参照）、取締役に対してこれらを発行する場合についても基本的にそれらの手続も併せて履践する必要があるが、令和元年改正によって、上場会社が取締役に報酬として株式や新株予約権を発行する場合には、それ以外の新株発行や新株予約権の発行よりも規律が緩和されている[14]。

(ii)　報酬ポリシーの決定

　また、個人別の金額を含めた報酬の具体的内容を開示することにはなおため

---

13) 上場会社は、株式を上場する段階で金融商品取引所と締結する上場契約において当該金融商品取引所の上場規則に従うことが義務づけられているところ、この上場規則には、**コーポレートガバナンス・コード**（以下「CG コード」という）というものが定める内容に従うか、従わないのであればその理由を説明せよ、という規律（**コンプライ・オア・エクスプレイン**とも呼ばれる）が盛り込まれている（東京証券取引所有価証券上場規程436条の 3 参照）。この CG コードの内容として、経営陣の報酬について、中長期的な会社の業績や潜在的リスクを反映させること（原則 4 - 2 ）、とりわけ「中長期的な業績と連動する報酬の割合や、現金報酬と自社株報酬との割合を適切に設定すべき」であるといった定めが置かれている（補充原則 4 - 2 ①）。

らいがある（☞2[2](ii)）のだとしても、せめて業績連動報酬を導入しているのか、業績連動報酬はどのような指標に基づいて算定されるのか、といった、取締役がどのような経済的なインセンティブを与えられて職務執行にあたっているのかについてはきちんと示してほしいと考える株主も多いと考えられる。

　そこで、公開会社かつ大会社であるような監査役会設置会社であって、有価証券報告書の提出義務がある会社（金商法24条1項参照。上場会社もこれに含まれる）[15]については、取締役の個人別の報酬等の内容を定款や株主総会決議で決めていないのであれば、取締役の個人別の報酬等の内容についての決定に関する方針として法務省令で定める事項を取締役会が決定しなければならず（361条7項・施則98条の5）、また、この方針を事業報告で開示しなければならない（施則121条6号）とされている。

●第10講のおさらい
・現在の実務において、取締役の報酬を決定する株主総会で取締役個人個人の報酬額は示されないことがほとんどだが、そのような取扱いは361条に反しないのだろうか？反しないとすれば、それはどのような理由からそう考えられているのだろうか？⇒2[2]
・定款の定めまたは株主総会の決議が必要な「報酬等」には、どのような

14）株主にその持株比率に応じた割合で新株を無償で割り当てる（「株式無償割当て」。☞第20講3[4]）のでなければ、会社が新たに株式を発行する場合には、株式を受け取る者がその対価を会社に対して支払うことが前提とされている（「払込み」。募集株式の発行手続については第24講を参照）。しかしながら、エクイティ報酬の場合、職務執行の対価として会社から取締役に渡すべきものであるにもかかわらず、報酬を受け取るべき立場の取締役から会社に対して（別途金銭的な何らかの）払込みがあることを前提に法律関係を処理するのは迂遠な感じも否めない。そこで、株式の客観的価値が比較的わかりやすい上場会社に限定して、エクイティ報酬として取締役（および執行役）に対して株式を割り当てる場合（つまり、361条1項3号の定めがある場合）には、払込みを要しないとすることができる（202条の2第1項1号。払込金額自体が存在しないことから、有利発行規制〔☞第22講2[2]〕の適用もないと解されている）。新株予約権の行使によって株式を取得する場合についても、同様に取締役に対する報酬として付与された新株予約権の行使に際して払込みを要しないとすることができるとされている（236条3項・4項）。
15）監査役設置会社と同じく361条の規定が適用される監査等委員会設置会社（☞第16講）についても、（監査役会設置会社とは異なって限定はなく）すべての監査等委員会設置会社について同様の方針決定が必要となる。

ものが含まれるだろうか？⇒2 [3]

・取締役報酬の現状が批判されているのは、どのような点についてだろうか？⇒4

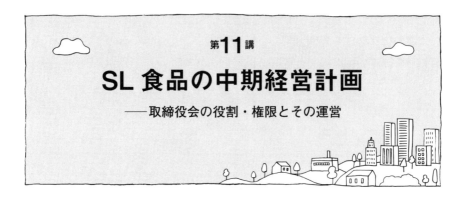

第11講

SL 食品の中期経営計画
——取締役会の役割・権限とその運営

　第8講で、監査役設置会社において会社経営について中心的な役割を果たすのは、取締役であることを述べた。他方で、これらの取締役全員で構成される会議体である取締役会[1]（362条1項）には、重要な意思決定と取締役の監督が主たる役割として与えられていることも述べた。本講では、取締役会の役割・権限のより詳細な規律（1、2）と取締役会の運営方法（3）について説明する。

1　重要な意思決定
[1]　総説
　会社の意思決定は、取締役会と代表取締役・業務執行取締役が分担して行い、特にこのうちでも重要な意思決定は取締役会が行う（☞第8講1[2](i)）。これは、重要事項については、取締役全員での討議を要求することで、1人または少数の取締役、特に代表取締役が暴走して会社に損害を与えることを防止するための規律であると考えられる。

　条文の構造としては、362条2項1号が取締役会の職務として業務執行の決定全般を行うことを定めたうえで、同条4項が、同項各号に列挙した事項「その他の重要な業務執行の決定」を取締役に委任することができないと定める。要するに、<u>代表取締役・業務執行取締役に決定を委ねてよいか、取締役会が決</u>

1）監査役設置会社の場合、監査役も取締役会に出席する義務がある（383条1項）が議決権はない。

めなければならないかは、362条4項各号に列挙した事項に該当するか否か、該当しないとしてもなお「重要な」業務執行に該当するか否かが決め手となる[2]。以下では、同条項各号に列挙された事項について、対外的な関係を伴う意思決定（[2]）と対内的な意思決定（[3]）とに分けて説明したうえで[3]、列挙事項以外で「その他の重要な業務執行」に該当するため取締役会決議が必要であると解される事項について説明する（[4]）。

S11-1 ［長井社長、中期経営計画の目標達成に危機感をもつ］

SL食品株式会社では、長井社長のイニシアティブの下、20X1年度からの4年間について、「SLリバイバルプラン」という中期経営計画が策定されている。これは、同計画期間終了時点での純利益を20X0年度の5割増しさせるという野心的な内容のものであった。

[2] 対外的な関係を伴う意思決定

S11-2 ［山本副社長、財務リストラを図る］

この中期計画の達成のため、まず、長井社長は、財務担当の山本副社長に、本格的な財務リストラの検討を指示した。SL食品は、30年来の取引関係のある仕入先の1つであるヤマケン商事株式会社の株式を同社との関係維持のために保有していたが、「お付き合いとはいえ、こちらがお客さん（買う側）なのだから、株式まで保有している必要はないだろう」と考えた山本副社長は、

2）もっとも、362条4項各号に列挙された事項のみならず、会社法の他の箇所にも取締役会決議を要求する規定がある（たとえば、株式分割につき183条2項〔☞第20講3 [2]〕、公開会社における募集株式の発行につき201条等〔☞第23講1 [1](ii)〕）。これらは、会社に対する影響の大小にかかわらず特定のイベントを起こすときには必ず取締役会決議が要求されている事項であると理解できるものである。これらについては、該当するイベントを説明する箇所でそれぞれ説明する。

3）また、362条4項では、取締役会で決定すべきものとして、募集社債の重要事項（5号）および定款規定に基づく取締役の責任免除（7号）も定められている。これらも、特定のイベントが生じた場合に必ず要求される法定の決議事項（☞注2）であると考えられることから、該当するイベントを説明する箇所で説明することとし、ここでは説明を省略する。

長井社長の了承を得て、取締役会に諮ることなく、同社株式を、同じ食品メーカーで同社との関係強化を希望していたウメザキ製菓株式会社に売却した。

図11-1

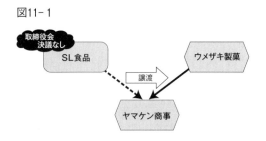

(i)　決定の対象となる事項

　362条4項では、重要な財産の処分および譲受け（1号）と多額の借財（2号）が取締役会決議を要するものとして挙げられている。これらの事項について、どのような場合に取締役会決議が必要となるかは、「重要」や「多額」といった評価を伴う幅のある概念をどのように考えるかに依存することになる。

　この問題については、「重要な財産の処分」に関する最高裁の判例があり、取締役会決議が必要であるかどうかは、①処分対象財産の価額、②対象財産の価額が会社の総資産に占める割合、③対象財産の保有目的、④処分行為の態様、および⑤当該会社における従来の取扱い等の事情を「総合的に考慮して判断すべき」であるとする[4]。

> 　ストーリーS11-2でいうなら、④関係強化のために保有している株式の売却は頻繁に発生するイベントではない点を踏まえて、ヤマケン商事の株式というSL食品にとっての財産が、①いくらくらいの価値があり、②それがSL食品の総資産に占める割合がどれくらいなのか、③関係維持目的で保有していた株式を手放してしまうことによってヤマケン商事との関係が悪化して仕入れが滞るような可能性はないか、⑤これまで純粋な投資目的

---

[4]　[百60]最判平成6年1月20日民集48巻1号1頁。関係先企業の株式という財産の処分に関して、①帳簿価額は7800万円で、②会社の総資産の約1.6％に相当し、その代価いかんによっては会社の資産・損益に著しい影響を与えうるものであること、⑤より少額の株式譲渡についても従来は取締役会決議を経ていたことなどを理由として、重要性を否定した原審を破棄差戻ししている。

以外の目的で保有していた株式を売却する際に、今回の売却金額よりも少額であっても取締役会に付議する取扱いがあったかどうか、などを総合的に考慮して取締役会決議の必要性を判断することになる。もっとも、このような基準があっても、そう簡単に判断できるわけでもなさそうである[5]。

(ii)　取締役会決議を経なかった場合の取引の効力

> **if シナリオ S11-a［ヤマケン商事、異議を唱えたい］**
>
> ストーリー S11-2 の状況を知ったヤマケン商事としては、関係強化のために保有してもらっていた自社の株式を、譲渡制限がついていないとはいえ SL 食品が断りもなしに他社に売却したことを不快に思い、SL 食品の内情を調査したところ、この株式売却は取締役会の決議を経たものではないことが判明した。そこで、ヤマケン商事としては、SL 食品の取締役会決議を経ていない今回の株式譲渡は無効であると主張して、ウメザキ製菓からの権利行使を拒絶したいと考えている。

　重要事項につき取締役会決議が要求されている趣旨を、その会社の代表取締役等の暴走を阻止するためのものと解する限りは、決議を経ない取引は無効としておく方が会社（ひいてはその株主）にとって好ましいことであるといえる。

5）判例がある程度判断基準を示してくれているとはいえ、やはり「重要」や「多額」といった評価を伴う幅のある概念で決議の要否が決まることには変わりはないことから、実務的には、財産の処分・譲受や借財の決定について保守的に取り扱う（重要かどうか判断がつかないものはすべて取締役会の決議をとっておく）傾向に流れやすい。他方で、取締役会は相当数の取締役ができるだけ都合の合う日時で開催するのが望ましいが、それぞれの持ち場で日々の業務執行を行っている取締役が一同に会することのできる日程は限られることになり、そうそう頻繁に開けるものでもない。この２つが合わさると、やや小規模の設備投資やそのための融資であっても取締役会決議を待たなければ実施できず、起案から実施まで最低数ヶ月掛かるといった機動的でない会社運営に陥りかねない。

　そこで、このような課題を解決するべく、「重要な財産の処分及び譲受け」と「多額の借財」を決議する取締役会については、あらかじめ選定した３人以上の取締役（「**特別取締役**」という）のみで議決してよいとする制度が設けられている（373条）。もっとも、この制度を利用できるのは、取締役の数が６人以上であって、かつ社外取締役が１人以上含まれているような取締役の構成の会社に限られる（特別取締役の中に社外取締役が含まれている必要はない）。

しかしながら、当該取引の相手方にしてみれば、取締役会決議という社内手続を経ていないことを理由として取引の効力を否定されるのでは、安心して取引ができない。

そこで判例では、取締役会決議が必要であるにもかかわらずこれを経ていない取引は、原則として有効であるとしつつ、ただ、相手方が決議を経ていないことを知っているか知ることができた場合に限って、無効であるとされている[6]。取引の相手方が保護に値しない者である（決議がないことを知りまたは知ることができた）ことを会社が証明した場合に限って効力を否定するという形で、会社と相手方との相対立する利益のバランスをとっているのである。

もっとも、取引の相手方以外の主体が関係する場合に、どのように考えるかという問題もある。例外的にではあれ、取引を無効とするのは会社の保護のためであるから、取引の無効を主張できるのは原則として会社のみであり、会社以外の者は、「当該会社の取締役会が上記無効を主張する旨の決議をしているなどの特段の事情」がない限り無効を主張できないというのが判例[7]の立場である。

> したがって、**ストーリーS11-2**のヤマケン商事株式の譲渡がSL食品にとって「重要な財産の処分」に該当する場合、SL食品の取締役会決議がないことをウメザキ製菓が知っているか知ることができた場合に限って、SL食品は、株式の売買契約の無効を主張して株式を取り戻すことができる。しかしながら、**ifシナリオS11-a**のようなことをヤマケン商事が考えていたとしても、SL食品自身が無効主張する意思を取締役会決議等で示していないのであれば、ヤマケン商事が株式の譲渡の無効を主張してウメザキ製菓の権利行使を拒絶することはできないことになる。

6）SU12・百61 最判昭和40年9月22日民集19巻6号1656頁。
7）最判平成21年4月17日民集63巻4号535頁。

[3]　対内的な意思決定

> **S11-3　[西日本市場への対応]**
> SL食品株式会社は、さらに、手薄であった西日本での販売のテコ入れを図るべく、大阪、広島、高松にあった各営業所を統括する西日本営業本部を設置し、足立取締役を、同営業本部担当の代表権のない常務に据えることとした。
> なお、西日本の市場は特に競争が激しく、SL食品も大手小売店から厳しい値下げ要求を受けているが、会社の利益を考えれば、値下げ競争の消耗戦になることは避けたいというのが営業部門の本音である。また、SL食品の物流体制は、西日本地区においては、東日本で製造した製品を一旦海路で大阪の物流拠点に集め、そこから各営業所へとトラック輸送するという形をとっている。このため、台風や地震等の自然災害の影響により港湾施設が打撃を受けて海路での物流がストップすると、西日本市場への製品供給がストップし、売上に大きな影響を及ぼすおそれがある。

(i)　人事的・組織的決定

　すでに述べた通り（☞第8講2[2]）、会社を代表する代表取締役や会社の業務を執行する業務執行取締役は、取締役会が選定・解職する（362条2項3号、363条1項2号。この選定・解職権を通じて、取締役会の監督機能の実効性が確保されている点については、☞2[1]）。

　代表取締役や業務執行取締役といった人々は、いわゆるトップマネジメントと呼ばれるような"エラい人"たちであるが、さらに、それらの取締役よりも下の地位であるけれども、"そこそこエラい"ポジション（支店長や、会社によっては本社部門の部長職等）の人の異動についても「重要な使用人」の選任・解任として、取締役会の決議事項とされている（362条4項3号）。

　また、人事の決定のみならず、たとえば支店の設置や部の再編等、重要な組織の設置・変更・廃止についても取締役会決議事項となる（362条4項4号）。

　ストーリーS11-3であれば、足立取締役を常務という業務執行取締役のポジションに選定して西日本営業本部を担当させること、および、3つの支店を統括する西日本営業本部という組織を設置することについて、取締役会の決議が必要となる。

(ii)　内部統制システムの整備方針の決定

　さらに、362条4項6号では、「取締役の職務の執行が法令及び定款に適合することを確保するための体制その他株式会社の業務並びに当該株式会社及びその子会社から成る企業集団の業務の適正を確保するために必要なものとして法務省令で定める体制の整備」が取締役会の決議事項として掲げられている。これは、一般的に**内部統制システム**と呼ばれるものの整備に関する決定であるされる。条文の文言がややこしいためわかりにくいが、そのエッセンスを取り出せば、ここでいう内部統制システムとは、「<u>会社の……業務の適正を確保するため（の）……体制</u>」のことであり、これをどのように整備するかについて、取締役会が決定するということである。

　業務の適正を確保するための体制としては、362条4項6号が例示する①取締役の職務の執行が法令・定款に適合することを確保するための体制のほか、施則100条1項では、②会社の意思決定等に関する情報の保存・管理に関する体制、③会社の損失の危険の管理に関する体制、④会社の効率的運営のための体制、⑤従業員の職務の執行が法令・定款に適合することを確保するための体制などが掲げられている[8]。

　ストーリーS11-3でいうならば、たとえば、会社運営は法令を遵守して行わなければならず、カルテルのような経済犯罪で会社の役員・従業員が逮捕されるようなことがあると、会社に対する制裁やブランドイメージの低下などによって会社の利益にも大きく影響

8）362条4項6号の規定のうち、「及びその子会社から成る企業集団」という部分は、いわゆる企業グループに関する規定であり、近年実務的には重要性を増しているものであるが、これを含めて説明すると初学者にはわかりづらくなるので、ここでは、“その会社の内部（同一法人格内）の問題”に限定した内部統制システムをもっぱら念頭に置いて説明している。また、施則100条3項では、主として監査役の監査の実効性を確保する体制の整備に関する項目が列挙されており、これも広い意味で内部統制システムの一部を形成していると解されているが、これらの項目については監査役の箇所（☞第12講3[2](ⅲ)）で触れる。

することになる。そのため、競争の激しい西日本市場を担当する足立取締役やその部下である西日本営業本部の従業員が同業他社とカルテルをしないような仕組み（＝①⑤）が必要になると考えられる。また、自然災害が生じた場合にどのように対応するか、といったことを前もって決めておくことは、損失を最小限に食い止めて会社の利益がなるべく打撃を受けないようにするうえでは重要である（＝③）。

さらに、会社を運営していくうえでは様々な意思決定が様々なレベル（最終決定権者が課長・部長のレベル、担当役員レベル、社長レベル、取締役会レベル等々）で行われるが、それぞれのレベルの意思決定がどのようなプロセスで行われるのかをあらかじめ明らかにしておいた方が効率的であろう（＝④）。伝統的な会社では、「決裁書」や「稟議書」の形で、たとえば社長を最終決定権者とする決定なら、担当部課の課長が起案した文書に部長→本部長→関連本社部門部長→担当役員といった順番でハンコを押してもらって、最終的に社長のハンコをもらったらそれで正式な意思決定がなされたことになる（最近では、電子決裁システム上で"承認"のクリックをする、といったものに変わっている会社もあるかもしれない）、といった決裁規程が設けられていることが多い。また、これらの意思決定は、後日何か問題が発生したときの責任の所在を明らかにする等のためにも、誰がどのような経緯で決裁したかの記録を残しておくことが重要になることから、たとえば上記の決裁書やシステムのログ記録等の社内意思決定に関係する情報を保管しておくための基準（どこで何年保管するか等）を設けておく必要がある（＝②）。

これらの事項を決めるとすればそれは取締役会だ（必ず決めろとまではいっていない）、というのが362条4項6号の規定の意味するところである。もっとも、会社法上の大会社（2条6号。大まかには資本金5億円以上または負債200億円以上といった財務的な指標の大きな会社を指す）については、内部統制システムの整備に関する事項を必ず決めなければならないとされており（362条5項）、取締役会に決定権限が認められていると同時に、取締役会に決定義務が課されている事項でもある。

なお、取締役会は、会社の重要事項を決定する場であるから、細かな内容までをすべて取締役会で決める必要はなく、内部統制システム整備の基本方針を決めればよいと解されている[9]。

9）コンメ(8)227頁［落合誠一］。

　たとえば、④や②については、「社長決裁規程」や「社内文書管理規程」といった規程自体を取締役会が制定権者となって整備するとともに、「取締役会で規程を整備し、その規程の遵守を徹底する」といったことを決議すれば、方針とともにその具体的な実施内容（規程の内容）までを決議しているのであるから、362条4項6号、施則100条1項1号・3号によって要求されている決議内容のイメージにぴったりあてはまりそうである。

　これに対して、**ストーリー S11-3** を前提に決議事項としての①⑤をみると、あたかも「役員・従業員向けの独禁法研修会を、X 弁護士を講師に呼んで年〇回実施する」といったことまでを取締役会が定めなければならないようにみえるが、取締役会では「役員・従業員向けに事業に関連する法令の遵守に関する研修を定期的に行う」といった方針を定め、実際の研修の実施に係る細目は法務担当役員に委ねることで足りると考えられる。③についても、大阪の物流拠点が被災した場合にどうするかといった局所的なことよりもむしろ、各地の大規模災害に対して事業をどのように継続していくかについての全社的な方針（たとえば、「各市場に対する物流ルートは複数確保する」という方針）を決めるのが取締役会の役割であると考えられる（事業継続計画〔Business Continuity Plan：BCP〕と呼ばれる計画を策定することも行われている）。この場合、実際に西日本の市場への代替的ルートを確立（用意）する作業は、営業担当の村上専務や足立常務らに委ねられることになろう。

[4]　その他の重要な業務執行の決定

S11-4　[新規事業を計画する]
　さらに長井社長は、新規事業による利益の大幅上積みを図るべく企画部門にアイディアを出させたところ、①イタリアの高級菓子メーカーからライセンスを受けて、このメーカーのブランドを付けた高級アーモンドチョコレートを売り出す案や、②既存製品の製造工程で出されこれまで廃棄してきた副産物を原料としたペットフードを製品化する案が出された。

　362条4項柱書では「その他の重要な業務執行」の決定も取締役会が行わなければならないことを定めている。何がこれに当たるかは、文字通り「重要」かどうかが基準となり、これには様々なものが入りうる。

　まず、会社の経営の基本方針を決定・変更する場合には、重要な業務執行の決定として取締役会の決議が必要であると考えられている。

特に、上場会社については3年なり5年なりといった中期の経営計画といったものを策定する会社が多く、**ストーリーS11-1**の「SLリバイバルプラン」という中期経営計画も、長井社長をはじめとしたSL食品の経営陣が、その達成を社会との約束と捉えてそれに向けて会社運営に当たることになるという意味で、会社運営に極めて大きな影響を与える重要な計画であるといえる。

また、**ストーリーS11-4**のように、他の会社との提携や、新規事業の立ち上げといったものも、会社の損益等に与える影響が大きいのであれば、その実施に際して取締役会決議が必要となる[10]。

2 取締役の職務執行の監督

[1] 取締役会による監督

取締役会のもう1つの重要な役割として、取締役の職務執行の監督がある（362条1項2号）。取締役会が行った意思決定を実際に執行するのは代表取締役や業務執行取締役であることから、彼ら彼女らが取締役会の決めたことをきちんと守って執行しているかを監督することが重要になる。

そのような取締役会の監督機能を発揮させるために、代表取締役を含む業務執行取締役は、3ヶ月に1回以上、職務執行の状況を取締役会に対して報告する義務を負う（363条2項）。また、必要に応じて、取締役会決議によって、臨時の報告や資料の提出などが業務執行取締役に求められることも理論的には考えられる。

これらの報告を受け、是正措置が必要である場合には、取締役会決議によって具体的な指示が出され、また、必要に応じて業務執行取締役の解職（担当から外したり、代表権を取り上げる等）が行われる（☞1[3](i)）。このように、取締役会は、業務執行取締役のクビという究極的な人事権を用いて監督の実効性を確保しているといえる。

---

10) その他、株主総会決議事項となるもの（たとえば合併契約の承認）について、取締役会で株主総会招集のための議案の確定より前の段階で、取締役会の承認（合併の場合、代表取締役が会社を代表してその内容の合併契約を相手方と締結することについての決議）を内規等で要求している会社もあるが、法的に必ず取締役会決議を要するかは争いがある。

[2]　取締役の（相互）監視義務

　もっとも、取締役会といっても会議体であることから、その監督機能をきちんと発揮させることができるか否かは、結局のところ、会議体の構成員1人ひとりの行動に依存する。取締役会の構成員たる取締役がみんなして他人任せになってしまったら、取締役会による実効的な監督は期待できないであろう。そこで、取締役会の構成員としての取締役1人ひとりに、他の取締役に対する監視義務があると考えられている。そのような義務は会社に対する義務であり、その違反は取締役個人に対する損害賠償責任を生じさせうるものである（423条1項、429条参照）ことから、他の誰かが取締役会を動かしてくれるのを待つのではなく、個々の取締役が自分自身の問題として取締役会に働きかけるというインセンティブをもつことが期待されているのである[11]。これまでの説明で述べてきた、取締役に与えられた、「取締役会の一員として業務執行をチェックする役割」（☞第8講2[1]）は、法的にはこの監視義務の問題として理解することになる。この点については、さらに取締役の責任のところ（☞第13講4[3]）でも触れる。

3　取締役会の運営

> **S11-5　[物流拠点整備のための土地取得が審議される]**
> SL食品株式会社では、20X1年9月7日、定款所定の招集権者である取締役会長宮崎琢也の名前で、全取締役および監査役に対して、同年9月15日に取締役会を開催する旨の招集通知が発せられた。
> 取締役会では、西日本市場における自然災害リスクに備えるために、創業家の資産管理会社である宮伸エンタープライズが保有する大阪の土地を購入し、

11）個々の取締役が他の取締役を監視する義務を負っているという考え方からすると、取締役が単独で（取締役会の決定などに基づくことなく）他の取締役に対して報告や資料の提出などを求めることができるかが問題となる。個々の取締役に情報収集権・調査権を認める見解もあるが、そのような権限がある旨の明文の規定はないことから、取締役会として決定した場合にのみ報告・資料提出の義務が生じるとする見解の方が有力であると思われる。

そこに物流拠点を整備する旨の議案が出された。この議案の審議に先立ち、宮伸エンタープライズの代表取締役も兼務する宮崎会長は退席し、代わりに長井社長を議長として、営業部門担当の代表取締役である村上専務からの提案に基づき審議が進められた。

この議案に対して、経理・財務担当の山本副社長は、土地の購入予定価格が周辺相場よりもかなり高いような気がしたので、原案のままでは賛成しがたい旨の意見を述べたが、早期に確実に入手可能な土地はそう簡単には見つからないという村上専務の説明に納得したのか、山本副社長以外の取締役はみな賛意を示したため、土地取得の件は原案通り承認された。

[1] 取締役会の招集手続

取締役会の開催にあたっては、招集権限のある者が取締役会の日の1週間（定款でそれよりも短い期間を定めることも可能）前までに各取締役に（監査役設置会社の場合、各監査役にも）招集通知を発送しなければならない（368条1項）。これは、取締役会という会議体のメンバーの出席の機会を確保するため求められている規律である[12]。

招集権者を定款あるいは取締役会であらかじめ決めている（366条1項ただし書参照）会社が多いが、その場合でも、招集権者以外の取締役は、招集権者に対し、取締役会の目的である事項を示して、取締役会の招集を請求することができ（同2項）、この請求があった日から5日以内に取締役会（請求日から2週間以内に開催されるもの）の招集通知が発せられない場合には、その請求をした取締役が自ら取締役会を招集することができるとされている（同3項）。招

---

12) 取締役および監査役全員の同意があれば、招集手続は省略できる（368条2項）。そのような同意がなく、招集通知が一部の取締役について送られなかった場合において、①招集通知を受けていない取締役が、他の取締役や従業員等から取締役会の会合があることを聞きつけるなどして、結果的に当該会合に出席し議決に参加することができたのであれば、これによりなされた取締役会決議は有効であると考えられている。他方で、②招集通知を受けておらず、取締役会の会合に出席できなかった取締役がいた場合には、判例（SU13・百62 最判昭和44年12月2日民集23巻12号2396頁）によれば、原則として決議は無効であるが、招集通知を受けていない取締役が出席してもなお決議の結果に影響がないと認めることのできる「特段の事情」があるときは、決議は有効になるとされる。

集権者がその気にならなければいつまで経っても取締役会が開けないのでは、取締役会の機能が十分に発揮できないからである。

[2]　議事・議決

(i)　定足数・議決要件

決議を行うために必要な出席者数のことを一般的に**定足数**というが、会社法は「議決に加わることができる取締役」の過半数を定足数のデフォルト・ルールとしている（369条2項）。また、決議は出席取締役の過半数をもって行うのがデフォルト・ルールである。1人1票（頭数での多数決）で表決を行い、株主総会とは異なり、代理人による議決権行使は許されないと解されている。これは、取締役は、それぞれが有する専門的知識等に対する株主の信頼を基礎に株主総会によって選任されているためであると説明されている[13]。

(ii)　特別利害関係取締役の議決排除

特定の取締役の個人的利害によって取締役会の決定が歪められることがあれば、会社ひいては株主の利益が害されることになる。そうであれば、取締役の個人的利害が強く関係する議案については、その取締役（以下「特別利害関係取締役」という）を議決に参加させないという形で予防をしておいた方が安全である。これを制度として定めたのが369条2項である。

特別利害関係取締役として議決から排除される場合としては、利益相反取引や競業取引の承認（365条1項。☞第9講）につき当該取引を自ら行う取締役（**ストーリーS11-5**なら宮崎琢也会長）が典型的であるが、このほか、代表取締役の解職決議につき解職の対象となっている代表取締役[14]や、会社に対する

---

13)　もっとも、意思決定の迅速性にも配慮して、書面決議やメール決議も認められている。すなわち、定款に所要の規定を設けることを条件として、取締役の提案（取締役会の決議の目的である事項となるもの）に対して、議決に加わることのできる取締役の全員が書面または電磁的記録により同意の意思表示をし、監査役もその提案に異議を述べなかった場合には、当該提案を可決する旨の取締役会の決議があったものとみなすことができる（370条）。

14)　[SU14・百63]最判昭和44年3月28日民集23巻3号645頁。他方で、代表取締役の選定決議につき候補となっている取締役は特別利害関係者に該当しないと解するのが多数説である（コンメ(8)293頁［森本滋］）。

責任の一部免除決議（426条1項。☞第14講3 [2]）につき免除の対象となる取締役[15] などが特別利害関係取締役に当たると解されている。

　定足数は「議決に加わることができる」取締役の過半数であるから、議決に加わることができない特別利害関係取締役は定足数から除外される。また、決議に必要な出席取締役の過半数の基礎からも特別利害関係取締役は除外されることになる[16]。

[3]　議事録

　取締役会の議事については、議事録を作成し、出席した取締役および監査役は署名（または記名押印）しなければならない（369条3項。内容は施則101条3項参照）。この取締役会議事録は、取締役会の日から10年間本店に備え置かなければならず、裁判所の許可があった場合[17] には株主や債権者等の閲覧や謄写に応じなければならない（371条）[18]。

　取締役会議事録に関して注意すべきは、決議に反対した取締役は、議事録上も反対したことが明らかになって（条文上は「異議をとどめ」て）いなければ、賛成したものと推定されることである（369条5項）。ある取締役会決議に関して取締役の責任が問題となる場合には、この規定により、決議に反対をして議事録上異議をとどめるということをしなかった取締役は、決議に賛成した取締役と同様の責任を負わされる可能性が生じることになる。反対意見を有する者に明確に反対を表明させることで、責任の明確化と審議の充実をはかるための規定であると考えられる。

15）コンメ(9)317頁［黒沼悦郎］。

16）なお、成立したとされる取締役会決議につき特別利害関係取締役が議決に加わっていた場合には、特別利害関係取締役を除いてなお決議の成立に必要な多数が存在する場合は有効であるとするのが判例の考え方であると思われる（漁業協同組合の理事会の事案についてであるが、百 A17 最判平成28年1月22日民集70巻1号84頁参照）。

17）監査役設置会社・監査等委員会設置会社・指名委員会設置会社でなければ裁判所の許可を得る必要はない（371条3項参照）。なお親会社社員（☞第6講注19）も裁判所の許可を得て閲覧謄写等が可能である（同条5項）。

18）裁判所により閲覧謄写等が許可される要件（同条6項の拒絶事由を含む）の解釈については、百 A19 大阪高決平成25年11月8日判時2214号105頁参照。

　とりわけ**ストーリーS11-5**で問題となる利益相反取引において、会社に損害が発生した場合には、取引の相手方として登場する利益相反取締役（宮崎琢也）や会社側を代表した取締役（村上）だけでなく、取引の承認の取締役会決議に賛成した取締役についても任務懈怠が推定されるとする規定が設けられている（423条3項3号）。山本副社長としては、この取引はおかしいと感じて意見を述べていたとしても、賛成できない旨の意思を明確に表明したうえでそのことを議事録に残さなければ賛成したものと推定され、この取引で会社に損害が発生すれば任務懈怠まで推定されることになる。

●第11講のおさらい

・取締役会決議が必要な「重要な財産の処分」の「重要」性はどのように判断すればよいだろうか？⇒1[2](ⅰ)

・内部統制システムとはどのようなものだろうか？⇒1[3](ⅱ)

・362条4項柱書の「その他の重要な業務執行」に当たるものとしてどのようなものがあるか考えてみよう⇒1[4]

・取締役会が監督機能を発揮するための制度的裏付けとして、どのようなものがあるだろうか？⇒2

・取締役会でおかしな決定がなされそうだと思った取締役は、取締役会の審議の場で反対の意思表明さえすれば、その決定に起因する会社の損害に対する責任を免れることができるだろうか？⇒3[3]

第12講

監査役浅井健一の考え

──監査役の役割

　本講では、監査役設置会社において取締役のお目付役として中心的な役割を果たすことが期待されている監査役について説明する。

S12-1 ［創業家案件への対応］（ストーリー S11-5 の少し前の状況）

SL 食品株式会社では、西日本市場における自然災害リスクに備えて陸路の物流拠点を整備するという名目で、創業家の資産管理会社である宮伸エンタープライズが保有する大阪の土地（以下「本件土地」という）の購入（以下「本件取引」という）が検討されている。

SL 食品は監査役設置会社であり、社内出身の浅井健一、西田良平が常勤監査役に就任しているほか、社外監査役として、青井銀行の頭取経験者の安井伸一、検察 OB で弁護士の高橋直志の合計 4 人が監査役を務めている。浅井監査役は、本件取引に関して、財務部門の現役従業員から、本件土地の購入価格が周辺相場よりもかなり高いにもかかわらず、創業家がらみのマル秘案件として財務部・施設部等の関連部門による検証が十分なされることなく、長井社長が強引に土地購入を進めようとしているとの相談を受けた。このような取引の進め方に疑問を抱いた浅井監査役は、何らかの対応をとることを検討している。

1　監査役制度の概要

[1]　お目付役の必要性

　所有と経営の分離した株式会社を想定した場合、利益の帰属主体（株主）とは違う人間（取締役）に会社経営を任せることになる。このような構造は、本来株主のために働いてくれるはずの経営陣が、会社の利益ひいては株主の利益を損なうような行動をとる可能性がある、というエージェンシー問題を生じさせる（☞第4講1[3](ii)）。その対策の1つとして、監査役設置会社においては監査役という、経営に直接は関与しない立場のお目付役が設けられている。

[2]　監査役の職務：総説

　監査役の職務に関する基本条文は381条1項である。それによると、「監査役は、取締役……の職務の執行を監査する。この場合において、監査役は、法務省令で定めるところにより、監査報告を作成しなければならない」とされている。

　この条文をみれば、監査役はまず何よりも取締役の職務執行の監査をその役割としていることがわかる。「監査」とは、一般的には、<u>直接の行為者以外の者が一定の基準に照らしてその行為の適否を判断すること</u>をいうと理解されているが、監査役が行う「取締役の職務執行の監査」とは、直接的には取締役が行うこととされている様々な職務（とりわけ会社の意思決定やその執行）が<u>法令や定款に違反していないか</u>を、その意思決定や執行に関与していない監査役がチェックし、必要な場合にはその<u>是正措置をとること</u>を意味すると考えられる。そのようなチェックや是正措置をどのように行い、どのような結果になったかを株主に報告する媒体が**監査報告**である[1]。

　会社法では、特に計算書類作成という取締役の職務の執行に関する監査（いわゆる「**会計監査**」）が、それ以外の業務執行に関する監査（「**業務監査**」と呼ばれる）とは別の括りで規律されているが、会計監査については会社の計算のところ（☞第17講3）で触れることとし、本講では主として業務監査を念頭に説明する[2]。

[3]　監査役の具体的な対応方法

(i)　報告徴取権・調査権の行使

　取締役の職務執行を監査するうえでは、状況を的確に把握しておく必要がある。そこで、監査役には、随時取締役や使用人等に対して報告を求める権限や、会社の財産状況等を調査する権限が与えられている（381条2項[3]）。

　さらに、取締役会の権限の中に、内部統制システムの整備に関する事項の決定がある（362条4項6号参照。☞第11講1[3](ii)）ところ、その細目の1つに、取締役や従業員等が監査役に報告するための体制（施則100条3項4号）が挙げられている。監査役の監査の実効性を高めるために、取締役会や取締役にも一定の協力が求められているのである。

　もっとも、取締役や従業員による報告はもとより、調査権を行使するにしても取締役をはじめとした執行側の人間の協力がなければ監査役の情報収集はうまくいかない（マズそうな書類が調査直前に廃棄されるといった状況を想像してみよう）。そこで、執行側が監査役の調査に協力せずあるいは調査を妨害したような場合には、監査報告にそのことを記載して（施則129条1項4号参照）株主

1）監査報告は、大きく分けて、事業報告等の監査報告と計算関係書類の監査報告とがある。前者は、事業報告等を受領した際に作成するものであるから、一見すると、あたかも「事業報告」という書類のレビュー結果を報告するだけのものにみえなくもないが、それ以外にも、①監査役監査の方法とその内容、②取締役の職務遂行に関して不正の行為または法令定款に違反する重大な事実がある場合にはその事実、③内部統制システムの内容が相当でないと認めるときはその旨およびその理由、④支配株主や取締役の近親者等の関連当事者との取引に対する監査役の意見などの記載が求められており（施則129条1項参照）、まさに監査役の業務監査の実施内容とその結果を示す文書として位置づけられている。後者については、会計監査に関係するので会社の計算のところ（☞第17講3[1]）で説明する。

2）なお、公開会社でない会社（監査役会設置会社および会計監査人設置会社を除く）については、定款の定めにより、監査役が業務監査を行わず、監査の範囲を会計に関するものに限定することも可能である（389条1項。**会計限定監査役**と呼ばれる）。このような会社は、定義上「監査役設置会社」には含まれないと解するのが通説であり（2条9号参照）、したがって、「監査役設置会社」を対象とする規律は、会計限定監査役を置いている会社には適用されないと解されている点には注意が必要である。

3）なお、381条3項では、監査役の職務を行うため必要があるときは、子会社に対する報告徴取権・調査権も認められている。もっとも、子会社といえども別人格であり、固有の利害関係者の利益を保護する必要もあることから、子会社としては、正当な理由があるときには報告や調査を拒むことができるとされている（同条4項）。

総会に報告するという形で対抗することになる。

(ii)　取締役会への出席義務と意見陳述

　会社の重要な意思決定は取締役会により行われる（☞第11講 1）ところ、監査役には、そのような重要な意思決定の場に立ち会うことで、必要に応じた対処ができるように、（議決権は有しないものの）取締役会に出席する義務があり、また、その場で必要に応じて意見を述べなければならないとされている（383条 1 項）。

> 　たとえば、**ストーリー S12-1**において、創業家出身の取締役である宮崎会長が関係する利益相反取引の承認議案が取締役会に付議されたならば、浅井監査役としては、取締役会に出席したうえで、会社に損害が生じかねない購入価格などについて意見を述べたうえで、取引の承認自体を撤回させる、あるいは、購入価格の引下げに導くといったことが期待されているといえる。

　同様に、株主総会でも会社の重要な意思決定が行われるところ、その議案や書類等を株主総会に提出するのは基本的には取締役会であるから、取締役会が株主総会を誤導することがないよう、株主総会への提出議案等を調査し、法令・定款違反や著しく不当な事項がある場合にはその調査結果を株主総会に報告しなければならないとされている（384条）。

(iii)　取締役会への報告義務と違法行為差止権、損害賠償責任の追及

　では、実際に取締役が業務執行に際して違法行為等をしようとしている場合、あるいはすでにしてしまった場合に、監査役はどのような対応をとるべきことが想定されているのだろうか。

　まず、監査役は、取締役が不正の行為をしたかするおそれがあると認めるとき、または、法令・定款に違反する事実あるいは著しく不当な事実があると認めるときは、遅滞なく、その旨を取締役会に報告しなければならないとされている（382条）。取締役会に報告することで、問題の取締役を担当業務から外す（代表取締役または業務執行取締役からの解職）、あるいは必要な是正措置を決議するといった取締役会による対応を期待しているのである。定例の取締役会が

ちょうどよいタイミングで開かれないのであれば、監査役は招集権のある取締役に対して招集を請求することができるし（383条2項）、その請求から5日以内に取締役会（請求から2週間以内を会日とするもの）が招集されないのであれば当該監査役が自ら招集することもできる（383条3項）。

また、監査役は、取締役が法令・定款に違反する行為をしているかするおそれがある場合において、その行為によって会社に著しい損害が生ずるおそれがあるときは、その取締役に対してその行為をやめることを請求することができるとされている（385条1項）。これは、監査役の**違法行為差止請求権**と呼ばれている。

> たとえば、**ストーリーS12-1**において、取締役である宮崎会長が関係する利益相反取引であるにもかかわらず、取締役会決議を経ることなく、長井社長が本件取引を進めようとするのであれば、浅井監査役としては、356条1項2号・365条1項違反の行為として、それにより会社に著しい損害が生ずるおそれがある場合には、本件取引の差止めを請求することになる。

最後に、取締役と会社の間で訴訟が生じた場合には、監査役が会社を代表することとされており（386条1項1号）、特に、取締役が会社に対して損害を与えた場合にその損害賠償責任を追及することで、会社の利益を守る役割も与えられている。この点については、第14講1も参照。

2 どこまでが監査役の役割か

S12-2 ［新規事業の選択］（ストーリーS11-4と同様の状況）
SL食品では、中期経営計画の目標達成に向けて新規事業による利益の大幅上積みを図るべく、企画部門より、①イタリアの高級菓子メーカーからライセンスを受けて、このメーカーのブランドを付けた高級アーモンドチョコレートを売り出す案や、②既存製品の製造工程で出される廃棄物を原料としたペットフードを製品化する案が出された。新規事業に振り分けられる人的・物的資源には限りがあり、どちらか1つの案しか採用することができず、次

の取締役会でどちらかを採択する審議がなされることが予定されている。浅井監査役は②の案が堅実でよいと考えている

[1]　問題の所在

　先に述べたように、監査役は取締役の職務執行を一定の基準に照らして適切かどうか評価しその評価に基づいて必要な対応をとることになるが、それでは、ここでいう一定の基準とはどのようなものであろうか。1 [3](ⅲ)では、取締役が会社法上定められた手続に則って職務を執行しているかという、（比較的わかりやすい）"法律に合致するかどうか"を基準にその当否を監査役が判断する例を挙げた。

　これに対して、問題になるのは、たとえば、**ストーリーS12-2**のように、2つの選択肢のどちらをとる方が会社にとって好ましいか、といった妥当性や効率性までに踏み込んで監査役がチェックをすることができるのか、という点である。この問題は、監査役の監査権限が、**違法性監査**にとどまるか**妥当性監査**にも及ぶか、といった表現で論じられることも多い。

　　ストーリーS12-2であれば、②案がよいと考えている浅井監査役としては、その実現に向けてどこまでのことをすることができるのか（できないのか）という問題である。

[2]　考え方

　この問題に対する基本的な考え方としては、どちらの方がより会社が儲かるか、といった効率性・妥当性の判断は、まさに会社経営を委ねられた取締役会あるいは代表取締役をはじめとした業務執行取締役が行うべきであって、監査役は原則としてそれに関与すべきではない、というものであると考えられる。もっとも、著しく不当な行為については、善管注意義務違反という法令違反の問題として監査の対象となると解されている。

　　なお、この"監査役監査は妥当性に及ぶか"という議論は、論者によって前提としている状況が異なっている可能性がある点に注意が必要である。

　具体的には、監査役がその権限を行使することによって取締役の業務執行に対してどのような効果もたらすかを踏まえて、監査役がその権限を行使すべき義務を負うかという文脈で議論しているのか、義務とまではいえないが禁止する必要もない（しても構わない）行為かどうかを議論しているのかに応じて考える必要がある[4]。たとえば、監査役が違法行為差止請求権を行使する局面を念頭に置いて「監査役監査は妥当性・効率性には基本的に及ばない」と述べているにもかかわらず、カッコの中の言明だけが一人歩きした結果、「監査役は妥当性・効率性について見解を表明してはいけない」との主張として捉えられ、それに対して異論が唱えられている、といった噛み合わない議論がしばしば行われているように見受けられる。

3　監査役の独立性

[1]　自己監査の回避

　監査役にはどのような人がなれるのであろうか。お目付役とはいえ、広い意味で会社経営の一翼を担う人物であるから、取締役と同じ欠格事由が適用される（335条1項）。それに加えて、監査という職務の性質上、監査役には固有の制約がある。

　すなわち、監査役は、会社の業務執行を行う人（以下「執行側」という表現を用いることがある）とは別の人が、会社の業務が法令・定款に合致しているかを確認することに大きな意味がある。そうであるならば、①そもそも業務執行を担当する人が同時に監査役になったり、②監査役の地位にある人が（本来取

4）会社経営を妥当・効率的なものとする役割は取締役が担っているという基本原則からすると、差止請求権については、差止めという形で極めて強い業務執行への介入をもたらすことになることから、妥当性・効率性についての監査役の評価に基づく介入は極めて例外的な場合を除いて差し控えるべきであり、したがって、監査役が介入しなければ損害が生じることが確実であるような局面（その意味で介入が義務のレベルにまで高まった局面）でない限り権限行使を認めるべきではないと思われる。

　これに対して、たとえば取締役会決議事項に関しての意見の陳述については、最終的な決定権限が取締役会にある以上、（3 [1]で述べる自己監査の弊害に留意する必要はあるが）妥当性・効率性の観点からの言及は比較的緩やかに認められてよいと解される。もっとも、では、そのような意見陳述や助言が、どのような場合に監査役として必ずしなければならない義務となるか（条文に即して考えるならば、383条1項の「必要があると認めるとき」とはどのようなときか）については、論者によって温度差があるように思われる。なお、問題を起こした代表取締役を解職することについての助言または勧告を取締役会にしなかった監査役の任務懈怠が問題とされた事例として、SU17・百 A31 大阪高判平成27年5月21日判時2279号96頁がある。

締役が行うはずの）業務執行を担当したりすると、監査役を設けた意味がなくなってしまう。一般に、監査すべき立場の人間が、自らのしたことを監査することは**自己監査**などと呼ばれて避けるべき事態であると考えられている。

　そこで、まず、①監査役は取締役や使用人を兼任することができないとされている（335条2項）⁵⁾。もっとも、過去の業務執行事項が適切であったのかも監査役の監査の対象となると解されるが、過去に会社の取締役や使用人であった者が監査役となることに法的な制約はない（とりわけ取締役であった者が監査役に就任することを**横すべり監査役**と呼んだりする）。厳格に考えれば、監査役が過去に取締役や使用人であった場合については、取締役・使用人であった当時に行った決定等については自己監査となってしまうが、この点について、法はやむをえないものとして許容している。

　また、②監査役が業務執行（とりわけ、会社の方向性を決めたり、会社に効果が帰属するような対外的行為）をすることは原則としてできないと解されている。もっとも、取締役のお目付役という監査役の職務の性質上、上述のような意味での業務執行に属することであっても、会社ひいては株主の利益の保護のために必要な活動については、例外的に監査役も行うことができると考えられている。たとえば、会社と取締役との間で訴訟があった場合に会社側を代表するのは監査役であるとする規定（386条1項）は、取締役同士の馴れ合いを防止するために法律上定められた例外の1つである。このほか、解釈論として、会社が企業買収のターゲットとされた場合に、会社あるいは株主にとって有利な条件を引き出すために監査役が買収者と交渉することなどが認められるべきであるとする考え方が有力である（☞第32講3[3]）。

5）監査役が同時に取締役等を兼任できないという規制の趣旨を、本文では自己監査の回避という観点から説明したが、もう1つの理由として、業務執行取締役として執行側のヒエラルキーに組み込まれることの防止という、執行側（特にその頂点に立つ社長）からの影響力排除という面もある。そのような観点から、監査役が子会社の取締役・従業員等を兼務することも禁止されている。なお、弁護士である監査役が、会社から委任を受けて会社の訴訟代理人となることは取締役・支配人・使用人との兼任禁止の規定には反しないとするのが判例（百70最判昭和61年2月18日民集40巻1号32頁）である。

[2]　執行側からの影響力の排除

　自己監査に当たらない場合であっても、執行側が監査役に対して何らかの圧力を加えることがあっては、お目付役としての機能を十分に発揮することができない。そこで、会社法では、執行側からの監査役の独立性を確保する措置が数多く設けられている。

(i)　身分保障

　監査役も取締役と同様に株主総会決議によって選解任される（329条1項・339条1項）が、株主総会の議案は招集時に取締役会が決めるという原則（☞第5講2）のままだと、執行側は、気に食わない監査役については、解任の議案を提出してクビにすることが簡単にできそうであるし、また、それほどあからさまではなくても、監査役に再任する議案を株主総会に提案しないという形で、気に食わない人物を排除することができてしまう。

　そこで、会社法では、まず、監査役の任期は原則として4年（厳密には、選任後4年以内に終了する事業年度のうち最終のものに関する定時株主総会の終結の時まで）とされており（336条1項）、これは定款等で短縮することもできないと解されている[6]。取締役（任期は2年か1年）よりも一期の任期を長く設定することで、監査役の地位を安定させていると考えられる。監査役を解任するには、取締役の場合とは異なり株主総会の特別決議が必要とされる（309条2項7号参照）のも、監査役の地位の安定に役立つであろう。また、株主総会に提出する監査役の選任議案は監査役（複数いる場合はその過半数）の同意を得なければならない（343条1項）し、監査役が違う議案（異なる候補者）を提案することを請求すれば取締役会はその議案を株主総会に提出しなければならない（同条2項参照）とされているから、現在の監査役がその意に反して執行側から

　6）コンメ(7)491頁［山田純子］。ただし、定款の定めがあれば、任期満了前に退任した監査役の補欠として選任された監査役は、前任者の任期を引き継ぐ（結果として、その監査役の任期は4年よりも短くなる）ことも可能である（336条3項）。なお、公開会社でない会社においては、取締役と同様に（☞第8講3[4](i)）10年までの間で定款で任期を伸長することができる（336条2項）。

の再任拒否にあいそうになったときには、これらの権限を行使して株主総会に
再任を求めることができる[7]。

　さらに、それぞれの監査役は、監査役の選解任等に関して株主総会で意見を
述べることができるとされている（345条4項・1項）から、たとえば執行側が
提出した解任議案が不当だと考える監査役は、この権利を行使して株主総会で
自らの主張を述べることができる。この意見陳述権は任期途中で辞任した
（元）監査役にも与えられており（345条4項・2項）、陰で圧力をかけてあたか
も自発的に職を辞したかのようにみせかけて、執行側が気に入らない監査役を
排除する可能性にも対処している。

(ii)　経済的独立性

　いくら選解任の局面で執行側からの独立性を確保したとしても、在任中に経
済面で執行側に依存していたのでは、監査役として執行側の不正を正すような
活動は行いにくい。会社の資金は、基本的に財務部や経理部といった部署を所
管する取締役の管理下にあるから、執行側が、気に入らない監査役に対して、
兵糧攻めのような形で圧力をかけてくることもありうる。したがって、監査役
は、経済的にも執行側から一定程度独立している必要がある。

　まず、監査役の報酬も定款または株主総会によって定める（387条1項）が、
これは取締役の報酬とは区別して定めることを要求するものであると理解され
ており[8]、また監査役は株主総会で監査役の報酬等について意見を述べること
ができるとされる（387条3項）などにより、報酬面で執行側からの独立性が一
定程度図られている[9]。

　さらに、たとえば、監査役が遠隔地の営業所の従業員にヒアリングをしに行

7）もっとも、解任の場合にはこのような同意権は付与されていない。これは、解任される監査役
　の同意がなければ解任議案が提出できないとすると、事実上監査役を解任することができなくな
　ってしまうためである。

8）コンメ(8)429頁［田中亘］。

9）監査役の報酬についても、取締役の報酬（☞第10講2 [2](ii)）と同様に総額の上限額について
　のみを株主総会で決議することも許容されているところ、各監査役が具体的にいくらもらうかに
　ついては、（取締役会に委ねたのではせっかく取締役と区分して決めた意味が薄れてしまうこと
　から）監査役の協議によって決めるとされている（387条2項）。

く場合の交通費など、監査に必要な費用については当然会社に支出してもらうべきであるが、どのような支出が"監査に必要な費用"かについて、監査役と執行側とで争いが生じる可能性がある。資金を握っているのが執行側である以上、監査役が必要性を主張したとしても、執行側が一方的に必要な費用ではないと判断して支払いを拒絶することで、真に監査に必要な費用すら支給しないという形での監査妨害も可能になってしまう。そこで、監査役が請求した監査費用等については、会社（執行側）が監査役の職務執行に必要でないことを証明した場合でなければ、支払いを拒むことができないとされている（388条）。

(iii)　組織的独立性

　後にも述べるように、監査役の監査は、違法・不正の事項を正すために監査役が自ら現場に身を置いて活動するというのが理念形である。もっとも、そうはいっても大企業の場合、その監査活動の準備から何からすべてを監査役自身でできるわけではないから、その職務を補助するスタッフが必要となる。そこで、大企業には、一般に**監査役スタッフ**と呼ばれる、監査役の職務を補助する従業員が配置されていることが多い（必ずしもすべての会社に存在しているわけではない）。この監査役スタッフは、執行側のためではなく監査役のために働くべき人たちであるから、監査役と同様に執行側からの独立性を確保しておくことが望ましい。そこで、取締役会が決定するとされる内部統制システム（☞第11講1 [3](ii)）の内容として、監査役が監査役スタッフを置くことを取締役会に要求した場合にはそのスタッフに関する事項、そのスタッフの執行側からの独立性およびそのスタッフに対する監査役からの指示の実効性の確保に関する事項が挙げられている（施則100条3項1-3号）。

> 　なお、監査役スタッフと混同しやすいのは、いわゆる**内部監査**に携わる従業員である。内部監査とは、経営者のために会社に不正等がないかを確認するための活動であるとされ、したがって、通常は執行側の組織（要するに、代表取締役等の業務執行者の指揮命令に服する組織）として備えられている。もっとも、違法・不正を正すための監査役監査との親和性が高いことから、近時は内部監査と監査役監査の接続が課題として挙げられることも多い。いっそのこと内部監査部門を監査役の指揮命令下におけばよいではないか、と考える人もいるかもしれないが、内部監査は経営者を支援するスタッフとして内部の不正を正すとい

う立場からスタートしたという歴史的な経緯もあって、執行側から監査役の側に指揮命令系統を切り替えるというのは、実務的にも理論的にも簡単ではなさそうである。

4　監査役が複数いる場合

　一連のストーリーの SL 食品には 4 人の監査役がいるとされている。このように、複数人の監査役がいる場合、その相互の関係はどのようなものなのであろうか。

[1]　独任制

　この点に関しては、監査役が複数いたとしても、監査活動自体は各人が独立して行うことができるとされている。したがって、仮に複数の監査役の間で役割分担等を決めた場合であっても、また、他の監査役の反対にあったとしても、それぞれの監査役の権限行使は制約を受けない。このことを指して、監査役の**独任制**という表現が用いられることもある。

　　たとえば、ストーリー S12-1 において、実は事前に西田監査役と浅井監査役との間で、浅井が東日本、西田が西日本の監査を担当するという形で役割分担を決めていた場合であっても、西日本の市場に関係する不動産の取引だから西田監査役しか権限行使ができないわけではなく、浅井監査役は（いわば横から口を出す形になろうとも）自ら違法性を判断し、必要に応じて調査権や差止請求権等の権限行使をすることができる。当然のことながら、執行側も、浅井監査役が担当でないことを理由としてその権限行使を無視することはできない。

[2]　監査役会

（i）　監査役会設置会社

　ところで、監査役全員で構成される法律上の会議体として「監査役会」というものも法律上定められている。監査役会は、定款で監査役会を設置すると決めた（326条 2 項参照）会社か、会社法の規定で監査役会を設置しなければならないとされている会社に設置される（2条10号）。実務上重要であるのは、後者の監査役会の設置が強制される会社であり、公開会社である大会社の監査役設置会社がこれに該当する（328条 1 項）。ここで、以前にも出てきた「大会

社」という概念であるが、これは、資本金5億円以上または負債200億円以上という財務指標を基準とした大雑把な区分（2条6号参照）ではあるものの、規模の大きな会社はある程度捕捉できるようにするための概念として会社法において使用されている。上場会社は公開会社であってその大半は「大会社」に該当し、したがって監査役設置会社である上場会社は「監査役会設置会社」であることが通常である。

(ii)　監査役会の構成

　監査役会は、3人以上の監査役で構成され、また、そのうち半数以上は**社外監査役**でなければならない（335条3項・390条1項）[10]。

　社外監査役とは、2条16号に定義があるが、監査役に就任する前の10年間その会社の取締役等でなかったような監査役のこと（厳密な定義は条文に当たって確認されたい）であり、過去のしがらみ（☞3 [1]）が少なく独立性の高い外部の人間を交えることで、社内の論理に毒されない適正な監査がなされることを期待したものであると考えられる。他方で、社外監査役は、その定義上取締役や従業員が横滑りで就けるポストではないため、**ストーリーS12-1**の高橋監査役や安井監査役のように、有識者や他の会社の（元）経営者などが招聘されているのが実態であるが、そのような人々は本業を他に持っていたり他社の社外監査役等を兼務していたりするので、1社の監査に専念できるわけではない。しかしながら、監査役の監査は、違法・不正を正すために監査役が自ら現場に身を置いて活動するというのが理念形であり、全員がパートタイマーの監査役

---

10) ところで、とりわけ上場会社の社外監査役（や社外取締役）には、引退して少し時間の余裕ができた（元）大物経営者がなることも多く、そうすると高齢であることも多いから、病気や死亡による退任（330条・民法653条1号）といった事態も生じやすい。監査役会設置会社の法定要件を満たす最小構成（監査役3名でうち社外が2名）だと、1名の社外監査役が退任したら総数の要件を満たさなくなってしまう。法定要件を満たさない事態が生じたときに改めて臨時株主総会を開いて社外監査役を選任するのも大変だし、それを避けようとしてあらかじめ多めに監査役を確保しておくとすると過剰感が否めない（社外監査役1名の任期途中での退任に備えるためには、監査役5名でうち社外が3名という構成にしておかなければならない）。そこで、そのような法定要件を満たさない事態になったら直ちに就任してもらえる補欠監査役をあらかじめ選任しておくという制度も設けられている（補欠役員が一般的に認められる。329条3項・施則96条）。

ではそのような形での監査は期待できない。そこで、監査役会設置会社は、常勤の監査役を選定しなければならないとも定められている（390条3項。選定解職は監査役会の権限である〔同条2項2号〕）。

　要するに、財務指標を基準として規模の大きそうな会社を抽出し、そのうち公開会社については、必ず3名以上の監査役を置くことで監査の事項も多岐にわたり範囲も広くなることへの対処をするとともに、規模の大きな会社の社会的な影響力に鑑みて、社外の目を導入したより透明性の高い監査を目指しつつ、社外者が半数以上いるがゆえに監査に間隙が生じないように、併せて常勤者も選定せよ、というのが監査役会設置会社の監査役の構成に関する規律の内容である。

(iii)　監査役会の職務

　さて、「監査役会設置会社には監査役全員で構成される監査役会という会議体がある」と聞くと、取締役会からの類推で「監査役会が会議体として監査活動の重要な役割を担うのだろう」と思うかもしれないが、そのイメージはほぼ間違いといってよい。

　監査役会設置会社の業務監査も、監査役会が設置されていない監査役設置会社とほとんど変わるところはなく、相変わらず<u>各監査役の独任制によって遂行</u>されることが想定されている。監査役会の職務として監査方針や各監査役の役割分担を決めることが挙げられている[11]（390条2項3号）ものの、その決定によっても、各監査役の権限の行使を妨げることはできない（390条2項ただし書）のである。では何のために役割分担を決めているのか、という話になるが、これは、複数いる監査役それぞれがどのような役割を果たすかについて監査役同士である程度すり合わせをしておかないと、同じところを複数の監査役が重複して監査するといった効率の悪い事態が生じかねないからである[12]。

11）このほか、監査役会の職務とされているものは、①監査報告の作成（390条2項1号）、②常勤の監査役の選定・解職（同2号）、③監査役選任議案への同意および監査役選任議案の提案（343条1-3項）などである。

●第12講のおさらい

・監査役にはどのような権限が与えられているのだろうか？⇒1 [2]・[3]

・監査役は取締役の経営判断に立ち入ることができない、という言明についてどのように考えるべきだろうか？⇒2

・監査役が適正に監査の職務を遂行するための制度としてどのようなものがあるだろうか？⇒3

・監査役の独任制とはどのようなことを意味するだろうか？⇒4 [1]

---

12) 監査役会設置会社の監査役であっても、独任制である以上、監査役間の役割分担は監査役の責任に影響しないという考え方もありうるが、そのように考えてしまうと、結局役割分担が意味をなさなくなり、本文で述べたような監査の効率性を損なうことになることから、担当外の分野については当該分野を担当する監査役を一定程度信頼することが許されると解されている（コンメ(8)471頁［森本滋］）。

第13講

会社経営は難しい
——取締役の会社に対する責任

　取締役は会社の経営を担う中心的存在である。経営の仕方がマズいと、会社に損失が生じ、営利という会社の本来の目的を果たせなくなる。この問題に対処するため、会社法には、会社経営のマズさに起因して会社に生じた損害を、取締役が賠償するという制度が設けられている。本講と次講はこの制度について説明する。

1　取締役の損害賠償責任を議論するうえでの留意点
[1]　「会社」に対する「損害賠償」

　ここで気をつけてほしいことが2点ある。

　1点目は、本講（と次講）の話題は、取締役の行為によって「会社」に損害が生じた場合であり、取締役の<u>会社に対する</u>損害賠償責任が問題となっているという点である。会社は株主の利益のために運営されている、という会社の基本構造からすれば、会社が損をしたのであれば、結果として株主が損をしているともいえそうではあるが、法人格の分離原則からすれば、第一義的に損害を被っている主体は会社であり、まずはこの会社の損害をなんとかしようというのが本講（と次講）の話題である[1]。

　2点目は、損害賠償の機能の二面性についてである。現在の民法の多数説的

1）他方、会社に生じた損害を、最終的な損益の帰属主体だと考えられる株主の損害として認識すべきか、認識するとすればどのように認識すべきか、という話もできないわけではない。この点については、取締役の第三者に対する責任（429条）の問題として、第15講で説明する。

な考え方からは、損害賠償とは、「損害」を受けた被害者を救済するために、損害を与えた人がその「損害」を埋め合わせる（填補する）ためのもの（**損害填補機能**）であると理解されている。他方で、そのような損害賠償制度があることを前提とした場合、そのような賠償を支払いたくないと考える行為者（ここでは取締役）は、損害を生じさせないように慎重に行動するようになるだろう。そういう意味で、取締役が負うことになる損害賠償責任は、取締役を慎重に行動させる（負の）インセンティブとなる（**抑止機能**）。このことから、取締役の損害賠償制度のあり方は、取締役にどのような行動をとらせるのが望ましいか、という問題とも密接に関係しているのである。

[2]　条　文

　取締役の会社に対する損害賠償責任に関する基本条文は423条1項である[2]。そこには、取締役や監査役などの「**役員等**」[3]は、「その任務を怠ったときは、株式会社に対し、これによって生じた損害を賠償する責任を負う」とある（423条1項の責任は、**任務懈怠責任**とも呼ばれる）。

　では、どのような場合に「任務を怠った」といえるだろうか。以下では、任務懈怠が問題となる状況をもう少し細かく分けて説明をしていく。

> 　取締役と会社との関係は委任に関する規定に従う（330条）ことから、委任関係に関する民法の規律、とりわけ受任者の債務不履行による委任者に対する損害賠償責任の規律（民法415条）が、423条をはじめとした会社法の任務懈怠責任とどのような関係に立つのかも問題となる。民法の規定も近年（平成29年）改正されており、この問題をめぐる議論は、歴史的経緯も絡んで極めて複雑な様相を呈しているが、以下では、現在の会社法の規定を、新しい民法の規定に照らして整合的に理解するならばどのように考えることができるかを意識しつつ、なるべく平易に説明することを試みる。

　2）423条2項以下は競業取引・利益相反取引に関する任務懈怠責任の特則である。これについては、☞第9講1[2](ii)・2[5]。

　3）厳密には、取締役、会計参与、監査役、執行役および会計監査人が「役員等」に含まれる。

2　経営判断の誤り

> S13- 1　[新規事業の選択]（ストーリー S11- 4 と同じ状況）
> 中期経営計画の目標達成に向けて新規事業による利益の大幅上積みを図るべ
> く、SL 食品の長井社長は、複数の選択肢の中から、イタリアの高級菓子メ
> ーカーである Simonetta 社と提携し、"Simonetta" のブランドを付けた高
> 級アーモンドチョコレートを売り出すためのプロジェクトを始動させた。
> Simonetta 社は、提携先に対する要求水準が厳しく、そう簡単に提携してく
> れる相手ではないというのが業界内での評判であったが、長井社長は強い決
> 意の下、交渉を開始した。

　代表取締役や業務執行取締役は、自ら意思決定をしたり、取締役会がした意
思決定を執行したりするなど、会社を実際に運営する役割を与えられている。
ストーリー S13- 1 のように、新規事業を始める意思決定などはその典型例で
ある。

　会社に利益をもたらすような経営をするのが取締役の善管注意義務の中心的
な内容であると考えられる（☞第 8 講 4 [1]）ことから、取締役が会社に損失を
与えるような意思決定をした場合には、善管注意義務に違反しており「任務を
怠った」と評価できそうである。しかしながら、結果的に損失が生じてしまっ
た、事業運営に関する意思決定（**経営判断**という語がよく用いられる）のすべて
を任務懈怠と評価して、当該経営判断を行った取締役に、会社に生じた損害の
賠償責任を負わせてよいかは慎重に考える必要がある。

[1]　経営判断の難しさ
　ここで、**ストーリー S13- 1** の後に続く状況として、次の二通りの異なる展
開を考えてみよう。

S13- 2 ［提携に成功する］
提携交渉の結果、20X2年1月に無事に Simonetta 社と合意に達した SL 食
品は、高級アーモンドチョコレートの製造を開始した。Simonetta ブランド
のアーモンドチョコレートは、厳しい品質管理の下で厳選された原材料で作
られた逸品として、発売当初から飛ぶように売れ、SL 食品に多大な利益を
もたらした。

if シナリオ S13-a ［提携がうまくいかない］
長井社長は誠実に Simonetta 社と交渉したものの、交渉の最終段階で、原
材料の調達先について折合いがつかなかったため、提携交渉は破談となった。
結果として、SL 食品では補助スタッフの人件費や渡航費など、提携交渉に
かかった費用総額2000万円が無駄になった。

　会社経営に際しては、不確実な将来を予測しながらその時々の判断が求めら
れる。**ストーリー S13- 1** の状況においても、SL 食品の経営陣には、新規事業
として何を選択すべきか、高級路線でいくとして Simonetta 社と提携できるの
かどうか、できたとしてそれを具体的な製品の開発に繋げることができるのか
どうか、製品化できたとしてその製品が売れるのかどうか、といった点におい
て不確実性がある状況で、新規事業プロジェクトを始動させるかどうかの判断
が求められている。

　そして、**ストーリー S13- 2** と **if シナリオ S13-a** という両極端の展開が示す
ように、長井社長が会社の利益のために一所懸命努力しても、うまくいく場合
もあればうまくいかない場合もあるだろう。

　ここで、**if シナリオ S13-a** のようにプロジェクトが失敗に終わった場合、会
社が支出した2000万円が無駄になってしまったのであるから、この2000万円は
会社の損害であって、それを生じさせた者に賠償させるべきだ、とするのが会
社（ひいては株主）の利益という観点からは望ましいと考えることもできるか

もしれない。そのような考え方に立ったうえで一連の経過を遡って検証をすれ
ば、原因行為（提携交渉の開始の決定）と損害という結果（無駄になった費用）
との間の結びつき（因果関係）を認めることができるのであるから、「Simonetta
社と提携に向けた交渉を開始する」という、損害を引き起こす決定をした長井
社長にそれを賠償させるのが損害填補の観点（☞1 [1]）からは自然であるよ
うに思えてくるかもしれない。とりわけ、**ストーリーS13-1**の状況を事後的
に振り返れば、「要求が厳しいという評判のSimonetta社と提携交渉してもう
まくいかない可能性が高いのだから、交渉してみようなどと考えなければよか
ったのに」といった形で、その当時行った意思決定のダメな理由を後付けでい
くらでもみつけることができそうである。

　しかしながら、そのような後出しジャンケンのような形で、結果をみてから
行為の善し悪しを評価することを認めてしまうと、今後同じような判断を迫ら
れた長井社長としては、「結果的に失敗に終わったプロジェクトについて、遡
ってその開始の決断を責められて損害賠償責任を負わされるくらいなら、失敗
の可能性のあるプロジェクトははじめからやらなければよい」と考えて、そも
そもSimonetta社との提携という、もしかしたら**ストーリーS13-2**のように
成功するかもしれないプロジェクトをはじめから採用しないという行動をとる
ようになるだろう。

[2]　経営判断の原則

　そのような保守的な経営姿勢が望ましくない[4]のだとすれば、取締役が失
敗のリスクをおそれることなく会社に利益をもたらすような経営判断ができる
ようにするために、結果的に失敗に終わった意思決定であっても、不確実性と
向き合っていた意思決定当時の取締役の判断をなるべく尊重すべきであって、
当事者ではない外部の人間が後付けで評価することは控えた方が望ましいと考
えられる。このような発想から、経営判断については、<u>その決定の過程、内容</u>

4）株式会社の特徴である株主有限責任制度は、失敗する可能性のある事業に果敢に挑戦できるよ
　うにする点に重要な意義があること（☞第2講2 [1](ii)）も思い出してほしい。

に著しく不合理な点がない限り、取締役としての善管注意義務に違反するものではない、といった表現[5]によって、取締役の行った意思決定の善し悪しを後知恵で評価することを控える姿勢を示す裁判例が増えている。このような、取締役の経営判断[6]が一定程度尊重されるような取締役の責任評価の枠組みのことを、**経営判断の原則**という。

　もっとも、上記下線部のような表現が、具体的な事案における任務懈怠責任の成否の評価にどのように作用するのかはあまり明確ではない。

　先の表現では、「決定の過程、内容」が「著しく不合理」かどうかを問題とするという考え方が示されているが、学説では、より詳細に、意思決定に至る過程と意思決定内容とに分けてそれぞれを審査すべきである、とする考え方もある。**ifシナリオS13-a**を例にとれば、意思決定の過程としては、**ストーリーS13-1**の段階で、長井社長がどのような調査・検討をしたうえで提携交渉を開始することを決めたのか、といった点が問題となるであろうし、意思決定の内容については、当時の状況において提携交渉を開始するべきか、その相手は一筋縄ではいかないSimonetta社でよいのか、といった点が問題となるであろう。会社経営の経験がなく、その会社の事情に通じているわけでもない裁判官は経営判断の当否を審査する能力に乏しいという点を重視する立場からは、意思決定の内容については「著しく不合理でないか」の基準をあてはめる一方で、意思決定の過程については、その合理性を審査する能力は内容の審査よりも外部の者（とりわけ裁判官）にとっては容易であるから「不合理でないか」を基準にして判断すればよい、といった形で、「過程」と「内容」とを異なる基準で審査すべきであるとも主張されている。

　しかしながら、理論的には、過程がどれだけ杜撰であろうとも内容が正しければ会社の利益が害されるという問題は生じないのであり、逆に、一見（外部の者の目からみれば）不合理にみえる内容の意思決定も、慎重な調査・社内討議等を経ることで、（外部の者が抱く）第一印象ではみえなかった考慮要素によって合理性が基礎づけられている可能性もある。そうすると、意思決定過程の合理性も結局のところ、意思決定内容の合理性を推測させる1つの要素となると考えた方が自然であるように思われる。

　以上のことからすると、経営判断原則についての上記下線部のような表現については、個別具体的な事案を裁判所が審査するために適用すべき基準（規範）という理解の下で「不合理性」基準か「著しい不合理性」基準か、といった細かな表現の差異に拘泥するの

5）このような表現を示す最高裁の判決として、SU15・百48 最判平成22年7月15日判時2091号90頁がある。

6）当然のことながら、取締役の善管注意義務の内容自体は業種や会社の規模等によって様々に異なりうる。銀行の取締役につき、百49 最判平成20年1月28日判時1997号148頁参照。

ではなく、経営判断に属する事項についてはその判断内容が明らかに不当でない限り取締役の責任は生じない（取締役の裁量を尊重すべきである）、という命題を核として、その内容の不当性の判断する際に、意思決定過程における慎重さが考慮されうるということを示した指針に過ぎないと考えるのが素直であるように思われる。

3　法令違反

S13- 3　［無認可添加物の使用が判明する］
順調な滑り出しをみせた SL 食品の新規事業プロジェクトだったが、新製品の販売開始から半年が経過した20X3年３月、当該製品を製造している工場に対して、日本では使用が認められていない食品添加物が原材料の中に含まれている旨の匿名の通報があった。製造部門を担当する竹下取締役は、その通報が事実である旨の報告を工場長から受けたため、直ちに当該添加物の使用を中止して代替品を用いた製造に切り替えた。他方で、竹下取締役は、当該添加物は日本以外の複数の国で使用が許可されたものであってそれによる健康被害等が生じる可能性は低いと思われること、また、当該製品は売行きがよいことから増産を重ねた結果かなり在庫が積み上がっており、直ちに販売を中止すると会社の売上・利益が大きな打撃を受けることなどを考えて、違法添加物使用の事実を製造部門内の秘密として社内の他部署に対する関係でも箝口令を敷いたうえで、当該添加物の含まれた製品在庫の出荷を続けるよう指示した。

---

[1]　法令違反と任務懈怠

　取締役は、法令および定款を遵守してその職務を行わなければならない（355条。☞第８講４ [2]）。職務の遂行に際して取締役が法令違反行為を行った場合には、法令を遵守すべき義務に違反したという点において任務懈怠があり、したがって、その取締役はその法令違反行為から生じた会社の損害を賠償する責任を負うことになる。

　たとえば競業取引をする際に取締役会の承認を得なかった場合など、会社（ひいては株主）の利益保護を目的とした法規定に反した場合に、その違反行為

が取締役としての任務を怠ったと評価することに異論はないであろう。しかしながら、たとえば、**ストーリー S13-3** の食品衛生法のような、会社（ひいては株主）を保護することを直接の目的とはしていないと思われる法規定に反する行為を行った場合に、取締役としての任務を怠ったと評価すべきかどうかは自明のことではない。多少の法令違反があっても、会社が結果的に儲けることができれば、それは「会社（ひいては株主）の利益の増大」という取締役の任務を立派に果たしている、という評価も可能であるようにも思われるからである。この問題に対しては、法令を遵守すべきことは自然人と同様に法人格を与えられた社会的存在である会社にも妥当する、とか、法令を遵守して会社運営をすることを株主は期待している、といった説明によって、取締役の任務として利益追求よりも法令遵守を優先すべきことの理由づけが試みられている。

　このような考え方に依拠することで法令違反が任務懈怠となると理解した場合でも、さらに問題となるのは、会社にどのような損害が生じているかである。たとえば、**ストーリー S13-3** の竹下取締役の販売継続という違法な決定の場合、発覚した際の企業イメージの低下に伴う売上・利益の減少などを一旦措くとすれば、竹下取締役としては、積み上がった在庫をなんとか売り切った方が会社の利益になると考えたわけであり、実際に在庫が捌けてかつ健康被害等による会社の損害賠償責任も生じないのであれば、違法行為をした方が会社の利益になり、結果的に会社に損害は生じず任務懈怠に基づく取締役の会社に対する損害賠償責任も発生しない、と考えられなくもない[7]。しかしながら、そのようなことを許してしまっては、違法行為でお金を儲けること全般が許されることになってしまいかねないことから、たとえ違法行為によって獲得した利益があったとしても、それを、違法行為により会社に生じた損害から差し引く（損益相殺する）ことはできないとする裁判例[8]もみられる。

7）もっとも、他者に対し違法を厳しく求める昨今の風潮を踏まえれば、"一旦措く"としたブランドイメージの低下などによって会社が被る損害がかなり大きくなることが想定されることから、本文で述べたような「法令違反をすれば儲かる」といった状況はあまり考えられなくなっているのかもしれない。

8）東京地判平成6年12月22日判時1518号3頁。

[2]　責めに帰することができない事由による免責

　さて、取締役には法令を遵守して会社を運営する義務があるといっても、世の中にあるすべての法令を完璧に守るのはなかなか難しい。法令の中には曖昧なものもあって、具体的な場面で特定の行為が法令違反になるかどうかの判断が難しい局面もあるだろうし、また、「まさかそんな場面でその法律が適用されるなんて！」というような想定外の法令の適用が問題となる可能性もある。

　そこで、客観的には法令違反行為があったとしても、取締役がそのような行為に出ることもやむをえなかった、と（その取締役の思い込みではなく）客観的に評価できる場合には、当該取締役に損害賠償責任は生じないと解されている[9]。このような多数説の考え方の基礎にあるのは、423条の損害賠償責任は、任務懈怠が取締役の責めに帰することができない事由による場合には生じないとする理解である[10]。

> 　ところで、[1]と[2]で述べたところに従うと、法令違反という任務懈怠責任の成否は、取締役が実際にした行為について、①それがやってはいけない行為（法令違反の場合、違法行為）であるかどうかという客観的な事実の評価をしたうえで、②その行為をやることもやむをえないという状況であったかどうか（法令違反の場合、たとえば違法であることを認識することがおよそ不可能であったこと）という取締役側の事情に着目する、という二段構え

9）このような場合として、まず、法令の想定外の適用が考えられる。 SU18・百47 最判平成12年7月7日民集54巻6号1767頁は、証券会社の損失補填行為に独禁法の適用があるとは考えられていなかった時点で行われた損失補填につき、その行為が法令違反であるとの認識を有するに至らなかったことにはやむをえない事情があった、として、取締役の責任を否定している。

　他方、当該行為が法令違反であるかが不明確である場合に関しては、法令の適用関係をしっかりと調査したにもかかわらずなお違法になるかどうかが曖昧である場合に、違法と評価されない方に賭けるという取締役の判断を尊重すべきであるという考え方も有力である（コンメ(9)252頁［森本滋］参照）。

10）本文のような理解が導かれるのは、428条1項が、自己のためにする直接取引をした取締役については、任務懈怠が責めに帰することができない事由によるものであっても責任を免れることができない、と定めていることを根拠とする。すなわち、利益相反取引に関して生じた会社の損害に対する賠償責任も任務懈怠責任の一種である（☞第9講2[5]）ところ、利益相反取引のうちでも自己のためにする直接取引をした取締役だけは、責めに帰することができない事由によるものであってもの任務懈怠責任を負うと定めているのであるから、それ以外の状況については、責めに帰することができない事由によることを示すことができれば任務懈怠責任を免れることができるのだ、と理解するのである。

で判断されることになる。訴訟になると、①とそれにより会社に生じた損害とを責任を追及する側（＝会社）が主張・立証したら原則として取締役に損害賠償責任が生じるが、取締役は②の主張をすることでこの責任を免れることができる、という構造である。

　法令違反も任務懈怠責任の一種であるから、このような二段構えの判断枠組みは、翻って、経営判断をめぐる善管注意義務違反など、任務懈怠責任一般に通用しそうである[11]。しかしながら、善管注意義務違反の場合、「注意を尽くして意思決定をする」というのが"やるべき行為"であり、それと取締役が"現実にした行為"との間に差があるとされた（＝やるべき行為をではないことをやってしまったと判断された）瞬間に、「ちゃんと注意を尽くしていたらそのような行為に出ることはなかったはずだ！」と責める理由が現れてしまうのであるから、①の判断の段階ですでに②の結論まで出してしまっているのである。「善管注意義務違反の場合、客観的な義務違反行為が認められれば、責めに帰することができない事由による免責は通常認められない」といったことが述べられることがあるが、それはこのような評価のあり方を説明する趣旨であると考えられる。

4　監視・監督義務違反

> ## S13-4　［違法行為が明らかになった後の対応］
> その後の20X3年5月、開発・製造部門を総括する角常務を委員長として毎月開催されている社内の品質管理委員会の席上、製造部門の従業員から、原料の変更を前提とした発言があった。一連の事実を全く知らされていなかった角常務がこれを不審に思い問いただしたところ、違法添加物をめぐるストーリーS13-3のような状況が判明した。事態を重くみた角常務は、長井社長と宮崎会長に報告し、宮崎会長により臨時の取締役会が招集された。取締役会では、小売店や消費者に出回っている違法添加物の含まれた製品の回収とお詫び広告の掲載等の対応が決定され、それらは直ちに実施された。これら一連の対応によって、SL食品は5億2000万円の支出を余儀なくされた。

11）委任関係にも適用のある（平成29年改正後）民法415条の債務不履行による損害賠償の規定も、客観的な不履行の事実と免責事由という二元的な構造の条文になっている。

[1]　監視・監督義務の種類

　2や3では、主として取締役が自ら主体的に何かを行うことを念頭に置いていた。これに対して、他の者が会社の利益に反する行為をすることを防止する役割も取締役の任務に含まれ、それを怠っていた場合にも任務懈怠として会社に対する責任を負うことになる。これが、取締役の監視・監督義務違反に基づく損害賠償責任である。

　もっとも、監査役設置会社の「取締役」の役割には、業務執行者としての役割と、取締役の業務執行を監督する取締役会の構成員としての役割の2つがあるのであった（☞第8講2）。これに応じて、監視・監督義務も、会社の業務執行ラインの長として、その指揮下にある部下が悪さをしないように管理する義務と、取締役会の構成員として代表取締役などの業務執行取締役が悪さをしないように目を光らせる義務との2種類を観念することができる。本書では、前者のことを“業務執行者としての監督義務”、後者のことを“取締役会構成員としての監視義務”と呼ぶことにする。

[2]　業務執行者としての監督義務

　さて、**ストーリー S13-3** の竹下取締役のように、違法性を認識したうえで指示を出している者が取締役である場合には、その者はまさに法令遵守義務違反という任務懈怠につき責任を負うことになるが、竹下取締役以外にも、製品開発・製造を総括担当する角常務、さらに、全社を総括する立場の長井社長は、問題となった製造部門を広い意味で所管しているという点において、業務執行者としての監督義務が問題とされることになる。

　業務執行者としての監督義務の内容は、業務執行ラインの上席者として有する指揮命令権限を背景として、所管する部門に関する情報を収集し、異常な事態を把握したら適切な是正措置を講ずるというのが基本となる。

　もっとも、一連のストーリーの長井社長や角常務は、製造部門のみを担当しているわけではなく、角常務は開発部門と併せて担当しているし、長井社長は全社的観点から業務を統括すべき立場にあるのだから、この両名自らが製造部門の細部にわたって目を光らせるのではなく、日常の製造部門の運営管理は直接の担当者である竹下取締役に任せておく方が効率的であると考えられる。そ

の際、部門内の不正を防止しあるいは検知できるような "仕組み" をあらかじめ整えておくことが重要となる。この仕組みが**内部統制システム**であり、その整備の基本方針は取締役会決議で定める必要があるが、その基本方針を基に各部門で具体的な体制整備を行うのは各部門を所管する業務執行取締役であると考えられる（☞第11講1 [3](ⅱ)）。長井・角両名の業務執行者としての監督義務は、まさに、そのような体制をきちんと整備し運用することによって、異常事態を適時に発見し、それに適切に対処することであり、したがって、彼らの任務懈怠責任の成否もその点が問われることになる[12]。

[3] 取締役会構成員としての監視義務

　他方、問題となった部門を所管する業務執行取締役以外の取締役については、所管の業務執行取締役を監視することを通じて会社全体の業務運営の適正を確保することになるが、すでに述べたように、取締役会構成員としての監視義務は、基本的には取締役会を通じて果たすことが想定されている（☞第11講2）。すなわち、取締役会構成員は、取締役会を通じて内部統制システムの基本方針を決定し（362条4項6号参照）、各部門を所管する業務執行取締役がそれぞれの部門できちんとその体制を整備し、運用しているかを確認するというのが基本的な役割となる。それらの内部統制システムや業務執行取締役による取締役会に対する報告等を通じて情報を取得し、業務執行取締役の任務懈怠を探知した場合には、選定解職権をはじめとした権限を背景として、取締役会の決議等を通じて是正措置を講ずることになる。

[4] 信頼の権利

　[2]や[3]でみたように、業務執行者としての監督義務にしろ、取締役会構成

---

12) 取締役の会社に対する任務懈怠責任の文脈ではなく、代表取締役の行為に起因する会社の第三者に対する損害賠償責任（350条。☞第8講2注3）が問題となった事案であるが、SU16・百50最判平成21年7月9日判時2055号147頁では、通常想定される架空売上げの計上等の不正行為を防止しうる程度の管理体制を整えていたところ、問題となった不正行為は通常容易に想定しがたい方法によるものであったことを理由に、代表取締役に体制整備義務違反はないとされた。

員としての監視義務にしろ、きちんとした内部統制システムが整備され運用されているのであれば、普段は、その部門や組織を直接担当するとされた者（取締役会構成員としての監視義務であれば当該部門を所管する業務執行取締役になるであろうし、業務執行者としての監督義務であれば直接の担当取締役や傘下の部門の長などになるであろう）による対応に任せておき、内部統制システム等を通じて異常事態が明らかとなった場合に限って、取締役会あるいは業務執行ラインの上席者として対応に乗り出すようにした方が、会社運営の効率性という観点からは望ましいと考えられる。

　そこで、きちんとした内部統制システムが整備され運用されており、それに異議を挟むべき特段の事情が明らかとなっていない限りは、直接の担当ではない取締役は、担当者が職務を適正に行っていると信頼することができ、たとえそれにもかかわらず不正等の何らかの事情によって会社に損害が生じたとしても、監視・監督義務違反を理由とした損害賠償責任は負わないと解されている。このような考え方は、（監視・監督義務に関する取締役の）**信頼の権利**または**信頼の原則**と呼ばれる[13]。

> 　したがって、一連のストーリーの場合、内部統制システムの整備の基本方針を取締役会においてきちんと決定し、その方針に沿った整備・運用がされていたと評価されるのであれば、製造部門を所管すると考えられる長井社長、角常務および竹下取締役以外の取締役（たとえば宮崎会長）については、一連の竹下取締役の違法行為について、事態を認識した時点で取締役会を開き速やかな対応を決定し実行したのであるから、監視義務違反による任務懈怠責任は生じないと考えてよいだろう。
> 　他方で、製造部門を所管していた長井社長や角常務については、竹下取締役（あるいは

13）もっとも、このような原則があてはまるのは、内部統制システムがきちんと整備され、また、定期的に取締役会が開かれているきちんとした会社の場合である。これに対して、特に中小企業にみられるような、創業者等のワンマン社長がすべてを取り仕切っており、取締役会もまともに開かれていない会社の場合、内部統制システムを通じて情報を収集し、あるいは個々の取締役が取締役会を通じて情報収集するといってみてもほとんど意味がない。そのような会社においては、取締役が監視義務を果たすためには、自分が担当している部門以外の部門についても注意をしておく必要がある、ということになる。取締役の対第三者責任（☞第15講）が問題となった判例ではあるが、[百67]最判昭和48年5月22日民集27巻5号655頁は、「取締役会を構成する取締役は、会社に対し、取締役会に上程された事柄についてだけ監視するにとどまらず、代表取締役の業務執行一般につき、これを監視し」なければならないとする。

その部下である製造部門の従業員）の職務執行の適正性を信頼してよい状況にあったかが問題となるが、たとえば、報告規程がきちんと整備されており、関係者がそれにきちんと従えば違法行為の大半は探知できるという状況があった一方で、違法添加物の混入という製造部門の不祥事の発覚をおそれた竹下取締役が敷いた箝口令が想定外に苛烈で、工場長以下の部門のメンバー全員が報復をおそれて一切口をつぐんでしまっていた、といった状況があったのだとすれば、両名の業務執行者としての監督義務違反も否定される余地があるかもしれない（もっとも、そもそもそんな人柄の竹下取締役をそのポジションに就けていたことを、別途問題とする余地はあろう）。

●第13講のおさらい

・「経営判断の原則」とはどのようなものだろうか？それはなぜ認められるのだろうか？⇒2

・会社に利益をもたらすために違法行為に手を染めた取締役は、会社に対して何らかの責任を負うのだろうか？⇒3

・監視・監督義務と内部統制システムとの関係について説明してみよう⇒4

第14講

株主中島陽太郎、経営陣を訴えたい
——株主代表訴訟、取締役の責任軽減、株主の差止請求権

　本講では、前講で説明した任務懈怠に基づく取締役の会社に対する損害賠償責任を誰が追及するのかについて説明したうえで、任務懈怠が認められた場合に生じる取締役の損害賠償責任を免除または軽減する制度について説明する。

S14-1　[無認可添加物の使用発覚後の対応]（ストーリー
S13-4と同じ状況）
20X3年5月に、日本では使用が認められていない食品添加物が含まれたSL
食品の製品が国内で販売されていることが判明した。同社は直ちに、小売店
や消費者に出回っている当該製品の回収とお詫び広告の掲載等を行った。

1　対取締役責任追及訴訟の監査役による会社代表の原則

　取締役の任務懈怠責任に関して、損害賠償を請求できる主体は、第一義的な被害者である会社である。もっとも、監査役設置会社の場合、会社を代表するのは通常は代表取締役である（☞第8講2[2](i)）ところ、ここで問題となっている損害賠償を請求されるのは、代表取締役自身であったり、代表取締役の同僚である取締役である。代表取締役としては、自分が損をするような、あるいは同僚を窮地に追いやるような会社の請求権の行使はしたくないと思うのが人情である。そこで、取締役と会社との間に法的紛争があって訴訟になった場合（会社が原告、取締役が被告である場合だけでなく、その逆の場合も）には、監査役が会社を代表することとされている（386条1項1号。☞第12講1[3](iii)）。お

目付役である監査役に、会社（ひいては株主）の利益のために、取締役を相手とした訴訟を一所懸命戦ってくれることをまずは期待しているのである。

2　株主代表訴訟

> **S14-2　［会社は動く気配がない］**
> 中島陽太郎は、食の安全への関心が高いため、品質が高いと評判のSL食品のファンであったところ、20X1年2月頃、SL食品の株価が割安に思えたので同社の株式200株（2単元）を購入した。
> その後、ストーリーS14-1のような状況が明らかになり、そのための対策費用相当額（5億円は下らない）の損害がSL食品に生じたと思われるにもかかわらず、同社において、関係者の責任問題が持ち上がる気配は一向にない。中島株主は、このような事態を放置していては同社のみならず日本のためにならないと考えて、なんとか経営陣の責任を追及したいと考えている。

[1]　総　説

(i)　株主代表訴訟とは

　1でみたように、会社と取締役との間で法的紛争になった場合には、お目付役である監査役が会社を代表して取締役と対峙することが法制度上まずは期待されている。とはいえ、監査役は、取締役会に出席する権限と義務が与えられている（☞第12講1[3](ii)）など、取締役の意思決定に（間近でみていながらそれを阻止するアクションをとらなかったという意味で）消極的に関与している可能性が高いし、また、いわゆる横すべり監査役が禁止されていない（☞第12講3[1]）など、取締役とは人的な交流の深いなあなあの関係にある可能性もある。そうだとすると、せっかく監査役に会社を代表して取締役を訴える権限を与えても、それが行使されない危険性がある。このような監査役の**提訴懈怠**に備えて、会社法では、取締役の会社に対する責任を追及するために、株主が会社に代わって取締役を訴えることができる制度を847条において設けている[1]。これを、**株主代表訴訟**という（以下、単に「代表訴訟」ということもある）。

(ⅱ)　株主代表訴訟の構造

　注意すべきは、前講同様、ここで問題となっているのは、あくまで、取締役の任務懈怠によって<u>会社に生じた損害</u>を賠償させるという話であるから、"株主が取締役を訴える"といっても、株主はあくまで会社のために訴訟をしているに過ぎない。したがって、仮に<u>株主がこの訴訟に勝っても</u>、それにより取締役が支払うべき賠償金は、会社に対して支払われるのであって、<u>株主には直接的には1円も入らない</u>のである。

　それでは株主は骨折り損のくたびれもうけではないかと思うかもしれない。しかしながら、**ストーリー S14-2** の中島株主のように、株主の中には、不正を許さないという正義感から、経済的な損得を抜きにしても取締役の不正を正したいと考える人もいる。さらに、理論的には、代表訴訟を提起した株主自身も会社が損害を被ったことにより間接的に損失を被ったと考えられるところ、会社の損害が填補されることによって自らの損失を回復できるという意味では、間接的ではあるものの株主自身の経済的なメリットもあると考えられる。

　この点を明らかにするために、次の**図14-1**をみてみよう。

図14-1　取締役の会社に対する責任を追及する株主代表訴訟の構造

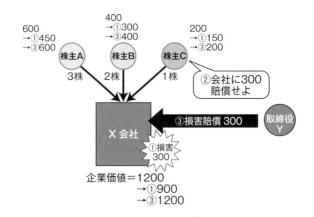

　図14-1は、発行済株式総数が6株（株主A・B・Cがそれぞれ3株・2株・1株を保有）で企業価値が1200のX会社が、取締役Yの違法行為によって300の損害を被った場合において、株主Cが代表訴訟を提起して勝訴した場合を描いたものである。

　取締役Yの違法行為によって一旦はX会社の企業価値が900に低下している（①）から、理論的には株主Cも200あった株式の価値が150まで低下していると考えられる。この場合

に、株主Cは取締役Yに対してX会社が被った損害300をX会社に対して支払うことを請求する株主代表訴訟を提起し（②）、Cが全面勝訴すればYからX会社に300賠償される（③）ことで、X会社の企業価値は1200に回復し、株主Cも理論的には間接的に株式価値低下分50を回復することができると考えられる。この場合、代表訴訟を提起していない株主A・Bにも反射的に損失回復の効果が及んでいる点にも注目しておこう。

(iii)　株主代表訴訟の対象となる訴え

　株主代表訴訟は、取締役に限らず、423条の会社に対する任務懈怠責任を負う「役員等」（取締役、会計参与、監査役、執行役および会計監査人）に対して提起できる。さらに、役員等以外の者に対する責任追及の訴えや社外の特定の者に会社に対する支払いを求める訴えの一部[2]についても、株主代表訴訟の対象とされている。

> そのこともあって、株主代表訴訟に関する基本規定である847条は、会社が関係する訴訟についての規定がまとめられた「第7編雑則　第2章訴訟」という、役員等の任務懈怠責任について定めた423条の規定からは離れたところにある。規定を探すときには注意が必要である。

　これに関連して、役員等の責任の中でも、株主代表訴訟の対象として、一連のストーリーのような任務懈怠に基づく損害賠償責任以外にどのようなものが考えられるかが議論されている。たとえば、会社と取締役との間で締結された

---

1) 他方、監査役が一応は会社を代表して取締役の責任追及訴訟を提起したものの、いい加減な訴訟の進め方（訴訟追行）をしてしまうと、本来責任を負うべき取締役が責任を免れてしまう危険性がある（馴れ合い訴訟の危険性）。このため、会社が当事者となって（監査役が会社を代表して）取締役の責任を追及する場合には、株主に対してその訴訟への参加の機会を与えるために、責任追及訴訟の係属を知らせる公告または通知をしなければならないとされている（849条5項）。

2) 代表訴訟の対象となる責任を追及する訴えとしては、役員等のほか、発起人、設立時取締役、設立時監査役および清算人に対するものがある。また、社外の特定の者に会社に対する支払いを求める訴えのうちで代表訴訟の対象となるものとして、払込みを仮装した募集株式の引受人に対して仮装した払込金額の全額の支払いを求める訴え（213条の2第1項。☞第23講2 [2](ii)）や、株主等の権利行使に関し財産上の利益の供与を受けた者に対して利益の返還を求める訴え（120条3項。☞第6講1 [3](iii)）等がある。いずれも、放っておくと会社が請求をしない危険性（提訴懈怠可能性）があると考えられているものである。

契約上の義務の履行の責任や、取締役が会社から借りていた物の返還の責任なども考えられるところ、これらを株主代表訴訟で追及することができるか、という問題である。この点に関し、<u>判例[3]</u>では、<u>任務懈怠責任のような取締役の地位に基づく責任のほか、取締役の会社に対する取引債務についての責任が対象になる</u>としつつ、会社が有する所有権に基づき登記名義の回復を原因とする所有権移転登記手続を代表訴訟によって求めることはできないとしている。この判例に対しては、物権的な請求も会社による行使の懈怠が考えられるのであるから代表訴訟の対象とすべきであるとする批判と、逆に、取引債務まで含めることは、取締役に対する請求権の行使に裁量が認められないことになり不都合であるとする批判がある。

[2]　提訴できる株主

　代表訴訟を提起できる株主は、上場会社のような（会社法上の）公開会社の場合には、6ヶ月前（定款で短縮可能）から株主である者である（847条1項）。公開会社でない会社についてはこの株式保有期間の要件は外れる（同条2項）。

(i)　単独株主権

　株主代表訴訟の提起については、議決権の何パーセント以上とか何個以上を保有していなければならないといった限定がされておらず、単独株主権である[4]。

(ii)　株式保有期間要件の内容

　公開会社の6ヶ月間の株式保有要件[5]は、嫌がらせのための訴訟（濫訴(らんそ)と呼んだりする）を起こしにくくするために設けられている。もっとも、訴えを提起する時点から遡る6ヶ月の時点から継続して株主であることが要求されるに

3）SU19・百64最判平成21年3月10日民集63巻3号361頁。
4）単元未満である場合でも、1株以上を保有している「株主」である以上は代表訴訟を提起できるというのが会社法のデフォルト・ルールであるが、定款に定めることで単元未満株主には代表訴訟提起権を与えないとすることができる（同条1項の2つ目のかっこ内参照）。

過ぎないから、役員等の任務懈怠の事実が発覚してから株式を取得しても、その後 6 ヶ月間保有し続ければこの株式保有期間要件は充足される。

[3]　株主代表訴訟の手続

> **S14-3　［やっぱり監査役は動かない］**
> 20X3年12月11日、中島株主は、違法食品添加物の使用の判明による対策費用として SL 食品に 5 億円を下らない損害が生じたとして、同社の製造部門を所管する長井社長、角常務、竹下取締役に対して 5 億円の損害賠償請求をするよう会社に対して書面で請求した。しかしながら、20X4年 2 月になっても、会社からは何の応答もなく、会社が上記 3 名に対する訴えを提起したという話も聞こえてこなかった。

(i)　提訴請求

　株主が会社の代わりに取締役を訴えることができる、といっても、本来会社を代表して取締役を訴える立場にあるのは監査役であり（☞ 1 ）、監査役がしっかりとその職務（この場合取締役の責任追及）を遂行しているのであれば、株主がしゃしゃり出てくる必要はそもそもないといえる。そこで、まだ追及されていない取締役の会社に対する責任があると考える株主は、そもそもその責任を会社（＝監査役）が追及する気があるのかを問い質したうえで、会社に訴えの提起の意思がないことが明らかになってはじめて、代表訴訟を提起できるの

---

5 ）さらに、この株式保有要件は訴訟係属中ずっと満たしていなければならない。この点に関して、代表訴訟を提起した株主が、代表訴訟の係属中に、株式交換等（☞第27講 3 [2]）によって、責任追及の訴えを提起していた役員等の所属する会社の株式をその会社の完全親会社の株式と引換えに失った場合であっても、当該株主（であった者）はなおその代表訴訟を追行できると定められている（851条）。なお、847条の 2 にも似たような規律があるが、これは、責任追及の訴えを提起する前に、株式交換等によって問題行動を起こした取締役の所属する会社の株式をその会社の完全親会社の株式と引換えに失った場合であっても、当該取締役に対する代表訴訟を提起できるとするもの（「**旧株主による責任追及等の訴え**」）であって、851条の場合とは責任追及の訴えの提起と当該会社の株主としての地位の喪失の順序が前後している点に注意が必要である。

が原則とされている[6]。すなわち、代表訴訟を提起しようとする株主は、まず、会社に対して、被告となるべき者と請求の趣旨・請求を特定するのに必要な事実を示した書面（または電磁的方法）により（施則217条参照）、役員等の責任を追及する訴えの提起を請求する（847条1項）[7]。

(ⅱ)　監査役の提訴判断

　この提訴請求が会社になされた場合、監査役が提訴すべきか否かを判断する。提訴すべきだとされれば、監査役が会社を代表して会社を原告とする訴えを提起することになる[8]。

　これに対して、(ⅰ)の提訴請求がされてから60日以内に会社が訴えを提起しない場合には、当該請求をした株主は代表訴訟を提起できる（847条3項）。監査役が明確に提訴すべきでないと判断した場合だけでなく、監査役が判断を引き伸ばす可能性や、提訴請求を無視する可能性も考えて、有効な提訴請求にもかかわらず、会社による訴えの提起がないまま60日が経過したら、株主は代表訴訟を提起してよいとされているのである[9]。

(ⅲ)　原告・被告

　(ⅰ)の要件を満たした場合、株主は自らが原告となり、責任を追及すべき取締役を被告として、会社の本店所在地を管轄する地方裁判所（848条参照）に訴え

6）例外的に、提訴請求をしてから代表訴訟を提起したのでは「会社に回復することができない損害が生ずるおそれがある場合」には、提訴請求をせずに直ちに代表訴訟を提起することができる（847条5項）。

7）ここで株主が行うべき「会社」に対する請求とは、監査役設置会社の場合は、取締役の責任追及に関して会社を代表する権限のある監査役に対してすることを意味する（386条2項1号）。したがって、代表取締役宛に提訴請求をした場合には不適法であるのが原則だが、提訴請求の内容を正確に認識したうえで提訴するか否かを自ら判断する機会が監査役にあったといえる場合には、適法な提訴請求があったものとして取り扱われる（ 百 A24 最判平成21年3月31日民集63巻3号472頁参照）。

8）注1も参照。

9）本文で述べたような形で会社として取締役に対する責任追及の訴えを提起しなかった場合には、当該提訴請求をした株主の求めに応じて、遅滞なく、責任追及の訴えを提起しない理由やその判断のためにした調査の内容等を示さなければならないとされている（847条4項、施則218条）。これは**不提訴理由書**と呼ばれる。

を提起することになる。その場合の原告株主の請求は、「被告（＝取締役）は会社に対して○○円を支払え」[10] といったものとなる。

　他方で、被告となった取締役は、会社の意思決定等に際して生じた問題についての訴えではあるものの、あくまで訴えられているのは取締役個人であるから、個人として弁護士を雇うなど、個人の力で戦わなければならず、会社の顧問弁護士を代理人として利用することは難しい。もっとも、令和元年会社法改正によって、株主代表訴訟を含めた役員等の責任追及訴訟が提起された場合に、取締役会決議に基づき応訴等のための費用を会社が補償できる制度が整備されている（☞ 3 [3](ii)）。

(iv) 会社の立場

　本来、取締役に対する損害賠償責任を追及すべき主体は会社であるため、株主代表訴訟が提起された後で会社（監査役）が「やっぱり取締役の責任を追及すべきだ」と思い直した場合には、取締役の責任を追及する原告側に訴訟参加することができる[11]。そのような機会を与えるために、代表訴訟を提起した株主は、会社に対して訴訟告知[12] をしなければならないとされている（849条4

---

10) なお、民事訴訟では、請求金額（「訴訟の目的の価額」）に応じた手数料を原告がまずは納付しなければならない。株主代表訴訟においては、この手数料は原告たる株主が納付することになるが、先にも述べたように、株主は代表訴訟に勝訴しても、その請求認容額が直接自分の懐に入るわけではない。そこで、株主代表訴訟の場合には、請求金額にかかわらず、納付すべき手数料は13,000円とされている（この手数料の額は、株主代表訴訟については847条の4第1項によって「財産権上の請求でない請求に係る訴え」とみなされ、民事訴訟費用等に関する法律4条2項により「訴訟の目的の価額」が160万円とみなされる結果、同別表第一により、13,000円という数値がはじき出されるのである）。

11) 厳密には、会社も原告となる共同訴訟参加（民事法52条）と、原告にはならず補助的な役割に止まる補助参加（同法42条）との両方が考えられる。詳細についてはコンメ(19)559頁［伊藤靖史］参照。

12) 訴訟告知とは、訴訟の係属中、訴訟が係属している旨を、訴訟の結果について利害関係を有する第三者に対して法定の方式によって（具体的には、裁判所に書面を提出することを通じて）通知することをいう。その目的は、本文で述べた通り、当該利害関係を有する（その時点において原告・被告となっている者以外の）者に訴訟参加の機会を与えることにあるが、そのような参加の機会を与えておけば、現実には訴訟に関与していなくとも結果に対して文句は言わせない、という形で、判決の効力をその者に及ぼすための前提となる手続としての意味もある（民訴法53条4項、46条）。

項)[13]。

　もっとも、会社（＝監査役）としては、すでに提訴請求（☞(i)）の段階で当該取締役につき追及すべき責任はないと判断したのであり、多くの場合、代表訴訟が提起されたからといってその判断が覆ることはないであろうし、さらにいえば、会社側のそのような判断にもかかわらず株主が提起した代表訴訟は、会社の立場からすれば、むしろ会社運営に対する不当ないいがかりと捉えられることも少なくないと思われる[14]。そのような捉え方をした会社としては、その株主を相手に訴訟の場で会社運営の正しさを明らかにしたいと考える場合もあろう。そこで、株主代表訴訟が提起された場合に、会社は被告側への補助参加という形で、被告取締役を支援することもできるとされている（849条1項)[15]。

(v)　株主代表訴訟の終結

　代表訴訟が判決によって終結する場合には、原告株主が勝訴する[16]にしろ敗訴する[17]にしろ、その確定判決の効力は会社に及ぶ（民訴法115条1項2号）。

---

13) 訴訟告知を受けた会社は、その旨を公告するか、株主に通知しなければならない（849条5項）。これは、他の株主にも当該株主代表訴訟に参加する機会を与えるためのものである。

14) 本文は、訴訟の直接の当事者ではない会社が不当だと感じた場合の話であるが、そもそも被告取締役も原告の訴えが不当だと感じる場合もある。そこで、代表訴訟の提起が原告株主の悪意によるものであることを疎明（資料等を提出して裁判官に対して一応確からしいという程度の心証を抱かせること）したときは、裁判所は、被告取締役の請求により原告株主に相当の担保を立てるべきことを命ずることができるとされている（847条の4第2項・3項）。ここでの「悪意」とは、原告の請求が理由がなく、原告がそのことを知って訴えを提起した場合または原告が代表訴訟の制度趣旨を逸脱した不当な目的をもって被告を害することを知りながら訴えを提起した場合をいうとされる（百65東京高決平成7年2月20日判タ895号252頁）。担保の提供が命じられたにもかかわらず原告が担保を立てられなければ訴えは却下される（民訴法81条・78条）。この担保は、原告が敗訴した際の被告に対する損害賠償（☞注17参照）の原資を確保するというのが本来の趣旨であるが、担保を立ててもよいと考えるほど真剣に訴訟をしている（勝算の見込みなく嫌がらせで訴訟をしようとしているのではない）という本気度を測る機能もあるといえる。

15) この場合、会社を代表するのは原則に戻って代表取締役であると解される（コンメ(19)569頁［伊藤］）が、会社の判断の適正を確保するため、各監査役の同意が要求されている（849条3項1号）。もっとも、各監査役の同意さえ得れば直ちに補助参加が認められるのか、それとも、民事訴訟の一般原則の通り参加の利益が必要であるかは争いがある。後者と解する場合、参加の利益が満たされる具体的な要件として、849条のような補助参加の規定が整備される前の判例である百A25最決平成13年1月30日民集55巻1号30頁の考え方を参考とすることになろう。

　他方、判決に至らず、和解で終結する場合もある。和解は、原告と被告とが合意すれば成立するのが原則であるが、代表訴訟の場合、原告は直接の利害関係者である会社ではなく株主であるから、和解は原告株主が会社の権利を処分することに繋がる。そこで、会社が和解の当事者（参加人の場合も含む）でない場合[18]には、裁判所は、会社に対して和解の内容を通知することで、2週間以内に異議を述べる機会を与えている（850条2項）。その期間内に会社が書面によって異議を述べなければ、和解に確定判決と同一の効力が生じ（同条3項・1項ただし書）、前述の通りその効力は会社にも及ぶが、会社は異議を述べることでそのような効力が生じるのを阻止することができる（同条1項本文参照）[19]。

3　取締役の責任の免除と軽減

　取締役と会社の関係は委任に関する規定に従う（330条）ところ、契約自由の原則からすれば、双方が合意すれば、委任者たる会社が受任者たる取締役の債務不履行による損害賠償責任を免除することもできそうである。

　しかしながら、取締役の会社に対する損害賠償責任を、代表取締役・取締役会・監査役といった広い意味で経営に携わる主体限りで（株主の意向を踏まえ

16）原告株主が勝訴（一部勝訴を含む）した場合、会社は被告取締役から賠償金を回収できる。結果的に、その代表訴訟は真に会社のためになされたことが明らかになったといえるから、原告株主が代表訴訟のために支出した費用（訴訟費用を除く）のうちの相当額を会社に対して請求することができるとされている（852条1項）。

17）原告株主が敗訴した場合、被告取締役との関係では、不当訴訟として不法行為に基づく損害賠償責任を負う可能性がある。他方、会社との関係では、悪意があったのでなければ株主は損害（たとえば、不適切な訴訟追行によって、会社が本来受け取れたはずの賠償金を取り損ねた、といった会社の損害が考えられる）を賠償する責任は負わないとされている（852条2項）。

18）会社も和解の当事者となる場合には、監査役（監査委員・監査等委員）全員の同意が要求される（849条の2）。

19）株主代表訴訟にしろ、会社が原告となって取締役を訴える場合にしろ、役員等の責任追及の訴えが和解になった場合、実質的に責任を免除している可能性があるが、和解に際して総株主の同意を要求する424条の規定（☞ 3 [1]）は適用されない旨が明文で定められている（850条4項）。いずれの場合も、訴訟に関与しなかった株主に和解内容を知らせる手続はないので、不当な（他の株主の利益を損なうような）和解がされた場合には、和解内容を決定し（会社が原告の場合）、あるいは、本文で述べた異議を述べるか否かを判断した（株主代表訴訟の場合）取締役の任務懈怠責任で対処することになる。

ずに）免除できるとしてしまうと、会社（ひいては株主）の利益が不当に害される可能性があるし、また、取締役としては、自分がおかしな職務執行をしたとしても後で同僚が責任を免除してくれるのであれば、真面目に職務を行わなくなる危険性もある。

そこで、取締役の会社に対する責任を（全部または一部）免除するためには、一定程度株主が関与する仕組みが会社法に設けられている。

[1] 任務懈怠責任の免除に関する一般原則

まず、424条は、「前条第一項の責任は、総株主の同意がなければ、免除することができない」と定める。「前条第一項の責任」とは、423条1項の役員等の任務懈怠に基づく会社に対する損害賠償責任であるから、要するに、任務懈怠責任を免除するためには株主全員の同意が必要であり、1人でも反対する株主がいる場合には責任を免除することができないということである。総株主の同意が要求されているのは、株主代表訴訟が単独株主権とされ（☞2 [2](i)）、役員等の責任を追及しないことに不満をもつ株主が1人でもいる限りは、会社として責任追及の手を緩めるわけにはいかないということからくるものであると考えられる[20]。

[2] 任務懈怠責任の軽減

かつて、取締役の責任を免除する手続は、[1]で述べた総株主の同意による場合に限られていたため、多数の株主を有する上場会社などでは、取締役の責任を免除することは事実上不可能であった。そのような規律を前提とした場合、特に大規模な事業展開をしている会社などでは、取締役の1つの判断ミスが会社に大きな損害をもたらしうるものであるから、取締役は莫大な額の損害賠償責任に常におびえていなければならなかった。

確かに、損害賠償を、会社に生じた損害を埋め合わせる（填補する）ための

---

20) なお、総株主の同意により責任の免除を行う場合、免除は一部でなければならないとはされていないから、取締役の責任全部を免除することもできる。

ものであると理解する限りは、損害がどれだけ大きくなろうと、それを生じさせた人が賠償責任を負うべきなのかもしれない。しかしながら、1つの判断の誤りによって個人では到底支払えないような金額の賠償を背負わされる可能性があるとなると、取締役は保守的な経営姿勢しか示さなくなるであろうし、何よりも取締役のなり手がなくなるという危険性もある。

　そこで、平成13年の改正によって、役員等の損害賠償責任につき損害填補機能を重視する考え方から、適切な行為をするインセンティブとなるのに十分なペナルティを損害賠償額の形で確保すれば足りるという、抑止機能を重視する考え方へと発想を転換し（☞第13講1）、株主の適切な関与を前提とした責任の一部免除および責任の限定（以下「責任軽減」という）が制度化された。

(i)　責任軽減の方法

　責任軽減の方法としては、①株主総会の特別決議によって責任の免除をする方法（425条）、②定款の定めに基づき取締役会決議によって責任の免除をする方法（426条）、③定款の定めに基づき該当する役員等と事前に責任限定契約を締結する方法（427条）、の3通りが用意されている[21]。もっとも、③については、社外取締役など、業務執行をしていない取締役や監査役などの「**非業務執行取締役等**」のみが軽減の対象である。

(ii)　責任軽減の対象となる責任

　責任軽減の対象となるのは423条1項の役員等の任務懈怠責任であるが、当

---

21) それぞれの内容を大まかに説明すると、①は、責任を発生させる取締役の行為より前に特段の準備をしていなくとも（②・③と対比）、取締役の賠償責任が具体化した段階で、免除対象となる取締役の責任の内容、責任を免除すべき理由および免除額等を示して株主総会の特別決議で一部免除を決議する方法である。②は、定款規定であらかじめ取締役の責任免除ができることを定めておいたうえで、実際に賠償責任が具体化した段階で、取締役会がその一部免除を決議する方法であるが、この決議に対して総株主の議決権の100分の3以上の議決権を有する株主が反対した場合には責任免除ができないとされている。③は、定款で定めた額の範囲内でのみ責任を負うとする責任限定契約をあらかじめ取締役と締結しておく方法であり、実際に賠償責任が具体化したとしても、要件に合致する限りは自動的にその責任限定契約の内容通りの責任のみを負うという効果が生ずる。

該役員の悪意または重過失によって生じたものについては対象とはならない。また、自己のためにする利益相反取引を行った取締役（および執行役）の責任も対象外とされている（428条2項☞第9講2[5]）。

(iii)　軽減可能な額

この制度は、責任を軽減するにとどまるものであって、免除することができない（賠償責任を必ず負うことになる）金額が存在する。これは法律上「**最低責任限度額**」と呼ばれており、その金額は取締役の立場によって変わる。大まかには、ⓐ代表取締役は6年分の報酬額、ⓑ代表取締役以外の業務執行取締役は4年分の報酬額、ⓒⓐⓑ以外の取締役や監査役は2年分の報酬額に、それぞれ一部のエクイティ関連利得の額を足した額である（425条1項1号・2号参照。細かな項目として施則113条・114条も参照）。

[3]　D＆O保険等による取締役の負担軽減の可能性

(i)　D&O保険による責任と応訴負担の軽減

[2]のような制度上の責任軽減以外にも、役員等の損害賠償責任を実質的に軽減する方策として、会社役員賠償責任保険（アメリカの会社役員であるDirectorとOfficerのための保険制度が日本に輸入されたこともあって、**D&O保険**とも呼ばれる）の活用が考えられる。このD&O保険は、大まかには、会社の役員が職務執行の際に誰かに損害を与えた場合に、役員が支払うべき賠償を代わりに保険会社に支払ってもらえる保険であり、この保険によりカバーされる限りは、任務懈怠責任（会社に対する損害賠償責任）についての役員等の負担も実質的に軽減されることになる。

会社を契約当事者として当該会社の役員の責任をカバーするD&O保険に加入（条文上は「**役員等賠償責任保険契約**」を締結）する際、その内容の決定をするには取締役会の決議が必要となるとされ（430条の3第1項）、また、利益相反取引規制に関する一連の規律（356条1項・365条2項・423条3項）の適用が除外されている（430条の3第2項）[22]。

(ⅱ)　会社補償による応訴負担の軽減

　取締役が法令違反を疑われたり、責任追及に関する請求を受けた場合に、それに取締役が個人で応訴等の対応をする（☞2 [3](ⅲ)）際には、その経済的な負担は現実にはかなり重い。そこで、そのような経済的な負担について会社が支援できる制度として、会社補償制度がある。D&O保険と同様の手続により、会社が「通常要する費用」を負担できる（430条の2第1項1号・2項1号）。

> 　なお、D&O保険では、責任追及に関して取締役が負担する費用、すなわち、応訴費用だけでなく、会社に対して支払うべき賠償金も保険会社が肩代わりすることが認められているのに対して、会社補償の場合には、会社に対して支払うべき賠償金を会社が補償することはできない。後者は、会社に対する賠償責任を会社が補償すればそれは実質的に責任の免除や軽減となるから、そのような効果が欲しければそちらの規律に則るべきだという考え方によるものであると考えられる。

4　補論：違法行為差止請求権

　代表訴訟は事後的な是正手段であるのに対して、事前の是正手段として、株主の違法行為差止請求権（360条）が考えられるので、ここで併せて説明しておこう。これは、取締役が会社の目的の範囲外の行為その他法令もしくは定款に違反する行為をし、または、これらの行為をするおそれがある場合[23]において、一定の要件を満たす場合には、株主が当該行為の差止めを請求すること

---

22) 会社の費用負担で取締役の責任を軽減するD&O保険を締結することは、利益相反取引の一種であるものの、通常の利益相反取引の場合には会社に損害が生じたと評価されれば直ちに任務懈怠が推定される（423条3項）ため、この規律をD&O保険にそのまま当てはめてしまうと、（過失がある等により本来認められるべき取締役が負担しなければならないはずの費用を塡補する）保険契約の保険料の支払いそのものが会社の損害に当たると考える余地があることから、保険契約締結の取締役会決議に賛成した取締役全員に任務懈怠の推定が働いてしまうことになりかねない（そうすると、事実上D&O保険を締結できなくなってしまいかねない）。同様のことは、(ⅱ)で述べる会社補償にも当てはまる。そこで、D&O保険および会社補償については、一般の利益相反取引規制に対する特則を設けて、423条3項（および、会社補償の場合、428条1項）も適用除外とされている（430条の3第2項・430条の2第6項）。

23) 差止めの要件である法令違反の中に、善管注意義務が含まれるか、含まれるとしてもなお、経営判断に属する行為については、経営判断の原則（☞第13講2 [2]）と同様に経営者の裁量を認めるべきかが問題となる（これらを認めた裁判例として、百58東京地決平成16年6月23日金判1213号61頁）。

ができるとする単独株主権である。この一定の要件というのが、監査役設置会社（や監査等委員会設置会社・指名委員会設置会社）の場合は、会社に「回復することができない損害」が生じるおそれがある（同条3項）というものであり、これら以外の会社の場合の「著しい損害」の要件（同条1項）よりも厳しい。これは、前者の会社の場合、「著しい損害」程度の行為については監査役等のお目付役が差し止めることを期待している（385条1項。☞第12講1[3](iii)）ことによる。

●第14講のおさらい

・取締役の会社に対する責任を追及する訴えで、会社を代表するのは誰だろうか？⇒1
・株主代表訴訟とはどのようなものだろうか？⇒2[1](i)・(ii)
・株主代表訴訟の対象となる「役員等……の責任」とは、どのようなものだろうか？取締役から会社への不動産の引渡し請求は株主代表訴訟の対象となるだろうか？⇒2[1](iii)
・公開会社において、株主代表訴訟を提起するために株式を取得した株主は、株主となったら直ちに裁判所に取締役の責任追及の訴えを提起することができるだろうか？⇒2[2](ii)・[3](i)
・取締役の任務懈怠に基づく会社に対する損害賠償責任を軽減するための方法として、どのようなものが考えられるだろうか？⇒3[2]

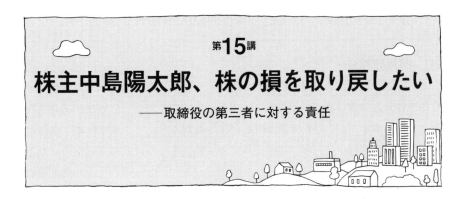

第15講

株主中島陽太郎、株の損を取り戻したい
——取締役の第三者に対する責任

　本講では、取締役の第三者に対する責任を中心に説明する。分析の主たる対象となる条文は、429条1項である。

　ところで、同じ"取締役の責任"といっても、第13講・第14講で説明した取締役の会社に対する責任と、本講で説明する第三者に対する責任とでは、その機能や主たる適用場面は（後ほど説明するように、少なくともかつては）全く異なるものとして議論されてきた。

　そこで、これまでのストーリーからの繋がりは悪いが、本講では、まずifシナリオを基に、429条1項が問題となる伝統的な事例を紹介し（1）、現在の429条1項の実務運用の基礎となった昭和44年の最高裁判例を紹介した（2）うえで、近時増えている、伝統的な活用局面とは異なる429条1項の現代的な活用局面について紹介する（3）こととする。

1　対第三者責任が問題となる伝統的局面＝倒産時の債権者保護

○○○○○○○○○○○○○○○○○○○○○○○○○○○○○○○○

Y15-1［ストーリー Y9-1の騒動の後のヤスダピーナッツの状況］

ヤスダピーナッツ株式会社は、20X1年9月時点で、株主5人が合計4000株を保有する資本金4000万円の会社であり、取締役には、安田茂文、その母である真知子と姉の道子が就いているが、経営は事実上代表取締役社長である茂文1人が行っている。同社は、20X0年の会社設立時に、赤井銀行から、

5年後に5000万円を返済するという条件で4000万円の融資を受けている。

[1]　具体的局面

429条1項は、「役員等がその職務を行うについて悪意又は重大な過失があったときは、当該役員等は、これによって第三者に生じた損害を賠償する責任を負う」と定める[1]。その意味内容の詳細はともかくとして、条文をパッとみただけでも「取締役が第三者に損害を与えたら賠償をしなければならないんだろうなあ」くらいのイメージはもつことができるだろう。そして、429条1項の伝統的な活用例としては、会社が倒産したときに、会社から弁済を受けられなかった債権者が、上記規定における「第三者」として、その会社の経営に携わってきた取締役（「役員等[2]」）に対して、未回収の債権相当額の「損害」が生じたとして、その賠償を請求するというものが多かった。

> **if シナリオ Y15-a ［ヤスダピーナッツの経営が破綻する］**
> 茂文の事業運営がまずかったため、20X4年10月にヤスダピーナッツ株式会社は破産してしまった。赤井銀行はヤスダピーナッツに対する5000万円の貸金債権のほとんどを回収できなかった。

株式会社は株主有限責任を基礎とするから、if シナリオ Y15-a のような状況において、債権者である赤井銀行は、別段の合意（あるいは法人格否認の法理の適用）がない限り、ヤスダピーナッツに対して有する5000万円の債権を5名の株主に肩代わりさせることはできない。

1）このほか、429条2項には対第三者責任についての個別の特別規定があり、取締役（および執行役）については、①株式や社債等を引き受ける者の募集の際に通知しなければならない重要な事項についての虚偽の通知や説明資料の虚偽の記載等、②計算書類等の重要な事項についての虚偽の記載等、③虚偽の登記、④虚偽の公告を行った場合には、注意を怠らなかったことを証明した場合を除いて、第三者に生じた損害を賠償する責任を負うとされている（429条2項1号）。計算書類の虚偽記載に関する対第三者責任が問題となった裁判例として、百69東京地判平成19年11月28日判タ1283号303頁。
2）429条の「役員等」も、423条1項と同じく、取締役、会計参与、監査役、執行役および会計監査人を指すが、以下の説明では取締役で代表させることにする。

　結果として、赤井銀行はヤスダピーナッツに対する5000万円の債権相当額の損害を被ることになる。この損害について、ヤスダピーナッツ（「会社」）の「取締役」である茂文、真知子や道子に対して賠償請求する根拠として用いられるのが429条1項なのである[3][4]。

[2]　直接損害と間接損害

　ところで、**if シナリオ Y15-a** において、債権者たる赤井銀行（「第三者」）に生じた損害というのは、債権者に対する弁済の原資となるはずの会社の財産がどんどん減っていった結果として、債権が回収できなくなったことによって生じたものである。このように、会社の財産の減少（損害）の結果として、第三者に生じる損害のことを**間接損害**という。

　これに対して、会社の財産の減少（損害）を前提としなくとも第三者に生じる損害も考えられ、これを**直接損害**という。

> ### if シナリオ Y15-b［経営破綻後の債権者］
> 20X4年7月の段階で、ヤスダピーナッツの資産はほとんど残っておらず、およそ債務（とりわけ赤井銀行に対する5000万円の借入金債務）を弁済するに足るものではなくなっていた。そのような状況の中、茂文社長は、代金が支払えないことを知りつつ、仕入先であるヤマケン商事からの5000万円分の商品の納入を受けた。その後すぐにヤスダピーナッツは破産してしまい、結果としてヤマケン商事は上記商品代金の支払いを受けることができなかった。

　if シナリオ Y15-b のヤマケン商事も、ヤスダピーナッツの倒産によって売

3）また、**if シナリオ Y15-a** で429条1項の責任が問題となる取締役は、株主（しかも大口の株主）でもあるから、429条1項は法人格否認の法理（☞第1講2 [3](iii)）との代替性があるとも指摘されている。

4）とりわけ中小企業においては、登記簿上取締役に名を連ねているだけ（名前を貸しただけ）の取締役が存在していることも多く、このような取締役に対第三者責任を負わせる理論構成として、併せて不実登記の効力に関する908条2項の類推適用が論じられることもある（辞任後退任登記がされていない元取締役に対するものとして、SU21・百68 最判昭和62年4月16日判時1248号127頁）。

買代金債権の焦げつきにより5000万円近くの損害が生じているといえる。もっとも、ヤマケン商事による商品の納入がなされた時点では、すでに、その売買代金債務の弁済能力がヤスダピーナッツにはなかったのであるから、ヤマケン商事に生じた債権の焦げ付きによる損害は、茂文社長が、いわば騙すような形でヤマケン商事に商品を納入させた時点ですでに発生していたとみることができるであろう。これは、取締役の行為の結果として会社の損害（財産減少）が生じ、それを通じて第三者たる債権者に債権の回収不能による損害が生じるという、**if シナリオ Y15-a** の赤井銀行に生じた（間接）損害の発生よりも、取締役の行為と第三者の損害とがより直接的に結びついていると評価することができるであろう。

　このように、会社の損害を前提としなくとも第三者についてその発生を観念することのできる損害のことを直接損害と呼ぶのである[5]。

図15-1　直接損害と間接損害

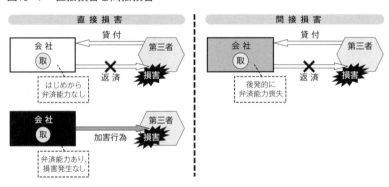

2　429条1項の規律内容

　1で、429条1項の適用が問題となる伝統的な局面が大まかに理解できたと

5）この点に関して、間接損害との切り分けの観点から、会社に損害が生じないことを直接損害の定義とする見解もある。後述する株主の間接損害は429条1項で賠償を求めることができないとする立場（☞ 3 [2](i)）からは、直接損害と間接損害との切り分けは極めて重要であるし、任務懈怠と損害との因果関係の認定に際しても両者の切り分けが重要になるともいわれている。

思うので、ここから規律内容の詳細について改めて説明しよう。

[1]　429条1項の規律内容をめぐる論争

ところで、法律を少し勉強したことがある人なら、損害賠償というと、不法行為に関する民法709条が思い浮かぶだろう。これは、「故意又は過失によって他人の権利又は法律上保護される利益を侵害した者は、これによって生じた損害を賠償する責任を負う」という規定である。この条文も、パッとみて「加害者は被害者に対して生じさせた損害を賠償しなければいけないのだ」くらいの内容は読み取れるだろう。

民法709条の規定に照らせば、金銭や商品のような、第三者（債権者）が有する財産的価値を侵害して損害を与えた取締役（「他人の権利又は……利益を侵害した者」）は、そのような損害を被った第三者に対して損害賠償責任を負うことになりそうである。そうすると、429条1項は、民法709条と同じことを規定しているように思うかもしれない。しかしながら、責任を負う要件が、民法709条では「故意又は過失」とされているのに対して、429条1項では「悪意又は重大な過失」とされている。とりわけ、429条1項に基づく賠償責任が「重大な過失」の場合にのみ生じるのに対して、民法709条によれば（軽）過失の場合にも生じるという差がはっきりとみて取れる。この損害賠償責任発生の要件の違いは、何を意味するのだろうか？

(i)　規定の趣旨：責任軽減か責任強化か

1つの考え方は、429条1項は取締役が不法行為をした場合の規定であると理解したうえで、不法行為を行った取締役は民法709条に基づいて軽過失であっても被害者たる第三者に損害賠償をしなければならないのが本来であるが、会社運営にあたるという取締役の行為の性質に鑑みると、軽過失の場合には損害賠償責任を負わせない方が望ましいと考えられることから、429条1項は、その旨を定めた責任軽減の規定であると理解するのである（以下、このような理解を「**特殊不法行為責任説**」という）。

しかしながら、このような理解をするのであれば、429条1項の規定ぶりとしては、端的に「役員等は（軽）過失によって生じた第三者の損害を賠償する

責任を負わない」と定めればよいのであるから、わざわざ「悪意又は重過失の場合に責任を負う」としている以上は、「責任を負う」ということの方に意味があるとも考えられる。このような考え方からは、429条1項は、民法709条の責任を軽減するものではなく、民法709条という、（およそ人であれば一般的に負いうる）不法行為責任に加えて、会社運営にあたる取締役の行為の性質に鑑みて、会社法が別個に定めた特別の損害賠償責任の規定であると理解されることになる（以下、このような理解を**法定責任説**という）。

(ⅱ)　何に対する悪意・重過失か

　もっとも、法定責任説による場合、すでに民法709条が広く「（軽）過失」までを守備範囲に含めているから、「悪意又は重過失」を守備範囲とする429条1項には意味がないように思われるかもしれない。しかしながら、法定責任説には、民法709条の故意・過失とは異なる意味として、429条1項の悪意・重過失を捉えるという発想がある。すなわち、民法709条の故意・過失は被害者対する加害についてのものであるのに対して、429条1項の悪意・重過失は、会社に対する任務懈怠についての悪意・重過失だと捉えるのである。

　これに対して、特殊不法行為責任説であれば、悪意・重過失は民法709条の故意・過失と同様の意味、したがって、被害者たる第三者（上記の例では債権者）に対する加害についてのものであると理解していることになる。

(ⅲ)　賠償責任が生じる損害の種類

　(ⅱ)の要件につき、取締役は会社の任務を怠った（悪意・重過失があった）ことが損害賠償責任を基礎づけると考えるのであれば、逆に、会社に損害が生じないような行為をしていれば、悪意・重過失は否定されると考えるのが素直なように思える。このような考え方からは、429条1項の責任は、会社が損害を被った結果として第三者に損害が生じたような事例、すなわち間接損害の事例のみを対象としていると考える（**間接損害限定説**）のが整合的であるとも考えられる。

　これに対して、特殊不法行為責任説からは、本条はまさに第三者に対する加害が問題とされているのであるから、直接損害に限定されるのが自然だとの考

えも主張されている（**直接損害限定説**）。

(iv)　民法709条の適用は排除されるか

　特殊不法行為責任説の立場からは、まさに民法709条による損害賠償責任の成立を制限するために429条１項があるのであるから、429条１項が適用される局面では民法709条に基づく責任は生じないことになる。これに対して、法定責任説の立場からは、429条１項に基づく責任は民法709条とは異なる性質のものであるから、429条１項の責任と併せて、民法709条の責任の成立を主張することは妨げられないことになる。

[2]　昭和44年の最高裁大法廷判決

　以上のように、様々な点について様々な見解が唱えられてきた429条１項であるが、その規律の中身について最高裁としての理解を示し、結果として現在までの429条１項の実務運用の基礎となった判例が、昭和44年の最高裁大法廷判決[6]である（平成17年会社法制定前の事案であるから、当時の商法266条ノ３という規定に関する解釈を示したものである）。

　判旨（多数意見）では、まず、取締役は、自己の任務を遂行するにあたり、会社との関係で善管注意義務や忠実義務を遵守しなければならないことはいうまでもないが、第三者との間でそのような義務を負っているわけではないから、取締役がそれらの義務に違反して第三者に損害を被らせたとしても、当然に損害賠償の義務を負うわけではない、という前提認識を示したうえで、「しかし、法は、株式会社が経済社会において重要な地位を占めていること、しかも株式会社の活動はその機関である取締役の職務執行に依存するものであることを考慮して、第三者保護の立場から」429条１項の責任を定めたものであり、会社に対する義務違反があることが429条１項の責任を基礎づけるものであること

6）[SU20・百66]最大判昭和44年11月26日民集23巻11号2150頁。事案は、経営が悪化したＡ会社が代表取締役Ｙ名義で振り出した約束手形の支払いが行われなかったことから、当該手形の所持人であるＸが、Ｙを被告として、平成17年改正前商法266条の３第１項（現在の会社法429条１項）に基づく損害賠償の支払いを求めたものである。

（2 [1]⑪への回答）、また、賠償責任は直接損害と間接損害の両方について生じうること（2 [1]⑫への回答）、という基本的な立場を示した。とりわけ、後者の、直接損害と間接損害との両方を429条1項の賠償の対象に含める考え方は「**両損害包含説**」と呼ばれる。

　さらに、判旨は、取締役がその職務を行うにつき故意または過失により直接第三者に損害を加えた場合には、民法709条等の一般不法行為の規定によって、その損害を賠償する義務を負うことを妨げるものではないとして、429条1項の責任と民法709条の責任は併存しうることを述べる（2 [1]⑭への回答）。そうすると、両者にどのような違いがあるのかが問題となるが、この点については、429条1項の場合には、取締役の任務懈怠により損害を受けた第三者としては、その任務懈怠につき取締役の悪意または重大な過失を主張し立証しさえすれば責任が認められるのであり、ここに、第三者自身に対する加害について取締役に故意または過失のあることを主張・立証する必要がある民法709条との差異がある旨を述べている。

　このような最高裁の判旨（多数意見）に対しては、様々な異論が唱えられている[7]ものの、最高裁の大法廷が下した判決として実務上尊重されてきた結果として、429条1項は、不法行為とは別個の法定の責任を定めた規定であって、その要件である取締役の悪意・重過失は会社に対する任務懈怠についてのものであり、その賠償責任は直接損害にも間接損害にも及び、また、第三者は429条1項に基づく責任に加えて自らへの加害についての故意・過失を証明して民法709条に基づく不法行為責任を併せて主張することが可能なものとして、現在でも理解され、運用されている。

3　現代的な事例

[1]　現代における429条1項の活用局面

　前述の通り、伝統的に429条1項の責任が問題となる典型例は **if シナリオ**

7）昭和44年最高裁判決そのものにも、429条1項は被害者たる第三者に対する悪意・重過失によって生じる直接損害のみを対象とする不法行為責任の特則であって、民法709条の適用が排除されるものとして理解すべき旨を述べる少数意見が付されている。

Y15-a や **Y15-b** のような、とりわけ小規模閉鎖会社における倒産の局面であった。

しかしながら、直接損害についても429条1項に基づき賠償請求が可能であるという上記最高裁判例の考え方からすると、会社の損害は要件とはならないのであるから、会社の弁済能力の減少とは関係なしに、したがって会社の倒産状態を前提とすることなく、第三者は、会社から被害を受けたといえれば、429条1項により、取締役の悪意・重過失を証明することでその取締役に対して賠償を請求することができることになる。さらに、上記判例によれば、悪意・重過失は会社に対する任務懈怠についてのものであるとされているのであるから、結局のところ、429条1項は、取締役による会社運営が杜撰だったことによって第三者に生じた損害を、その取締役に賠償させるための一般的な規定として運用できることになる。近時は、弁済能力が十分な大規模会社の取締役について429条1項に基づく損害賠償責任が認められる事例も稀ではなくなっている。

> 具体的には、ホテルが教職員組合から一旦は受けた宴会場の使用予約・宿泊予約を一方的に解約したため、教職員組合が宴会場の使用を可能とする裁判所の仮処分命令を取得したにもかかわらず、ホテル側がこの仮処分命令にも従わず使用を認めなかったという事案において、そのような仮処分命令に従わないという意思決定に関与したホテル運営会社の取締役につき悪意または重大な過失を認めて教職員組合に対する賠償責任を認めた裁判例[8]や、元横綱が週刊誌によって名誉毀損された事案において、その週刊誌の編集体制という社内体制の不備に基づく会社に対する任務懈怠があったとして、週刊誌の発行会社の代表取締役につき元横綱に対する賠償責任を認めた裁判例[9]、従業員が過労死した事案において、従業員の安全に配慮する体制を構築すべき任務を怠ったとして代表取締役らにつき遺族に対する賠償責任を認めた裁判例[10]などがある。

---

8) 東京地判平成21年7月28日判時2051号3頁（第一審）および東京高判平成22年11月25日判時2107号116頁（控訴審）。
9) 東京地判平成21年2月4日判時2033号3頁。
10) 百A27 大阪高判平成23年5月25日労判1033号24頁。

[2]　429条1項に基づく株主の取締役に対する直接の損害賠償請求

　倒産局面以外にも429条1項が使えるとなると、倒産時には（債権者との優先劣後関係が先鋭化するため）429条1項を使いづらいと考えられる株主も、平常時については429条1項に基づき取締役に賠償を求める余地がありそうである。

(i)　株主は429条1項の「第三者」として損害賠償請求できるか

　もっとも、会社の株主が429条1項の「第三者」として取締役に損害賠償請求できるかは争いがある。この問題は、とりわけ株主の間接損害を429条1項に基づいて取締役に賠償請求することができるか、という形で争われている。

> ### S15-1 ［SL食品の不祥事と中島株主の損失］（ストーリーS14-2と同じ状況）
> 中島陽太郎は、食の安全への関心が高く、品質が高いと評判のSL食品のファンである。中島氏は、20X1年2月頃、SL食品の株価が割安に思えたので、同社の株式200株（2単元）を購入した。
> その後、日本では使用が認められていない食品添加物が含まれたSL食品の製品が国内で販売されていることが判明した。同社は直ちに当該製品の回収とお詫び広告の掲載等を行い、その対応費用として5億円余りが支出された。また、この不祥事が報道されたことを契機として、同社の株価は、中島株主が購入した時の半値以下に下落した。
> 中島株主としては、一連の不祥事によって生じたと思われる自らの損害を、不祥事に関与したSL食品の取締役に賠償させたいと考えている。

　ストーリーS15-1の中島株主は、不祥事対応費用5億円という、本来不祥事がなければ生じなかった財産の社外流出を通じて、保有するSL食品の株式の価値の減少額相当額の損害を被っていると考えられる。この損害は、会社に損害が生じた結果として株主が被ったものであるから、1［2］の定義からは間接損害ということになる。

　ところで、ストーリーS15-1は前講のストーリーS14-2と同じ状況である

が、そこでも述べたように、このような状況において、中島株主としては、株主代表訴訟を通じて会社財産を回復すれば、会社が被った損害を通じて生じた自らの損害を回復できると理論的には考えることができそうである（☞第14講2[1](ii)）。そのような理由から、株主に生じた間接損害については、会社が財産を回復することになる株主代表訴訟を通じて回復すべきであって、株主が429条1項に基づいて直接自らに対する賠償の支払いを求めることはできないとするのが多数説である。もっとも、これに対しては、間接損害であっても株主が現に損害を受けているといえる以上、株主代表訴訟という、株主のある種の義侠心に頼る制度のみに救済手段を限定するべきではなく、株主であっても間接損害について429条1項に基づいて取締役に賠償を請求することができるとする考え方も有力である[11]。

(ii)　株主の直接損害

　他方で、株主の被った損害が直接損害だといえるのであれば、(i)のような議論は当てはまらず、株主が429条1項を用いて自身の被った損害を取締役に賠償させることができることについて、争いはほぼない。

　もっとも、株主による429条1項に基づく責任追及の対象から間接損害を除外する考え方（☞(i)）に依拠する場合、直接損害と間接損害をどのように区別するのかが極めて重要であるが、これはかなり難しい問題である。たとえば、**ストーリー S15-1** の中島株主が主張すると思われる損害として、自身が保有している SL 食品株式の株価の下落が考えられるが、これも、元をたどれば違法添加物の使用という、会社に損害を生じさせる出来事を契機として生じたものである反面、（株主代表訴訟等を通じて）取締役から会社が被った損害相当額の賠償金が会社に支払われても株価が回復するとは限らないのである。

　このほか、429条1項に基づき取締役による株主に対する直接の賠償が認められるかが問題となるものとして、新株発行の際に新しく株式を取得することになる者（「引受人」）の払込金額が不当に低かった場合に既存株主に生じると

---

11)　以上につき、コンメ(9)382-383頁[吉原和志]。

考えられる株式価値の下落分の損害（☞第22講1 [1]）[12]）や、合併をする際に消滅会社の株主に交付される存続会社の株式が本来（公正な対価として）交付されるべき数よりも少ない場合（☞第30講1 [2]）のその差額分の損害などがある[13]）。

　他方で、近時、少数株主が一定の対価と引換えに保有する株式を多数株主に引き渡すことを強制される取引（以下「締出し取引」という）が盛んに行われるようになっているが、この締出し取引の際に、株式と引換えに締め出される株主（以下「対象株主」という）が受け取るべき対価の額が（本来あるべき公正な額よりも）低い場合には、対象株主はその差額分だけ損害を被っているといえる。締出し取引の基本構造は多数株主と少数株主との間の株式の取引であって、そこに会社の損害を観念する余地は（ほぼ）ないことから、締出し取引に関与した取締役による429条1項に基づく損害賠償によって、対象株主を保護できる可能性があり、429条1項の活用局面として注目されつつある[14]）。

4　現在の運用の理論的当否

　以上が、昭和44年の最高裁判決を前提とした429条1項の現在における規律内容である。

　もっとも、そもそも昭和44年の最高裁判決に対しては、いまなお様々な理論的な批判が投げかけられている。たとえば、①なぜ会社に対する任務懈怠が第三者に対する損害賠償を基礎づけることになるのか理論的に不明である（から悪意・重過失は加害者に対するものと捉えるべきであり、したがって429条1項で責任を認められるのは直接損害のみとすべきである）、②第三者は429条1項に加えて民法709条によって自らに対する過失を主張して損害賠償を受けられるとすると、取締役の経営判断を萎縮させてしまう（から429条1項は責任軽減の規定

12）　[百 A26]大阪高判平成11年6月17日判時1717号144頁参照。
13）　合併に関しては、対価の種類（金銭か、存続会社株式か）によって直接損害か間接損害かが変わるとする考え方が有力であると思われる（コンメ(9)386頁[吉原]）。
14）　[SU35・百52]東京高判平成25年4月17日判時2190号96頁は、株主に損害は生じていないとされたため結論として損害賠償を認めていないが、締出し取引における429条1項に基づく賠償の理論的可能性を認めたものだと理解できる。

として理解すべきである）¹⁵⁾、③民法709条も併せて適用されるのであれば、取締役に責任を負わせるのはその範囲で十分であり、あえて会社に対する任務懈怠を理由としてさらに429条1項で責任を負わせるべきではない（から429条1項は不要である）、といった批判である。

　これらの批判が、裁判実務あるいは立法論に今後どのように作用するのか、注目しておきたい。

●第15講のおさらい

・会社法429条1項の適用局面として昔からいまに至るまで多いのは、どのような局面で誰がどのような請求をする場合だろうか？⇒1 [1]

・429条1項の規定の趣旨を判例に従って説明してみよう⇒2 [2]

・株主は429条1項を用いて取締役に自らが被った損害を直接賠償させることができるだろうか？⇒3 [2]

・429条1項の現在の実務運用について、読者はどのように考えるだろうか？判例変更あるいは法改正が必要だと思うだろうか？ルールを変えるとしたらどのように変えるべきだろうか？⇒4

---

15) なお、対会社責任に関して第14講で説明した会社補償制度やD&O保険は、会社以外の者に対して役員等が負う賠償責任にも利用できる（とりわけ、会社補償については、対会社責任に関する補償は認められない〔☞第14講3 [3] (ii)〕のに対して、対第三者責任に関する補償は、一定の要件を満たせば可能である〔430条の2第1項2号・2項2号〕点に大きな特徴がある）。したがって、現行制度を前提としても、これらの制度を活用することで、役員等が負担する対第三者責任の負担はある程度は軽減されうると考えられる。

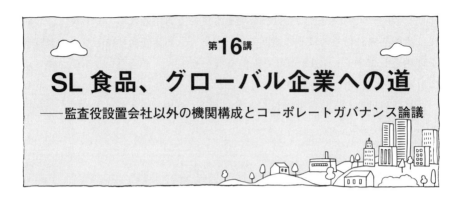

第16講
SL食品、グローバル企業への道
—— 監査役設置会社以外の機関構成とコーポレートガバナンス論議

　公開会社の機関構成としては、これまでの説明で前提としてきた監査役設置会社[1] 以外にも、**「指名委員会等設置会社」**や**「監査等委員会設置会社」**といったものがある。本講では、この2つの会社類型について説明するのだが、これらはいずれも、比較的近年になって会社法上認められるようになった機関構成である。これらは、監査役設置会社では不十分あるいは不都合であるとして新たに認められるようになった類型であり、それらを導入する法改正がなされたのには、それなりの理由がある。そこで、本講では、ともすれば無味乾燥に思える指名委員会等設置会社や監査等委員会設置会社の規律を、その導入の経緯を含めてダイナミックに捉えることで、少しでも理解しやすいように説明することを心がけたい。

S16-1　［外国人投資家の圧力］[2]
SL食品株式会社は、従業員出身の取締役8名と監査役2名、それから社外監査役2名からなる役員構成の監査役会設置会社であったが、2000年前後からの資本移動の国際化を受けて、外国人投資家の持株比率も少しずつではあ

1）本講では、主として大規模会社を念頭に置いているものの、これまで説明してきた会社類型に言及する際には、基本的には監査役会設置会社（☞第12講4[2]）ではなく監査役設置会社の語を用いることとする。
2）本講のストーリー設定に関する注意点として、注19を参照。

るが上昇している。それらの外国人投資家からすれば、SL食品には、アメリカの上場会社であれば当然選任されているはずの社外取締役がいないことが不満であった。代わりに「カンサヤク」なる役員がいるらしいものの、社長をクビにする権限を有する取締役会の議決権を有していないため、一体何のために存在しているのかはいまひとつ理解できていない。

他方、SL食品の経営陣としては、上記のような外国人投資家からの社外取締役選任の圧力は感じているものの、直ちに社外取締役を大幅に増員することもなかなか難しいし、何よりも、社外取締役を増やしたところで何か画期的な商品が突如誕生して業績が劇的に向上するとも思えず、手間とコストがかかるだけなのではないかと考えている。

1 指名委員会等設置会社導入の経緯

[1] 監査役設置会社の従来の実務運用に対する課題意識

　本書では、これまで、監査役設置会社に関する法制度を説明する際には、併せて現実はどのようになっているかにも少し触れていた。すなわち、まず、取締役という地位は従業員の出世のゴールとして位置づけられ（☞第10講1）、その地位への就任は"上司"（端的には社長）による"部下"の登用という側面が強いことを、（少なくとも2000年代前半までの）特徴として挙げることができる。業務執行ラインの一員としてそれなりの成果を上げれば、その見返りとして「取締役」という地位が与えられるから、取締役会メンバーとして本来期待されている役割の適性があるかどうかとは無関係に、多くの従業員（出身者）が取締役として選任される傾向にあった。ご褒美として取締役の肩書を与えられた人数が増え過ぎて取締役会では実質的な議論ができなくなり、たとえば常務以上の役付取締役のみから構成される常務会などで実質的な議論を行う会社も多かったが、そのような状態は重要な意思決定を行うという取締役会の法定の機能を形骸化させるものとして問題視されてきた。

　また、上司による部下の登用という特徴は、取締役の業務執行者としての側面にも引き継がれる。確かに、「専務より副社長、副社長より社長が偉い」といった肩書（役位）による序列づけが厳然として存在している（☞第8講2[1]）のは、業務執行を行ううえで社内の指揮命令構造が明らかである必要が

あるからであるが、他方で、専務も常務もいわゆるヒラの取締役も、「取締役」である以上は、法律上は「代表取締役」である社長を監督する役割を担っているはずである。しかしながら、現実が先のようなものであるとすれば、部下が自分を引き上げてくれた上司を監督するなどということはおよそ期待できない話であるから、取締役会が、代表取締役（とりわけ社長）を監督するのに相応しくない者によって構成されているのではないか、という監督機能の限界も問題とされてきた。

[2]　取締役会改革とアメリカ型ガバナンス形態の待望論

このような課題認識を受けて、実務では、2000年前後に、まず、取締役会の議論の実質化という観点から、取締役を大幅に減員する取締役会改革の動きが生じた。

これは、従来の「取締役」について併存していた、取締役会のメンバーとしての役割と業務執行者としての役割（☞第8講2[1]）とを分離して、前者について真に必要な人だけを厳選して「取締役」とする動きであるといえる。

> このような動きを後押しする実務的な工夫として、いわゆる**執行役員**制度が考え出された。これまでたくさんいた「取締役」の人数を絞り込む以上、いままで「取締役」であった人の肩書を剥奪することも生じうる。そこで、仕事としてはこれまで通り会社の業務執行に携わる人については、"執行役員"という、従業員とは異なる存在であることを示す肩書を付与し体裁を維持することで、モチベーションを下げないよう工夫したのである。執行役員は、あくまで実務で考え出された役職（肩書）であって、会社法に定めが置かれているものではない（後述の「執行役」〔☞2[1]〕との違いに注意）。

他方で、取締役の人数が減ったとしても、なお取締役間にそれまでのしがらみ（上司部下関係等）が持ち込まれたままでは、経営トップ（とりわけ社長）の監督はおぼつかないことになる。法律上代表取締役の監督の任務が与えられている取締役会のメンバーには、その機能を発揮するのにふさわしい人物がなることが望ましいと考えられ、それは社内のしがらみから自由な社外の人間なのではないか、という認識が高まった。

この点に関して、アメリカでは、業務執行はオフィサー（officer）と呼ばれ

る業務執行者に任せ、社外の人間を中心として構成された取締役会（board of directors）はオフィサーの業務執行を監督することを中心的な役割とする体制（このような取締役会のあり方を**モニタリングモデル**と呼んだりする）が採用されており、とりわけ、大規模な上場会社については、取締役会の内部に指名委員会・報酬委員会・監査委員会を設けて経営トップの監督を行っていることから、このようなアメリカの上場会社を範としたガバナンス体制を日本にも導入すべきだという見解が有力となった。

　これを受けて、平成14（2002）年改正によって導入されたのが、現在の指名委員会等設置会社に繋がる「委員会等設置会社」である（以下、この会社類型に言及する際には、時期を問わず「指名委員会等設置会社」と表記する[3]）。

2　指名委員会等設置会社の規律

　ここでは、指名委員会等設置会社の規律の概略を説明する。

[1]　取締役と執行役

　まず、<u>取締役は、原則として、その資格において業務執行を行うことはできず（415条）</u>、取締役会のメンバーとしての役割のみを担う。業務執行は、取締役会によって選解任される「**執行役**」（402条2項・403条1項）という取締役とは別の機関が行う[4]。もっとも、<u>取締役と執行役とを兼務することは禁止されていない</u>ことから、多くの会社では、経営トップ（「代表執行役[5]社長」や「代

3）平成14年改正によって導入された委員会等設置会社は、平成17年の会社法制定に際して「委員会設置会社」と名称が改められた後、平成26年改正によって後述する監査等委員会設置会社が導入されたことに伴い、さらに「指名委員会等設置会社」に名称が改められた。

4）したがって、取締役会に対して3ヶ月に1回以上、職務執行の状況について報告をするのも執行役であり（363条2項と対比）、また、執行役には取締役会の求めに応じて報告する義務も課せられている（417条4項・5項）。

　　執行役が会社に対して負う義務は、監査役設置会社の業務執行取締役と同様であり（善管注意義務〔402条3項・民法644条〕、忠実義務・競業取引規制・利益相反取引規制〔419条2項〕）、責任に関する423条から430条の3の規律対象とされることのある「役員等」には執行役も含まれている（423条1項参照）。

5）執行役が2名以上いる場合には、対外的に会社を代表する権限を有する代表執行役を執行役の中から取締役会が選定・解職する（420条1項・2項）。

表執行役CEO」など）は取締役も兼務して、取締役会と業務執行ラインとの橋渡しをする役割も担っているようである。

[2]　取締役会の機能

　指名委員会等設置会社の取締役会は、重要な業務執行の決定⁶⁾と執行役等の業務執行の監督を行うのが主たる役割である（416条1項1号・2号）。

　もっとも、業務執行の決定に関しては、取締役会にあまりに細かなところまでの決定を要求すると、監督機関としての機能が十分に発揮できないとも考えられることから、<u>業務執行の決定については、執行役への大幅な権限委譲が可能</u>とされている。すなわち、416条1項1号イ～ホおよび同条4項各号列挙事項⁷⁾以外の事項は、取締役会決議により執行役に決定を委任することができるのである。

> 　監査役設置会社において取締役会が必ず決定すべき事項として、362条4項柱書の「その他の重要な業務執行」のような包括的な定めが指名委員会等設置会社には存在していないため、監査役設置会社の場合には"列挙事項に該当しないが重要そうなので取締役会で決定しておいた方が安全"と考えがちになるのに対して、指名委員会等設置会社の場合には"列挙事項に該当しなければ執行役に委任可能"となるという点で、実務的には極めて重要な差異であると考えられる。
> 　なお、このような指名委員会等設置会社における決定権限の執行役への大幅な委譲は、法律上は、その旨を取締役会で決議することによってはじめて可能となる。指名委員会等設置会社はモニタリングモデルと結びつけて論じられることが多い（以下でもそのような前提で叙述している）ものの、取締役会が業務執行の決定に積極的に関与すること（マネジメントボード〔モデル〕、と呼ばれることもある）も可能であることは、念のため注意しておきたい。

6）本文で述べた通り、指名委員会等設置会社において、取締役会の決定を執行するのは執行役である。逆に、執行役には業務執行に際して取締役会の決定を求める必要も生じると考えられることから、執行役にも取締役会の招集を請求する権限が与えられている（417条2項）。

7）経営の基本方針や内部統制システムの整備方針の決定、利益相反取引等の承認、3つの委員会の委員の選定・解職、執行役の選任・解任やその職務分掌等の決定、株主総会の招集事項の決定、企業の基礎的な変更をもたらす契約（合併契約等）の内容の決定などが挙げられている。

[3]　3つの委員会

　指名委員会等設置会社では、3名以上であって過半数が社外取締役（2条15号）であるような委員で構成される3つの委員会（指名委員会・報酬委員会・監査委員会）が設置され（400条1項・3項）、それらの各委員会が執行役等を監督する機能の重要な部分を担っている。各委員会の委員は、取締役の中から取締役会の決議によって選定・解職される（400条2項・401条1項）。2つ以上の委員会の委員を兼任することは可能であるし、実際に、社外取締役が2つないし3つの委員会の委員を兼任していることも珍しくない。

(i)　指名委員会

　指名委員会は、株主総会に提出する取締役の選解任議案[8]の内容を決定する（404条1項）。ここで注意すべきであるのは、他の株主総会議案とは異なり指名委員会等設置会社の取締役選解任議案は、指名委員会の決定が最終的な決定であって、取締役会の決議をもってしてもこれを覆せない点、および、この権限はあくまで取締役の選解任に関するものであって、執行役の選解任は、執行役の職務執行に対する監督権限と分かちがたく結びついているため取締役会の権限とされており（402条2項・403条1項）、少なくとも法律上は指名委員会が関与する仕組みにはなっていない点である。

(ii)　報酬委員会

　報酬委員会は、取締役および執行役[9]の個人別の報酬等の内容を決定する（404条3項）[10]。ここで注意すべきであるのは、報酬等の内容は報酬委員会が決定するのであって、他の機関（たとえば取締役会や株主総会）がその決定に関与する仕組みにはなっていない点、および、決定の対象となるのは、取締役と執

　8）　会計参与設置会社（2条8号参照）については、会計参与（☞第17講注11）の選解任議案も同様である。

　9）　条文上は「執行役等」の報酬の決定であるが、「執行役等」の定義（404条2項1号）において、取締役（および会計参与設置会社の場合は会計参与）を含むものとされている。

10）　厳密には、取締役・執行役の個人別の報酬等の内容の決定方針を定めたうえで（409条1項）、その方針に従って具体的な内容を決定する（同2項）。

行役[11] についての個人別の報酬等であることが条文上明記されている点である。

(iii)　監査委員会

監査委員会は、執行役や取締役の職務執行の監査および監査報告の作成等を行う（404条2項1号・2号）。取締役会メンバーとしての役割や業務執行者としての役割において行うべき職務執行を監査し、監査報告を作成するという点で、監査役設置会社における監査役と基本的に同様の役割を担っているといえるが、監査役の場合、複数名の監査役がいる場合でもそれぞれが独立して職務を遂行することができ、他の監査役がそれに口を挟むことができないという規律（独任制。☞第12講4[1]）であるのに対して、監査委員は独任制ではなく、監査委員会という組織として権限を行使する点に特徴がある。たとえば、執行役の任務懈怠について会社に対する責任を追及する訴訟を提起するか否かは監査委員会が決議し、訴えるべきだとされる場合には会社を代表する監査委員を監査委員会で選定してはじめて、会社として当該執行役への訴訟の提起が決まるのである（408条1項2号）[12]。もっとも、執行役または取締役に対する差止請求権は、緊急を要する場合があることから各監査委員に付与されている（407条）[13]。

　監査委員会の役割の中心は執行役の職務執行の監査であるから、監査役と同様、執行役や使用人など、業務執行ラインにいる者が監査委員となることはできないとされている（400条4項）。指名委員会と報酬委員会には、執行役を兼務する取締役が委員として入ることもでき、実際に社長やCEOが委員になっているケースも多いのと対照的である。

---

11) なお、執行役は使用人を兼務することも可能であると解されているが、このような使用人兼務執行役については使用人部分も報酬委員会の決定の対象とされている（404条3項後段）。監査役設置会社における使用人兼務取締役の報酬の規律（☞第10講2[3](ii)）との違いに注意。

12) また、「監査委員会が選定する監査委員」にのみ調査権・報告徴収権が与えられ（405条1項・2項）、これらの権限を行使する際には監査委員会決議に従わなければならない（同4項）ともされている。

13) また、執行役または取締役の不正行為等に関する取締役会への報告義務も、各監査委員に課されている（406条）。

(iv)　**委員会の運営**

　各委員会のいずれも、その運営については監査役設置会社の取締役会に関する規律の類推で理解可能なものが多い（原則1週間前の招集・全員同意による招集手続の省略〔411条1項・2項〕、過半数出席の過半数での決議・特別利害関係人の議決排除〔412条1項・2項〕、議事録の作成・備置き等〔412条3項・413条〕、議事録に異議を留めない場合の賛成の推定〔412条5項〕等）が、お目付役としての委員会の性質から、招集に関しては取締役会とは異なる規律が置かれている。

　すなわち、指名委員会等設置会社の取締役会においても、あらかじめ決められた招集権者以外のメンバー（取締役）は、まず招集権者に対して、取締役会の目的である事項を示して取締役会の招集を請求するというステップを踏まなければ自ら招集ができない（☞第11講3[1]）のに対して、指名委員会等設置会社の3つの委員会については、そもそも招集権を特定の委員に専属させることはできず、各委員が必要に応じて招集できるとされている（410条）。これは、3つの委員会については、社外取締役が重要な役割を担うことから、その社外取締役の招集権を保証する趣旨である。

　なお、そのような社外取締役を中心として業務執行者（執行役）のお目付役としての役割を担う3つの委員会の機能に照らして、各委員会が選定した委員が取締役会を（あらかじめ定められた招集権者への請求等を経ることなく）招集することができる（417条1項）、とされている点も注目に値しよう。

3　指名委員会等設置会社導入後の動き

[1]　進まない指名委員会等設置会社への移行

　指名委員会等設置会社の導入は、機関構成に関する追加の選択肢を各社に与えるものであって、従来認められていた監査役設置会社のままでいるという選択肢も排除されていなかった。

　このため、指名委員会等設置会社に移行する会社はあまりなかった[14]。これは、とりわけ、指名委員会等設置会社の制度が、3つの委員会をセットで導入

14）2014年末時点において、上場会社3468社のうち指名委員会等設置会社は59社のみであった。

しなければならないとする硬い規律を設けている点、特にその中でも取締役の指名と取締役・執行役の報酬の決定を社外の人間に委ねることになる点に実務上強い抵抗感があったためであり、執行と監督を分離するというモニタリングモデル自体に魅力を感じる会社であったとしても、採用をためらう要因になったといわれている。

[2]　社外取締役導入論の隆盛

　このように、指名委員会等設置会社への移行自体は進まなかったものの、モニタリングモデルの有用性はなお根強く主張され、モニタリングモデルにおいて中心的な役割を果たすことが期待される社外取締役の積極的な導入も併せて主張されていた。

　さらに、そのような主張と並行して、日本特有の状況を踏まえた社外取締役の導入の有用性も主張されるようになった。これは、失われた20年ともいわれる日本企業の低迷の中で、会社の機関のあり方（コーポレート・ガバナンスのあり方）も、従来のように不祥事を防止するという消極的な目的だけではなく、業績を伸ばすという積極的な目的もとり入れて考えるべきである、という立場（前者を**守りのガバナンス**、後者を**攻めのガバナンス**と呼んだりする）から、攻めのガバナンスのためには、社外の人間を、その知見を経営に活かすために取締役とすべきである、との主張が展開されたのである。

[3]　"同床異夢"の監査等委員会設置会社制度

　このような状況の中、平成26（2014）年改正によって導入されたのが、監査等委員会設置会社である。監査等委員会設置会社の特徴を一口で述べるならば、監査役の代わりに社外取締役が過半数を占める監査等委員会を設置し、業務執行の監査等にあたらせるというものであり、監査役設置会社と指名委員会等設置会社の折衷的形態という性格が強い。

　これは、社外役員を活用したモニタリングモデルを指向する立場と、現状を極力変えたくない実務の立場の双方にとって受け入れやすい新たな選択肢を模索した結果であると考えられる。

　監査等委員会設置会社の規律の詳細については4で説明するが、このような

制度導入時の状況を反映して、監査等委員会設置会社の規律は、監査役設置会社と指名委員会等設置会社との折衷的な色合いのものが多く、また、その妥協的性格ゆえに曖昧な部分を残して立法された部分も少なくないため、規定の解釈をめぐって両極端の考え方が示されることもある。監査等委員会設置会社の規律内容を理解するうえでは、監査等委員会設置会社が、対立する立場がそれぞれ別々に思い描く"あるべき姿"の実現に資するものとして、一致して導入を歓迎した同床異夢の制度であることは、監査等委員会の規律を理解するうえで覚えておいて損はないように思われる。

　　この点についてもう少し詳しく説明しよう。

　　まず、社外役員を活用したモニタリングモデルを高く評価する考え方の中でも、最も強硬な意見として、理想のガバナンス形態は指名委員会等設置会社であると考える論者は、指名委員会等設置会社の導入が進まなかった理由を、社内取締役中心の監査役設置会社からいきなり社外取締役中心で権限も強い３つの委員会を設置するというドラスティックな変化に実務がついていけなかったことに求める傾向にある。そのような立場からは、監査役設置会社と指名委員会等設置会社の中間形態である監査等委員会設置会社は、"最終形態"である指名委員会等設置会社に移行するための過渡的なガバナンス形態として位置づけることができるから、その導入は、ドラスティックな変化を緩和して指名委員会等設置会社への移行をスムーズに進めるために望ましいという評価になる。また、あるべき最終形態が指名委員会等設置会社だとまでは考えていなくとも、社外の人間が取締役会の監督の中心的役割を果たすべきだと考えるならば、社外取締役の存在を前提としない（平成26年改正前の）監査役設置会社から、（１つの委員会とはいえ）社外取締役を置くことが前提となる制度の導入は歓迎すべきものと映る。

　　これに対して、ガバナンス体制を極力現状の（＝平成26年改正前の）監査役設置会社のような形で維持する方がよいと考える論者（とりわけ実務家）にとっても、３[2]で述べた社外取締役を導入すべしとする圧力には抗いがたいものがあると考えられるため、従来の体制の実質を大きく変えることなく、社外監査役を社外取締役にスライドしさえすれば、社外の人間を大幅に増加[15]させずとも社外取締役を導入したと評価されうる監査等委員会設置会社の導入は歓迎すべきだということになる。

4　監査等委員会設置会社の規律

　ここでは、そのような経緯で導入された監査等委員会設置会社の規律をもう少し詳しくみていこう。

[1]　取締役

　監査等委員会設置会社は、監査役設置会社における監査役の役割を、過半数が社外取締役であるような取締役たる監査等委員3名以上（331条6項参照）により構成される監査等委員会（399条の2第1項・2項）が担うことを特徴とする機関構造である。

　監査等委員も取締役であるから株主総会で選解任されるが、「**監査等委員である取締役**」と監査等委員でない取締役（条文上は「それ〔＝監査等委員である取締役〕**以外の取締役**」あるいは「**取締役（監査等委員であるものを除く。）**」がこれに該当する）とは区別して選任される（329条2項）。監査等委員は取締役であるが、指名委員会等設置会社の3つの委員会の委員とは異なり、取締役会で取締役の中から委員を選定するのではなく、監査役が株主総会で選ばれるのと同じように、株主総会で「監査等委員である取締役」として選任される。いうなれば「監査等委員である取締役」が1つの地位であり、したがって監査等委員のみを辞任したり解職する（ことで監査等委員でない取締役となる）ことはできない。

(i)　監査等委員でない取締役

　監査等委員でない取締役の役割は、基本的には監査役設置会社の取締役と同じである（ただし、取締役の任期は1年。332条3項）。取締役としての資格で業務執行も行えるから、「代表取締役社長」「常務取締役」といった肩書で全社の指揮や部門の担当役員として業務執行を行っていることも多いと思われる。

---

15) 上場会社の多くは大会社であるから、監査役会設置会社となり、3名以上の監査役の半数以上が社外監査役でなければならないことになる。したがって、監査役設置会社のままで社外取締役を導入しようとすると、仮に、社外取締役として要求される員数が1名であれば、社外監査役と合わせて最低3名の社外の人間を探して役員に据える必要がある。また、社外の役員に欠員が生じても臨時株主総会を開く必要がないようにするなどの対処をあらかじめしておくならば、社外役員として（補欠〔☞第12講注10〕を含めて）5名（監査役3名、取締役2名）を用意してかないといけない、という発想になる。**ストーリーS16-1** のSL食品のように、それだけの追加の人件費や人材探しの苦労に見合うだけの効果がどれほど期待できるのか、という点に懐疑的な考えも多かったのではないかと思われる。

(ⅱ) **監査等委員である取締役**

監査等委員である取締役は、他の取締役の職務執行の監査を行うことを任務とする監査等委員会のメンバーであるから、業務執行取締役や使用人など、業務執行ラインにいる者がなることはできないとされている（331条3項）。

また、監査役と同様の身分保証（☞第12講3[2](ⅰ)）が必要との観点から、監査等委員でない取締役よりも長い任期2年が定められており（332条3項かっこ書参照）、定款の定めをもってしてもこれを短縮することはできない（同4項）。さらに、監査等委員である取締役の選解任議案についての株主総会における意見陳述権（342条の2第1項）、監査等委員である取締役の選解任議案に対する監査等委員会の同意権（344条の2第1項）、解任時の特別決議の要求（309条2項7号）など、監査役と同様の規律が置かれている。

(ⅲ) **報酬規制**

監査等委員会設置会社の取締役の報酬に関する規律は少し混乱しやすいので、ここで改めて説明しておこう。

取締役の報酬の決定に際しては、監査役設置会社と同様に株主総会決議や定款では（個人別ではなく）総額で決めてよいという規律が同様に妥当する。しかしながら、同じ取締役であっても、<u>監査等委員である取締役と監査等委員以外の取締役とは区別して定めなければならない</u>とされている（361条2項）。これは、監査役設置会社における監査役と同様に、監査等委員である取締役の独立性を維持するために設けられた区分である。また、そこから先の規律も、監査等委員である取締役の報酬と監査等委員でない取締役の報酬とではかなり異なる。

まず、監査等委員である取締役には監査等委員である取締役の報酬についての株主総会における意見陳述権があり（361条5項）、また、各監査等委員である取締役間の配分も監査等委員である取締役の協議によって定めなければならない（同条3項）とされるなど、執行側からの経済的独立性という観点から、監査役設置会社における監査役報酬の規律（☞第12講3[2](ⅱ)）と同様の規律を置いている。

他方で、監査等委員でない取締役の報酬については、後述する選定監査等委

員の意見陳述権（☞[3]）を除いては監査役設置会社の取締役のそれ（☞第10
講）と同様に考えてよい[16]。

[2]　監査等委員会設置会社の取締役会

　監査等委員会設置会社の取締役会の役割は基本的には監査役設置会社の取締
役会のそれ（☞第11講）と同じであり、取締役に委任できない範囲も原則とし
て監査役設置会社と同様である（399条の13第4項）。しかしながら、①取締役
の過半数が社外取締役である場合、または、②取締役会決議により取締役に委
任することができる旨の定款規定がある場合には、取締役会決議によって指名
委員会等設置会社と同様の範囲で「重要な業務執行の決定」を取締役に委任す
ることが可能である（同条5項・6項）。原則は監査役設置会社と同じマネジメ
ントボードであるが、①②のどちらかの要件を満たせばモニタリングモデルと
して機能させることができるという点で、監査等委員会設置会社の折衷的特徴
が現れた規律であるといえよう。

[3]　監査等委員会

　監査等委員会は、取締役の職務の執行の監査および監査報告の作成等を職務
とする（399条の2第3項）。業務執行者の職務執行の監査を主たる任務として
いる点において、監査役設置会社の監査役や指名委員会等設置会社の監査委員
会と同等の機関であると理解することができる。もっとも、監査のあり方は、
指名委員会等設置会社の監査委員会と同様に、監査等委員会が組織として行う
のを基本としつつ（委員の独任制ではない点につき、監査役と対比）、取締役に対
する違法行為差止請求権は、緊急を要する場合もあることから各監査等委員が
単独で行使できることとされている（399条の6）。

16）もっとも、監査役設置会社と同様に、定款や株主総会決議で監査等委員でない取締役の個人別
　　の報酬額を決定していない場合に、その個人別の報酬額の決定方針を取締役会で決定すべきとさ
　　れる規律も置かれているものの、この決定が必要となる会社の範囲は、監査役設置会社のよう
　　な限定（☞第10講4[2](ⅱ)）は付されておらず、すべての監査等委員会設置会社である（361条7
　　項2号）。なお、監査等委員である取締役の個人別の報酬は監査等委員である取締役の協議で決
　　めるのであって、取締役会の決定権限の範囲外であるから、ここでの方針の対象にもならない。

　他方で、監査役とは異なる独自性として、監査等委員会は、その決議により選定した監査等委員（選定監査等委員と呼ばれることも多い）を通じて、監査等委員でない取締役の選解任・報酬等について意見を述べることができるとされている（342条の2第4項、361条6項）。すでに述べたように、指名と報酬の決定を社外者に委ねることに対する抵抗感が、指名委員会等設置会社の導入を妨げる要因となったことから、監査等委員会設置会社においては、法定の委員会にこれらの決定権限を法的に専属させるのではなく[17]、意見陳述権というより緩やかな影響力の行使手段を与えることによって、これらに対する規律の機能を監査等委員会が一部でも担うことが期待されている[18]。

　さらに、監査等委員会設置会社に特有の規律として、取締役による利益相反取引（356条1項2号・3号参照）について監査等委員会の承認を受けた場合には、任務懈怠の推定（423条3項。☞第9講2[5]）はされないというものがある（423条4項）。この規定は、監査役設置会社にも指名委員会等設置会社にも存在しない突出した規律であって、この規定の合理性を理論的に説明するのは困難であるが、3[3]で説明した監査等委員会設置会社の導入の経緯に鑑みれば、監査役設置会社から監査等委員会設置会社に移行することを誘導するためにこのような"特典"が与えられていると考えざるをえないであろう。

5　その後の動向

　3[2]で述べた、上場会社等の大企業に対する社外取締役導入の要請は、平成26年改正による監査等委員会設置会社の導入後も高まりをみせ、令和元年改正では、遂に、上場会社をはじめとした一部の有価証券報告書提出会社については、社外取締役の選任が会社法上の制度としても義務づけられることになっ

17）監査等委員会設置会社においても、取締役の選任議案は取締役会が決定する点、および、取締役の報酬は定款または株主総会で決定する点（☞[1](ⅲ)）は監査役設置会社と同様である。

18）この規定が、同床異夢（☞3[3]）の最たるものであろう。指名委員会等設置会社を理想とする論者からは、この意見陳述権を積極的に活用して、社外取締役が指名や報酬の決定について中心的な役割を果たすべきことが主張されるのに対して、監査役設置会社の現状を妥当とする論者からは、意見陳述"権"に過ぎず、それを行使するかどうかは監査等委員会に委ねられているとの理解が主張されることになる。

た（327条の2）[19]。そのような動きと軌を一にして、監査等委員会設置会社への移行も進んでいる[20]。

　もっとも、3 [3]で述べたように、監査等委員会設置会社は同床異夢の制度である。今後、監査等委員会設置会社が、社外取締役の導入圧力に対処するための方便として利用されるにとどまるのか、それとも、指名委員会等設置会社をはじめとしたモニタリングモデルへの移行に向かうのか、あるいは中庸のガバナンス体制として独自の発展を遂げるのか、実務の動向から目が離せない。

●第16講のおさらい

・指名委員会等設置会社の取締役や執行役を選任するのは誰（どの機関）だろうか？その原案（議案）を策定するのは誰（どの機関）だろうか？また、取締役や執行役の報酬等の内容を決定するのは誰（どの機関）だろうか？⇒2 [1]・[3]

・指名委員会等設置会社や監査等委員会設置会社の取締役会の業務執行に関する決定権限について、監査役設置会社と対比しながら説明してみよう⇒2 [2]・4 [2]

・利益相反取引に関する取締役の任務懈怠の推定規定（423条3項）が適用

19）なお、コーポレートガバナンス・コード（☞第10講注13）の内容として、プライム市場に上場する会社については取締役の3分の1を社外取締役（同コードの規定上は「独立社外取締役」）にすべきであり、その他の市場の上場会社についても2名以上選任すべきであるとする定めが置かれている（原則4-8）。もっとも、これも従わない理由を述べれば従わなくてもよい（コンプライ・オア・エクスプレインの）規律であるものの、多くの会社はこの要請を満たそうとしている。さらに2021年には、本文で述べた社外取締役の選任を義務付ける改正会社法の規定も施行されたから、**ストーリーS16-1**の状況をはじめとした本書の一連のストーリーのSL食品のように、プライム市場に上場しているにもかかわらず社外取締役を1人も置かず、導入も考えていないというような会社はもはやないのかもしれない。そうすると、本書の一連のストーリーは、実は、ちょうど監査等委員会設置会社が導入され、CGコードの導入が検討された2014年頃の話であったと理解してもらったほうがよいかもしれない。いまはまさに制度移行の過渡期であるため、現在の状況をそのまま描くのはなかなか難しいことに加えて、これまでの実務の積み重ねを踏まえた法解釈を理解するうえでは、"サラリーマン重役"（☞第10講1）を前提とした方が便利なため、そのような設定で説明を展開している点は読者の理解を賜りたい。

20）2023年7月14日時点において、東京証券取引所の全上場会社3811社のうち監査等委員会設置会社は1510社（監査役設置会社は2210社、指名委員会等設置会社は91社）であった。

されない可能性があるのは、監査役設置会社、指名委員会等設置会社、
監査等委員会設置会社のうちどれだろうか？⇒ 4 [3]

第17講

茂文、儲けが気になる
──会社の業績の測定と開示

　本講の話題は、会社の業績をどのようにして測り、関係者に知らせるか、である。会社の「計算」と呼ばれる話題の一部であるが、まずは、次のストーリーをみてもらおう。

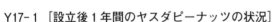

Y17-1　[設立後1年間のヤスダピーナッツの状況]
ヤスダピーナッツ株式会社は、20X0年4月1日に設立された株主5人の会社である。取締役には、安田茂文とその母である真知子らが就いているが、経営は事実上代表取締役社長である茂文1人が行っている。同社は、設立時に、赤井銀行から、5年後に5000万円を返済するという条件で4000万円の融資を受けている。設立後1年の間に、株主からの出資と銀行融資を併せた8000万円の現預金のうち、4000万円で中古の建物を購入して本社とし、残りの4000万円のうち3000万円で落花生を3000ケース仕入れ、このうち2000ケースを2500万円で売ることができた。

　さて、**ストーリーY17-1**のような状況のヤスダピーナッツは、いくら儲かったのだろうか、損をしたのだろうか？茂文（や真知子ら）の経営はうまくいっているといえるのだろうか？経営に関与していない株主は、会社に対して「儲かったのだから配当をよこせ」といえるのだろうか？債権者である赤井銀行としては、ヤスダピーナッツの経営が傾いて融資が返済されないといったことがないか、どのように確認すればよいだろうか？

　これらの問題に関して、会社法は、利害関係者に対して業績を開示すること に関するルールと、株主に対して会社財産を分配することができる金額および その計算方法に関するルールを定めている。本講では前者を取り上げる。

1　会計制度のあらまし

　現在、多くの会社では1年間の業績を測定し、公表することにしている。そ のような業績測定期間は、会社法上「**事業年度**」と呼ばれ、特に業績を測定す る基準として重要な事業年度の末日は、**決算日**と呼ばれることもある。わが国 では、決算日を3月31日に設定している会社が多い（☞第5講1[1](i)）。

[1]　会計帳簿と簿記

　会社は、日々、様々な取引をしている。落花生を仕入れて代金を現金で支払 う、といった取引の1つひとつが、会社の利益に影響する活動であると考えら れることから、それらを記録に留めておく必要がある。この記録には、**会計帳 簿**（これは電磁的記録を含む概念である。433条1項2号参照）と呼ばれる帳簿が 用いられ、その記録の技法のことを**簿記**という（現在では物理的な紙の帳簿では なくコンピュータを用いた記録も多くなっていると思われるが、紙の帳簿による処 理の考え方は、コンピュータプログラムにも受け継がれていると思われる）。

　もっとも、日々の取引をありのまま（たとえば「8月2日にピーナッツ20ケー スを仕入れて、その代金20万円を現金で支払った」といった文章で）記録をつけて いても、それら日々の取引の情報は膨大な量になる一方で、それらを無秩序に 寄せ集めてみたところで、会計の本来の目的である、その会社が儲かったか損 をしたかを評価するための情報にはならない可能性が高い。そこで、各々の取 引に関する情報を、フォーマットを揃えてある程度情報量を圧縮する形で記録 することが行われる。それが、貨幣量（日本なら「円」を単位とする金額）で表 示された複式簿記というフォーマットである。

　先の取引なら、

　　　8月2日　（借）　商品　200,000円　　　（貸）　現金　200,000円 といった形で記録していくのである。このように継続的に記録された会計帳 簿[1] に基づいて、後に説明する業績測定のためのフォーマットである計算書

類を作成することになる（このような作成方法は**誘導法**と呼ばれる）。

[2]　会計帳簿等の閲覧謄写等請求権

　後に述べるように（☞2）、会社の利害関係者には、会計帳簿そのものではなく開示用に整理されたフォーマットである計算書類の形で情報提供されることが予定されている。しかしながら、開示された計算書類の適正性に疑いがある場合などには、その基礎資料である会計帳簿に遡って調べる必要がある。そこで、433条1項では、総株主の議決権あるいは発行済株式の3％以上を有する株主は、「請求の理由」を明らかにして[2] 会計帳簿の閲覧謄写等の請求をすることができるとされている[3]。

　もっとも、1[1]で述べたように、会計帳簿は、商品をどこからいくらで仕入れてどこにいくらで売っているのか、といった、会社の機密に属するような情報も含みうるものであるから、要件を満たす株主の請求であっても、①権利の確保または行使の目的以外の目的である場合、②業務遂行妨害目的や「株主の共同の利益」を侵害する目的である場合、③請求者と会社とが競争関係にある場合[4]、④第三者への漏えいにより利益を得る目的である場合、⑤請求者が過去2年内に④の行為をしたことがある者である場合については、閲覧謄写等を会社が拒絶できる旨が定められている（433条2項各号）。

1）会計帳簿には、日記帳（日々の取引を記録したもの）、仕訳帳（日記帳に記載された取引を借方と貸方〔注7参照〕とに分けて記載したもの）、総勘定元帳（仕訳された会計上の事実を資産・負債・純資産、あるいは費用・収益に分類し、それまでの勘定を集合したもの）などの主要簿と、現金出納帳などの補助簿が含まれると解されている（コンメ(10)125頁［尾崎安央］）。会計帳簿は、「適時に、正確な」ものとして作成しなければならず（432条1項）、また、会計帳簿およびその事業に関する重要な資料については、会計帳簿の閉鎖の時から10年間保存しなければならない（432条2項）。

2）「請求の理由」は、具体的に記載されなければならないが、その記載された「請求の理由」を基礎づける事実が客観的に存在することについての立証がなくても閲覧謄写等が認められると解されている（[百73]最判平成16年7月1日民集58巻5号1214頁）。

3）閲覧等請求の対象となる「会計帳簿」の意義について、[百 A32]横浜地判平成3年4月19日判時1397号114頁。

[3]　公正な会計慣行

　ところで、数多くの取引の情報を、どのように圧縮して記録すれば（どのような会計処理をすれば）業績の測定に役立つ情報となるかについて、会社法や会社計算規則などの法令ですべて決めきれるものではない。他方で、どのような会計処理を行ってもよいとしたのでは、利益をごまかすなどの不正が行われかねないし、また、同じような取引を各社がバラバラに会計処理したのでは、他の会社と比較して会社の経営の善し悪しを評価することも難しくなってしまう。そうであれば、会社法で強行的に定められた規定以外の部分については、一般に公正妥当と評価されるような会計処理があるのであれば、それに従うように求めるのが合理的であろう。431条が、「株式会社の会計は、一般に公正妥当と認められる企業会計の慣行に従うものとする」と定めているのは、そのような趣旨であると考えられる[5]。

2　計算書類

　さて、前置きが長くなったが、会社法が定める株式会社の業績開示制度について説明していこう。会社法において、事業年度ごとに業績を数値で測定した結果を示す基本的な書類は**「計算書類」**として括られる各書類であり、これは、**貸借対照表**および**損益計算書**と、**株主資本等変動計算書**および**個別注記表**からなる（435条2項、計則59条1項）[6]。

4）とりわけ③は、条文上「請求者が当該株式会社の業務と実質的に競争関係にある事業を営み、又はこれに従事するものであるとき」に閲覧謄写等の拒絶を認めるものであるが、会社と「実質的に競争関係にある」か否かを判断する際には、請求者のみならずその子会社まで広く捉えるべきこととされる（[SU32]東京地判平成19年9月20日判時1985号140頁）。また、会社は、請求者が会社と競業をなす者であるなどの客観的事実を証明すれば閲覧謄写等を拒絶できる（請求者が情報を自らの競業に利用する意図をもっている、といったことを会社が証明しなくてもよい）とされる（[百74]最決平成21年1月15日民集63巻1号1頁）。

5）現在、企業会計基準委員会という組織が、そのような観点から利用可能な会計基準を公表しており、それに従った会計処理を行っている限りは、原則として会社法上も適正な会計処理がなされていると評価してよいと考えられている。もっとも、何をもって公正な会計慣行とみるかは難しい（[SU31]・[百72]最判平成20年7月18日刑集62巻7号2101頁参照）。

[1]　貸借対照表

貸借対照表（バランス・シート〔balance sheet〕とも呼ばれ、これを省略してB/Sとも呼ばれている）とは、決算日における会社の財産状況を表すものである。たとえば、毎年3月末が決算日の会社であれば、3月31日時点の会社の財産状況を表すのである。**表17-1**にSL食品を例とした（架空の）上場会社の貸借対照表を掲げているので、以下の説明はそれを参照しながら読んでいただきたい。

貸借対照表は、大きく資産の部、負債の部および純資産の部の3つの部に区分される（計則73条1項）。左側に資産の部、右側に負債の部と純資産の部を配置すること（勘定式と呼ばれる形式）が多い[7]。

貸借対照表の<u>左側が決算日において会社が保有する財産を示す</u>のに対して、<u>右側は、その財産を取得するための資金をどのように調達したのか、ということを示している</u>。したがって、<u>資産の部の合計額＝負債の部の合計額＋純資産の部の合計額</u>、という等式が成り立つ。

(i)　資産の部

資産の部には、概ね、決算日において会社が保有している財産的価値のあるものが、金額換算され、適切に立てられた小項目ごとに集計されて表示されていると理解しておけばよいだろう。流動資産、固定資産および繰延資産という区分があり（計則74条1項）、流動資産の区分に計上されるのは、企業の主たる事業活動の反復的な循環の過程内にある項目（たとえば、商品在庫や掛けで売った商品代金債権〔売掛金〕等）および1年以内に回収・現金化することが予定された項目であり、それ以外の財産は固定資産に計上される、というのが規律の大まかな内容である（計則74条2項・3項参照）。繰延資産は、換金可能性はな

6）なお、会社計算規則では「**計算関係書類**」という概念も用いられており、これには、計算書類や会社の成立のときに作成が義務づけられている貸借対照表（435条1項）のほか、**臨時計算書類**や**連結計算書類**が含まれる（計則2条3項3号）。臨時計算書類は、事業年度の途中で作成される貸借対照表や損益計算書のこと（441条1項）であり、前事業年度の末日から臨時決算の基準となる時点（「臨時決算日」）までの業績等を反映して株主への配当などを実施するため（461条2項2号参照）に作成される。連結計算書類については、☞ 4 [1] (ii)。

7）簿記・会計の分野では、左側を**借方**、右側を**貸方**と呼ぶ。

いけれども、会計処理上の必要性から便宜的に資産に計上することが許された、すでに行われた支出のことである。詳しい内容については会計学等の教科書に委ねる。

表17-1

貸借対照表（20X2年3月31日現在）　　　　　　　　　（単位：百万円）

科目	金額	科目	金額
資産の部		**負債の部**	
流動資産	78,514	**流動負債**	44,196
現金及び預金	21,828	買掛金	13,608
売掛金	29,250	短期借入金	6,127
商品及び製品	7,712	1年内返済予定の長期借入金	6,535
仕掛品	32	未払金	12,598
原材料及び貯蔵品	13,446	未払費用	932
前払費用	565	未払法人税等	1,277
短期貸付金	935	未払消費税等	273
未収入金	4,236	賞与引当金	1,237
その他	1,793	役員賞与引当金	94
貸倒引当金	△ 1,289	債務保証損失引当金	598
固定資産	69,180	その他	911
有形固定資産	(28,339)	**固定負債**	8,733
建物	9,291	長期借入金	4,256
構築物	1,235	退職給付引当金	3,935
機械及び装置	13,352	その他	541
車両運搬具	12	**負債合計**	52,930
工具、器具及び備品	969	**純資産の部**	
土地	3,205	**株主資本**	89,874
建設仮勘定	272	資本金	19,985
無形固定資産	(2,679)	資本剰余金	23,733
借地権	170	資本準備金	20,300
ソフトウエア	2,508	その他資本剰余金	3,433
投資その他の資産合	(38,161)	利益剰余金	59,685
投資有価証券	13,716	利益準備金	1,193
関係会社株式	10,532	その他利益剰余金	58,492
関係会社出資金	4,845	別途積立金	43,663
関係会社長期貸付金	10,226	繰越利益剰余金	14,829
敷金	692	自己株式	△ 13,529
繰延税金資産	59	**評価・換算差額等**	4,584
その他	1,115	その他有価証券評価差額金	3,814
貸倒引当金	△ 3,047	繰延ヘッジ損益	769
		新株予約権	305
		純資産合計	94,764
資産合計	147,695	**負債純資産合計**	147,695

(ii)　負債の部と純資産の部

　貸借対照表の右側は、資金調達の方法を示している。

　負債の部は、大まかには、会社が資金を"借りる"という形で調達した（つまり、会社債権者から調達し、したがって将来返済の義務のある）金額とその内訳を表している。負債の部にも、小項目を大まかに括る項目として、資産の部と同様の考え方に基づき流動負債と固定負債という区分がある（計則75条1項・2項）。

　他方で、純資産の部をどのように理解するかは難しいが、ここでは単純に、決算日において株主に帰属すると考えることのできる会社財産の額が示されていると理解しておこう。純資産の部の内訳は、会社法の会計に関する規律の最重要ポイントともいうべき、株主に対する配当額の上限を画する規制（分配可能額規制）を理解するうえで非常に重要なものであるので、その詳細については次講で改めて説明する。

[2]　損益計算書

　その会社の財産状況を表すのが貸借対照表であるから、ある事業年度の末日の貸借対照表とその前の事業年度の末日の貸借対照表とを比較すれば、当該事業年度においてどれだけ財産や借金（資産や負債）が増えたか（減ったか）はわかる。しかしながら、会社の財産や借金の増減だけでは、その会社がどういった理由で儲かったのか（損をしたのか）はわからない。そこで、当該事業年度においてどのような原因で利益あるいは損失が生じたかを示すのが、損益計算書（英語の profit and loss statement を省略して P/L とも呼ばれている）である。同様に、**表17-2** に SL 食品を例とした（架空の）上場会社の損益計算書を掲げておく。

　当該事業年度においてその会社に生じた利益（損失）の原因を表すために、損益計算書には様々な「利益（損失）」[8] 概念が登場するが、本業での儲けを表す**営業利益**と、最終的に株主に帰属することになると考えられる**当期純利益**は、特に重視される指標である。

表17-2

損益計算書（20X1年4月1日から20X2年3月31日まで）

（単位：百万円）

科目	金額
売上高	**142,032**
売上原価	85,178
売上総利益	**56,853**
販売費及び一般管理費	45,946
営業利益	**10,906**
営業外収益	873
（受取利息及び受取配当金）	（545）
（その他）	（326）
営業外費用	348
（支払利息）	（119）
（その他）	（227）
経常利益	**11,431**
特別利益	690
（固定資産売却益）	（141）
（投資有価証券売却益）	（202）
（債務保証損失引当金戻入額）	（346）
特別損失	3,219
（固定資産処分損）	（97）
（減損損失）	（3,122）
税引前当期純利益	**8,902**
法人税、住民税及び事業税	3,435
法人税等調整額	△ 178
当期純利益	**5,645**

[3] 株主資本等変動計算書と個別注記表

　株主資本等変動計算書は、株主への利益の分配という会社の基本的な目的に

8）「**売上総利益**」（なお、「○○利益」は額がプラスの場合の名称であり、マイナスになる場合には「○○損失」となるが、以下ではプラスの場合の名称のみを挙げる）は、売上高から売上原価を引いた額であり、これは、製品や商品の売値が、製品の原価や商品の仕入値を上回る適正なものとなっているか、すなわち、仕入れ・生産活動の成果がどのようなものかを示している。この売上総利益から、販売活動にかかる費用である販売費や経営管理活動にかかる費用である一般管理費を引いた額が「**営業利益**」であり、これが本業としての成果を示している。さらに、この営業利益から、借入金に対して支払う利息や貸付金から受け取る利息などの営業外収益・営業外費用を加減したものが「**経常利益**」であり、これは、金融活動までを含めた平常時の企業活動の成果を示している。この経常利益から、臨時的・偶発的に生じた利益や損失である特別利益・特別損失を加減したものが「**税引前当期純利益**」である。ここから税等の額を加減したものが「**当期純利益**」である。以上につき、計則88-94条参照。

照らして重要な情報となる、純資産の部に計上される各項目の金額について、期首の値がどのような変動要素の影響を受けて期末の値となったかを示すものである（計則96条）。個別注記表は、貸借対照表や損益計算書を作成するにあたって用いた会計方針などを示したものである（計則98条）。

3　計算書類等の取扱い

　さて、決算日を基準として計算書類を作成しなければならないとして、その計算書類は、その後具体的にどのようなプロセスを経て利害関係者に情報として届けられるのであろうか。本講のメインテーマは、会計という、業績を数値で測定し表現するシステムについてであるが、会社の業績の報告という観点からは、(a)計算書類および(b)その附属明細書のほか、厳密には数値（会計）には関係しないものの、(c)事業報告および(d)その附属明細書も重要であり、その取扱いについて会社法では一括りにして定められている場合も多い[9]。そこで、これらの書類も含めて会社の業績を利害関係者に示すためのプロセスを説明すると、大まかには次のような流れになる。

　まず、①事業年度終了後に(a)〜(d)を作成する（435条2項）。②これら(a)〜(d)の書類を監査してもらい（436条1項・2項）、(e)監査報告を取得する。③監査済みの(a)〜(d)の書類を取締役会で承認する（436条3項）。④これを踏まえて、(a)(c)(e)を株主に提供したうえで株主総会を招集する（437条。☞第5講2[4](i)）一方、(a)〜(e)の書面（「計算書類等」）を本店および支店に備え置いて株主および債権者の閲覧に供する（442条）。⑤株主総会で(a)(c)を提示し、報告しあるいは承認を得た（438条・439条）のち、⑥貸借対照表（大会社の場合は損益計算書も）を公告することによって、公衆に開示する（440条。なお、3項と4項に注意）。

　以下では、②監査と⑤株主総会での報告・承認に絞って説明しておこう。

9）附属明細書とは、計算書類や事業報告の内容を補足する重要な事項を表示する書類である（施則128条1項、計則117条参照）。

[1]　監　査

　計算書類の作成は、業務執行の一環として経理担当役員や社長といった執行ラインの責任で行われる[10]。しかしながら、会社の経営成果（業績）を示す書類を、経営に携わってきた人々が作成すると、自分の成果をアピールしたいがためにごまかしが行われる危険性がある。そこで、経営から距離を置いた立場の人間に、作成された計算書類が会社の実態を適正に表しているかをチェックさせることが要求されている。これを、会計監査という。

(i)　会計監査人設置会社以外の会社

　経営から距離を置いた立場で会社の業務をチェックする、というと、真っ先に監査役（☞第12講）が思い浮かぶであろう。そして、実際に、この監査役が計算書類の監査の役割も担うのが会社法の基本的な考え方である（436条1項）。すなわち、監査役は、(c)事業報告および(d)その附属明細書が法令・定款に従い会社の状況を正しく示しているかどうかを確認する（施則129条参照）のみならず、(a)計算書類および(b)その附属明細書が会社の財産および損益の状況を適正に表示しているかを監査し、その結果を監査報告で示すこととされている（計則122条）。

(ii)　会計監査人設置会社

　しかしながら、会社の規模が大きくなると、取引が大量となり、また複雑化するため、その会計処理に係る監査もかなりの専門的知識が必要とされることが想定される一方、すべての会社に会計監査の専門家によるチェックを義務づけるのは現実的ではない。そこで、会社法上の大会社（2条6号。☞第12講4

---

10)　なお、取締役と共同して計算書類およびその付属明細書等を作成する**会計参与**（374条1項）という機関の設置も、定款で定めることにより認められている（326条2項）。会計参与には、公認会計士・監査法人または税理士・税理士法人という、会計の専門家のみが就任することができる（333条）。自社に経理に詳しい者のいない中小企業を念頭に、計算書類を外部の経理の専門家と共同で作成することで、当該会社の作成する計算書類等の信頼性を高めるための制度である。当該会社（「会計参与設置会社」〔2条8号〕）にとっても、計算書類等の信頼性が高まる結果として、たとえば銀行の融資手続がスムーズにいく、有利な条件で融資してもらえるなどのメリットが生じる可能性がある。

[2](i))、ならびに、大会社でない指名委員会等設置会社および監査等委員会設置会社は、会計監査人という会計監査を専門的に行う機関を設置しなければならないとされている（328条・327条5項）[11]。これらの会計監査人の設置が強制される会社と、任意に会計監査人を設置した会社（326条2項参照）とを併せて「**会計監査人設置会社**」という（2条11号）が、この会計監査人設置会社の会計監査（(a)計算書類と(b)その附属明細書の監査）については、会計監査人が会社の財産および損益の状況を適正に表示しているかを監査し（計則126条）、監査役（会）・監査委員会・監査等委員会（以下、本講において「監査役等」という）は、その会計監査人の監査の方法と結果が相当であるかを評価する（計則127-129条）、という形の役割分担がされている[12]。

[2]　計算書類の確定権限

　すでに述べたように、会社法では、定時株主総会に事業報告と計算書類を提示することが求められている。事業報告は文字通り取締役から報告されるのみである（438条3項。株主総会の承認決議をとる必要はない）のに対して、計算書類は株主総会の承認決議を経てはじめて確定するのが原則である（438条2項）。
　もっとも、会計監査人設置会社（☞3[1](ii)）については、会計監査人の監査

---

11) 会計監査人は、会計の信頼性を確保することを専門とする公認会計士の資格を有する者（あるいは公認会計士を中心的な社員とする法人である監査法人）でなければなることができないとされている（337条1項）。会計監査人も株主総会により選任される（329条1項。任期1年だが別段の決議がなければ再任されたものとみなされる〔338条1項・2項〕）が、本文で述べたように監査役等との密接な協働が必要であることから、会計監査人の選解任を決定する株主総会議案の内容は監査役等が決定する（344条1項、399条の2第3項2号、404条2項2号）ほか、会計監査人には自己の選任・退任に関して監査役と同様の意見陳述権を有する（345条5項）。また、監査役等には固有の会計監査人の解任権が与えられている（340条）。
　　会計監査人は、会社の機関の1つとして位置づけられており、会社に対し善管注意義務を負い（330条、民法644条）、会社に対する任務懈怠責任（423条1項）および第三者に対する責任（429条）ならびにこれらの責任の他の責任主体との連帯責任（430条）の規定は会計監査人についても適用される（これらの規定中の「役員等」の中に会計監査人が含まれる〔423条1項かっこ書〕）。また、会計監査人に固有の対第三者責任として、会計監査報告の重要事項についての虚偽記載がある（429条2項4号）。なお、監査契約の債務不履行に基づき会社に対する責任が認められた例として、|百71|大阪地判平成20年4月18日判時2007号104頁参照。
12) (c)事業報告と(d)その附属明細書の監査は、監査役等が行う（施則129-131条）。

報告および監査役等の監査報告いずれにおいても問題ないとされれば[13]、株主総会においては報告のみでよいとされている（439条）。この場合、計算書類は、監査済みの計算書類が取締役会決議で承認された時点（436条3項）で確定することになる。

4 会社の業績開示に関する他の制度との関係

さて、以上が、会社法が定める会社の業績の測定方法およびその利害関係者への開示の流れであった。

[1] 投資家に対する開示

ここまでの説明を読んだ読者は、報道を賑わせている上場会社の決算数値も、先に述べた流れに従って発表されているのだろう、と思うかもしれない。しかしながら、次の**ストーリーS17-1**にみられるように、少なくとも上場会社については、報道を賑わせている"決算数値"は、先に述べた計算書類の数値とは異なるものであることがほとんどである。

S17-1 ［SL食品の今年の決算］
SL食品株式会社は、20X2年5月14日、20X1年度（20X1年4月1日から20X2年3月31日）の決算を発表した。これによれば、SL食品グループの売上高は1808億円、営業利益は140億円、当期利益は103億円であった。

(i) 取引所の開示ルールと金融商品取引法上の開示制度

読者が普段報道等で接しているであろう上場会社の決算数値は、その会社が株式を上場している金融商品取引所の定める有価証券上場規程に基づき、**決算短信**という媒体を通じて公表されたものであることが多い。この決算短信によ

---

13) 具体的には、会計監査人の監査報告につき無限定適正意見（計則126条1項2号イ参照）が出され、かつ、その会計監査報告に対して監査役等の監査報告において会計監査人の監査の方法または結果が相当でないとの意見が付されていないことが必要となる（計則135条）。

る業績の開示は、金融商品取引所の制度であることからもわかるように、主と
して、その会社の株式を買いたいと考えている投資家や、その会社の株式を保
有していて売り時を探っている株主が、買い時や売り時を判断するのに有益な
情報を提供することを目的とするものであると理解することができる。

　さらに、この決算短信による業績開示の制度的背景には、国家が定めたルー
ルである金商法がある[14]。金商法は、株主数が一定以上の会社等について、事
業年度ごとに**有価証券報告書**と呼ばれる開示資料を作成させ、監査させ、公衆
に開示させるという形で、投資家に対する情報提供のより厳格な枠組みを設け
ている（金商法24条等参照）。決算短信と有価証券報告書とは、大まかには、前
者が主として業績の数値的側面の情報を中心に速報として開示するのに対して、
後者は、厳格な検証を行って適正性を制度的に確保したうえで、数値以外の情
報も含めて改めて世の中に対して開示する、という役割分担がなされていると
考えることができる。

(ⅱ)　連結決算の重視

　ところで、これらの投資家に対する業績開示の特徴は、**連結決算**という企業
グループをベースとする業績の数値が開示情報の中心に据えられている点であ
る[15]。

> 　ある会社が、別の会社に対して、総株主の議決権の過半数を保有するなどによって支配
> 的な影響力を有する場合に、前者は後者の**親会社**（後者は前者の**子会社**）と呼ばれる（2条
> 4号・3号参照）。連結決算を一言で説明するならば、親会社とその子会社を1つの組織体
> と捉えて（一般に"企業グループ"と呼ばれるが、法律上は「**企業集団**」という）、その企業集
> 団の財政状態および経営成績を総合的に報告する制度である。2つ以上の法人を1つの組
> 織体と捉えるという発想は、法人格の分離原則と株主有限責任という会社法の建前から厳
> 密に考えるとおかしな話ではあるのだが、投資家の意識としては、親会社が保有する株式
> の議決権を通じて子会社の経営を左右することができるし、配当を通じて子会社の利益を

14）金融商品取引所が定める有価証券上場規程自体が、金商法117条1項4号に基礎を置くもので
　　ある。

15）なお、金商法に基礎を置く開示制度においても、その（上場）会社だけの業績を示した単独決
　　算も開示されてはいる。単に重視されていないだけである。

> 親会社に吸い上げることもできるのだから、親会社に投資することは、間接的に子会社に
> も投資しているのと同じことだ、という意識になる。そのような意識が多くの投資家に共
> 有されると、今度は、株式を売る側も買う側も、親会社単体ではなく、子会社も含めた企
> 業集団単位での業績こそが、その上場会社の株式の割安・割高を判断する材料として重要
> となってくるのである。

これに対して、株主と債権者とを主たる利害関係者として念頭に置く会社法
においては、基本的には法人格の分離原則と株主有限責任を前提とした数値、
したがって当該会社単独の貸借対照表や損益計算書などの計算書類が主たる開
示媒体として位置づけられている[16]。これが、同じ会社の同じ事業年度の"業
績"であるにもかかわらず、**ストーリーS17-1**で売上高、営業利益等として
大々的に世間に公表された数値と、**表17-2**の損益計算書の売上高、営業利益
等の数値が異なる理由である。

> もっとも、会社法における重要なアクターである株主は、株式という金融商品を保有し、
> その株式の売り時を探っている投資家という側面も有する。したがって、先に述べた"連
> 結決算重視"という投資家の意識の変化は、当然株主にも及ぶ結果として、株主利益の向
> 上を図ることを主たる任務とすると考えられる（親）会社の取締役等の経営陣も、連結業
> 績の向上を意識せざるをえなくなる。このような関係者の意識の変化を受けて、会社法の
> 制度としても、連結業績を意識した制度が整備されている[17]。具体的には、大会社である
> 有価証券報告書提出会社については、連結ベースでの業績がわかる計算書類として**連結計**
> **算書類**が導入され、その作成、監査と株主への提供、さらには株主総会での報告が義務づ
> けられている（444条）。実際の上場会社の株主総会では、会社法上はより重要であるはず
> の単独決算（2で説明した貸借対照表や損益計算書）よりも、連結計算書類の内容に説明の
> 重心を置く会社が増えている。

---

16) このことは、次講で説明するように、株主への配当の上限額が単独ベースの貸借対照表に基づ
　　いて算定されることも大きく影響している。

17) 法的な議論としても、現在の多数説は、親会社取締役について子会社を管理する義務といった
　　ものを認めているし、裁判例にもそれを認めるように読めるものもある（[百51]福岡高判平成24
　　年4月13日金判1399号24頁参照）。
　　　もっとも、親会社の子会社管理義務を認めるとしても、実際に子会社管理のマズさに起因して
　　子会社に損害が生じた場合に、親会社の損害について任務懈怠責任を負う親会社取締役は、いく
　　らの損害賠償責任を負うことになるのか、という点も問題になる。完全子会社の損害は親会社の
　　損害として算定する旨を述べる判例（[百19]最判平成5年9月9日民集47巻7号4814頁）がある
　　が、完全子会社でない場合にはどのように考えればよいかは未解決の難問である。

[2]　トライアングル体制

　さらに、会社は、一定の利益を挙げた場合には、法人税や法人事業税などの形で税金を国や地方公共団体に納めなければならない。その税額を算定するために、いくら儲かったか、損をしたかを測定する必要がある。これは、租税法に基礎を置く会計であり、租税会計と呼ばれる。

　そうすると、会社の計算に関しては、会社法に基礎を置く会社法会計、金商法に基礎を置く金商法会計、および、租税法（とりわけ法人税法）に基礎を置く租税会計の３つの制度があることになる。基本的には同じ活動について利益や損失を測定するのであるから、会計処理については共通する部分が多い[18]ものの、制度目的を異にするため細かな点で差異が生じうる[19]。

　このように、会社法会計、金商法会計および租税会計が併存し、しかもその３つが無関係なものでなく相互に影響・制約しあって会計制度を形成している状況のことを指して、"**トライアングル体制**"という表現が用いられることもある。

●**第17講のおさらい**

・貸借対照表や損益計算書から、どのような情報を読み取ることができるだろうか？⇒ 2 [1]・[2]

・貸借対照表や損益計算書の確定プロセスはどのようなものだろうか？⇒ 3

・「トライアングル体制」とはどのようなものだろうか？⇒ 4 [2]

---

18) 制度趣旨の差異にかかわらずこれら３つの制度を結びつける概念として、１で述べた「一般に公正妥当と認められる企業会計の慣行」が重要となってくる。金商法193条および法人税法22条４項にもこれに類する語が登場し、それへの準拠が求められている。

19) 業績を報告する会社の経営陣の立場からすれば、会社法や金商法に基づく開示は、株主や投資家に対して業績をアピールするためになるべく業績をよくみせたい、という誘惑に駆られることになるのに対して、租税会計は、儲かれば儲かるほど（業績がよければよいほど）、国等に支払わなければならない税金が増えることになるから、なるべく利益が出ないような会計処理をしたいという誘惑に駆られることになる。それぞれの誘惑に対処するためには、異なる対応をする必要があることがわかるであろう。

第18講

長井社長、大盤振舞いがしたい
──分配可能額規制と資本制度

　株式会社に顕著な特徴は、株主有限責任制度にある。これは、事業に果敢に
チャレンジできるようにするためのお金を集めやすくするための制度であるが、
他方、会社債権者の立場からすれば、会社に対する債権（会社の債務）の弁済
について株主をあてにすることはできないから、会社自身が弁済できるように、
しっかりと会社財産を確保しておいてもらう必要がある（☞第2講2[2](ii)）。

　本講では、株主と債権者との利害調整として重要な、株主への分配をめぐる
会社法の規律を説明する。

1　株主への利益の還元に関する規律の基本的な考え方

　S18-1　[SLの食品の20X1年度決算]
　SL食品株式会社の20X2年3月31日の貸借対照表は、表17-1（255頁参照）
の通りである。長井社長としては、来年度、SL食品が創業70周年を迎える
にあたって、記念として配当を大盤振舞いしたいと考えている。

[1]　「分配可能額」規制とその対象

　会社が稼いだ利益を株主に還元する方策というと、真っ先に思いつくのは、
いわゆる配当、すなわち、会社が株主に対して見返り（反対給付）なしに会社
財産を分け与えるものであろう。これを会社法では「**剰余金の配当**」と呼び、
その交付する金銭等の帳簿価額の総額は「**分配可能額**」を超えることができな

い（461条1項8号）と定めている（以下、この規律を「分配可能額規制」という）。

　もっとも、株主への支払いの形で会社財産が流出することが債権者との関係で問題であり、それに一定の歯止めをかける必要があるのだとすれば、配当以外の形で株主に対して会社財産が支払われる場合についても、一定の規制をかける必要がある。

　この点に関して特に重要であるのは、一定の場合には、会社が、株主から、自社が発行している株式を買い取ること（以下「自己株式の取得」という）も可能である（155条）点である。自己株式の取得は、自社の株式を反対給付として受け取るとはいえ、会社が株主に対して会社財産（とりわけ金銭）を支払う点において、配当と同様の効果を有することから、そのような行為を無制限に認めると、会社債権者への弁済原資となる会社財産が確保できなくなるおそれがある。そうすると、自己株式の取得についても、基本的には配当と同じ規制に服させる必要がある。461条1項1-7号では、一定の事由によって株主から会社の株式を取得するのと引換えに交付する金銭等について、剰余金の配当と同様に分配可能額規制がかかると定められている[1]。

[2]　貸借対照表を基準とした規律と "バッファ" の必要性

　さて、では、株主に配当や自己株式の取得（以下、両者を併せて「分配」と表現する）の形で会社財産を分け与えることのできる上限額を画する「分配可能額」とはどのように定められているのだろうか。この点について、会社法は、貸借対照表上の数値を基準とした規律を定めている。

　貸借対照表とは、一定の日（決算日）における会社の財産状況を表すものであった（☞第17講2[1]）。ここで、簡単な数値例を用いて説明するために、決算日において資産30億円、負債7億円、資本金10億円、資本剰余金2億円（資本準備金1億円、その他資本剰余金1億円）、利益剰余金11億円（利益準備金1億円、その他利益剰余金10億円）という甲株式会社を考えてみよう[2]。

　先に述べたように、債権者への弁済原資の確保のために株主への分配が制約

1）詳細については、注11参照。

されるのであるから、会社債権者に対して負っている債務が支払えるだけの会社財産さえあればよさそうだし、したがって、貸借対照表の資産の部の合計額が、負債の部の合計額を超えた部分はすべて分配に回してもよさそうに思える。しかしながら、負債額ギリギリまで会社財産を株主に分配してしまう（先の甲株式会社なら会社財産を7億円しか残さない）と、その後に会社経営がうまくいかずに損をした場合、途端に債務を全額弁済できなくなってしまう。そのような事態を想定するならば、債権者への弁済原資を確実に確保するためには、負債額ギリギリではなく、ある程度余裕（バッファ）をもって会社財産を確保させておく方がよいだろう。そのようなバッファとして「資本金」や「資本準備金」「利益準備金」といった、貸借対照表の純資産の部（のうち、特に「**株主資本**」〔計則76条1項1号イ・2項1号・4項1号・5項1号〕）の項目が設定されているのである。

図18-1

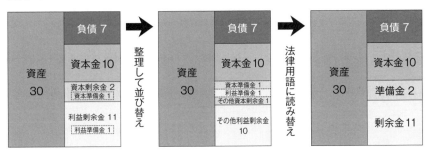

　ところで、**図18-1**の一番左の図が、会計的観点から甲株式会社の貸借対照表を模式的に示したものあるが、このような簡略化したものでも、これから説明する分配可能額規制を理解するのは容易でない。そこで、貸借対照表上「資

2）純資産の部のうち、評価・換算差額等と新株予約権（計則76条1項1号ロ・ハ）については存在していないものとしている。実は、この2つの項目の存在が、資本金や準備金の債権者保護において果たす役割をわかりにくくしている一因にもなっている（注6も参照）が、これを説明し出すと、細かな技術的な議論に立ち入らざるをえず、分配可能額規制の基本からは離れてしまうと考えられることから、説明は省略する。

本剰余金」とされるもののうち「**資本準備金**」と呼ばれるものと、利益剰余金とされるもののうち「**利益準備金**」と呼ばれるもののみを取り出して、資本金の次に並べ替えておこう（真ん中の図）。実は、法律上、資本準備金と利益準備金は併せて「**準備金**」と呼ばれ（445条４項参照）、分配可能額規制の関係では統一的な規律がなされている。他方で、資本剰余金のうち資本準備金を除いたものは「**その他資本剰余金**」、利益剰余金のうち利益準備金を除いたものは「**その他利益剰余金**」と呼ばれる（計則76条４項・５項参照）。後に述べるように（☞３[1](ⅰ)）、これらは併せて、法律上「**剰余金**」と呼ばれる概念で括られている。したがって、貸借対照表を分配可能額規制の観点から組み替えたうえで、法律用語で言い換えると、**図18-1**の一番右側のようになる。分配可能額規制を理解するためには、常にこのような組み替えを意識するとよいだろう。

　　分配可能額は貸借対照表の数値を基に定められているところ、貸借対照表の左側の資産の部は、決算日において会社が保有する財産を示していると考えてよいし（繰延資産などの、財産的価値はないけれども会計技術上便宜的に資産計上されているものも、あるにはあるが）、右側のうち負債の部は、決算日において会社の借金（会社債権者に対して負っている債務の金額）がいくらかを示していると考えて概ね間違いではないのに対して、純資産の部が一体何を表しているのかは理解がしづらい。

　　よくある勘違いは、「資本“**金**”」や「資本準備“**金**”」といった表現が用いられていることから、たとえば、資本金10億円の会社と聞くと、何やら10億円分の札束がその会社の金庫の中に積まれている（あるいは銀行預金の形で溜め込まれている）ように考えてしまうことである。純資産の部の「○○金」という数値は、そのような実体的な価値のある財産の存在を示すものではなく、管理上の便宜ために付された単なる数値に過ぎない点は改めて確認しておきたい（その“管理”の中でもとりわけ重要なものとして、分配可能額規制がある）。

　　そこで、筆者は、分配可能額規制の話をする際にはいつも、純資産の部（とりわけ株主資本）の数値は、計量カップの目盛りのようなものだと説明している。**図18-1**のような模式図でもまだ何かしっくりこないという方は、さらに次の**図18-2**のように貸借対照表をデフォルメすれば、多少なりともわかりやすくなるのではあるまいか。

2　分配可能額規制と株主資本の計数

　それでは、話を戻して、株主への分配の上限を画する「分配可能額」が、具体的にどのように算定されるのかを説明していこう。

図18-2

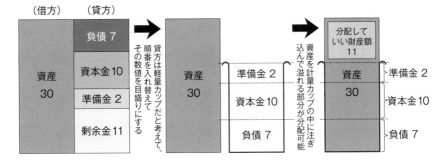

[1]　分配可能額算定の基本式

　461条2項の条文をみると、「分配可能額」は、何かから何かを足したり引いたりして算出されることぐらいはわかるだろう。ここでは、大胆に、

> 分配可能額＝剰余金（1号）－自己株式（3号）　……式A

と理解しておこう。それ以外の列挙事項は、決算日以降に生じた様々なイベント（しかも、それほど頻繁に生じるわけではないイベント）によって発生する変動要素（2号・4号・5号）や、細かな技術的な調整項目（6号、計則158条）なので、基本部分の理解のためには、差し当たりは無視した方がよいのである。

(i)　剰余金概念

　まず、剰余金については446条に定めがあり、

> 剰余金＝決算日の貸借対照表上の数値の足し引き計算（1号）±決算日以降の純資産の部の数値の増減（2-7号）　……式B

である。話がややこしくなるので、とりあえず決算日の剰余金（1号）の額だけ考えると、これまた数式があって、計算規則149条まで踏まえると、

> 決算日における剰余金＝貸借対照表上の、その他資本剰余金＋その他利益剰余金　……式C

となる[3]。

　ここで、自己株式の存在を一旦無視すると、**式A**と**式B**は同じになり、これに**式C**も繋げることができるから

> 分配可能額＝剰余金＝その他資本剰余金＋その他利益剰余金

と単純化できる。

　これはあくまで様々な前提・仮定を置いて、かつ、細かな項目を無視した極めて大雑把な等式であるが、分配可能額規制を理解する第一歩であるから、まずはこれを頭に入れておいてほしい。

(ⅱ)　配当をした場合の処理

　ところで、仮に会社が実際に株主に対して金銭を配る形での配当（以下「現金配当」という）をしたならば、その額と同額だけの分配可能額が減らないと、債権者保護のための分配可能額規制が役割を果たせない。たとえば分配可能額＝剰余金＝11億円の会社が5億円を配当したら、その後の分配可能額は6億円にならないといけない。資産の部の現預金が5億円減少した以上、貸借対照表の左右を一致させるために、右側の数値も5億円減らないといけないところ、現金配当の場合、純資産の部の「その他資本剰余金」か「その他利益剰余金」という、法的には「剰余金」に属する科目を5億円分減少させる処理を行う[4]。この結果、分配可能額も5億円減少するのである（**図18-3**左側参照）。

(ⅲ)　自己株式取得をした場合の処理と分配可能額規制

　他方で、すでに述べたように、自己株式の取得も、現金配当と同様に株主への還元策である（☞1 [1]）。そして、自己株式の帳簿価額は、会社が株主から株式を取得したときに、いくらで買い取ったのかを示しているから、要するに、株主にいくら還元したかを示していることになる。分配可能額＝剰余金＝11億円の会社が5億円を自己株式取得という形で株主に還元をした場合、(ⅱ)で述べた現金配当と同様に、その後の分配可能額は6億円にならないとおかしいので

　3）446条1号は、剰余金＝資産の額＋自己株式の帳簿価額−負債の額−資本金の額−準備金（資本準備金および利益準備金）の額−法務省令で定める項目、とされているが、法務省令で定める項目（計則149条）によって、446条1号が具体的に挙げていた項目はすべて消去されてしまい、最後に残るのは、「その他資本剰余金」と「その他利益剰余金」だけ、という結果になる。

　4）剰余金に属する科目のうち、「その他資本剰余金」と「その他利益剰余金」のそれぞれをいくら減少させるかは、剰余金の配当の決定時に併せて会社が決める（計則23条）。

図18-3　現金配当と自己株式取得の会計処理の違い

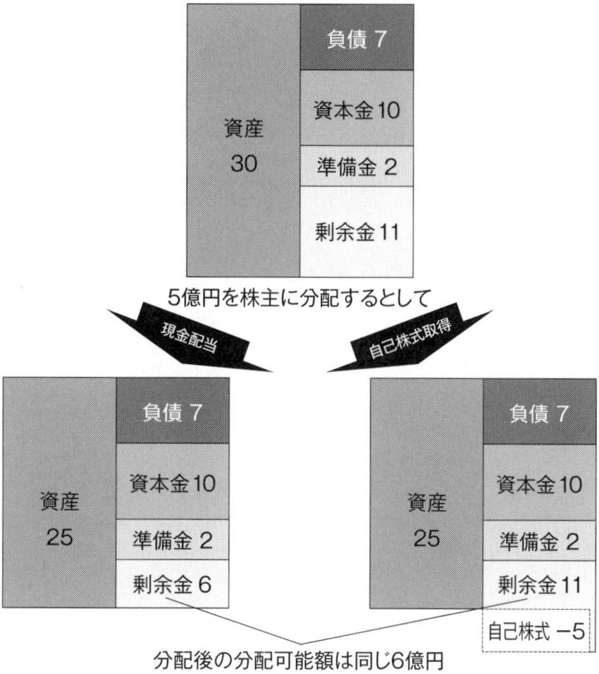

負債 7

資本金 10

準備金 2

剰余金 11

資産
30

5億円を株主に分配するとして

現金配当

自己株式取得

負債 7

資本金 10

準備金 2

剰余金 6

資産
25

負債 7

資本金 10

準備金 2

剰余金 11

自己株式 −5

資産
25

分配後の分配可能額は同じ6億円

あるから、同様に純資産の部の金額を5億円減らす必要がある。しかしながら、自己株式の話がややこしいのは、現金配当の場合とは純資産の部の処理の仕方が異なっている点である。

　現金配当の場合、11億円だった剰余金の額を6億円に減らすことで、分配可能額が6億円になったという情報の更新を行うのに対して、自己株式取得の場合は、剰余金の額を直接減らすのではなく、剰余金の額は11億円のままにして、でも5億円は過去に自己株式取得で使っているよ、という注意喚起の表示をつける形にするのである（**図18-3**右側参照）。要するに、自己株式取得の方法で株主還元をした場合の分配可能額は、11 − 5 ＝ 6の右辺の計算結果を表示するのではなく、左辺の計算式のままで表示しなければならないというルールになっているのである[5)]。結果的に、**式A**（269頁参照）が定めるように、分配可能額は剰余金の額から自己株式の帳簿価額を引いて求められる、という基本的な

算定式になるのである。

[2]　資本金と準備金

　さて、**図18-2**で模式的に示したように、資産額が、負債額、資本金額および準備金額を合計した額を超える場合、その超える金額が概ね剰余金であると理解してよく、それはすなわち分配可能額を計算していることになる（ただし、自己株式がある場合、剰余金から自己株式の帳簿価額を引く必要がある）ことはわかるであろう[6]。

　そうであれば、資本金や準備金がどのように決まるのか、また、それらの額の増減にはどのような手続が必要になるのか、という点が、分配可能額規制を考えるうえで重要であると考えられる。

(i)　どのような場合に資本金・準備金の数値を増加させなければならないか

　資本金の額は、基本的には、会社の発行する株式の対価として株主が払い込んだ金額に基づいて決められる。すなわち、設立時や設立後に株式を発行する際に株主となる者が会社に払い込んだ金額全額が、資本金の額になるのが原則である（445条1項）。もっとも、払込額の半分までは、資本金ではなく、資本準備金の額の増加で対応することができる（445条2項・3項）。いずれにせよ、株主から払込みを受けた結果として会社の資産が増えたからといって、剰余金の額（したがって分配可能額）が増えるわけではない。株主が会社に対して払い込む財産は、会社の事業活動の元手として活用させるべきであるから、それに相当する額の財産がすぐに株主に払い戻されるようなことにはならないようにしているのである。

　5）これが、文献等でよくみかける"自己株式の取得価額（帳簿価額）は純資産の部（株主資本）の控除項目として表示される"という表現（計則76条2項柱書後段も参照）の意味するところである。

　6）分配可能額の算定式の中には資本金や準備金の数値は用いられていないが、資本金や準備金の額はマイナスとはなりえず（447条2項・448条2項、計則25条2項前段・26条2項前段）、また、それに相当する金額は分配可能額を構成する剰余金とはなりえない、という形で、資本金や準備金は間接的に分配可能額を抑制する機能を果たしているのである。

　また、剰余金の配当をするたびに、利益準備金や資本準備金を、合計して資本金の額の４分の１以上になるまで増加させなければならない、ともされている（445条４項、計則22条）。これは、株主への配当ができるほど財務的な余裕のあるときに、債権者のためのバッファを増しておこう、という発想であると考えられる。

(ⅱ)　会社の意思に基づく資本金・準備金の額の変動

　一般論として、バッファである資本金や準備金の額が大きければ大きいほど、債権者は（負債額よりも大きな額の財産が確保されやすいという意味において）安心できる一方で、会社に財産を貯め込ませることになるから、株主は分配を受けにくくなる。その意味で、資本金や準備金の額の増減は、株主と債権者の利害対立が顕著となる局面であるといえる。

　そこで、会社の意思でこのバッファを変動させる際には、基本的には株主総会の決議が要求されるとともに、特にバッファを減らす方向で変動させる場合には、債権者がより害されやすい立場に置かれることから、基本的には**債権者異議手続**が要求されている（詳細は**表18-1**参照）。債権者異議手続とは、大まかにいえば、バッファが減ることを債権者に知らせて、これに異議のある債権者の申し出に応じて会社がその債権を弁済したり、弁済原資を第三者に預けたりする制度である（449条）。同様の制度は合併等の組織再編のところでも出てくるので、詳細はそこで説明する（☞第29講1[2]）。

　ところで、分配可能額規制で最も重要な点は、資本金や準備金に相当する金額は剰余金を構成せず、したがって分配可能額とはならないことにあるのであるから、わざわざ、資本金と準備金という２種類の数値に区別する意味はないと思うかもしれない。確かに、分配可能額がプラスの状態、したがって、株主に分配をできる程度に会社の財務状態が健全である場合には、両者を区別する意義は小さい。

　しかしながら、分配可能額がマイナスになってしまうほどに財務状態が悪化した場合（これを「欠損」状態と呼ぶ〔465条参照〕）には、資本金と準備金との取扱いの違いが顕著に表われてくる。すなわち、定時株主総会の決議に基づき、欠損の解消のために、準備金の数値を下げる場合には、債権者異議手続が不要

とされる（449条1項ただし書）など、より簡素な手続でよいとされているのである。

　このように、資本金・準備金・剰余金については、株主に分配してもよい部分（剰余金）→分配はできないが欠損を消すためなら債権者に断らなくてもよいバッファ（準備金）→債権者に断ってからでないと減らせないバッファ（資本金）、という順番で拘束力が強まっているのである。

> **図18−2**で示した計量カップの比喩（269頁参照）は、資本金や準備金の額の変動を理解するうえで役立つのではないかと筆者は考えている。これらの変動は、カップの目盛りの位置が変わるだけであって、会社が保有する財産的価値は何も変わらない行為だと理解できる。また、特に、欠損てん補とは、カップの大きさに全く足りていない中身（資産）を、なるべく早く溢れさせやすくする（＝早期に分配を実現できるようにする）ために、カップの上の縁を切り取ってカップのサイズの方を変える（小さくする）行為であると理解することができる。

　それぞれの計数を会社の意思で変動させる（たとえば資本金の額を減らしてその分だけ準備金の額を増加させる）場合に必要となる手続をまとめたものが、**表18−1**である。規律の詳細についてはかっこ内に記載された条文を確認されたい。

表18-1　資本金・準備金・剰余金の会社の意思による変動と必要な手続

		移行後の計数（増やす数値）			
		資本金	準備金	剰余金	定時での欠損てん補
移行前の計数〈減らす数値〉	資本金	—	特（447Ⅰ②→309Ⅱ⑨） 異（449）	特（447→309Ⅱ⑨） 異（449）	普（447→309Ⅱ⑨カッコ書） 異（449）
	準備金	普（448Ⅰ②） ×（449Ⅰカッコ書）	—	普（448） 異（449）	普→取（448→459Ⅰ②・Ⅲ） ×（449Ⅰただし書）
	剰余金	普（450）、×	普（451）、×	【項目の振替】 普→取（452→459Ⅰ③）、×	—

特 は株主総会の特別決議、普 は株主総会の普通決議、取 は取締役会に授権可能。異 は債権者異議手続必要、×は債権者異議手続不要。

3 分配の手続

株主への利益の還元方法には、現金配当をはじめとした剰余金の配当と、自己株式の取得の2つが考えられる（☞1 [1]）。ここでは、それぞれの手続について説明しておこう。

[1] 剰余金の配当の手続

かつては、年度決算を基にして年1回しか配当できなかったが、会社法では、年に何回でも行うことができる（だからこそ、分配可能額の算定に際しては、決算日以降の変動まで捕捉されている。446条2-7号、計則150条1項1-8号、461条2項2号・4-6号、計則158条7-10号参照。☞2 [1]）。

(i) 原則的規律

剰余金の配当は、株主総会（普通決議）で決めるのが原則である（454条1項）。その際、配当する財産の種類とその総額、個々の株主に対する配当財産の割当てに関する事項、配当の効力発生日を決める[7]。もちろん、配当財産の割当てについては、株主平等原則を守る必要がある（同条3項）。配当財産は、金銭が多いが、金銭以外の会社財産を配当すること（**現物配当**と呼ばれる）も認められている[8]。

(ii) 取締役会への決定権の委譲に関する特則

これに対して、会計監査人を置く監査役会設置会社、監査等委員会設置会社および指名委員会等設置会社であって、（監査等委員でない）取締役の任期が1

7）なお、純資産額が300万円未満である場合には、剰余金の配当ができない（458条）。

8）現物配当をする場合には、株主に、現物配当に代えて金銭を交付することを請求する権利（「金銭分配請求権」）を付与することもできる。金銭分配請求権を与えずに現物配当を実施する場合には、流動性の低いものを与えられることになる株主の利益に配慮して株主総会は特別決議が要求される（309条2項10号）。

なお、配当される現物財産の中には細分化しづらいものもあることから、一定の数（「基準株式数」）未満の数の株式には現物財産の割当てができないことがある（454条4項2号参照）ため、基準株式数に満たない株式（「基準未満株式」）に対しては、相当する額の金銭で分配する必要がある（456条）。

年以内とされている会社については、定款で定めることによって、取締役会で剰余金の配当を決定することができるとされている（459条1項4号）⁹⁾。もっとも、実際に取締役会が決定するためには、計算書類が適正であること、金銭分配請求権（☞注8）を与えない現物配当ではないこと、といった要件を満たす必要がある（同条1項4号ただし書・2項）。

[2]　自己株式取得の手続

> **S18-2　[70周年記念株主還元策]**
> ストーリーS18-1の長井社長の意向を受けてSL食品の財務部で検討した結果、ここしばらく一定の固定額を支払ってきた配当を特定の年度だけ増額するのは色々と不都合であるから、総額50億円で20X2年7月から20X3年6月までの1年間にわたり自己株式の取得を行うこととした。

　ストーリーS18-2にあるように、株式会社は、株主への利益還元を、配当のみならず自己株式の取得によっても行うことができる。

　利益還元目的に限らず、会社が自社の発行する株式を取得すること（自己株式の取得）は、債権者に優先して株主が会社財産から払出しを受けることになるから、債権者保護への何らかの配慮が必要であると考えられるし、特定の株主のみに会社財産の払出しをすることになるから、その場合に株主間の平等をどのように確保するかも問題となる。そこで、それらの課題に対して一定の制度的手当てがされている場合に限って、自己株式の取得を認めるというのが現行会社法の立場である（155条各号）¹⁰⁾。

　株主への利益還元目的での自己株式取得は、「株主との合意による取得」（155条3号・156条1項）という取得事由に基づき、債権者保護のために剰余金の配

---

9)　なお、459条の規定の要件を満たさない会社であっても、事業年度の途中において、1回に限り、取締役会の決議によって現金配当をすることができる旨を定款に定めることができる（454条5項）。**中間配当**と呼ばれる。

当と同じ分配可能額規制に服する形で行われる¹¹⁾。

　株主との合意による自己株式の取得をする場合には、まず原則として、株主総会において、取得する株式の数、それと引換えに交付する金銭等の内容およびその総額、ならびに株式を取得することができる期間（1年以内に限る）という、どのような形で自己株式取得をするかという枠組みを定める決議（156条1項。以下「枠組み決議」という）をする。この枠の範囲内で、取締役会や代

---

10)　自己株式の取得が認められるのは、①取得条項付株式の取得事由が生じた場合（107条2項3号イ参照）、②譲渡制限株式の譲渡承認を与えないために会社が買い取る場合（138条1号ハ・2号ハ、140条。☞第19講2[2]）、③株主との合意により取得することを定める株主総会決議があった場合（156条1項参照）、④取得請求権付株式で取得請求権が行使された場合（166条1項参照）、⑤全部取得条項付種類株式の全部の取得の決議があった場合（171条1項参照）、⑥会社が相続株式の売渡請求をした場合（176条。☞第19講3[2]）、⑦単元未満株式の買取請求があった場合（192条。☞第20講3[5](iii)）、⑧所在不明株主の株式の買取りをする場合（197条3項参照）、⑨1株に満たない株式の端数処理に際して株式を買い取る場合（234条4項・235条2項。☞第32講注2）、⑩事業の全部譲受けによって取得する場合、⑪合併によって存続会社が消滅会社から承継する場合、⑫吸収分割によって承継会社が分割会社から承継する場合、⑬施則27条に定める場合、である（155条）。施則27条では、❶無償で取得する場合、❷他の法人から配当等で交付を受ける場合、❸他の法人が行う組織再編等の対価として交付を受ける場合、❹他社の行う新株予約権の取得の対価として交付を受ける場合、❺株式買取請求権の行使に応じて買い取る場合（116条・182条の4・469条5項・785条5項・797条5項・806条5項・816条の6第5項参照）、❻会社以外の法人を消滅法人とする合併により取得する場合、❼会社以外の法人からの事業の全部譲受けによって取得する場合、❽その他権利の実行にあたり目的達成のために必要かつ不可欠である場合、が挙げられている。

11)　自己株式の取得が認められる理由は様々であり、本文で述べるような株主に利益を還元するためという会社の意向で取得できるようにする（手続的には前注の③）、という理由もあれば、もうこの会社とは付き合えないと考えた株主に当該会社から投資を引き上げて退出する機会を与えるために会社に自己株式を（強制的に）買い取らせる必要がある、という理由もある。とりわけ後者の場合のように、自己株式の売主たる株主を保護する必要性が高い場合には、債権者の保護を後退させ、461条の分配可能額規制にかけないという制度設計も一部で用いられている。
　　注10の自己株式取得事由のうち、461条が定める分配可能額規制にかかるのは、②、③、⑤、⑥、⑧、⑨である（461条1項1‐7号）。①と④については、同様に分配可能額を超えた払出しを禁止する規制がある（170条5項・166条1項ただし書。☞第21講注14）。⑦、⑩、⑪、⑫、❶、❷、❸、❹、❻、❼、❽については財源規制はない。最も注意すべきであるのは、❺株式買取請求権の行使による自己株式の取得の場合（155条13号・施則27条5号）である。株式買取請求権の発生理由が、事業譲渡や合併等のいわゆる組織再編の場合（469条5項・785条5項・797条5項・806条5項・816条の6第5項。☞第30講2[1](iii)）には財源規制はない一方で、株式の内容の変更の場合（116条）および株式併合の場合（182条の4）には、464条の規定の適用があり、この規定は461条のように分配可能額を超える分配（自己株式取得）はできないとは定められていないが、分配可能額を超えた払出しをした業務執行者はその超過額を会社に支払う義務を負う可能性がある旨を規定している。

表取締役が個別具体的な自己株式の取得を行うことになる。この枠組み決議に基づき、具体的に株主に平等な売却機会を与える方法として、大まかに３つの方法が定められている。

> 　原則として株主総会で、と表現したのは、剰余金の配当等を取締役会が決定する旨の定款の定めがある場合（459条１項１号。☞３[1](ii)）、子会社から取得する場合（163条）および後述する市場買付けまたは公開買付けによる自己株式の取得を取締役会で決定する旨の定款の定めがある場合（165条２項）には、取締役会決議でよい場合もあるためである。

(i)　原則形態（すべての株主の保有する株式を取得の対象として譲渡機会を与える形）

　まず、原則形態は、すべての株主の保有する株式を取得の対象として譲渡機会を与える形である。枠組み決議に基づき、実際に株式を取得する段階になったらその都度、具体的に取得株式数やその１株あたりの取得価格とその回の取得に使う総額、株主から会社に株式の譲渡を申し込む期日（以下「申込期日」という）などを取締役会で決定する（157条１項・２項）。これらの決定内容をすべての株主に通知し（公開会社の場合は公告で代替可能。158条）、これを受けて株式を譲渡したい株主は、何株譲渡するかを明らかにして会社に対して譲渡を申込む（159条１項）。譲渡契約は申込期日に効力を生じるが、譲渡の申込株式数の方が会社が取得を予定していた株式数よりも多い場合は、按分比例で申込者に割り付けられ（端数は切り捨て）た数だけ譲渡契約が成立する（同条２項）。

(ii)　特定の株主から取得する形

　他方、特定の株主に売却の勧誘をする形で取得することもできる。この場合、枠組み決議において、売主（としての勧誘対象）となる株主の氏名等も併せて決議する（160条１項。この場合には特別決議が必要〔309条２項２号〕）が、当該特定の株主以外の株主には、枠組み決議の議案として自らを売主として追加することを請求する権利（以下「売主追加請求権」という）が与えられている（160条３項）[12]。

　もっとも、特定の株主から自己株式を取得する場合であっても、市場価格ある株式を市場価格以下で取得する場合（161条）、公開会社でない会社において株主の相続人等から取得する場合（162条）、子会社から取得する場合（163条）、定款に売主追加請求権を排除する旨の定めがある場合（164条）については、売主追加請求権は生じない。

(iii)　市場買付け・公開買付けにより取得する形

　上場会社の場合、株主であれば基本的には誰でも売却することができる市場を通じて会社が取得する方法や、均等に売却機会が与えられる公開買付けにより取得する方法も認められる。この場合、157条以下に基づく株主全員に対する取得勧誘をする必要はない（165条1項）。また、定款で定めることにより枠組み決議を取締役会が行うことが可能である（同条2項・3項）。

4　分配に関係する責任

　縷々説明してきた分配可能額規制であるが、これに違反するなど、分配（剰余金の配当および自己株式の取得）の結果として債権者を害しうる状況に陥った場合には、どのような処理がなされるのであろうか。ここでは、剰余金配当を念頭に、関係者の責任についてみておこう。

[1]　違法な剰余金配当の場合の責任

　まず、押さえておくべきポイントは、分配可能額規制に違反して交付された配当財産は、その全体が"本来もらってはいけないもの"として評価されているということである。

(i)　株主の会社に対する返還義務

　そこで、本来もらってはいけないものを受け取った株主は、その受け取った

12）そのため、枠組み決議に先立って（原則として株主総会の2週間前までに）、特定の株主から自己株式取得を予定していることをすべての株主に通知することが要求されている（160条2項・施則28条）。売却の勧誘対象となる株主については、枠組み決議において議決権を行使することができない（160条4項）。

金銭等に相当する額を全額（分配可能額を超過した部分だけではない）会社に返還する義務を負うとされている（462条1項）。この返還義務は、株主が善意（分配可能額規制違反であることを知らずに受け取った場合）であっても発生する。

(ii) 関与した取締役等の連帯責任と求償の制限

さらに、分配可能額規制違反の分配に関与した取締役等にも連帯して違法な配当に相当する額の返還義務を負わせている（462条1項、計則159条）。もっとも、「その職務を行うについて注意を怠らなかったこと」を証明したときはこの義務を負わない（462条2項）[13]。

ところで、本来受け取ってはいけない金銭等を受け取っているのは株主であり、第一義的な返還義務は株主にあると考えられることから、上記規定により会社に当該違法な配当に相当する額を返還した取締役等は、株主に求償できると考えられている。他方で、分配可能額規制違反であったことにつき善意の株主からすると、もらったお金をすぐに使ってしまった、ということも稀ではなく、注意を怠った取締役等が、そのような株主に対して求償をするのは正義に反するとも考えられる。そこで、善意の株主は、会社に対する返還義務を履行した取締役等の求償に応じる義務はないと定められている（463条1項）。

(iii) 株主に対する債権者の直接請求

違法配当によって被害を被りうるのは、会社債権者である。そこで、そのような債権者の負担で、本来受け取ってはいけない金銭等を株主が受け取ったままの状態になっているのであれば、債権者は、そのような株主に対し、受け取った金銭等の帳簿価額に相当する金銭の支払いを請求することができる（463条2項）。もっとも、その株主が受け取った金銭等が債権者の会社に対する債

---

13) なお、分配可能額規制は債権者の保護のためのものであるから、取締役の会社に対する他の責任と同様に総株主の同意で免除（424条参照。☞第14講3[1]）してよいものではない。そこで、本文で述べた返還義務は、免除することができないとされている（462条3項）。もっとも、債権者の側としても、分配可能額に相当する部分についてまでの会社財産の流出は織り込んでおくべき事態であると考えられるから、総株主の同意があれば、分配時における分配可能額までは返還義務を免除することができるとされている（同項ただし書）。

権額よりも大きいときは、債権額までしか請求することができない。

[2]　期末の欠損填補責任

　[1]は、分配（剰余金の配当および自己株式の取得）を行う時点ですでに財源規制に違反している場合であったが、分配時には財源規制を守っていたものの、分配後に財産状態が悪化して欠損が生じる場合には、債権者が害されると考えられる。会社法では、そのような事態に対処するため、分配後に到来する事業年度の決算確定時において欠損が生じた場合には、分配に関与した取締役等は、連帯して欠損額を会社に填補する義務を負うとされている（465条1項）[14]。ただし、剰余金の配当を定時株主総会（決定権限を取締役会に委譲している場合〔☞3[1](ⅱ)〕は取締役会決議を含む）で決定した場合や資本金・準備金減少と同時に行った場合にはこの義務は生じない点（同項10号かっこ書）、および、当該取締役等がその職務を行うについて注意を怠らなかったことを証明した場合は、返還義務を免れる点（同項ただし書）には注意が必要である。

●第18講のおさらい
・SL 食品の20X2年3月31日時点の剰余金の額（446条）と分配可能額（461条2項）を、**表17-1**の貸借対照表（255頁）を基に、実際に計算してみよう。

---

14) この義務は、総株主の同意がなければ免除できないとされている（465条2項）が、裏を返せば総株主の同意があれば免除できるのであり、この義務を債権者保護のための制度だと理解する立場からは、株主が免除できるとする建て付けには批判もある。

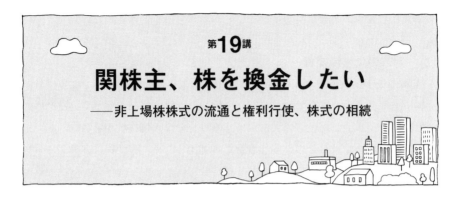

第19講

関株主、株を換金したい
──非上場株株式の流通と権利行使、株式の相続

　会社が事業活動をするためにはその元手となる資金が必要であるところ、株式会社では、基本的には、会社の発行する株式と引換えに株主が会社に対して払い込む出資を元手にすることが想定されている。第19講から第26講は、株式を中心とした会社の資金調達に関する話題である。

　これまでは、株主は当然に会社に出資をするものだと考えてきた。しかしながら、株式という金融商品を、お金を出して買いたいと思う人がいるからこそ、会社は株式を発行することで資金調達ができるのである。したがって、投資家にとって株式がどのような特徴や利点を有するものであるのか（なぜ投資家は株式を買う気になるのか）を知ることは、会社がいかにして資金を調達するか、という観点からも極めて重要である。

　そこで、まず、本講において、株式という金融商品の特徴のうち、株式の流通と株主の権利行使に関する原則的な規律を定めている会社法の規定を説明する。他方で、読者の多くに馴染みのある上場会社の株式の流通と権利行使に関しては、会社法以外の規律も重要となってくるので、その主たる内容については次講で説明することにする。

1　非上場株式の流通と権利行使

○ ○

Y19-1　［関株主、株を換金したい］
ヤスダピーナッツ株式会社は、発行済株式総数4000株の公開会社でない取締

> 役会設置会社である。20X2年 9 月、同社の株式100株を保有している関は、
> 自宅の購入資金に充てるために、これを換金したいと考え、友人の高木健太
> に「ヤスダピーナッツという会社の株式を保有しているのだが、買わない
> か？」ともちかけた。

　株式は、会社の出資者としての地位を表すものであり、その保有者（株主）
は、それを保有することによって種々の自益権や共益権を保持し、会社に対し
て権利を行使することができる（☞第 3 講 2 ）。そして、株主は会社から払戻し
を受けるのではなく、この株式を他者に譲渡することで投資の回収を図ること
が想定されており、株式は原則として自由に譲渡できるとされている（☞第 2
講 3 [1]）。

　もっとも、株式という、目に見えない権利（の束）を譲渡する際には、目に
見えるモノ（動産。たとえばパソコン）を売買するのとは異なる配慮を要する。
パソコンの売買の場合、ごく大雑把にいえば、買い手は売り手から目的物であ
るパソコンを引き渡してもらうことによってそれを自分のものにする（所有す
る）ことができ、それを使ったり再度売ったりすることができる。これに対し
て、株式のような目に見えない権利は、モノを所持している状況のように、誰
にそれが帰属するのか一目でわかる目印はない。したがって、仮に、**ストーリ
ー Y19-1**の高木が、ヤスダピーナッツの株式を買いたいと思ったとしても、
本当に同社株式100株分の権利が関に帰属しているのかが明らかでないと、無
権利者にお金を支払うことになりかねず、怖くて取引ができないだろう。そう
だとすれば、誰にその権利が帰属しているのかをはっきりとわかる形にしてお
くことが、権利の流通性を高めるうえでは重要であるといえそうである。

[1]　古典的な株式の権利移転と権利行使（株券発行会社）

(i)　株券による株式の流通

　権利の流通性を高めるための工夫として、かつては、権利を紙に結合させて
（これを法律用語では「表章」と呼ぶ）、その紙を持っている人を権利者として取
り扱うという、**有価証券**という仕組みが多用されていた。このような仕組みに

しておけば、その権利を取得したい人は、その紙（有価証券）を所持している人（所持人）を相手に取引をし、代金と引換えに所持人からその有価証券を受け取って所持すれば正式な権利者として認められることになる。有価証券の所持というわかりやすい目印に基づいて取引を行うことができるから、権利の流通性を高めることができると考えられたわけである。

　株式についても、株式という権利を証券に表章したものを**株券**と呼び、株式という権利の帰属は株券の所持を基準として判断するという仕組みが構築された[1]。現在では、次の[2]で述べるような理由から株券の発行自体は必須ではなくなったものの、株券という制度自体はなお残されている。すなわち、株券を発行することを定款で定めている会社は**株券発行会社**と呼ばれ（117条7項参照）、株券発行会社の株式の譲渡は、株券の引渡しが効力要件とされている（128条1項）[2]。

(ⅱ)　株主名簿に基づいた株主としての処遇

　ところで、株式が売買されるのは、売り手も買い手も株式を価値のあるものと考えているからであり、そして、なぜ株式が価値のあるものだと考えられているのかといえば、それは、配当受領権や残余財産分配請求権をはじめとした、会社に対する関係で認められる権利が束になったものだからであると考えられる。そうすると、株式の保有者が、そのような会社に対する関係で認められた権利を適切に行使できるような仕組みになっていることが、株式の流通にとっ

1）有価証券という仕組みを使うことには本文で述べたようなメリットがある反面、株券という紙きれ1枚で相当価値の高い権利の帰属が決せられることになるから、株券という仕組みを用いることによる固有のトラブル（偽造や盗難・紛失等）も生じるおそれがある。これらの問題を含めて、会社法では214-233条に株券に関する詳細な規定が定められており、一定の対処がなされている。なお、株券提出期間（219条参照）経過後の名義書換えに関して、百A5 最判昭和60年3月7日民集39巻2号107頁。

2）株券の発行前にした譲渡は、株券発行会社に対しては、効力を生じない（128条2項）のが原則であるが、株券発行会社において株券の発行を不当に遅滞している場合には、意思表示のみで株式を譲渡することができ、会社は譲受人を株主として処遇しなければならない（百A4 最大判昭和47年11月8日民集26巻9号1489頁）。なお、株券の発行（215条参照）とは、216条所定の形式を具備した文書を株主に交付することをいう（百23 最判昭和40年11月16日民集19巻8号1970頁）。

ても重要である。

　先に述べたように、株券発行会社においては、株券という証券を持っている
人が権利者だ、とすることによって、流通性は高まる反面、株券がいまどこに
あるのか（誰が所持しているのか）、したがって誰が権利者なのかは、その株券
を所持している本人にしかわからなくなってしまう。会社としては、誰が株券
を所持しているかを所持人から知らせてもらわないと、その人を株主として処
遇しようがない。そこで、株券発行会社においては、次のような制度が組まれ
ている。

　すなわち、会社が作成する**株主名簿**という帳簿に株主として記載[3]された
者を、会社は株主として処遇する（130条 2 項による同条 1 項の読替え）。株式を
取得した者が、株主としての処遇を受けるべく、株主名簿に株主として自己の
氏名等の「株主名簿記載事項」[4]を記載すること（これは**名義書換え**とも呼ばれ
る）を請求するためには、原則として株券を会社に対して提示する必要がある
（133条 2 項の株主名簿の名義書換えの共同申請の原則に対する例外である「利害関
係人の利益を害するおそれがない」場合としての施則22条 2 項 1 号）。これらの規
律によって、必要な時期に会社に対して必要な情報を知らせるインセンティブ
を株主（株券の所持人）に与える一方、会社をそのような株主（株券の所持人）
側からのアプローチを待てばよい受動的な立場に位置づけることで、場合によ
っては多数に上る株主の情報の調査等に会社が煩わされずに済むようにしてい
るのである。

　以上が、かつての会社法の原則的形態であった株券発行会社における株式の
流通と会社に対する権利行使に関する規律の概要である。そこでは、株式その
ものの帰属（株式の流通の局面）については株券の所持を基準とし、他方で、
会社に対する権利行使の局面では株主名簿を基準として法的な権利者を定めて
いる[5]。したがって、「誰が株主か」という問いに対しても、誰に対する関係

　3）株主名簿が電磁的記録で調製される場合には「記録」されることになるが、以下では、紙の帳
　　簿を念頭に「記載」とのみ表現する。
　4）株主名簿には、株主の氏名（法人の名称）、住所およびその保有する株式の数や、株式を取得
　　した日、そして株券が発行されている場合には株券番号などが記載される（121条）。

かによって回答が異なりうる点には注意が必要である[6]。

[2]　現代的な株式の権利移転と権利行使（株券発行会社でない会社）

(i)　株券の必要性の低下

　[1]で述べたように、株券は、株式という権利の流通性を高めるための技術として、かつてはそれなりに機能していた。しかしながら、株券という物理的な存在が、近時は、むしろ株式の流通性を低下させる要因となるようになった。株式の売買代金の決済は、現金の物理的な移動ではなく振込みなど情報の伝送によって極めて迅速に行われるようになる一方で、売買の目的物である株式の所有権の移転には株券の物理的移動が必要であるため、後者が株式取引の迅速化のボトルネックとなるのである。そこで、特に売買が頻繁に行われる上場会社では、決済の迅速化を図ることを主たる目的として、株券による株式の流通をなくし、それに代わる新たな仕組みが設けられた（これが、第20講で説明する振替株式制度へと発展していくことになる）[7]。

　他方で、株式が上場されていない会社（とりわけ中小の株式会社）については、そもそも株式が売買されることがほとんどない状況であったことから、株式を

5）会社は、名義書換時に無権利者であることについて悪意・重過失でない限り、株主名簿の記載に基づいて処理をすれば免責されると解されている。なお、とりわけ、会社が株主に対してする通知や催告に関しては、126条1項が、（株主から別の場所の指定があった場合を除く）株主名簿に記載された住所に宛てて発すれば足りる旨を定めている。

6）このような分断があるがゆえに、株券を所持しているものの、何らかの理由で株主名簿の名義書換えがされていない場合に、会社は株券の所持人を株主として取り扱うべきか、取り扱ってよいかが問題となる。判例では、会社の故意または過失による名義書換えの不当拒絶の場合、株主名簿上の株主である株式の譲渡人ではなく、譲受人を株主として取り扱わなければならないとされる（[SU22・百13]最判昭和41年7月28日民集20巻6号1251頁）。他方、会社の責めによらない名義書換えの失念の場合、会社は株主名簿上の株主（譲渡人）を株主として取り扱えばよいため、株主名簿上の株主が当該株式につき何らかの権利等を受領する場合があるが、その場合でも譲渡当事者間では譲受人が株主としての権利を有すると考えるべきであるから、譲受人は株主名簿上の株主に対して不当利得返還請求ができる（[百14]最判平成19年3月8日民集61巻2号479頁）。もっとも、判例（[百A6]最判昭和35年9月15日民集14巻11号2146頁）は、現行法でいう株主割当てによる募集株式の発行等（☞第22講3）の場合には、譲受人からの不当利得返還請求を認めていないが、これは、割当日において株主名簿上の株主である者が払込みを行い、リスクをとって新株を受け取っている点を重視したためであると考えられる。

有価証券化することで流通性を高める必要がどこまであるのか、という根本的な疑問があった。

このように、株式の流通性をさらに高める必要があるにせよないにせよ、もはやそれに関して株券が果たす役割は大きいものとはいえなくなった。そこで、平成17年の会社法の制定に際して、それ以前は株式会社においては株券が発行されることを原則としていたものを逆転し、原則として会社は株券を発行しないものとし、株券の発行は、定款でこれを定めた場合に限ることとした（214条）[8]。

(ii)　株券発行会社でない会社における株式の権利移転

では、株券発行会社でない会社における株式の権利の帰属と権利行使は、どのような規律となっているのだろうか。

上場会社などの振替株式制度の対象となる株式については特別の定めがある（☞第21講1）が、それ以外の株券発行会社でない会社の株式については、<u>会社に対する権利行使の局面のみならず、権利の帰属についても、株主名簿を基準に処理をする</u>という制度になっている。すなわち、売り手と買い手が株式の売買に合意をしたら、売り手と買い手とが共同で名義書換えを請求し（133条2項参照）、これを受けて会社が株主名簿の名義書換えを行うことによって、株式が売り手から買い手に移転し、買い手が株主となったことが会社との関係でも第三者との関係でも認められる（130条1項）のである。名義書換えの請求を

7）現在の振替株式制度が整備される以前にも、株券という紙の存在を前提としつつ、なお決済の迅速化を図るために株券を物理的に移動させることなく決済を行う工夫がされていた（「株券等の保管及び振替に関する法律」による株券の保管振替制度）。平成21年の振替株式制度の導入によって、株券という紙の存在を前提としない形で株式の移転を規律することとなったことから、平成21年の制度改正は、株券の電子化・ペーパーレス化と呼ばれることもある。

8）本文で述べたように、流通性の向上という観点からは歴史的使命を終えたと考えられる株券であるが、なお有用性がある局面も考えられる。たとえば、株券発行会社でない会社の株式に質権を設定し、それを会社に対抗するためには、株主名簿や振替口座簿に質権者の氏名等を記載・記録しなければならない（147条1項、振替法141条）のに対して、株券発行会社であれば、質権者に株券を交付すれば足り、株主名簿への記載等を要しないことから（146条2項・147条2項）、簡易に質権が設定できる。株券を交付するだけの質権は**略式質**、さらに株主名簿への記載等までがされた質権（148条参照）は**登録質**と呼ばれる。

売り手と買い手の共同申請とすることで、無権利者によって勝手に名義が書き換えられないようにしているのである。

　他方で、権利行使については、もとより株券発行会社と同じ規律、すなわち、株主名簿を基準に判断されることになる[9]。

2　譲渡制限株式の譲渡

　ところで、株式の自由譲渡性の例外として、会社の閉鎖性を維持する（知らない者・気に食わない者が株主とならないようにする）ために、定款に定めを設けることで、株式の譲渡に制限をかけることができるのであった（☞第2講3[2]）。もっとも、譲渡制限株式であっても会社の承認を得れば第三者に譲渡することが可能であるが、譲渡制限株式の譲渡による株主名簿の名義書換えは、譲渡承認手続を経てからでないと申請ができない（134条ただし書参照）。そこで、ここでは、譲渡制限株式の権利の移転に必要な譲渡承認の手続について説明しておこう。

○○○○○○○○○○○○○○○○○○○○○○○○○○○○○○○○

Y19-2　［茂文、"高木株主"を阻止したい］
関は、高木に対してヤスダピーナッツ株式100株を120万円で売却することで高木と合意したので、20X2年10月2日、同社に対して、この株式譲渡の承認を請求した。同社社長の茂文は、あまりよい評判を聞かない高木を株主にしたくないと考えている。

9）このように、株主名簿は、誰が株式の所有者であるか、および、誰が会社との関係で権利を主張できるかを表したデータベースであるといえる（なお、次講で述べるように、上場会社の株主名簿も、真の所有関係・権利関係が株主名簿に反映されるまでのタイムラグがあるという点で限界はあるものの、おおむねこの2つの情報を示すデータベースとして役立てることはできる）。株主および債権者には、この株主名簿の閲覧請求権が認められているものの、「その権利の確保又は行使に関する調査以外の目的で請求を行ったとき」などの拒絶事由も定められている（125条）。この点に関して、株主名簿の閲覧請求権は、株主として有する（株主であることが当然の前提となる）権利を適切に行使するために認められたものであるから、金商法上の損害賠償請求権を行使する目的は「株主の権利の確保又は行使に関する調査」には該当しないとした裁判例（百A3 名古屋高決平成22年6月17日資料版商事316号198頁）がある。

[1]　譲渡承認の手続

　譲渡制限株式を譲渡する場合には、株主（**ストーリー Y19-2 では関**）または譲受人（**ストーリー Y19-2 では高木**。条文上は「**株式取得者**」）は、譲受人の氏名、対象株式の種類や数などを示して、会社に対して承認するか否かを決めることを請求しなければならない（株主につき136条、譲受人につき137条[10]。条文上これらの請求は「**譲渡等承認請求**」〔138条柱書〕と、譲渡等承認請求をした者は「**譲渡等承認請求者**」〔139条2項〕と表現されている）。譲渡等承認請求に対しては、定款に別段の定めがない限り取締役会（取締役会設置会社でない場合には株主総会）の決議によって承認するか否かを決定し（139条1項）、その決定は譲渡等承認請求者に通知される（同条2項）。会社が承認するかどうかの態度を示さない場合、すなわち、請求から2週間以内に会社からの回答がなければ、譲渡等承認請求は承認されたものとみなされる（145条1号。みなし承認）。

> 　したがって、**ストーリー Y19-2** において、高木を株主にするのが嫌だからといって、譲渡等承認請求を放置していると、関から高木への譲渡を会社が承認したことになってしまう。会社としては、請求から2週間以内に譲渡を承認しない旨の決議をし、関に対して通知する必要がある。

[2]　譲渡を承認しない場合の取扱い

(i)　会社または指定買取人による買取り

　ストーリー Y19-2 のように、株主がみつけてきた譲受人が会社の意に沿わない者である場合には、会社は、譲渡を承認しない旨を決定すればその譲受人が株主となることを阻止できるものの、株主がなお換金を望む場合には、会社は代わりの売却先をみつけなければならないという制度になっている（他の売却先を探すことの請求は、譲渡等承認請求に併せて行う必要がある。株主からの請

10）譲渡制限株式について、会社の承認がない場合でも、当事者間では譲渡は有効であるとする判例（百16最判昭和48年6月15日民集27巻6号700頁）がある。会社法も、そのことを前提として、譲受人からの譲渡等承認請求に関する規定を設けている（137条・138条2号）。

求につき138条1号ハ、譲受人からの請求につき同条2号ハ）。会社は譲渡承認を拒否した以上、会社自らが当該株式を買い取る（140条1項）[11]か、別の売却先をみつける（140条4項参照）かをしなければならない。

　会社以外の者に当該株式を買い取らせる場合には、取締役会（取締役会設置会社以外の会社では株主総会）が買い取る者を指定するのが原則である（140条5項本文）が、定款であらかじめ買い取る者を指定しておくことも認められる（140条5項ただし書参照）。このように対象株式の買取りをする者として会社から指定された者を、法律上「**指定買取人**」という（140条4項参照）[12]。

○ ○

Y19-3　［別の友人に買い取らせる］

関から譲渡等承認請求を受けたヤスダピーナッツの取締役会では、この譲渡を承認しない旨を決議し、それを10月9日に関に通知するとともに、関からは不承認の場合の買取りの請求もされていたことから、指定買取人として茂文の友人である新藤斉を指定する旨も決議した。これを受けて新藤は、10月16日に、自分が指定買取人として対象株式100株全部を買い取る旨を関に通知した。

---

11) 会社が買い取る場合には、会社財産から一部の株主に対して払戻しがなされることから、株主総会の特別決議により対象株式を買い取る旨およびその対象株式の数を決定しなければならない（140条1項・2項・309条2項1号）。この場合に譲渡等承認請求者は議決権行使ができない（140条3項）。この自己株式取得には、461条の分配可能額規制が適用される（461条1項1号。☞第18講注10・11）。

　　会社が買い取るためには必ず株主総会の承認を得なければならないから、会社が買取りの意思表示をする期限（みなし承認とならない期限）も、取締役会によって指定可能な指定買取人による買取りの場合（注12参照）よりも長い、譲渡承認の拒絶の通知の日から40日以内に設定されている（145条2号）。

12) 指定買取人が買取りに応じる場合には、指定買取人の指定を受けた旨と買い取る株式の種類・数などを、会社からの譲渡等承認の拒絶の通知の日から10日以内に、譲渡等承認請求者に対して通知する必要がある（145条3号・施則26条2号）。

図19-1

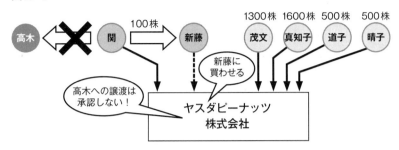

(ⅱ)　買取価格の決定

ここで注意すべきは、譲渡を承認しない場合には当該株式を会社や指定買取
人が買い取れという請求がされた場合、会社や指定買取人が買取りの通知をす
ることによって直ちに売買契約が成立する点である。その株式を会社や指定買
取人がいくらで買うかは、そのあと（＝契約が成立した後）で決めるという点で、
通常の売買契約とはかなり異なる構造となっている[13]。買取価額は、譲渡等承
認請求者と会社・指定買取人との間の協議によって決める（144条1項・7項）
が、当事者間で合意に達しない場合には、申立てにより裁判所に価格を決定し
てもらうことになる（144条2項以下）[14]。この場合、裁判所は「会社の資産状
態その他一切の事情を考慮し」て価格を決定することになる（144条3項）[15]が、
売買契約は先に成立しているから、譲渡等承認請求者の立場からすれば不当に
安いと感じられるような価格であっても、相手方（会社・指定買取人）の同意

---

13) このため、買取代金の支払いがある程度確保されるよう、会社や指定買取人は、対象株式の一
　　株あたり純資産額×株式数分の暫定的な買取資金を供託する必要がある（141条2項・142条2項）。
14) 定款に基づく譲渡制限の規定に加えて、株主と会社との間で、一定の事由が生じた場合には会
　　社の指定する者に譲渡しなければならない旨、さらに、その場合の譲渡価格までをあらかじめ契
　　約しておくことがある。定款に譲渡制限の規定がある会社において、従業員持株制度により取得
　　した株式につき退職時に取得価格と同額で取締役会が指定する者が買い取るという株主と会社と
　　の間の契約も、株式譲渡自由の原則に反するものではないとして効力を認めた判例として、
　　SU24・百18 最判平成7年4月25日集民175号91頁。
15) 譲渡制限株式の買取価格をどのように算定するかの問題は、いわゆるファイナンスの知識が必
　　要となる点で、主として法律学を勉強している読者にとっては難しく感じる内容であると思われ
　　る。学習用判例集掲載の裁判例として SU23・百17 大阪地決平成25年1月31日判時2185号142頁
　　があり、その久保田安彦解説がわかりやすい。

がなければ買取請求を撤回することはできない（143条1項・2項）。

> ストーリーY19-3であれば、新藤が関に通知をした10月16日において売買契約が成立する。関としては、新藤の提示額が高木のそれ（120万円）よりもはるかに下回るようであれば、裁判所に価格決定の申し立てをするだろうが、だからといって、裁判所が120万円以上の価格を示してくれるとは限らない。

3　株式の相続をめぐるいくつかの問題

　2で、譲渡制限株式という、中小企業においてよく採用されている制度について概観したので、ついでといってはなんだが、同じくヤスダピーナッツの舞台を借りて、同様に特に中小企業においてよく法的紛争に発展する、株式の相続に関連した会社法の制度を概観しておこう。

　もっとも、この問題を理解するためには、民法等の他分野の知識もかなり必要となるから、初学者は飛ばしてもらっても構わない。

[1] 共有株式の権利行使

○ ○

Y19-4　［滋の死亡により株式の相続が生じる］
話はストーリーY7-1の時点に遡る。当時、ヤスダピーナッツ株式会社の株主は、茂文・滋・関の3人であり、それぞれ、800株・3100株・100株を保有していたが、滋が20X1年6月の同社の定時株主総会の前に他界してしまった。滋の相続人は妻の真知子と長女の道子、次女の晴子、末っ子で長男の茂文であり、滋の遺言はない。

> 　[1]のタイトルをみた読者は、まずは、相続の話といいながらなぜいきなり共有というややこしいタイトルがついているのか、面食らってしまうかもしれない。
> 　共有というのは、1つの物について、複数の人が同時に所有する形式である。たとえば、1つの自転車をAさんとBさんが共有している、つまり法的にAさんとBさんが同時に所有するということが考えられるのと同様に、株式についても1株をAさんとBさんが共有しているという状態は考えられるだろう。ここでは、原理的にはそのような共有状態

にある株式について、権利行使をする場合にはどのような取扱いとなるのか、という話題を取り上げる。そして、なぜ相続をめぐる問題の箇所で株式の共有の話をするのかというと、（少なくとも株式に関する限りは）共有状態が生じる原因は相続であることが圧倒的に多いと考えられるからである。

(i) 前提となる知識と問題の所在

ところで、**ストーリーY19-4**をみた読者は、被相続人（＝滋）の株式が3100株もあるのであれば、相続人たち（真知子・道子・晴子・茂文）が仲良く分ければ株式の共有なんて起こらないじゃないか、と思うかもしれない。しかしながら、相続財産は相続開始（＝被相続人の死亡）と同時に相続分に従って当然に分割されて各相続人に帰属するわけではなく、一旦は相続人全員の共有となったうえで（民法898条）、遺産分割と呼ばれる協議を調え、あるいは、遺産分割の審判等（民法907条参照）を経なければ、相続人の単独所有とはならないのである。

そうすると、**ストーリーY19-4**では、遺産分割がなされるまでは、滋の保有していたヤスダピーナッツ株式3100株も、一旦相続人たる真知子・道子・晴子・茂文がそれぞれの相続分（真知子が2分の1、道子・晴子・茂文がそれぞれ6分の1〔民法900条1号・4号〕）に応じて共有することになるのであって、たとえば真知子が「半分は私のものだから」と言って1550株を保有する株主として振る舞うことはできないのである。そのような共有状態にある株式について、会社はどのように取り扱えばよいか、共有者はどのようにして権利行使をすることができるかが問題となるのである[16]。

　要するに、株式の共有に関する法的規律というのは、原理的には1株に複数の所有者が同時に存在する場合にも妥当する話ではある（したがって、当然のことながら、以下の話は1株を共有する場合にも妥当する話である）が、現実問題としては、**ストーリーY19-4**の滋の

---

16) なお、振替株式（☞第20講1）については、振替株式とともに口座開設者としての地位も共同相続する（百A2 最決平成31年1月23日民集73巻1号65頁）。そのようにしておけば、口座名義が相続人のものに変更されていない場合であっても、相続人の債権者による振替株式の差押えが可能となる。

保有していた3100株のように、複数の株式についてそれがひとカタマリのものとして共有
状態にある場合の方が多いと思われる。

図19-2

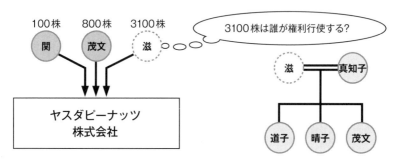

(ⅱ)　共有株式に関する取扱いの原則

　共有状態に関する規律として、民法に一般原則の規定（ここで特に重要であ
るのは民法251条・252条）がある[17]が、これに対して、株式が共有されている
場合には、会社法に固有の規律があるので、まずはそれをみておこう。

　まず、株式の共有の場合には、共有者間で会社の通知または催告（以下「通
知等」という）を受領する者を1人定めて、会社に対してその者の氏名（法人
であれば名称）を知らせなければならないとし、会社はその知らされた共有者
の1人に対して通知等を行えば所定の通知等をしたことになる（126条3項）。
もっとも、共有者間で通知等の受領者を決めていない（相続争いなどがあって
決めることができない）場合など、会社に対して受領者が知らされていない場
合には、会社が共有者の1人を任意に選んでその者に対して通知等をすればよ
い（126条4項）。

　他方で、株主の側からの権利の行使に関しても、共有者がバラバラに好き勝

17）民法251条では、共有物に変更を加える（処分行為）ためには共有者全員の同意が必要である
　　と定めている。さらに、民法252条1項は、本文で、共有物の管理に関する事項（管理行為）は、
　　各共有者の持分の価格に従い、その過半数で決すると定める一方、同条5項で、保存行為は共有
　　者の1人が単独で行うことができると定める。

手なことを言ってきたのでは収拾がつかなくなることから、106条は、共有者間で共有株式の権利を行使する者1人を定めて会社に知らせることを求めている。この規律によって、会社は、権利行使者として指定された特定の共有者（以下「指定権利行使者」という）の意思を基準に共有株式の権利行使の内容を判断すればよいことになる。

　このように、ここで説明した原則的な規律は、共有者全員が協調的な関係であれば効率的なルールであるといえるが、現実問題としては、株式の共有（とりわけ相続を発端とするもの）の場合には、共有者間（要するに相続人間）で紛争状態となっていることも多い。そうすると、権利行使者や通知等の受領者を共有者間でどうやって決めるのかが問題となるが、その決め方のルールは（少なくとも会社法においては）定められておらず[18]、解釈に委ねられている。この問題について、判例は、権利行使者の指定は持分の価格の過半数をもって決するとするルールを示している[19]。

　　したがって、**ストーリーY19-4**の場合であれば、真知子が2分の1、道子・晴子・茂文がそれぞれ6分の1の持分を保有していることになるから、真知子に加えて子供のうちの1人以上が同じ者（たとえば晴子）を権利行使者に指定したいと考えれば、この者を権利行使者として指定することができ、指定された権利行使者を会社に通知することで、滋の保有していた3100株の議決権をその者（晴子）が行使することができるようになるのである。逆に、真知子と子供とが対立しているような場合には、過半数の支持を得て権利行使者に指定される者が現れないことになるから、権利行使者の指定ができず、滋の保有していた3100株に係る権利の行使ができない状態となってしまう。

18）令和3年の民法（相続法）改正によって共有物の管理者に関する規定が設けられる（民法252条の2参照）など、同改正による規定の変更やその議論が、共有株式の権利行使者に関する規律に対してどのような影響を及ぼすことになるか（たとえば、民法252条の2に基づき共有株式の管理者を選任すれば、当該共有株式についての会社法106条の権利行使者を指定したことになるのか、等々）も問題となりうるものであるが、この点についての会社法学の議論は緒についたばかりであることから、本書では同改正以前の状況を前提とした考え方を説明している。

19）SU25・百10 最判平成9年1月28日判時1599号139頁。なお、この事件は会社法制定以前の有限会社の事例であるが、会社法制定後の株式会社にもあてはまる判例法理だと理解されている。

(iii)　権利行使者の指定・通知がない場合

　権利行使者の指定と会社に対する通知がなされていない限りは、共有者の1人が権利行使をしようとしても、会社はこれを認めなくてよい（106条本文）[20]。しかしながら、「会社が当該権利を行使することに同意した場合は、この限りでない」とも定められており（同条ただし書）、指定権利行使者の指定・通知がされていない場合には共有者の誰か1人を会社側で任意に選んで権利行使させても構わない、と読めそうである。

　しかしながら、106条ただし書を、そのような趣旨に解してしまうと、次のような状況で不当な結論となりうる。

---

if シナリオ Y19-a［相続争いが生じる］

　ストーリー Y19-4 において、遺産分割で骨肉の争いが生じたため、6月までに遺産分割協議は調いそうもない。

　そのような中、晴子は従業員から、茂文が会社資金を私的流用しているらしいという話を聞いた。これ以上茂文に経営を任せられないと考えた晴子は、折しも、茂文を含む同社の取締役3名の改選の時期であったことから、母の真知子に対して、来る定時株主総会に備えて、滋が保有していた3100株の権利行使者として自分を指定してほしいと申し出たが、これまでもっぱら茂文に経営を任せきりにしてきた真知子はなかなか煮え切らない。

　この動きを察知した茂文は、真知子の態度がはっきりしないうちに20X1年6月の定時株主総会を開催する準備を整えるとともに、会社に対して、滋の保有分3100株の議決権を自分（茂文）が行使することの申し出を行った。これに会社（≒代表取締役である茂文）が同意し、茂文が有効に議決権行使をで

---

20)　[百9] 最判平成2年12月4日民集44巻9号1165頁は、共有者の1人が株主総会決議の不存在確認の訴えを提起したとしても、「特段の事情」がない限り原告適格はないとの一般論を述べる（ただし、当該事案が、共有に係る株式が発行済株式の全部に相当し、別の共有者の1人が取締役に選任された旨の登記がされていたという状況であったことから、会社としては、本来は権利行使者の指定が適法になされ、その者の議決権行使によって株主総会で適法に取締役が選任されたことを主張立証すべき立場にあるはずであるのに、権利行使者の指定がないことを主張して原告適格を争うことは、同一訴訟手続内で権利行使者の指定の規定の趣旨を恣意的に使い分ける信義則に反するものであるから、上記「特段の事情」があるとした）。

　　きれば、滋の保有分3100株と茂文の保有分800株とを合わせた圧倒的多数の
　　賛成によって、茂文を取締役に再任する議案を可決することができるという
　　のが茂文の狙いであった。

　106条ただし書を、共有株式の権利行使者の指定・通知がされていない場合
には会社が任意に共有者の1人を選んでその者に権利行使をさせてよいとする
ルールだと理解すると、**if シナリオ Y19-a** の茂文の企みのようなことができて
しまう。共有株式に関して小さな割合の持分しか有していないような者でも、
他の多くの共有者（多くの共有持分の割合）に反して独断で権利行使ができて
しまう可能性が生じるのである。

　そこで、判例[21]は、106条ただし書は、会社側から自由に同意を与えること
によって直ちに権利行使者が決まり、内容のいかんを問わずその者による権利
行使が有効となるという趣旨の規定ではなく、共有者間で民法の一般原則に従
った利害調整手続を経た内容である場合に限って、権利行使者の指定・通知が
なくとも、会社の同意により有効な権利行使として取り扱ってよいことを定め
た規定である旨を示唆する。**if シナリオ Y19-a** や上記判例の事案のように、共
有株式の議決権行使が問題となった場合には、特段の事情がない限り管理行為
としての利害調整手続が必要であり、具体的には持分の過半数で決定した内容
の議決権行使であることが要求されることになろう（民法252条1項参照）[22]。

---

21)　百11 最判平成27年2月19日民集69巻1号25頁。この判例の論理展開は難解である。まず、規
　　定の構造として、共有株式については権利行使者の指定・通知がない限り権利行使できないと定
　　める106条本文が、民法264条（「この節……の規定は、数人で所有権以外の財産権を有する場合
　　について準用する。ただし、法令に特別の定めがあるときは、この限りでない」）の「特別の定
　　め」に該当する結果として、共有に関する民法の一般規定の適用が排除されることになる。その
　　うえで、106条ただし書は「株式会社が当該権利を行使することに同意した場合は、この限りで
　　ない」と定めているのだから、106条ただし書により、会社が同意した場合には、上記のように
　　理解された106条本文の規定の適用がなくなる結果として、民法264条の規定が復活し、したがっ
　　て共有に関する民法の一般的規定が適用される、という流れになる。
22)　つまり、注21の判例は、権利行使の性質に応じて、すなわち処分行為に該当するか管理行為に
　　該当するかに応じて注17の規定に対応した利害調整を求めていると理解することになろう。

[2]　相続人に対する株式売渡請求

(i)　制度趣旨

　会社にとって好ましくない者が株主となる危険性は株式の譲渡に限られるものではなく、相続や遺贈などによって株式が移転した場合でも、その相続人等が会社にとって好ましくない者である可能性もありうる。それにもかかわらず、相続による株式の取得は譲渡承認の対象とはされておらず、相続人は会社の承認なしに名義書換えを請求し会社に対する権利行使ができる（134条4号参照）。そこで、会社法では、譲渡制限株式について、株式の相続が生じてもなお株主の閉鎖性が保てるように、定款で定めることにより、相続などの一般承継によって株式を取得した者に対して、その株式を会社に売り渡すことを会社が請求できる（174条）とする、相続人等に対する株式売渡請求（以下、本講において単に「売渡請求」という）の制度を用意している。

(ii)　売渡請求の手続

　株主総会の決議によって、売渡請求をする株式の数、売渡請求対象株式の所有者の氏名・名称を定めたうえで（175条1項）、当該所有者に対して売渡しの請求を行う（176条1項）。この売渡請求は相続等があったことを会社が知った日から1年以内に行う必要がある（同項ただし書）。売渡しの価格はまず当事者で協議をして決めるが、協議が調わない場合には裁判所に価格決定の申立てをすることができる（177条）。

　注意すべきであるのは、売渡請求のターゲットにされた株主（175条1項2号の株主）は、売渡請求に関する事項を定める株主総会において議決権を行使することができないとされている点である（175条2項）。

　　実は、この制度は、株主としては少数派にすぎない経営者が、相続を契機として大株主一族を排除するクーデターを起こせる制度だとも指摘されている。大株主と対立していた経営者が、大株主が死んだのをいいことに、その相続人全員に対して売渡請求をすれば、経営者の持株割合がたとえ小さくとも、大株主の相続人の保有する株式は議決権行使ができないため、この売渡請求議案が通ってしまう可能性が高いのである。もっとも、この売渡請求をするためには、定款規定が必要であるから、その段階で大株主（一族）の意向を

舩津浩司

やさしい会社法講義

定価3520円
（10%税込）
（本体3200円）

9784535526679

ISBN978-4-535-52667-9

C3032 ¥3200E

品切 月 日 出来予定・重版未定

定価
3520円
税10%

分類 会社法

日本評論社
TEL 03-3987-8621
FAX 03-3987-8590

補充注文カード

貴店名

注文冊

売上カ

日本評論

舩津浩司

やさしい会社法講義

資料作成のため小社へお戻し下さい

BBBN4-535-52667-2 C3032 ¥3200E

定価3520円
10% 税込
（本体3200円）

反映させることができるとも考えられるが、自分が先に死ぬと思っていなかった大株主は、経営者である少数株主が死んだらその相続人を排除してやろうと思って生前にこの定款規定を入れてしまっている可能性もある。

●第19講のおさらい

・もしあなたがある（上場会社でない）会社の株式を他の株主から譲り受けた場合、その株式を確実に自分のものとするため、あるいはその株式に付着する権利を行使するためには、どのような手続が必要だろうか？⇒1
・譲渡制限株式を換金したいと考える株主は、どのような手続をとればよいだろうか？⇒2

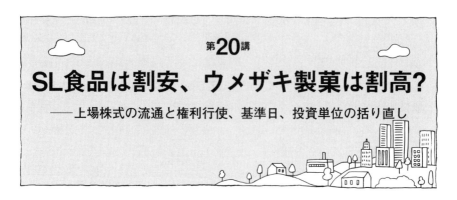

第20講

SL食品は割安、ウメザキ製菓は割高?

—— 上場株式の流通と権利行使、基準日、投資単位の括り直し

　本講では、株式の流通と株主権の行使に関する規律の中でも、前講で触れなかった上場会社の株式に関する規律を説明する。そのうえで、（上場会社以外の会社においても適用のある規律ではあるが）とりわけ上場会社における株式の流通や株主権の行使において極めて重要な役割を果たす、基準日に関する規律と、投資単位の変更に関する規律を説明する。

1　上場会社の株式の流通と権利行使

> **S20-1　［中島陽太郎、SL 食品の株式を買いたい］（ストーリー S14-2 の少し前の状況）**
> 中島陽太郎は、株式投資に関心のある個人投資家である。まずは身近な銘柄がよいと思い、食品業界をみていたところ、SL 食品株式会社の株式が1000円程度と比較的手頃に思えたので、200株（2単元）ほど購入しようと考えている。

　株を買う、というと、多くの人は、証券会社（金融商品取引業者）を使って金融商品取引所を通じて上場会社の株式を購入することを思い浮かべるだろう。一般に、金融商品取引所で取引することができる（売買することを認められた）株式は上場株式と呼ばれ、上場株式を発行している会社は上場会社と呼ばれる。

　金融商品取引所は、ある金融商品を売りたい人と買いたい人との注文を集め

てマッチングさせる場を提供しており、そこでは、日々大量の売買が成立している。前講で説明したように、取引量が少なければ株券という仕組みを使って権利関係を処理すれば足りるかもしれないが、売り買いが頻繁に発生するようになると、その決済のために株券をいちいち動かすのは極めて煩雑である。

　そこで、上場会社では、株券の代わりに振替口座簿という帳簿を設けて、そこに記録[1]された人を株式の保有者として取り扱う制度を導入した。この制度の対象となる株式は「**振替株式**」と呼ばれることから、この制度は振替株式制度と呼ばれることもある。上場株式をはじめとした振替株式の権利の帰属や会社に対する権利行使については、会社法ではなく、「社債、株式等の振替に関する法律」（本書では「振替法」と表記している）という特別法が規律している。

[1]　振替株式の権利の移転

　振替株式の権利の帰属は、**振替口座簿**の記録によって定められる（振替法128条1項）。模式的に、AさんからBさんに上場会社である甲会社の株式100株が市場を通じて売却されたという状況を想定して説明するならば[2]、甲会社株式という振替株式の権利の帰属についての異動は、Aさんの**口座管理機関**（振替法2条4項。端的には、Aさんが株式の売買のために用いた口座を管理している金融商品取引業者。ここでは α 証券とする）が作成・管理する振替口座簿のAさん名義の口座の保有株式数が100株減少し、Bさんの口座管理機関（ β 証券とする）が作成する振替口座簿のBさん名義の口座の保有株式数が100株増加するという記録がなされることによって処理される。各口座管理機関（ α 証券や β 証券）は、**振替機関**（振替法2条2項）という振替口座簿を総括管理する会社（現在のところ、株式会社証券保管振替機構〔通称 **"ほふり"**〕という会社のみが

1）振替口座簿が紙で調製される場合には「記載」されることになるが、以下では、電磁的記録を念頭に、「記録」とのみ表現する。

2）ここで「模式的に説明」と断ったのは、金融商品取引業者を通じて上場株式を金融商品取引所において売買する場合、Aさんの売り注文とBさんの買い注文がマッチングされて約定に至ったからといって、Aさんを売主、Bさんを買主とした売買契約が生じるわけではないからである。まず、問屋たる金融商品取引業者は、顧客の計算で自己の名で取引を行っている（商法551条以下参照）し、また、金融商品市場の決済の効率性と安全性を確保するために、金融商品取引清算機関（具体的には株式会社日本証券クリアリング機構）が間に入って決済の当事者となっている。

図20-1

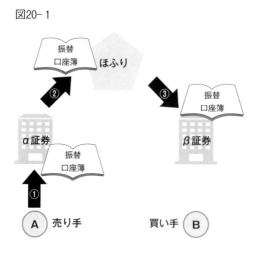

これに指定されている）を頂点とした情報システムの階層構造に組み込まれており、大まかには、株式を売却したAさんによるα証券への情報伝達（振替申請）からスタートして（振替法132条2項参照）、階層構造を上ってほふりまで到達し、ほふりから再び別のルートを下ってβ証券に情報をバケツリレーのように伝達していくことになる（**図20-1**参照）。β証券の振替口座簿のBさん名義の口座の保有株式数が100株増加したという記録がされた時点で、Bさんが甲会社の株式100株の保有者となる（振替法140条）。

　このような仕組みは一見複雑にみえるが、情報のやり取りだけで権利の帰属の異動を生じさせることができ、株券などのモノを移動させなくて済むことから、迅速な決済が可能となるのである。

[2]　振替株式の権利行使

　[1]で述べたように、振替株式の権利の帰属の異動は振替口座簿によって行われるところ、振替口座簿は、口座管理機関や振替機関という、株式を発行している会社とは別の主体により記録される帳簿であって、会社が日々の権利者の異動を逐一把握できる仕組みにはなっていない。したがって、会社は誰を株主として処遇すべきか、という権利行使の局面においては、振替口座簿の株主

情報を会社に伝える必要がある。

(i)　総株主通知

　まず、株主総会の招集や配当の支払い等、会社が基準日（☞2）を設定して特定の日に株式を保有していた者を株主として処遇する必要がある局面では、振替機関（ほふり）から会社に対して、振替口座簿に記録されている情報が通知される。これを**総株主通知**という（振替法151条）。総株主通知を受けてその情報に基づいて株主名簿が書き換えられる（振替法152条1項）。結果として、会社は株主名簿の記載に基づいて誰を株主として処遇するかを決める（130条1項）という、株主の権利行使に関する会社法の一般原則通りの処理がなされることになる。

(ii)　個別株主通知

　これに対して、代表訴訟の提起や株主提案といった形で株主の側からアクションを起こすような権利行使がなされる場合、これらは基準日に係る総株主通知のタイミングとは異なるタイミングで生じうることから、権利行使がされる都度、権利を行使しようとする者に正当な資格があるかを会社が判断できるようにする必要がある。そのため、振替株式制度の下で「**少数株主権等**」（振替法147条4項かっこ書参照）[3]を行使したい株主は、自己の口座管理機関を通じて振替機関（ほふり）に対して、自分が振替口座簿に株式保有者として記録されていることを会社に通知するよう申し出たうえでなければ、株主権の行使ができないとされている（振替法154条2項）。この、株主からの申出に基づき振替機関から会社に対してなされる通知は**個別株主通知**と呼ばれる。

　なお、個別株主通知の場合には、株主名簿の名義書換えは行われないこととされ[4]、したがって、少数株主権等を行使しようとする者を株主として処遇す

　3）全部取得条項付種類株式（☞第32講1[2]）の取得価格決定申立て（172条）も、個別株主通知が必要となる「少数株主権等」に該当し、価格決定申立ての際に会社が株主資格を争った場合に、その審理終結の時までに個別株主通知がされることを要し、かつそれで足りる（ 百15 最決平成22年12月7日民集64巻8号2003頁）。

るかどうかは、株主名簿の記載ではなく、振替口座簿の記録に基づいて判断していることになる点で、会社法の原則の例外となっている（振替法154条１項が会社法130条１項の適用を排除しているのはそのような趣旨である）。

2　基準日

　さて、以上で、株券発行会社、振替株式制度適用会社、およびそれら以外の会社のそれぞれの株式の流通と権利行使の方法について概観したことになる。

　ここでは、これまで様々なところで度々登場した「基準日」について、改めてその規律を概観しておこう。

[1]　基準日とは何か

　すでに第５講において、株主総会の招集手続に関して説明したように、株主の権利に影響を与えるあるイベント（例：株主総会）があったときに、そのイベントにおいて誰を株主として取り扱うかは、特に広く株式が流通している会社においては重要である。そのイベントの実施時（例：株主総会の日）に株式を保有している者を株主として取り扱う（例：株主総会において議決権行使させる）のが理論的には正しいのだろうが、イベントには準備（例：株主総会であれば招集等）の期間が必要であることを考えると、イベント当日に株式を保有している者を株主として取り扱うことは実際上不可能である。

　そこで、そのような準備期間を確保するために、会社は、特定の時点で株主名簿に記載・記録されている者のみを、そしてその者がその後株式を保有し続けているかどうかに関わりなく、当該イベントにおいて株主として取り扱う（株主としての権利を行使することができる者として定める）ことができるとされている。この特定の時点のことを会社法では「基準日」と呼び、基準日におい

4）個別株主通知があっても株主名簿の名義書換えが行われない理由は、個別株主通知によって会社に伝えられるのは個別株主通知の請求者に係る情報のみであり、その時点で他の権利者の異動に関する情報は含まれておらず、たとえば総株主通知後に株主となった者が株主権を行使しようとする場合、誰の保有にかかる株式数が減少した結果として請求株主が株式を取得することになったのか、といった数値的な整合性をとることができないことによる。

て株主名簿に記載・記録された者は「**基準日株主**」と呼ばれる（124条1項）。

[2] 基準日に関する規律

(i) 基準日の有効期間

　基準日を定める場合には、該当する株主の権利について、基準日株主が行使（享受）することができる権利の内容を定めなければならないとされている。株主総会での議決権や配当受領権、後述する株式の割当てを受ける権利などが「権利の内容」にあたる。この権利の内容は、基準日から3ヶ月以内に行使するものでなければならないとされている。たとえば、10月1日に臨時株主総会を開きたいのであれば、基準日は7月1日以降に設定しないといけないのである。これは、基準日株主である限りは基準日後に株式を手放したとしてもその権利については株主として取り扱われることの裏返しとして、基準日後は基準日にかかる権利を行使（享受）できない株式が流通してしまうことになるから、混乱を抑えるべく、そのような権利がバラつくことになる期間を3ヶ月以内に限る趣旨である。

(ii) 基準日の設定方法

　会社は、基準日を定めたときは、当該基準日の2週間前までに、当該基準日および基準日株主が行使することのできる権利の内容を公告しなければならない（124条3項。**基準日公告**と呼ばれる）。これは、株式を取得して名義書換えをしていない株主に名義書換えの手続を促すためのものである。もっとも、定款にこれらを定めている場合には基準日公告は不要であり（同項ただし書）、定時株主総会の議決権や配当の受領権等、毎年ルーティーンで生じる権利に関する基準日については定款に定めを置いていることが一般的である。

　なお、振替株式については、基準日が設定されれば速やかに総株主通知が行われ（振替法151条1項1号）、この総株主通知の情報に基づいて基準日に株主名簿が書き換えられたものとみなされる（振替法152条1項）。

⒤　基準日後の株式取得者についての議決権の特則

　124条４項では、基準日株主が行使することができる権利が<u>株主総会・種類</u><u>株主総会における議決権</u>である場合には、会社は、当該基準日後に株式を取得した者の全部または一部を、権利を行使することができる者と定めることができる（ただし、当該株式の基準日株主の権利を害することができない）と定められている。これは、基準日以降に、募集株式の発行等（☞第22-24講）や新株予約権の行使（☞第25講）、あるいは合併等の組織再編対価として（☞第28講）新株が発行された場合等に、当該新株の取得者にも基準日にかかる株主総会で議決権を行使させることを認める趣旨の規定である[5]。

3　投資単位の括り直し

　さて、とりわけ上場株式は、広く投資家の投資対象となりうる金融商品である。もし、読者が株式投資をするとした場合、どのような株式を購入しようと思うだろうか？まずは次のストーリーをみてほしい。

S20-2　［SL 食品株式は割安、ウメザキ製菓株式は割高？］
中島がもう少し調べてみたところ、同じ食品業界で SL 食品株式会社の製菓事業のライバルであるウメザキ製菓株式会社の株価は、10,000円前後であった。中島は、ウメザキ製菓株式は SL 食品株式に比べて随分高いと感じている。

5）この規定をなにげなく読むと、３月31日に６月開催の株主総会の議決権行使基準日を設定した会社であっても、４月１日以降に売買によって取得した株主に、当該６月総会の議決権を与えてよさそうにみえる。しかしながら、同じ株式に議決権を重複して付与するわけにはいかないから、先のように４月１日以降の取得者に議決権を付与するのであれば、代わりにその株式にかかる３月31日時点の基準日株主の議決権を剥奪しなければいけないことになる。したがって、このような取扱いは基準日株主の権利を害するものとして、124条４項ただし書で許容されないと解される（コンメ(3)286頁［前田雅弘］）。

[1] 適正な投資単位の設定の必要性

　株式が割合的地位だ、ということが理解できていれば、2つの上場会社の1株の株価のみを比較して、どちらがお買い得かを議論することに意味はないことがわかるだろう。同じ1億円の企業価値のP社とQ社があったとして、P社の発行済株式総数が1万株であるのに対して、Q社が1000株であれば、理論的にはQ社の株式にはP社の株式の10倍程度の値がつくことになるだろう。しかしながら、P社よりもQ社の方が、株価（1株の値段）が高いからよい会社だ、ということにはならないのである。

　このように、会社のトータルの実力を測るうえでは、1株の値段である株価を比べることには意味がない[6]ものの、他方で、株式を買おうとしている投資家の側からすれば、買うことのできる最小単位が、自分が買える程度の値段に収まっているかどうかは決定的に重要である。したがって、先の例で示したように、P社とQ社はトータルの実力としては同じような会社であっても、P社の方が1株がはるかに安いのであるから、Q社よりもP社の株の方が（財産をあまり持っていない人にも手が届く、という意味で）人気が出る可能性がある。他方で、あまりに細かく分け過ぎてしまうと、株主の人数が膨らむ結果、株主管理のコストが上がってしまう可能性がある（招集通知や議決権行使書面等は、100万株を保有する株主にも、100株を保有する株主にも、等しく、書面を1部だけ送付するのが通常であるから、株式が多数の人に細かく分散してしまうほど、印刷費や郵送料がかかってしまうといったことになる）。

　つまり、とりわけ上場会社をはじめとした、株式が広く流通する可能性のある会社では、株主の数を適正な範囲に収めつつ、投資家にとって魅力ある価格はどれくらいかを考えながら、投資可能な最小単位を調整するニーズがあると考えられる。以下で説明する制度は、そのような投資単位の調整のために用いられることの多い制度である。

6）仮に、株価を基に2つの会社の実力を測りたいのであれば、株価（1株の値段）×発行済株式総数で測られる**時価総額**という数値の方がまだ意味があるだろう。もっとも、これも、会社全体の大きさ（しかもその大きさにどのような意味があるのかも検討の余地がある）を推計できる、という程度の指標に過ぎない点には留意が必要である。

[2] 株式の分割（株式分割）

(i) 株式分割の意義

　後述するように、現在、金融商品取引所で取引されているのは100株単位である（1単元を100株に設定している）から、たとえば**ストーリー S20- 2** のウメザキ製菓のように1株1万円の株価がついている会社であれば、投資家は最低でも100万円持っていなければその会社の議決権を有する株主にはなれない。また、1つの会社に100万円注ぎ込んでしまったら、その会社の業績が大きく落ち込んだり、最悪の場合破綻して株式が無価値になってしまうと、その損失は相対的に大きなものとなってしまう。このように、投資単位1単位あたりの金額（以下、単に「単位あたり金額」と表現する）が大きい場合には、個人投資家がその投資商品に対する投資をためらう要因となりうると考えられる。

　そこで、ある会社が発行している株式の単位あたり金額が大きい場合に、単位あたり金額を引き下げる方法として、**株式の分割**という手法が用いられる。これは、1株を10株にするなど、会社財産等には変動を生じさせずに、一定割合で株数を増加させるものである。先のストーリーのウメザキ製菓の株式も1株を10株に分割することで、株価は1000円前後となることが予想され、単位当たり金額も10万円前後となるから、個人投資家にもかなり手が届きやすくなると考えられる。

(ii) 株式分割の手続

　株式分割は、既存株主の利益に与える実質的な影響はほぼないため、取締役会設置会社であれば取締役会決議で、株式（種類株式発行会社の場合にはどの種類の株式かを含む）を何倍に増加させるかという株式分割の割合、いつの時点の株主の株式を増加させるかという基準日、およびその増加がいつ生じるのかという効力発生日等[7]を決議することにより実施できる（183条）[8]。基準日と

効力発生日が同一であってもよいが、規定上基準日を設定しなければいけない
から、124条の手続、すなわち、基準日の2週間前までに公告をする必要があ
る（124条3項）。

[3] 株式の併合（株式併合）

(i) 株式併合の意義

　株式分割とは逆に、単位あたり金額が小さ過ぎる場合には、単位あたり金額
を引き上げる方法として、**株式の併合**という手法がある。これは、10株を1株
にするなど、各株主の所有株式数を一律・按分比例的に減少させることで、数
個の株式を合わせてそれよりも少数の株式とするものである[9]。

(ii)株式併合の手続

　株式併合は、併合の比率や各株主の保有株式数によっては、株主に重大な不
利益をもたらす可能性がある（**図20-2**およびその下の解説参照）ことから、会
社法では、株主総会の特別決議で併合の内容（併合の割合、併合の効力発生日、
種類株式発行会社の場合には併合する株式の種類）を決議し（180条2項）、株主に
通知または公告をしなければならないと定めている（181条1項2項）。株主総
会では取締役は株式併合を必要とする理由を説明しなければならない（180条
4項）し、端数を金銭で受け取る株主については、対価に不満がある場合には、
反対株主の株式買取請求権を行使することができる（182条の4。反対株主の株

8）公開会社の場合には、発行可能株式総数は発行済株式総数の4倍以内でなければならないとい
　ういわゆる4倍ルールがあり（☞第22講2[1](ii)）、高倍率で株式分割（たとえば1株を10株に
　分割）をした場合には、形式的には4倍ルールに抵触してしまうものの、持株比率に応じて株式
　が増加するだけであって既存株主の経済的利益も支配的利益も害されるものではないから、発行
　可能株式総数を増加させる定款変更を通じて株主総会の意思を確認する必要もないと考えられる。
　そこで、1種類しか株式を発行していない会社については、株式分割の効力発生日において、従
　前の発行可能株式総数に株式分割割合を掛けた数まで発行可能株式総数を増加させる定款変更を、
　株主総会決議を経ることなく実施できるとされている（184条2項）。

9）なお、按分比例ではなく特定の株式のみを消滅させることで株式の数を減らすことは、**株式の
　消却（株式消却）**と呼ばれる。現行法では、保有している自己株式について、取締役会決議によ
　って消却することが認められている（178条）。

主買取請求制度については、☞第30講1・2）。

　　図20-2は、発行済株式8株を株主a、b、c、dの4人がそれぞれ4株、2株、1株、1株保有している状況から、株式の分割や併合を行った場合を模式的に示している。この図からは、まず、株式の分割も併合も、会社の企業価値というパイの全体の大きさは変わらず、単に分け方を変えただけであることがわかるであろう。

　　さらに、株式1株を2株に分割したとしても、同じ大きさのパイを16等分したものを8：4：2：2＝4：2：1：1で分けているのだから、各株主はいずれも分割前の状態から実質的な変化がないこともわかる。

図20-2　株式分割と株式併合

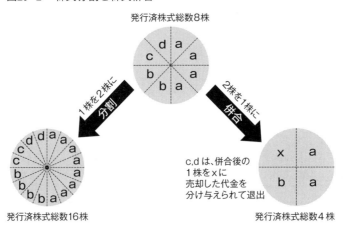

　　これに対して、株式2株を1株に併合した場合、併合した結果1株に満たない端数しか保有しなくなった株主は株式の割り当てを受けられないことになる。上の例では、cとdは、併合後0.5株となって1株に満たなくなるため、これらの端数を合わせて成立する併合後の1株を会社が売却することによって得た代金をそれぞれ分け与えられて（235条参照）、この会社から退出する（株主でなくなる）ことになる。このように、（たとえ端数処理によって経済的にはある程度補償を受けられるとしても）従前「株主」の地位にあった者が株主でなくなってしまうというのは重大な変更であることから、株主総会の特別決議が必要であるし、端数処理の結果受け取ることになる、株主としての地位を失うことに対する対価としての金銭が過少である場合には、その対価の額を争うことができるとされているのである。むしろ近時は、はじめから少数株主を会社から排除することを目的として株式併合が利用されることも多い。詳しくは、☞第32講。

[4]　株式無償割当て

(i)　株式無償割当ての意義

　株式分割に経済的効果が類似する制度として、<u>株主に新たに払込みをさせないで株式の割当てを行う</u>**株式無償割当て**がある。この場合、株主に割り当てる株式の数は、各株主の保有株式数に応じて割り当てなければならない（186条2項）ことから、たとえば、既存株式1株につき追加的に同じ株式1株を無償で割り当てるといった場合には、経済的には株式1株を2株に分割する株式分割をしたのと同じであるとみることができる。

　もっとも、株式分割の場合には（追加的な）株式の交付という、会社から株主に対する何らかのアクションを観念できるという点で株式分割とは異なるという法形式的な違い[10]があるほか、株式無償割当ての場合には、既存の株式とは異なる種類の株式を無償割当てすることも可能である点（186条1項1号かっこ書参照）が、同一種類の株式数を増加させることしか予定されていない株式分割との実質的な違いであると考えられる。

(ii)　株式無償割当ての手続

　株式無償割当てを実施する際には、その都度、株主に割り当てる株式（種類株式発行会社の場合にはどの種類の株式かも含む）の数またはその数の算定方法ならびに効力発生日等[11]を、取締役会設置会社の場合には取締役会で決議する（186条3項）。

10）会社による株式の発行（と株主への交付）というアクションを観念できるか否かは、会社成立後の株式発行無効の訴え（828条1項2号）の対象となるかどうかや、（たとえば210条の類推適用等を根拠として）株式の発行を差し止める形で効力を争うことができるか、といった論点に繋がりうる。もっとも、経済実質としては同一であるという点を捉えて、上記について株式分割と株式無償割当てを同一の取扱いをすべきであるとする見解も有力である。

11）株式無償割当てを実施する時点においてすでに複数種類の株式を発行している会社の場合には、特定の種類の株式の株主に対してのみ株式無償割当てを実施することもできる（186条1項3号）。

[5]　単元株制度

(i)　意義と機能

　すでに、株主総会の議決権のところ（☞第6講2[2]）で説明したように、1株1議決権ではなく、何株かをまとめて「1単元」として、その単元を満たす者のみに権利を与えるという単元株制度がある。とりわけ現在のわが国の上場会社では、100株を1単元とする単元株制度を採用しなければならないとされている（東京証券取引所有価証券上場規程427条の2参照）。

(ii)　設定・変更・廃止

　単元株制度を採用している会社の1単元が、単元株制度を採用していない会社の1株と同じような取扱いを受けるわけであるから、たとえば1単元を100株と定めている会社については、100株を1株に併合したのと同じような効果が生じる。具体的には、単元株制度を採用した会社では、株主は1単元について1個の議決権を有し、単元未満株式については議決権を行使することができない（189条1項）[12]。そのため、単元株制度の設定は定款変更の株主総会特別決議が必要である（188条1項）。逆に、単元株制度を廃止する、あるいは単元株の数を従前よりも少なくする場合は、いままで権利行使できなかった単元未満株式が新たに単元として権利行使が可能になりうるに過ぎず、株主を害するものではないことから、株主総会特別決議なしに取締役会決議で定款変更ができる（195条）。

(iii)　単元未満株主の権利

　もっとも、単元に満たない株数しか有しない者であっても、なおその単元未満株の保有を継続することができ、法令または定款において単元未満株に与え

---

12)　なお、単元の設定は、種類ごとに行わなければならないとされている。逆にいうと、1単元の株式数が種類ごとに異なることも当然に予定されているということになる。種類ごとに単元株数を設定することによって、実質的に複数議決権株式をつくり出すことが可能であるといわれている。

られないとされた権利を除いて、引き続き株式に関する権利を享受することができる点で、株式の併合とは異なる。

議決権を前提とした権利を除いて、株主としての諸権利はすべて有するのが原則だが、定款で株主権の全部または一部を行使できないと定めることが認められる。もっとも、奪うことのできない権利もある（189条2項参照[13]）。

単元未満だと議決権等の権利がなくなるので流通が阻害されるおそれがある。そこで、単元未満株主は会社に買い取らせることで投資回収をすることが認められている（192-193条）。株式併合の場合には、1株未満の株式は自動的に換金されてしまうが、単元未満株の場合は、単元未満であっても株主としてなお会社に投資し続けることが可能である反面、譲渡による投資回収が難しい可能性もあるため、会社に対する買取請求が認められているのである[14]。

> ●**第20講のおさらい**
> ・上場会社において株主提案権を行使しようと思う場合には、どのような手続が必要だろうか？⇒1 [2]
> ・株価5000円の上場会社の株主として株主総会に出席するためには、いくらの株式購入資金が必要だろうか？⇒3 [5]

---

13) ①全部取得条項付種類株式の交付を受ける権利、②取得条項付株式の取得と引換えに金銭等の交付を受ける権利、③株式無償割当てを受ける権利、④単元未満株式の買取請求権、⑤残余財産分配請求権、⑥その他法務省令で定める権利（施則35条参照）は、奪うことができない。他方で、株主代表訴訟提起権（☞第14講2）は、定款規定により排除可能である旨が明文で定められている（847条1項第2かっこ書）。

14) 他方、会社が定款にその旨を置いているのであれば、単元未満株主は、自己が単元に達するまでの株式を会社から売り渡してもらうことを請求することができる（194条1項。単元未満株主の売渡請求）。つまり、1単元100株の会社の株式を99株保有する株主は、会社が自己株式1株を持っているならば、それを売り渡してもらうことで、100株にして1単元として議決権を行使する、あるいは取引所で売買するということが可能となるのである。もっとも、これは、そもそも定款でその旨が定められていなければならないし、仮に定款規定があったとしても会社がそれに対応する自己株式を有していない場合には売渡しの義務はない（194条3項）。

第21講

ヤスダ、金は欲しいが口出しはされたくない

―種類株式

本講では、種類株式に関する規律の概要を説明する。

1 "標準型"の株式とそこからの逸脱

○ ○

Y21-1 [ヤスダピーナッツ、事業拡大の資金が欲しい]

設立後順調な事業展開をしてきたヤスダピーナッツだが、事業規模をさらに拡大するためには、都心に事務所を設けるなどの施策が必要であると考えられることから、社長の茂文としては、そのために必要な資金として、最低でも2000万円は調達したいと考えている。

すでに同社に5000万円を貸し付けているメインバンクの赤井銀行は、今回は長期的展望から行う投資のための資金であるから、短期での借入れではなく、自己資本による調達が望ましい、として、追加融資に慎重な姿勢をみせたうえで、中小企業へのエクイティ投資に積極的なフルムーンキャピタルという投資会社をヤスダピーナッツに紹介することにした。

他方、ヤスダピーナッツから製品原料の納入を受けているウメザキ製菓からも、ヤスダピーナッツの営業体制の強化は自社にとっても有益であるから、資金的な支援は可能であるとの意向が示されている。

[1] "標準型"の株式の特徴

実は、これまで本書において「株式」に関する説明をする際には、ある"標準的な型の株式"を想定していた。その"標準型"とは、すなわち、投資家は

その株式を保有することによって剰余金配当請求権、残余財産分配請求権および株主総会における議決権を保有することになり（105条1項1-3号）、とりわけ、議決権に関しては、株主総会の権限事項すべてについて議決権を行使することができる（行使できる決議事項に制限がない）ものであり、これらの権利はすべての株式に平等に与えられている（109条1項参照）ものであることを想定してきた。また、投資家（株主）による投資回収に関しては、会社に対して払戻しを請求することができない（逆に会社によって株式を無理やり取り上げられる〔強制的に投資を回収させられる〕こともない）ことを前提として、株式を他の投資家に譲渡することで投資を回収することが想定されていた。

[2]　"標準型"からの逸脱

(i)　逸脱の必要性と既出の具体例

　しかしながら、このような標準型の株式しか用意されていないとすれば、かなり不便ではないだろうか。すでに第19講で説明したように、投資回収のために株式の自由譲渡性が認められているとしても、これを常に認めなければならないとしてしまうと、限られた関係者で会社運営を行いたい会社のニーズには応えられないことから、譲渡に会社の承認を要求するという形で、株式の自由譲渡性を制限することが認められているのであった（☞第19講2[1]）。

　これと似たような話が、標準型の株式のほかの特徴にもあてはまるだろう。そこで、会社法は、株式の譲渡性以外の特徴に関しても、標準型とは異なる内容を有する投資商品（金融商品）を設計すること、そして、それを「株式」として発行することを認めているのである。

(ii)　標準型とは異なる内容の株式のニーズ

○ ○

Y21-2　[株主候補者の要望]
ヤスダピーナッツの社長である茂文は、資金拠出をお願いする候補として、まず、フルムーンキャピタルの望月麗子代表に詳しい意向を問い合わせた。

望月代表からは、投資会社である以上投資に対するリターンを最重視するものであるし、可能であれば5年程度で投資を継続するか否かを判断する機会を出資者側が持てるような枠組みを希望する、との回答があった。

次に、茂文は、ウメザキ製菓の意向を問い合わせた。ウメザキ製菓は、自社製品の安定的製造を第一の目標としており、ヤスダピーナッツへの出資も、原料の仕入先としてのヤスダピーナッツの経営の安定という観点から前向きに検討しているとのことであった。したがって、ヤスダピーナッツの経営の独立性を尊重しつつも、同社が重要な意思決定を行う際には出資者も一定の関与ができるような枠組みが望ましい、とも付け加えてきた。

　制度や法規定の説明に入る前に、標準型から逸脱した「株式」を活用するニーズをある程度理解するために、**ストーリーY21-2**のような状況を考えてみよう。ここでは、資金拠出者の候補として、投資会社（フルムーンキャピタル）と事業会社（ウメザキ製菓）の名前が挙がっている。単純化すれば、前者は投資に対する経済的なリターンを重視しているのに対して、後者は出資先企業の事業への影響力を重視しているといえる。さらにいえば、経済的に有利な条件であれば多少発言力が小さくても構わないと思う投資家もいるだろうし、逆に、経済的なリターンよりも株式に付着する議決権に基づく発言力を重視して株式を取得する投資家もいるだろう。それらのニーズに細かく対応するためには、標準型の株式よりもメリハリをつけた商品設計をできる方が望ましい。

　そこで、108条1項では、株式会社は、次の①〜⑨の事項について異なる定めをした内容の異なる2以上の種類の株式を発行することができると定めている。すなわち、①剰余金の配当、②残余財産の分配、③株主総会において議決権を行使することができる事項、④譲渡による当該株式の取得について当該株式会社の承認を要すること、⑤当該株式について、株主が当該株式会社に対してその取得を請求することができること、⑥当該株式について、当該株式会社が一定の事由が生じたことを条件としてこれを取得することができること、⑦当該種類の株式について、当該株式会社が株主総会の決議によってその全部を取得すること、⑧株主総会または取締役会において決議すべき事項のうち、当該決議のほか、当該種類の株式の種類株主を構成員とする種類株主総会の決議

があることを必要とするもの、⑨当該種類の株式の種類株主を構成員とする種類株主総会において取締役または監査役を選任すること、である。

　会社としては、これらの1つあるいは複数の要素をアレンジして投資家のニーズにより合致した商品を設計することで、資金調達を円滑に行うことが期待できる。

　これらの諸要素のうち、④譲渡制限については概ね第19講でその制度の概要は説明した[1]ので、本講ではそれ以外の要素のアレンジ[2]について説明することとする。

2　種類株式の具体的内容

[1]　経済的価値の享受に関するアレンジ

　まず、①剰余金の配当および②残余財産の分配について異なる定めをした内容の異なる2種類以上の株式を発行する、というのは、会社に対する経済的な請求権の内容について、標準型とは異なるアレンジするものである。

1）もっとも、④株式の譲渡制限は、107条により、会社の発行する全部の株式について設けることもできるとされており、これは、⑤取得請求権や⑥取得条項も同様である。
　この場合、定款の定めが必要であり（107条2項）、会社の設立時（＝まだ誰も株主となっていない状態）においてその内容を定款に定める場合であれば特に問題はないが、一旦会社が成立して株式が発行された後に、そのような内容を定める場合には、株式の譲渡性や投資の継続性についての既存株主の期待を損なうものとなることから、慎重な手続が要求されている。すなわち、④譲渡制限の定めを置く場合には、株主総会の特殊決議（309条3項1号。☞第6講3[2](iii)）が必要である。この場合に、反対株主には株式買取請求権が認められている（116条1項1号。☞第18講注10・注11）。また、⑥取得条項を付ける場合には株主全員の同意が必要である（110条）。⑤取得請求権を付ける場合は、株主に選択権を与えるだけであるので、通常の定款変更の手続（466条）で足りる。
2）内容の異なる種類の株式を発行する際の基本的な手続は、定款においてその種類の株式の内容を定めることである（108条2項柱書。もっとも、定款では要綱のみを定め、詳細な内容は株主総会や取締役会で決定することもできる〔同3項〕）。種類株式発行会社（これは、複数種類の株式を現に発行している会社のみならず、複数種類の株式について定款上規定しているだけの会社も含む概念である。2条13号参照）について、⑥すでに発行している特定の種類の株式について取得条項を付けたり変更する場合（111条1項）、ならびに、④特定の種類の株式について譲渡制限を付ける場合、および、⑦特定の種類の株式について全部取得条項を付ける場合（111条2項）には、通常の定款変更よりも加重された手続が必要である点に注意が必要である。

(i) 配当に関する種類株式

> **if シナリオ Y21-a**
> **[フルムーンキャピタルに対する優先株式の発行]**
> 発行済株式総数4000株のヤスダピーナッツ株式会社は、事業拡大のための資
> 金として、フルムーンキャピタルに対して配当優先株式を発行することで
> 2000万円を調達することにした。具体的には、ヤスダピーナッツが発行して
> いる既存株式をすべて A 種株式としたうえで、新たに A 種株式よりも 1 株
> につき50円多く配当が受け取れる B 種株式を2000株発行した。

①剰余金の配当に関して異なる定めをした内容の異なる株式（108条1項1
号）の典型は、この **if シナリオ Y21-a** の B 種株式のように、1 株につきいく
らかの額を他の種類の株式に対する配当に先立って受け取れる、といった定め
のある株式である[3]。**ストーリー Y21-2** で意向が示されているように、経済
的リターンを重視するフルムーンキャピタルとしては、既存株主よりも先に配
当を確保できる B 種株式に魅力を感じるかもしれない。

先のような定めの場合、A 種株式を基準とすれば、B 種株式はそれよりも優
先して配当を受けられることから、**優先株（式）** と呼ばれることもある。この
場合、基準となった A 種株式のことは **普通株（式）** と呼ばれるのが一般的で
ある。

優先株式の設計に関しては、配当の受け取り方に応じて、参加と非参加、累
積と非累積という区分がある。たとえば、**if シナリオ Y21-a** において、会社
（ヤスダピーナッツ）が分配可能額の中から100万円を配当に回すとした場合、
まず10万円（50円×2000株）は B 種に優先的に分配されるが、残りの90万円に
ついて、さらに B 種も配当を受ける場合の B 種株式を **参加的優先株式** といい、
残りについて B 種はもはや受け取る地位には立たず A 種のみが配当を受ける

3）このほか、ある特定の種類の株式を、会社の事業部門（あるいは子会社）の業績に連動したリ
ターンが得られるようにする設計も考えられる。これを **トラッキング・ストック** という。

場合のＢ種株式を**非参加的優先株式**という[4]。

　他方、Ｂ種に対する１株あたり50円の優先配当という約束が果たせなかった場合に、本来であればその年度に優先的に受け取れるはずだった金額について、次年度以降に繰り越す場合を**累積的優先株式**、次年度以降に繰り越さない場合を**非累積的優先株式**という。たとえば、ある年度（Ｔ年度）に配当に回せる額が６万円だったため、Ｂ種に１株あたり30円しか配当できなかった場合、累積的優先株式であれば、翌年度（T+１年度）においてＢ種がＡ種に優先する額は１株あたり70円（50円−30円＋50円）になる[5]のに対して、非累積的であればT+１年度以降も変わらず毎年１株あたり50円のみ優先するということになる。

(ii)　残余財産の分配に関する種類株式

　剰余金配当と同様に、会社が解散・清算する際に株主が受け取ることになる残余財産の分配に関しても、種類ごと受け取れる金額や受け取る順番についてのバリエーションを設けることができる（108条１項２号）。残余財産分配に関する優先関係についても、参加的と非参加的の両方がありうる。

[2]　議決権に関するアレンジ

　他方、会社法は、株主総会における議決権に関しても標準型とは異なるアレンジを認めている。

4）本文の例ならば、１株あたり配当額は、Ｂ種がたとえば残りの部分についてＡ種と同等の地位に立つ（即時参加と呼ばれる）参加的優先株式であるならばＢ種200円（50円＋90万円÷6000株）、Ａ種150円（90万円÷6000株）となるのに対して、Ｂ種が非参加的であるならば、Ｂ種50円、Ａ種225円（90万円÷4000株）となる。このように、非参加的"優先"株式は、"普通"株式よりも配当額が少ない場合もありうることになる。その意味で、"優先"といった呼称は、絶対的な優越性を意味するものではない点に注意が必要である。3 [1] も参照。

5）当該年度の優先配当や普通配当との関係で、累積部分をどのように取り扱うかには複数のパターンが考えられる。本文では、累積部分→当該年度の優先配当→当該年度の普通配当の順に充当されることを前提に説明している。

(i) 議決権制限株式

たとえば、**ストーリー Y21-2** のフルムーンキャピタルにとって重要なのは、いかにして投資先から経済的リターンを上げられるか、という点であって、それがうまくいっている限りは、議決権までを保持・行使して会社の意思決定に関与するニーズはないかもしれない。したがって、とりわけ、いわゆる優先株式については、経済的な優先的取扱いを享受できる（**if シナリオ Y21-a** でいえば、B種株式に50円多く配当が支払われている）限りは、株主総会の議決権の全部または一部をもたせない、というアレンジをすることも考えられる。このようなアレンジのために用いられるのが108条1項3号であり、この規定により株主総会において議決権を行使することができる事項について制限を付した種類の株式のことは、「**議決権制限株式**」と呼ばれる（115条参照）。

議決権制限株式の伝統的な活用方法は先に述べたようなものであるが、かつて（平成13年改正前）とは異なり、他の条件（たとえば配当の受取額や優先順位等）についての有利な取扱いが定められていなければ議決権制限ができないわけではなく、他の条件は同じだけれども、（たとえばその種類の株式だけは取締役の選解任議案の議決権がないといった形で）特定の事項について議決権が全く無いような定めも可能である[6]。

なお、公開会社においては、株式に対する投資をした者のうちでも少数の者のみで会社の意思決定をすることは健全ではないと考えられることから、議決権制限株式の総数は、発行済株式総数の2分の1を超えないこととされており、もし超えることとなった場合には2分の1以下となるために必要な措置をとらなければならないとされている（115条）。

(ii) 拒否権付種類株式

他方で、経済的価値よりも出資先会社への影響力を重視する投資家にとっては、標準型よりも強い発言力（具体的には株主総会における議決権）を有する株

6）この点については、理論的な批判はあるが、条文の文言としてそのように解さざるをえないであろう。

式に対するニーズもあるかもしれない。とりわけ、**ストーリー Y21-2**でヤスダピーナッツへの出資を検討しているウメザキ製菓のように、普段の細かな事項については会社経営者に任せるけれども、株主（ウメザキ製菓）が重要だと考える事項については、その株主が同意しない限りは進められないようにしておきたいと考えるかもしれない。それを実現するために用いられるのが、108条1項8号の**拒否権付種類株式**である。具体的には、たとえば既存株式4000株に加えて、合併や事業譲渡などの基礎的変更についての拒否権を与えた別の種類の株式1000株を発行して、拒否権を欲する者にその全部を保有させれば、当該株主に拒否権を与えることができる。

　合併等を実施する際には株主総会の特別決議が必要であるから、その実施を完璧に阻止するためには、通常であれば（＝拒否権付種類株式を発行していなければ）総議決権数（発行済株式総数）の3分の1超を保有している必要があり[7]、総議決権数5000個（発行済株式総数5000株）の会社であれば1667個、したがって1667株の保有が必要である。これに対して、拒否権付株式を用いれば、その種類の株式を保有する者（種類株主。2条14号参照）は、それよりも小さい額の投資（先の例では1000株）のみで拒否権を握ることもできる。このように、会社の将来を左右する重要事項に対する拒否権を与えられたごく少数の株式のことを**黄金株**と呼んだりする[8]。

　ある事項についての種類株式の拒否権は、具体的には、後述するように（☞ 3 [1]）、当該種類に係る種類株主総会の決議を通じて実現される（323条）。簡

7）特別決議は、出席議決権数の3分の2以上の賛成で成立する（309条2項）ため、総議決権数の3分の1超を保有する株主は、仮に他の株主が株主総会に全員出席したとしても特別決議の成立を阻止することができる。

8）もっとも、このような形で、持株割合の小さな者に会社の運命を左右するキャスティングボートを握らせることは、その種類の株式を保有する株主にとってはメリットがあるかもしれないが、それが真に会社にとって望ましいことであるのかは慎重な検討が必要である。株式会社は、経済的利害関係の大きな人ほど大きな発言力を有するという仕組みにすることによって、会社を発展させるような意思決定がなされることを期待したものである（☞第6講2 [2](i)）ところ、それに反する取扱いの合理性を説明することはなかなか難しいであろう。法律上は拒否権付種類株式の発行自体はすべての会社において認められているものの、とりわけ公開会社による発行は慎重な意見も多く、また、拒否権付種類株式を発行している会社の株式上場は例外的な場合にしか認められていない。

単にいえば、拒否権付種類株式を保有する株主のみで株主総会のような会議を開き、そこで当該事項の実施についての承認決議をしなければならない、とされているのである。

　拒否権を設定できる事項としては、公開会社などの取締役会設置会社については、株主総会決議事項のみならず取締役会決議事項も含まれる（108条1項8号かっこ書）[9]。

(iii)　取締役・監査役の選解任権

　さらに、公開会社でない会社であって、かつ、指名委員会等設置会社以外の会社に限定されるものではあるが、特定の種類の株式の種類株主だけで一定数の取締役や監査役を選任できるというアレンジも可能である（108条1項9号）[10]。**ストーリー Y21-2** でいうならば、株主（ウメザキ製菓）として、（取締役の選解任権を完全に掌握できる）総議決権数の過半数[11]を取得するつもりはないけれども、会社の経営のお目付役として自分の息の掛かった者を一定数役員に据えておきたい、といったニーズに対応することができる[12]。

　この種類株式の株主による取締役・監査役の選解任権の行使も、拒否権付種類株式の拒否権の発動と同様に、種類株主総会を通じて実現される（347条）。

[3]　株主の投資回収に関するアレンジ

　標準型の株式の場合、会社が買い取ることによって株主が投資を回収するこ

9）たとえば、多額の借財として取締役会決議事項に該当するような「○億円以上の借入れ」を種類株式の株主の拒否権の対象としたいのであれば、これを当該種類株式にかかる種類株主総会決議事項として定款に定めることになる。

10）会社の業務執行等にあたる取締役等を選解任することのできる種類株式を誰が取得するかは、会社の運命を左右する極めて重要な問題であることから、誰が株主になるかという点についての会社の意思が反映される公開会社でない会社にのみ認められていると説明されている。他方、指名委員会等設置会社が除外されているのは、これを認めてしまうと取締役の選任議案を決定するのは指名委員会であるという指名委員会等設置会社の基本的な枠組みが崩れてしまうからである。

11）株式会社では、一般的に（累積投票制度が採用されていない限り）取締役の選解任は普通決議によるところ（☞第8講3 [3]）、普通決議は、出席議決権数の過半数の賛成で成立する（309条1項）ため、総議決権数の過半数を保有する株主は、仮に他の株主が全員株主総会に出席したとしても、自分の意中の人間を全員取締役に据えることができる。

とは、（株主総会決議に基づく分配可能額からの自己株式取得〔156条。☞第18講3[2]〕など例外的な場合を除き）通常は想定されていない。しかしながら、会社法では、種類株式を用いることで、会社が株主から株式を買い取るというアレンジも可能としている。

(i)　取得請求権付株式と取得条項付株式

　ある種類の株式について、⑤株主が当該株式会社に対してその取得を請求することができること、および、⑥当該株式会社が一定の事由が生じたことを条件としてこれを取得することができること、を定めることができるとされている（108条1項5号・6号）。前者を**取得請求権付株式**（2条18号）、後者を**取得条項付株式**（同19号）という[13]。会社による株式の買取りというイベントが生ずる引き金となるのが、⑤は株主の意思（株主が望んだときに会社が買い取る）であるのに対して、⑥は株主の意思に関係なく一定の事由が発生したこと、という点に違いがある。

　会社が株式を取得する際の処理としては、経済的には、取得対価の種類に応じて、主として2つのパターンが考えられる。

　1つは、会社がその株式を金銭などの株式以外の対価で買い取ってしまい、当該種類株式の保有者との間の出資関係を終わらせるという処理（108条2項5号イ・6号イ→107条2項2号ロ〜ホ・3号ニ〜トの処理）である[14]。たとえば、if

---

12) なお、自らの息のかかった者を一定数役員に据えておくために、本文で述べたような種類株式によるのではなく、取締役選任議案に対する議決権行使を拘束する株主間合意（たとえば、多数派株主であるAも少数派株主Bの推薦する者2名を取締役に選任する議案に賛成すべし、といった内容のA=B間の契約。**議決権拘束契約**）が用いられることもある。この場合、当該合意に違反した場合（たとえば、Aが当該合意に違反して自派の者のみを取締役に選任する議決権行使をした場合）でも、単なる契約違反となるにすぎず、損害賠償責任が生ずることはあっても、それにより成立した株主総会決議に瑕疵は原則として生じないと解されている。株主総会における取締役選任議案に対する議決権行使を拘束する株主間合意の効力が争われた裁判例として、[百 A18]東京高判平成12年5月30日判時1750号169頁（本件は、さらに取締役会において取締役が行う議決権の行使を拘束する合意も問題とされている）。

13) 注1でも述べたように、取得請求権や取得条項は、会社が発行する株式全部について定めることもでき（107条1項2号・3号）、本文で説明している内容の異なる2以上の種類の株式として発行する場合（108条）と併せて、取得請求権付株式の取得手続については166-167条が、取得条項付株式の取得手続については168-170条が、それぞれ規定している。

シナリオ Y21-a において、フルムーンキャピタルが、5年後に投資の引揚げ
の可能性も視野に入れているのであれば、発行するB種株式に5年後から行
使可能な取得請求権を付与する（108条2項5号イ→107条2項2号への期間をそ
のように設定する）ことが考えられる。他方で、会社（ヤスダピーナッツ側）が、
たとえば5年後には確実にまとまった資金が入ってくるからその際にフルムー
ンキャピタルとの関係を清算したいと考えているのであれば、5年の期間経過
を条件（108条2項6号イ→107条2項3号イ）として会社が取得を行うという取
得条項をB種株式につけておくことが考えられる。

　もう1つは、当該種類の株式を会社が取得する際に、その会社の発行する別
の種類の株式と交換するという処理（108条2項5号ロ・6号ロの処理）である。
この場合、投資家（取得対象となった種類株式の株主）からみれば、その会社へ
の株式投資は継続していることになるから、このような処理は、かつての慣用
に従って転換と呼ばれることもある。たとえば、**if シナリオ Y21-a** で、会社
（ヤスダピーナッツ）としては発行後5年間限定で配当の優先権を与えるという
条件で出資を募りたい、と考えるのであれば、B種株式に、発行後5年の経過
という事由の発生に伴ってA種株式を対価とした取得条項をつけておくこと
で、配当優先権のあるB種株式は発行後5年が経過した時点で優先権のない
A種株式に"転換"されて、元のB種株式の株主（フルムーンキャピタル）の
下で存続する、という状態にすることができる[15]。

14）この場合、取得請求権付株式にしろ、取得条項付株式にしろ、株式の取得と引換えに交付され
　る財産の帳簿価額が取得の効力が生ずる日の分配可能額を超える場合には、株式は取得されない
　（166条1項ただし書・170条5項）。この規制に反して株式の取得がなされ場合には、当該株式の
　取得は無効であり、会社と株主は原状回復義務を負うことになると解されている。関与した役員
　の責任については、期末の欠損填補責任の対象とされている（465条1項4号・5号）ものの、
　分配可能額規制違反の一般原則である462条の対象とはされていない（会社財産の回復は、上述
　の原状回復義務により図られている）。

15）本文で述べたのは、ある種類の株式が別の種類の株式に強制的に"転換"される例（強制転換
　条項付株式）であるが、"転換"するか否かの判断権を株主に与えたい（転換予約権付株式）の
　であれば、取得請求権付株式として構成することになる。

(ii)　全部取得条項付種類株式

　⑦株主総会の意思決定があればその種類の株式全部を会社が取得するという内容の種類の株式のことを、**全部取得条項付種類株式**という（108条1項7号・171条1項柱書）。この種類株式の本来の制度趣旨は、債務超過会社など経営の行き詰まった会社に対して新規資金を導入することを容易にするためのものであった[16]にもかかわらず、制度導入当初から本来の趣旨とは異なる使い方がされてきた。すなわち、特段経営が行き詰まっているわけではない会社について、少数株主を締め出すためだけの目的で、この全部取得条項付種類株式が用いられてきたのである。詳しくは締出しのところ（☞第32講1[2]）を参照。

3　種類株主総会

　会社が複数の種類の株式を発行している場合において、特定の種類の株式の株主により構成される会議体を、「**種類株主総会**」という（2条14号参照）。すでに述べたように、拒否権付種類株式や取締役等の選解任権についての種類株式に関して、拒否権の行使や選解任権の行使のための場としての役割（323条・347条）が与えられているほか、種類株主間の利害調整の場として機能することが予定されている[17]。ここではもっぱら後者について説明する。

　会社が複数の種類の株式を発行している場合、株式の内容が異なることに起因して、会社が行う行為が、特定の種類の株式の株主に不利益をもたらす可能性がある。このような場合に、不利益を被る種類の株式の株主のみから構成される種類株主総会という会議体での決定を要求するという形で、不利益を被る種類株主の利益への配慮がなされている。

16）債務超過会社など実質的に株式の価値がなくなってしまった会社に対して、既存株主を残したまま新たな資金を導入すると、新規資金が投入された途端に既存株主が保有する（それまではほぼ無価値であった）株式に新規資金の価値が移転（流出）してしまうことになるため、新規資金の供給がためらわれる原因となる。そこで、既存の株式を一旦全部消してそのような価値の流出が生じないようにすることで、新規資金の導入がスムーズに行えるようにするための制度として導入されたのが全部取得条項付種類株式である。

17）種類株主総会の運営方法等については、基本的に株主総会と同様である。詳細については、324条および325条参照。

[1] 種類株主総会決議が要求される局面

会社法の規定上、種類間の利害調整の場として種類株主総会が必要となる局面は、「ある種類の株式の種類株主に損害を及ぼすおそれがある」場合であり、具体的には、株式の内容の変更・株式の種類の追加・発行可能株式総数または発行可能種類株式総数の増加に関する定款変更、株式の併合・分割等、合併等の組織再編などが列挙されている（322条1項）。

少しわかりにくいので簡単な具体例を示してみよう。

---

if シナリオ Y21-b ［B 種株式の内容変更のための定款変更］

if シナリオ Y21-a でヤスダピーナッツがフルムーンキャピタルに対して発行した B 種株式は非参加累積的配当優先株式であったが、その後のヤスダピーナッツの業績は芳しいものではなかったために、B 種株式への優先配当の支払いが滞り、優先配当の累積が会社の資金繰りの重荷となっていた。そこで、ヤスダピーナッツとしては、B 種株式につき、優先配当の累積条項を外す代わりに参加的なものに変更する定款変更を考えている。

---

if シナリオ Y21-b の場合、B 種株式の種類株主（以下、条文の文言からすれば不正確な表現だが「B 種株主」と表現する）にとっては、今後生ずるかもしれない未払優先配当額相当額の優先権がもはや与えられなくなる[18]という意味で、この定款変更は「損害を及ぼすおそれがある」ものであるといえる。したがって、そのような株式の内容を変更することになる定款変更をするためには、B 種株主による種類株主総会の決議が必要となる。

他方で、これまで A 種株式のみで分配されていた優先配当後の残余部分について、この定款変更によって B 種株式も配当に参加することになるから、残余部分についての A 種株主の取り分が減ることになるという意味で、A 種

---

18) 本文で問題としているのは、累積条項そのものの廃止によって将来的に発生しうる損害であって、過去の未払によって累積した優先額を消すことまでを想定しているわけではない。後者のようなことが可能であるのか、可能であるとすればどのような要件の下でいかなる手続が必要であるのかは難問である（詳細については、コンメ(3)99頁［山下友信］参照）。

株主にとってもこの定款変更は「損害を及ぼすおそれがある」ものであるといえる。

　以上から、**if シナリオ Y21-b** のような定款変更を行うためには、A 種株主のみからなる種類株主総会と、B 種株主のみからなる種類株主総会の両方の決議が必要となると考えられる[19]。一般的には“普通株式”として理解され表現されることの多い“標準型”の株式（**if シナリオ Y21-b** であれば A 種株式）であるが、その保有者に損害を及ぼすおそれがある場合には、それらの者のみで構成される種類株主総会の決議が必要になる点には注意が必要である。

[2]　種類株主総会決議の排除

　[1]が原則であるが、ある種類の株式の種類株主に「損害を及ぼすおそれがある」事項であっても、その種類の株式の内容として種類株主総会の決議を必要としない旨を定款で定めておけば、種類株主総会なしにその行為を行うことができる[20]、ともされている（322条2項・3項本文）。もっとも、自分の保有している種類株式の内容そのものが他の株主の意向でどんどん削られていっても文句が言えないというのはさすがに行き過ぎであると考えられることから、株式の種類の追加、株式の内容の変更、発行可能株式総数または発行可能種類株式総数の増加についての定款変更に際して種類株主総会を不要とする旨の定めは置けない（322条3項ただし書）。

---

19)　会社の定款変更は「株主総会」の特別決議が必要である（466条）から、**if シナリオ Y21-b** のような種類株式の内容の変更のための定款変更を行う場合には、「株主総会」での定款変更決議も必要である。この場合の「株主総会」とは、（当該種類の株式に議決権制限がかけられていない限りは）A 種株主と B 種株主との両方を包含する“会社の株主”から構成されるものである。

20)　このような定めがある場合における当該損害を及ぼされるおそれのある種類株主の保護は、株式買取請求権（116条1項3号・785条2項1号ロおよび797条2項1号ロ・806条2項2号）によって図られることになる。要するに、会社が種類株主に損害を及ぼすおそれのある行為をする場合であっても、異議を述べる機会はなく、不満があればその会社から退出せざるをえないという形になるが、それでもよいと思う人だけがその種類の株式を保有しなさい、という立場であると考えられる。もっとも、このようなロジックは、その種類の株式を発行する前に本文で述べたような種類株主総会を不要とする定めがされている場合にのみ通用するものであり、種類株式を発行した後でそのような定款変更を行う場合には、当該種類の種類株主全員の同意が必要である（322条4項）。

●第21講のおさらい

・会社に対して貸付けを行うのと限りなく近い経済的効果をもたらす種類
株式を設計するにはどうすればよいだろうか？　元本に対する一定の率
の利子が支払われ、満期に元本（固定額）が会社から弁済され、会社の
意思決定には基本的に関与しない、といった会社債権者の地位を踏まえ
て、配当や残余財産分配に関する優先劣後の定め、議決権制限、取得条
項や取得請求権など、適切な要素をピックアップして種類株式を設計し
てみよう⇒2

第22講
晴子、追加出資する余裕がない
——新株発行総説、株主割当て

本講からは、再びシンプルな"標準型"の株式を念頭に、既存の会社が株式を発行して新規資金を調達する際の法的問題について説明していきたい。本講では細かな規定の内容には入らずに、まずは問題状況を感覚的に理解してもらえるような説明を心がけたい。

○ ○

Y22-1 [ヤスダピーナッツ、普通株式の発行で事業資金を得たい](ストーリー Y21-1 とほぼ同じ状況)
ヤスダピーナッツ株式会社は、事業規模拡大のために必要な資金として4000万円ほどを調達したいと考えている。
現在(20X3年6月時点)の同社の発行する株式は1種類のみであり、社長で経営の一切を取り仕切っている茂文が1300株、茂文の母真知子が1600株、姉の道子と晴子が500株ずつ、友人の新藤が100株を保有している。

---

1 会社成立後の株式発行による資金調達時の考慮要素

if シナリオ Y22-a [ヤスダピーナッツの企業価値]
ストーリー Y22-1 の状況において、ヤスダピーナッツ株式会社の20X3年6月時点の客観的な経済的価値は8000万円だったとする。

株式は、出資者としての地位を細分化して均一の割合的単位の形にしたもの

であり（☞第3講1[1]）、理論的には、各株主は、それぞれの持株数に応じて、会社の有する経済的価値をシェアしていると考えることができる。

　ストーリーY22-1におけるヤスダピーナッツの各株主の持株比率は、真知子が40%（1600/4000）を保有する筆頭株主であり、次いで茂文が32.5%（1300/4000）、道子と晴子が12.5%（500/4000）ずつ、そして新藤が2.5%（100/4000）であり、1株1議決権であるから、議決権比率もこれと同じである。

　また、**ifシナリオY22-a**で仮定したヤスダピーナッツ株式会社の客観的な経済的価値（企業価値）を前提とした場合、同社の発行済株式は4000株であるから、1株あたりの経済的な価値は2万円となる。

　ここで、**ストーリーS22-1**の予定通り、株式を発行して、それと引換えに誰かに会社に対する出資をさせるという方法で資金を調達する（以下「新株発行[1]」という）とした場合、どのような点に気をつけるべきであろうか？

[1]　既存株主の経済的利益の保護

> ### ifシナリオ Y22-b-1　[価格が公正でない場合]
> **ifシナリオ Y22-a**の状況において、フルムーンキャピタルが新規資金の拠出者として名乗りを上げてくれた。フルムーンキャピタルは、普通株式2500株と引換えに4000万円をヤスダピーナッツに対して拠出し、これにより同社の株主となった。

　さて、**ifシナリオ Y22-a**の企業価値の仮定を前提とした場合に、新株発行によって会社に新たな資金を払い込んで株主となる者（**ifシナリオ Y22-b-1**ではフルムーンキャピタルのこと。以下「新規株主」という）は、4000万円と引換えに、

1）会社の成立後に株式を用いて資金調達をする場合、株式を新たに発行して資金調達をする場合（新株の発行）だけでなく、以前すでに発行していたものの会社が取得することとなった株式（自己株式）をもう一度会社以外の者に"売る"ことで資金調達をするという方法（「自己株式の処分」と呼ばれる）が考えられるが、現行会社法では、新株の発行も自己株式の処分も「募集株式の発行等」として同じ規律が適用される（199条1項参照）。以下では、よりイメージのしやすい新株の発行を前提に説明することとする。

図22-1

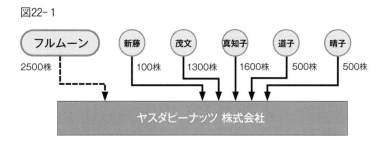

何株を受け取ればよいだろうか？

　多くの人は2000株と答えるのではないだろうか。なぜならば、先に述べたように、この新株発行が行われる前のヤスダピーナッツ株式の客観的価値は1株2万円であるところ、新株発行以前から株主であった者（一連のストーリーでは、真知子・茂文・道子・晴子・新藤。以下「既存株主」という）としては、同じ株式を取得する以上は、新規株主も同じだけの金額を負担すべきだと考えるだろうからである。それにもかかわらず、**ifシナリオY22-b-1**のようにフルムーンキャピタルが4000万円の払込みと引換えに2500株を取得したのだとすれば、1株2万円の価値のあるヤスダピーナッツ株式を、1株1万6000円（4000万円÷2500株）という割安な価格で入手したことになるから、既存株主としては不満であろう。

　さらに既存株主にとって看過できないのは、この新株発行直後のヤスダピーナッツの企業価値は1億2000万円（従前の企業価値8000万円＋新株発行の対価としての払込み4000万円）だと考えられるところ、これを新株発行後の発行済株式総数6500株（4000株＋2500株）でシェアすると考えれば、1株あたりおよそ1万8500円程度の価値しかもたないことになり、既存株主はみな新株発行以前よりも経済状況が悪くなってしまっている点である（**表22-1**の既存株主の@列と©列の数値を比較せよ）。要するに、株主でない者に対して割安で株式を発行する資金調達を行っただけで、既存株主は（会社の事業に何の変化がなかったとしても）損失を被ってしまうと考えられるのである。

表22-1　ifシナリオ Y22-b-1における各株主の利害状況

	新株発行前			引受新株		新株発行後		
	株数	比率	ⓐ価値	株数	ⓑ払込額	株数	比率	ⓒ価値
フルムーン	0株	0%	0万円	2500株	4000万円	2500株	38.5%	4615万円
真知子	1600株	40.0%	3200万円	0株	0万円	1600株	24.6%	2954万円
茂文	1300株	32.5%	2600万円	0株	0万円	1300株	20.0%	2400万円
道子	500株	12.5%	1000万円	0株	0万円	500株	7.7%	923万円
晴子	500株	12.5%	1000万円	0株	0万円	500株	7.7%	923万円
新藤	100株	2.5%	200万円	0株	0万円	100株	1.5%	185万円
合計	4000株	100.0%	8000万円	2500株	4000万円	6500株	100.0%	1億2000万円

各株主に帰属する価値（ⓐとⓒ）は、会社全体の「価値」（合計欄参照）に持株比率を乗じた数値
いずれも数値は四捨五入（以下同じ）

[2]　既存株主の影響力の維持

> ### ifシナリオ Y22-b-2　［フルムーンキャピタルの巨額出資］
> ifシナリオ Y22-a の状況において、フルムーンキャピタルが新規資金の拠出
> 者として名乗りを上げてくれた。茂文社長は、フルムーンキャピタルとの話
> し合いを通じて、今後のヤスダピーナッツの事業展開を考えれば、この際一
> 気にフルムーンキャピタルから1億円の資金拠出を受け入れた方がよいと判
> 断した。これによりフルムーンキャピタルはヤスダピーナッツ株式5000株を
> 保有する株主となった。

　さて、[1]で述べたように、既存株主の経済的利益が重要だとして、それに
注意しさえすればあとは何をやってもよいかというとそういうわけでもない。
さらに配慮すべき点として、既存株主の会社に対する影響力も重要である。と
りわけ株式には基本的に議決権が付着しており、（資金をたくさん拠出して）よ
り多くの株式を取得した人の発言力が大きくなるのが株式会社の基本的な仕組
みであるから、新規株主に株式を割り当てれば割り当てるほど、既存株主の発
言力は相対的に低下することになる。

　ifシナリオ Y22-b-2 の場合、フルムーンキャピタルとしては、1億円と引換えに5000株を保有することになるから、1株あたり2万円でヤスダピーナッツ株式を取得したことになる。これは、ifシナリオ Y22-b-1 とは異なり、既存株主に経済的損害を生じさせない公正な価格であると考えられる。

　しかしながら、この新株発行以前は、真知子が総議決権の40％を保有する筆頭株主であり、次いで茂文が32.5％、道子と晴子が12.5％ずつ、新藤が2.5％という議決権比率であったのが、突然5000株を新規に発行してそれまで株主ではなかったフルムーンキャピタルに割り当ててしまうと、フルムーンキャピタルがヤスダピーナッツの議決権の過半数である55.6％（総議決権数9000個〔4000個+5000個〕に対して5000個）を保有することになり、取締役の選解任など重要な株主総会決議事項はフルムーンキャピタルが単独で決定することができてしまう。また、新株発行以前には真知子は特別決議の成立を阻止することが可能であった（真知子が反対に回れば、他の株主が全員賛成しても特別決議に必要な3分の2の賛成を得ることができなかった）ものが、新株発行後にはその議決権比率は18％未満（1600/9000）に低下してしまい、もはや単独で特別決議の成立を阻止する力をもたないことになる一方、フルムーンキャピタルと茂文社長とが結託すれば、特別決議事項でも通せてしまう（両者合わせて総議決権の3分の2を上回る70％〔6300/9000〕を確保）。

　このように、資金調達のためとはいえ、新株発行を行うと、株主の議決権比率が変動し、既存株主が新株発行以前に有していた会社に対する影響力が大きく後退してしまうことがあるのである。

[3]　課題解決の難しさ

　[1]や[2]でみたように、株式による資金調達を行うにあたっては、新規株主に割り当てられる株式の数やそれと引換えに会社に払い込む金額次第では、既存株主の経済的利益や株主総会における議決権を通じた会社に対する影響力を保持することの利益（以下「支配的利益」という）が害されるおそれがある。「だったらその2つの課題をクリアした場合だけ新株発行を認めればいいじゃないか！」と思うかもしれないが、次に述べるように、既存株主の利益に配慮しようとしても、色々と限界がある。

(i)　公正な価格の算出の難しさ

　まず、[1]でみた経済的利益の保護であるが、すでに述べたように、確かに、理論的には、新株発行時点においてその会社の株式が有する公正な価格に相当

する額を、きっちりと新規株主に拠出させれば、既存株主の経済的利益は保護されるといえる。しかしながら、問題は、この"公正な価格"がいくらなのかは、実はよくわからないことである。先程の**ifシナリオY22-a**では、新株発行をする時点での会社の「客観的な経済的価値は8000万円だったとする」とさらっと仮定したうえで、この会社全体の企業価値を発行済株式総数で割った1株2万円が公正な価格だという前提で説明を進めた。しかしながら、実は、そもそも会社の"客観的な経済的価値"がいくらなのかは、色々な考え方があって、一義的な答えが出せるわけではないのである。

　また、当事者の自己中心的な主張を抜きにしても、立場が違えば公正だと考える価格も異なりうる。たとえば、既存株主の立場からは1株2万円が公正な価格だと考えることができるとしても、新たに投資（会社に対する資金拠出）を考えている投資家の立場からは1万5000円程度でないと割に合わないこともある。そのような場合に、既存株主が絶対に損をしない2万円という価格に固執すると、いつまで経っても会社に新規資金を供給してくれる投資家は現れないことになりかねない。そうすると、株式の発行価格をいくらにするのが公正か、という問題は、速やかな資金調達の必要性を踏まえてどこまで既存株主に我慢をしてもらうか、という観点も必要とならざるをえない。

(ii)　会社の必要資金の調達が議決権比率に影響しうること

　同様に、既存株主の支配的利益の保護についても、速やかな資金調達の必要性との兼ね合いで考えていく必要のある問題である。

　もっとも、この点に関してはさらにややこしい問題がある。新株発行によって資金調達することと既存株主の影響力の低下とが直結していることから、経営者は、"新株発行による資金調達が必要な事情"をでっち上げることで、自分（経営者）にとって不都合なうるさい株主の影響力を弱めることもできてしまうのである。そのようなことを認めてしまうと、株主が選解任権を通じて経営者（取締役）を監督するという会社法の基本的な枠組みが崩壊しかねないから、経営者が真に会社の資金調達の必要性から新株発行をしようとしているのか、単に保身のために既存株主の影響力を削ごうとしているのかを慎重に見極める必要があるのである。

2　新株発行に関する会社法の規律の概要

　このように、既存株主の経済的利益と支配的利益の保護が重要である一方で、会社にとっての迅速な資金調達の必要性にも配慮する必要がある。会社法はそれらの諸要素を考量して、一応の解決策として、局面を様々に切り分けて規律を設けている。ここではまず、会社法の規律の基本的な枠組みを説明しておこう。

[1]　支配的利益の保護

(i)　公開会社でない会社

　公開会社でない会社とは、すべての株式につき譲渡に際して会社の承認が必要とされている会社である（☞第2講3 [3]）から、各株主の持株比率（とりわけ議決権比率）の変動に非常に高い関心を有している会社であるといえる。そこで、公開会社でない会社において、持株比率の変動が確実に発生するような（＝3で述べる株主割当てによる発行につき定款授権がある場合以外で）新株発行を行う場合には、株主総会の特別決議が要求されている（199条2項・309条2項5号）。

(ii)　公開会社

　これに対して、公開会社（とりわけ上場会社が典型的であるが）の株主は、株式を自由に売買するなどによって、議決権比率を自由に変化させることができることもあり、公開会社において、議決権比率を維持することについての既存株主の利益はあまり重視されていない。むしろ会社の事業資金の調達の便宜という観点から、資金調達の機動性を重視し、（2 [2]で述べる「特に有利な金額」での発行でない限り）新株発行の決定は取締役会限りでできる（201条1項）。もっとも、取締役会限りで何株でも青天井で発行してよいとはされておらず、会社は発行可能株式総数というものを定款に定めなければならず（37条1項・113条1項）、その枠内でのみ新株発行が可能であるとされている（これは、公開会社でない会社にも共通する規律である）。しかも、公開会社の場合には、この発行可能株式総数は発行済株式総数の4倍以内でなければならないとされている（37条3項・113条3項1号。**4倍ルール**や**4倍規制**と呼ばれることもある）。要する

に、公開会社の場合には、最大で発行済株式総数の３倍分までは新株を発行することを取締役会限りで決定することができ、それを超えて株式を発行したければ、一旦３倍分までの新株を発行したうえで、さらに発行可能株式総数についての定款変更という形で株主の意思を問う（466条・309条２項11号参照）必要がある、というルールになっている[2]。

　しかしながら、この４倍規制は、既存株主の支配的利益を守る手段としてはかなり縛りが弱い。極端な話、すべての議決権を保持している既存株主がいたとしても、新株発行によって発行済株式総数をわずかに上回る（つまり、１倍＋a）程度の数の株式を第三者に対して発行することで、株主総会の普通決議を支配できる株主を別の者に挿げ替えることでき、しかもそれは取締役会限りの決定でできてしまう。それではあまりに緩過ぎるということで、平成26年改正によって、支配権の異動が生じる新株発行、より具体的には、新株発行によって総株主の議決権の過半数を握る株主が現れることになる場合には、追加的に既存株主の意思を確認する手続が設けられている（206条の２）[3]。

2）本文で述べたような規律内容は、株主総会が、定款規定を通して、取締役会に対して、発行可能株式総数までは株主総会に断りなしに新株の発行を決定してもよいというお墨付きを与えている（"授権"している）状況だと理解することもできる。このような理解に基づき、発行可能株式総数そのもの、あるいは発行可能株式総数から発行済株式総数を引いた数のことを**授権株式数**と呼び、４倍ルールのことを**授権株式制度**あるいは**授権資本制度**と呼ぶこともある。なお、新株発行により発行済株式総数が増加することを見越して、当該新株発行が効力を生ずることを条件として発行可能株式総数を増加させる定款変更決議をすることができる（百A12 最判昭和37年３月８日民集16巻３号473頁）。

3）具体的には、新株発行によって総株主の議決権の過半数を握る株主（これは「特定引受人」と呼ばれる）が現れることになる場合には、当該特定引受人の氏名・名称および住所、ならびにその者が引き受ける株式数その他法務省令で定める事項（施則43条の３参照）を払込期日（あるいは払込期間の初日）の２週間前までに既存株主に通知または公告し（206条の２第１項・２項）、これに対して総株主の議決権の10分の１以上を有する株主が当該通知または公告の日から２週間以内に特定引受人による引き受けに反対する旨を通知した場合には、株主総会の承認が必要になる（同条４項本文）、というのが大まかな規律である。
　この規律の留意点としては、株主総会の承認は特別決議ではなく普通決議（ただし取締役の選解任時と同様の定足数軽減の制限がある）によること（同条５項）、および、「会社の財産状況が著しく悪化している場合において、当該公開会社の事業の継続のため緊急の必要があるとき」には、株主総会の承認を取らなくてもよいこと（同条４項ただし書）である。とりわけ「緊急の必要」がどのような場合に認められるかは悩ましい。

[2]　経済的利益の保護

　既存株主の経済的利益の保護は、理論的には公正と考えられる価格を対価として新株を発行することで達成される。もっとも、公正な価格がいくらなのか、という問いが難問であることもすでに述べた通りである。そこで、<u>発行価格が明らかに既存株主にとって不利益だと思われる価格</u>（条文上は、引受人にとって「特に有利な金額」）である場合に限って、<u>公開会社であっても取締役会限りで新株発行をすることはできず、株主総会を開いてなぜその価格でその人に引き受けてもらう必要があるのかについての理由を説明したうえで、特別決議で承認をしてもらう必要がある</u>（199条3項。取締役会で決定してよいとする201条1項は、「第199条第3項に規定する場合」を除外している）。

　公開会社でない会社については、もとより株主総会の特別決議が必要（☞2[1]）であるが、「特に有利な」発行価格である場合には、公開会社と同様に株主総会で理由を説明することが求められる。

3　株主割当てによる新株発行

[1]　既存株主がより保護されやすい方法

　さて、読者は、1の[1]や[2]でみたような既存株主の経済的利益や支配的利益が害される可能性が生じるのは、実は、**if シナリオ Y22-b-1**や**b-2**で想定したように、フルムーンキャピタルという既存株主でない者に新株を発行して資金を調達したことが原因であることに気がついただろうか。もう少し厳密にいうと、<u>既存株主（のみ）に対して新株発行前の持株比率[4]に応じて株式を発行しなかったことが原因</u>なのである。逆にいえば、既存株主のみに対して新株発行前の持株比率に応じて株式を発行すれば、既存株主の経済的利益も支配的利益も守られることになるのである。

---

[4]　厳密には、持株比率と議決権比率、というべきであろうが、本講では標準型の株式1種類のみを発行することを前提としており、両者は基本的に一致するため、以下、議決権の比率であることを明記する特別の必要性がない限りは「持株比率」という表現で代表させる。

(i)　既存株主保護の仕組み

　この点を、例を挙げてもう少し詳しく説明しよう。

---

if シナリオ Y22-c-1　［株主割当てで資金調達する］

　if シナリオ Y22-a の状況において、ヤスダピーナッツの株主は全員裕福であり、余裕資金も多そうであるから、同社は、必要資金の調達のために、株主から資金を集めることにした。具体的には、株式4000株を発行することとし、1株1万円で既存株主に持株比率に応じて新株の割当てを受ける権利を与えたところ、すべての株主が所定の金額の払込みを行い、新株を取得した。

　この **if シナリオ Y22-c-1** では、新規発行株式4000株は各株主の持株比率（真知子40％、茂文32.5％、道子・晴子12.5％、新藤2.5％）に応じて取得されている。このような新株発行の方法であれば、議決権比率が維持される（**表22-2** 参照。そこでは、株主全員の新株発行前の「比率」と新株発行後の「比率」が同じであることを確認してほしい）。

　そして、さらに**表22-2** からわかるように、既存株主が新株発行前の持株比率に応じて新株を取得することができれば、株主は誰も経済的な不利益を被ることはないのである（**表22-2** では、株主全員が、ⓐ新株発行前に手にしていたと考えられる経済的価値〔会社全体の企業価値×持株比率〕にⓑ新株を受け取るために払い込んだ額を足した額が、ⓒ新株発行後に手にしていると考えられる経済的価値〔新株発行後の会社全体の企業価値×持株比率〕と等しくなっていることを確認してほしい）。

　ここで注目すべきは、**if シナリオ Y22-c-1** では、新株発行前にヤスダピーナッツ株式が有していたと考えられる理論価格である1株2万円を大きく下回る1株1万円で発行されているにもかかわらず、株主に損失は生じていない点である。確かに、1株あたりの価値は、2万円から1万5000円に低下しているが、その代わりに株主全員の持株数が大幅に増加しているため、トータルでは誰も損をしていない。つまり新株発行直前の客観的価値よりも低い価格で新株を発行したとしても、株主全員が持株比率に応じて新株を取得する限りは、問題は生じないのである。

表22-2　if シナリオ Y22-c-1 における各株主の利害状況

	新株発行前			引受新株		新株発行後		
	株数	比率	ⓐ価値	株数	ⓑ払込額	株数	比率	ⓒ価値
真知子	1600株	40.0%	3200万円	1600株	1600万円	3200株	40.0%	4800万円
茂文	1300株	32.5%	2600万円	1300株	1300万円	2600株	32.5%	3900万円
道子	500株	12.5%	1000万円	500株	500万円	1000株	12.5%	1500万円
晴子	500株	12.5%	1000万円	500株	500万円	1000株	12.5%	1500万円
新藤	100株	2.5%	200万円	100株	100万円	200株	2.5%	300万円
合計	4000株	100.0%	8000万円	4000株	4000万円	8000株	100.0%	1億2000万円

(ii)　引き受けられない株主がいた場合の問題

　もっとも、(i)のような方法での新株発行による資金調達によって、既存株主の経済的利益と支配的利益が完全に保護されるのは、新株発行後も以前の持株比率を維持した状態になるように、既存株主が割り当てられた新株をすべて引き受けて取得した場合に限られる点には特に注意が必要である。

> **if シナリオ Y22-c-2　[晴子だけ追加出資する余裕がない]**
> if シナリオ Y22-a の状況において、ヤスダピーナッツは株主から資金を集めることにした。具体的には、株式4000株を発行することとし、1株1万円で既存株主に持株比率に応じて新株の割当てを受ける権利を与えたところ、真知子・茂文・道子・新藤はそれぞれ自らに割り当てられた株式を引き受けて新株を取得したが、子供の教育資金が嵩み余裕資金がなかった晴子は引き受けることができず、新株を全く取得できなかった。

　この if シナリオ Y22-c-2 の場合、既存株主の1人である晴子は全く新株を引き受けていない。新株を引き受けない株主が現れた場合には、当然のことながら議決権比率は変化する（晴子は低下し、それ以外の株主は上昇する）。それだけでなく、新株と引換えに会社に払い込む金額が新株発行直前の株式の価値よりも低ければ、その割安価格で新株を引き受けた者と引き受け（られ）なかった者との間で、経済的な価値の移転が起こってしまう（**表22-3**の晴子に帰属するⓐ新株発行前の価値とⓒ新株発行後の価値とを比較せよ）[5]。

表22-3　if シナリオ Y22-c-2 における各株主の利害状況

	新株発行前			引受新株		新株発行後		
	株数	比率	ⓐ価値	株数	ⓑ払込額	株数	比率	ⓒ価値
真知子	1600株	40.0%	3200万円	1600株	1600万円	3200株	42.7%	4907万円
茂文	1300株	32.5%	2600万円	1300株	1300万円	2600株	34.7%	3987万円
道子	500株	12.5%	1000万円	500株	500万円	1000株	13.3%	1533万円
晴子	500株	12.5%	**1000万円**	0株	0万円	500株	6.7%	**767万円**
新藤	100株	2.5%	200万円	100株	100万円	200株	2.7%	307万円
合計	4000株	100.0%	8000万円	3500株	3500万円	7500株	100.0%	1億1500万円

[2]　株主割当てに関する特別の規律

(i)　“株主割当て”の定義

[1](ii)のような限界はあるが、**if シナリオ Y22-c-1 や c-2** のような新株発行の方法は、**if シナリオ Y22-b-1 や b-2** のような既存株主以外の者に新株を発行する方法よりも、既存株主の利益に配慮した資金調達方法であるといえる。

このように、既存株主に持株比率に応じて新株の割当てを受ける権利を与える新株発行の方法は、講学上**株主割当て**と呼ばれ、会社法の規律としても、それ以外の方法とは少し異なる取扱いがされている。

ここで注意すべきであるのは、株主割当て（に対する特別な規律の適用）は、既存株主に持株比率に応じて新株の割当てを受ける権利を与えることが核となる要素であって、既存株主が持株比率に応じて新株を取得する（できる）ことまでを現実に要求しているわけではない点である。[1](ii)でみたように、既存株主のうち1人でも新株を引き受けられない株主が出てしまうと、議決権比率は新株発行前から変化してしまうし、また、株主間で経済的価値の移転も生じうる。しかしながら、既存株主への配慮をガチガチに要求してしまう（たとえば、「既存株主が引き受けられない状況で新株発行をすることはまかりならん！」とい

5）なお、なるべく多く資金を調達したいと考える会社の立場からすると、株主割当ての際の1株あたり払込金額は、従前の1株の客観的価値よりも低くしておいた方がよいことになる点にも注意したい。そのような払込金額を設定しておけば、既存株主としては、引き受けないと被る損失が大きくなってしまうから、なるべく（無理をしてでも）引き受けようとしてくれるからである。そう考えると、株主割当てが理論的には既存株主を保護する効果の高い制度だといえるとしても、実際問題としては、それは既存株主の負担のうえに成り立っている可能性もある。そこで、より実際的な保護を図るための工夫が模索されている（☞注7）。

った規制をおく）と、1[3]でも述べたように株式での資金調達が相当困難になってしまう。会社法としては、資金調達の機動性という会社の利益と、既存株主の経済的利益および支配的利益との対立の調和点の1つとして、既存株主が持株比率を維持する機会が与えられることを条件として、一部の手続を緩めているのである。

(ii)　株主割当てに対する特別の規律

　[1]でみたように、株主割当てによる新株発行の場合には、そうでない場合よりも既存株主の利益は保護されやすいと考えられることから、より緩やかな発行手続になっている。すなわち、公開会社でない会社についても、株主割当てによる場合には、定款に規定を置くことで、取締役会（取締役会がない場合は取締役）が新株発行を決定することができるようになる（202条3項2号。株主割当て以外の場合には、新株発行を決定するためには株主総会の特別決議が必要とされている〔☞2[1](i)〕のと対比）。また、払込金額が引受人に特に有利である場合には手続が加重されるのが通常の手続である（☞2[2]）のに対して、株主割当ての場合には、公開会社についても公開会社でない会社についても、そのような手続の加重の対象外とされている（202条5項）。

　他方で、株主割当てで既存株主の利益が保護されるのは、あくまで既存株主がそれぞれ追加的な出資をして持株比率の維持に努めることが前提である。そうだとすると、たとえば株主割当てによる新株発行の手続が進んでいたのに気がつかなかったがために新株を引き受け損なった、といったことがあると、その株主の利益は大きな打撃を受けかねない。そこで、既存株主が持株比率に応じた引受けをする機会を確保するために、会社は、株主割当てによる新株発行を決定した場合には、新株の引受けを会社に申し込むべき日（202条1項2号。**申込期日**と呼ばれる）の2週間前までに、各既存株主に対して新株発行の内容を通知しなければならないとされている（同条4項）。

[3]　留意点

　さて、ここまでの説明で、既存株主の利益保護という観点からは、株主割当てが理論的には望ましい新株発行方法であることが理解できたのではないだろうか。

　しかしながら、会社にとっては、株主割当てはあまり使い勝手のよい方法だとはいえない。必要資金の調達という点からみても、株主割当てによって会社が必要な額の資金を調達できるかは、既存株主のその時々の資金的余裕に大きく依存するものである。**if シナリオ Y22-c-2** でみたように、晴子がいかに高収入であったとしても、タイミングが悪ければ株主割当てに応じることができず、結果として晴子は不利益を受けるし、会社も必要資金が全額集まらないという可能性もある。

　これに対して、新株の引受人を既存株主に限らなければ、会社の資金調達ニーズが生じたタイミングで資金が余っている人を誰か見つけてくればよいのであるから、資金の需要と供給は株主割当てよりもマッチングしやすいといえる。そのようなこともあって、現在の資金調達の実務としては、株主割当て以外の方法が主流であると思われ、その意味で、新株発行を規律するルールとしては、2で説明した内容が基本的な枠組みであると捉えておく必要がある[6]。

●第22講のおさらい

・会社の成立後に株式を用いて資金調達をする場合には、どのような点に気をつける必要があるだろうか？⇒1 [1]・[2]
・既存株主の利益を極力配慮するためには、どのような新株発行方法が考えられるだろうか？⇒3

6）もっとも、とりわけ公開会社に関しては、既存株主の利益を保護する法制上の手当てが不十分であるという意識もあって、実務においては、既存株主の利益に十分配慮した、株主割当てに類似した資金調達の方法が模索されている。その1つの例として、新株予約権を利用した**ライツ・オファリング**と呼ばれる方法がある（☞第25講1 [3]）。

第**23**講
SL 食品、ハコ企業の悪夢
―― 株主割当て以外の募集株式の発行等の手続、払込みの仮装

　本講では、新株発行（法律上は「**募集株式**[1]**の発行等**」）による資金調達の方法として広く用いられていると考えられる、株主割当て以外の方法による場合の手続の概略を説明し、その中で、特に近時上場会社で問題となった不公正ファイナンスに関係する会社法の規律について説明することとしたい。

　本講の舞台は、上場会社である SL 食品である。

S23-1　［SL 食品、新株発行を計画する］
SL 食品では、ストーリー S13-3 の違法添加物事件でブランド価値を落とし競争力も低下した製菓部門のテコ入れのための開発費に充当するという触れ込みで、新株発行による資金調達の計画が進められている。

1）「募集株式」の定義は199条1項柱書のかっこ書にあるが、要するに、資金拠出者を会社が募り、資金の拠出と引換えに当該資金拠出者に交付することになる株式のことを指す語である。新規に発行される株式であることが多いであろうが、すでに発行されている自己株式の処分の形もとりうることから、新発か既発かを特定しない中立的な語として「募集株式」の「発行等」という語が用いられているものと推測される。なお、本書では、イメージがしやすいように、新規発行株式による資金調達を念頭に説明している（☞第22講注1）。

1　株主割当て以外の場合の募集株式の発行等の手続

[1]　募集事項の決定

　公開会社にしろ公開会社でない会社にしろ、株主割当てにしろそうでないにしろ、募集株式の発行等を行う場合には、「募集事項」というものを定めて法定の機関に承認してもらうところから会社法の手続は始まる。

(i)　募集事項

　199条1項では、①募集株式の数、②募集株式1株と引換えに払い込む金銭やそれ以外の財産の額（**払込金額**」と定義されている。同項2号）、③金銭以外の財産を出資の目的とするときは、その旨およびその財産の内容と価額、④募集株式と引換えにする金銭の払込みや財産給付の期日またはその期間、⑤新たに株式を発行する場合には、増加する資本金・資本準備金に関する事項を定めなければならない。この①〜⑤が**募集事項**である（199条2項参照）。

　③の「金銭以外の財産を出資の目的とする」ことは**現物出資**と呼ばれ、理論的には、募集株式の発行等によって得られる新規資金で調達する予定の財産を、募集株式の対価として直接会社に拠出させることを可能とする制度であるといえる。もっとも、現物出資については、目的物の過大評価の危険性があることから、裁判所により選任された検査役が財産の調査を行うなど、金銭（現金）を払い込む（以下「金銭出資」という語を用いることがある）場合よりも手続が加重されており（207条）[2]、この手続が負担であるとして、とりわけすでに成立している会社については、事業用財産の取得のために現物出資が用いられることはあまりないようである[3]。そこで、以下では、基本的には金銭出資を念頭に説明する。

2）検査役調査を含めた現物出資規制の詳細については、同様の規律が定められている設立の箇所（☞第33講2 [2] (iii)）を参照。

3）すでに成立している会社に特徴的な現物出資として、債権者が会社に対する債権を現物出資して株式を取得するという方法（会社の側からみれば、債務の株式化であるから、デット・エクイティ・スワップ〔Debt Equity Swap：DES〕とも呼ばれる）がしばしば行われているようであるが、このような形の現物出資も、事業用財産の取得のためではなく、債務の圧縮という財務構造の改善のために用いられているものであるといえる。このDESを行いやすくするために、検査役調査の適用除外の規定も設けられている（207条9項5号）。

　金銭出資を前提とした場合、④は、募集株式と引換えにする金銭の「払込み」をいつしなければならないかを定めるものであると理解することができることから、これにつき特定の日（期日）を定めた場合の当該期日のことは**払込期日**と、また、いつからいつまでという形で一定期間を定めた場合の当該期間のことは**払込期間**と呼ばれる。

(ii)　募集事項の決定機関

　募集事項の決定機関については、概略のみであるがすでに前講である程度説明している（☞第22講２）。

　すなわち、まず、<u>公開会社でない会社の場合、募集事項を決定するのは原則として株主総会であり（199条２項）、特別決議が要求される（309条２項５号）</u>。もっとも、保護すべき既存株主の利益として経済的利益と支配的利益との両方を念頭に置いたとしても、既存株主の中心的な関心事は、前者については、既存株主が引き受けられないことによってどの程度の経済的価値の低下が生じるのか、また、後者については、どの程度まで議決権比率の変動を許すかという点であると考えられる。そうであれば、それらの中心的な関心事にかかわる事項のみは株主総会で決めて、それ以外の事項の決定（たとえば払込期日をいつにするのか、といった資金調達のタイミングなど）は取締役会[4]に委ねることができた方が、機動的な資金調達という観点からは望ましいと考えられる。そこで、<u>200条１項では、株主総会決議によって、募集株式の数の上限と払込金額の下限を決めたうえで、それ以外の募集事項の決定については取締役会に委任することができる</u>旨が定められている[5]。この委任は決議後１年間に限り有効である（同条３項）。

　他方、公開会社においては、払込金額が引受人に特に有利な金額である場合（199条３項参照。以下「有利発行」という）を除き[6]、取締役会が募集事項を決定する（201条１項）[7]。また、公開会社のうちでも上場会社のように市場価格

4）本書ではもっぱら取締役会設置会社を念頭に規律を説明している。取締役会設置会社でない会社の場合は、細目の決定は取締役に委任することができるとされている。

5）この委任のための株主総会決議も特別決議が要求されている（309条２項５号）。

のある株式の引受人を募集する場合には、募集事項のうち、払込金額を確定額で定めるのではなく、「公正な価額による払込みを実現するために適当な払込金額の決定の方法」を定めればよいとされている（同条2項）。これは、日々変動する市場価格をなるべく払込金額に反映できるようにするためである。株主割当てを含めた、募集事項の決定機関に関する適用条文を図示すると**図23-1**のようになる。

図23-1　募集事項の決定機関に関する適用条文

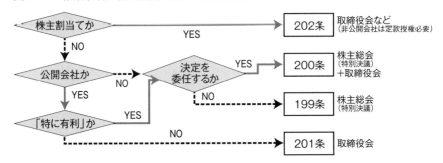

[2]　募集事項の公示

(i)　公開会社の場合

　公開会社は、201条1項の規定に基づき取締役会決議で募集事項を定めたときは[8]、払込期日（払込期間を定めた場合はその初日）の2週間前までに、募集事項（払込金額の決定方法を定めた場合にはその方法も含む）を、既存株主に対して通知するか、公告しなければならない（201条3項・4項）[9]。

6）もっとも、公開会社における有利発行の場合であっても、200条の規定に基づき、株主総会は大枠の条件を定めて、それ以外の募集事項の決定については取締役会に委任することはなお可能である。

7）なお、支配権の異動を伴う募集株式の発行等には、別途株主の意向確認が必要である（206条の2）が、その場合でも株主総会で募集事項を決めるわけではない（☞第22講注3）。

8）201条3項・4項の募集事項の公示は、201条1項の規定に基づき取締役会で募集事項を定めた場合にのみ適用がある。したがって、有利発行のため株主総会によって募集事項を決定する場合（199条3項）には公示義務はない。この場合に公示が必要ないとされる理由については、(ii)の公開会社でない会社の場合を参照。

　株主割当て以外の場合には既存株主が持株比率に応じて株式を引き受ける機会がないため、とりわけ払込金額が特に有利なものであったり、募集株式の発行等が既存株主の影響力を排除する目的でなされたものである場合には、守られるべき既存株主の経済的利益や支配的利益が害されうる[10]。守られるべき経済的利益や支配的利益が害されるおそれがある場合には、既存株主は、裁判所に募集株式の発行等の差止めを申し立てること（210条参照）等により対処することが想定されていることから、募集株式の発行等が効力を生ずる前に、通知または公告を通じて募集事項を既存株主に知らせることで、既存株主にそのような対処の機会を与えているのである。次講でみるように、募集株式の発行等の効力を争う際に、この募集事項の公示に対して重要な位置づけを与える判例法理がある（☞第24講2[3](i)）ので、特に注意をしておいてほしい。

(ii) 公開会社でない会社の場合

　これに対して、公開会社でない会社の場合には、公開会社とは異なり株主割当て以外の募集株式の発行等には株主総会の特別決議が必要とされていることから、既存株主はこの株主総会プロセスを通じて（たとえば、招集通知の議案の要領を通して、あるいは株主総会における議案の審議の場で）募集事項の内容を事前に（＝募集株式の発行等が効力を生ずる前に）知ることができると考えられる[11]。そのため、公開会社のように、募集事項のみを取り出して通知や公告により既存株主に情報提供を行うという制度にはなっていない。

---

9) なお、金融商品取引法に基づき有価証券届出書等によって募集の届出をしている場合において、それらの書類に募集事項と同じ情報が載っているのであれば、本文で述べた募集事項の公示をしなくてもよいとされている（201条5項・施則40条）。

10) ここで"守られるべき既存株主の経済的利益や支配的利益"という回りくどい表現をしたのは、既存株主は、ほんの僅かでも自らの経済的利益が害されれば直ちに救済を求めることができるという法制度とはなっておらず、一定限度を超えた利益の侵害があってはじめて、裁判所に救済を求めることができる（たとえば、経済的な利益に関しては、払込金額が「有利」という程度では足りず、「特に有利」という基準に達しないと保護の対象とならない）という制度になっている点を考慮したためである。募集株式の発行等における既存株主の救済手段については、次講で説明する。

11) もちろん、十分な議決権を保有していれば、気に入らない募集事項の決定を否決することもできる。

[3]　申込み、割当て、引受け

　次に、実際に株式と引換えに資金拠出をしてくれる人を確定していくプロセスとして会社法が想定している流れをみておこう。

(i)　申込み

　会社成立後に募集株式の発行等によって資金拠出者を募る場合には、資金拠出と引換えに募集株式の引受けを望む者により、会社に対して引受けの申込みがなされることが前提とされている。その申込みに先立って、会社は、会社の商号や募集事項、払込取扱場所等を、「募集株式の引受けの申込みをしようとする者」に対して通知しなければならない（203条1項、施則41条）。これに応じて、「募集株式の引受けの申込みをする者」は、自らの氏名・名称および住所と、引き受けようとする募集株式の数を示した書面または電磁的方法で引受けの申込みを行う（203条2項・3項）。この引受けの「申込みをした者」を「申込者」という（同条5項）。

(ii)　割当てによる引受契約の成立

　この申込者からの引受けの申込みを受けて、会社は、その中から「募集株式の割当てを受ける者」を定め、かつ、その者に割り当てる募集株式の数を定める（204条1項）[12]。この決定内容は、払込期日（または払込期間の初日）の前日までに申込者に対して通知しなければならない（同条3項。この通知は**割当通知**と呼ばれる）。割当通知によって、申込者は会社から割当てをした旨の通知がされた数の募集株式の「**引受人**」となる（206条1号）[13]。

　注意すべきは、この割当ての段階において、誰に何株を割り当てるかは、基

---

12)　なお、募集株式が譲渡制限株式である場合には、定款で別段の定めがある場合を除き、割当ての決定は取締役会（取締役会設置会社でない場合には株主総会）の決議によらなければならない（204条2項）。

13)　もっとも、他人の名義で株式を引き受けた場合に、発行された新株の権利者は誰か、という問題がある。名義貸人の承諾があったケースについて、百8 最判昭和42年11月17日民集21巻9号2448頁は、実際に払込金相当額を負担した（名義を借りた）者が株主として権利を取得するとした。

本的に会社が自由に決めてよいとされている点である。このことは、**割当自由
の原則**と表現されることが多い[14]。

(iii)　総数引受契約による場合の特則

　以上に対して、会社の側に誰か意中の引受人候補者がいて事前にその者と引
受けについて合意している場合には、わざわざ(i)と(ii)のプロセス（会社による
募集→申込み→割当てのプロセス）を経る必要もない。そこで、「募集株式を引
き受けようとする者がその総数の引受けを行う契約を締結する場合」には、(i)
と(ii)のプロセスを経ることを要しないとされている（205条）。この契約は**総数
引受契約**と呼ばれ、総数引受契約を締結することで、会社の相手方当事者は、
その契約により引き受けるとされた数の募集株式の引受人となる（206条2号）。

> 　ところで、総数引受契約は、会社法の原則的規定である203条・204条のプロセスを経な
> い例外的な場合だと思われがちだが、実務上はかなり広く用いられているようである。
> 　使用例としては、まず、いわゆる**第三者割当て**と呼ばれる態様、すなわち事前に特定の
> 人に株主になってもらうことを（会社と当該特定の者との間で）合意している場合に、(i)と
> (ii)のプロセスの一連のやり取りの手間や時間を節約するためである。このような使用例は
> 上場会社に限られるものではなく、公開会社でない会社でもみられるようである[15]。複数
> 人との間で、合計すれば総数を引き受けることになる契約を締結している場合も、(i)(ii)の
> プロセスの適用除外の対象となると解されている。
> 　もう1つの使用例は、上場会社が広く投資家から資金を集めようとする場合（**公募**と呼
> ばれることがある）に、直接会社が多数の投資家を相手に勧誘し、申込みを受け、割当て
> を行うのではなく、一旦証券会社が募集株式をすべて引き受けたうえで、その株式の株主
> になってくれる人を広く勧誘して売り渡すという方法（買取引受け）がとられる場合であ
> る。この場合にも、会社と証券会社との間で総数引受契約が締結される。
> 　公募と第三者割当てが全く別物かのように説明されることも多いが、投資家から資金を
> 調達すること（＝"公募"の典型例）を考えていても買取引受による限りは総数引受契約に

---

14)　もっとも、何をやってもよいというわけではなく、それなりに限度というものがあり、とりわ
　　け「著しく不公正な方法」と評価されるような場合には、募集株式の発行等の差止め等の対象と
　　なりうる（☞第24講1）。

15)　注12と同様に、募集株式が譲渡制限株式である場合には、定款で別段の定めがある場合を除き、
　　総数引受契約を取締役会（取締役会設置会社でない場合には株主総会）で承認してもらう必要が
　　ある（205条2項）。

　　よることになるし、他方で、当初から特定の者に割り当てること（＝"第三者割当て"の典型例）を考えていても（引受人が複数になろうとも）総数引受契約が用いられることが多いと思われ、そうであれば、誰が何株を引き受けることになるのかを決める会社法の根拠規定に違いはないことになる。

　　もっとも、以上のように典型的な公募と典型的な第三者割当てで差がないと考えることができるのは、あくまで、会社法の手続としての引受人の決定の局面としては、という意味に過ぎないことにも注意が必要である。

　　まず、上場会社の場合には、とりわけ金融商品取引法の定めによる追加的な規律が適用される可能性があるのであって、こちらの方が遥かに複雑であり実務上も重要である。また、募集株式の発行等が法的な紛争となった場合には、どのような発行態様をとったか、とりわけ、当初から最終的な株主となる者を会社が特定して募集株式の発行等を行ったか、それとも不特定多数の投資家に保有させることを意図したものであったかによって、法的な評価が変わる可能性がある。最後の点については、さらに次講を参照。

2　出資の履行と払込みの仮装

[1]　出資の履行についての規律

　募集株式の引受人は、払込期日または払込期間内（199条1項4号参照）に、会社が定めた銀行等（**払込取扱銀行**〔金融機関〕と呼ばれる）に払込金額の全額を払い込まなければならない（208条1項）。会社に確実に新規資金がもたらされることが資金調達手段としての募集株式の発行等において最も重要なことであることから、引受人の会社に対する金銭の払込みの債務は、会社に対する債権と相殺することができない、ともされている（208条3項）[16]。

　所定の期日または期間内にきちんと払込みをした引受人は、晴れて払込期日（払込期間が定められている場合には、払込みをした日）に当該募集株式の株主となる（209条1項）。もし払込期日（または払込期間内）に全額の払込みがなければ、募集株式の株主となる権利を失う（208条5項）。このことを指して、**失権**という言葉もよく用いられる。

16）もっとも、条文上、禁止されているのは引受人の側からする相殺のみであることから、会社の側から（あるいは会社と引受人との合意により）相殺をすることの可否が議論されている（詳細については、コンメ(5)92頁［川村正幸］参照）。

[2]　払込みの仮装

　[1]でみた規律からもわかるように、そして、世の道理からすれば当然のことでもあるが、募集株式の発行等の場合にも、投資家は、市場で株式を購入するのと同様に、株式を取得するために、その株式の価値に見合うだけの出捐をしなければならないのである。

　しかしながら、とりわけ募集株式の発行等の場合には、募集事項の決定や割当先の決定、さらには払込みの受け入れまで、取締役等の会社経営者が関与するところが大きいことから、これらの者が悪巧みをしたり、騙されたりするなどによって、適切な対価の支払いなしに（＝本来会社に入るべき資金が拠出されることなしに）募集株式の発行等が行われてしまうことがある。

---

if シナリオ S23-a［SL 食品、不公正ファイナンスの舞台に］

　ストーリー S23-1 で計画された SL 食品の新株発行は、実は表向きを取り繕っただけのものに過ぎず、実際には、プライベートな弱みを握られた長井社長が、反社会的勢力に脅されていわれるがままに実施するものであった。すなわち、SL 食品は新株の割当て先として YK1号ファンドというファンドに大量の新株を発行し（図23-2の③）、同社は15億円を調達した（②）ものの、その15億円は直ちにコンサルタントと称する吉村企画という会社への融資に回されていた（④）。しかしながら、吉村企画の代表者は YK1号ファンドの組成にも深く関与していたと思われる吉村健吾と名乗る男であり、YK1号ファンドが SL 食品に対して払い込んだ資金は金融機関から借入れによって調達されたもの（①）であったところ、この借入金は SL 食品からの融資を受けた吉村企画により返済されていた（⑤）。他方、本件新株発行により発行された新株は、即日市場で売却されていた（③'）ものの、この売却資金の行方はわからなくなっており、また、吉村企画の吉村代表も、新株発行の効力が生じた直後から行方不明となっている。

図23-2

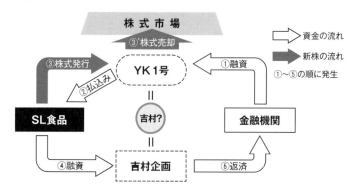

　上場会社の株式は、基本的にはどんな会社のものであっても市場においていくらかの価格がついており、その銘柄の株式の保有者は、その気になればおおよそその価格で株式を売却することが期待できる。このような上場株式の特徴を利用して、上場会社を、実体的な事業運営を通じて利益を稼得する主体としてではなく、いわば株式発行マシーンとして機能させることで、反社会的勢力等が資金稼ぎに悪用する事例が近時散見された。その者たちにとっては、その上場会社から自分たちが使える資金を引っ張ってくることができるかだけに関心があるから、事業運営の継続を真っ先に考える健全な会社であればしないようなこと、たとえば、その会社を食い潰すようなめちゃくちゃな新株発行が行われることもある。このように、事業の運営そのものではなく、かつて評判だった企業ブランドや上場株式を発行しているといった外見のよさ（のみ）が利用されて、反社会的勢力等の資金稼得の道具とされる企業は"ハコ企業"とも呼ばれている。

　SL食品が実際に反社会的勢力に乗っ取られてしまうと今後のストーリーが続かなくなってしまうのだが、払込みの仮装の話題は、近年の上場会社を舞台とした上記のような不公正ファイナンスの問題とも関連が深いので、上場会社という場面設定を借りるために、SL食品がハコ企業となってしまったというifシナリオにしている。

(i)　払込みの仮装とは

　さて、**ifシナリオS23-a**において、SL食品の発行する募集株式の引受人であるYK1号ファンドによる払込資金は、引受人自らが調達した資金であるかのように装っているものの、この資金の実質的な出所は会社（SL食品）であると評価できそうである。新株発行後においてSL食品は、一応、吉村企画に対する15億円の貸金債権を有していることになるが、代表者の行方もわからない

状況で、SL 食品がこの15億円の債権を回収することはまず不可能といってよいだろう。そうすると、SL 食品は、外形的には15億円の拠出を受けてその見返りとして YK1号ファンドに新株を発行したことになっているが、実態は、この新株発行によって SL 食品には 1 円の新規資金も（1 円の価値のある財産の増加も）もたらされていないことになる（**図23-2**の資金の流れをみると、ぐるっと一回転しているだけである）。

　この if シナリオの YK1号ファンドによる払込みのように、<u>当初から会社資金を確保する意図がなく、単に払込みの外形を整えるためだけになされる払込みのこと</u>は**仮装払込み**あるいは**払込みの仮装**と呼ばれる[17]。

　[1]で述べたように、募集株式の発行等に際しては、きちんと新規資金を会社に拠出させることが必要である。したがって、払込みの仮装それ自体を防ぐ対策を講ずる必要があるが、それは会社法という法律の範疇にとどまるものではない[18]。これに対して、主として私人の間の権利義務関係を規律する私法の一種である会社法では、払込みの仮装は発生しうることを前提に、その場合の関係者の法律関係の明確化に主眼を置いた規律を定めている。

(ii)　仮装払込みの場合の関係者の払込義務

　まず、払込みは全額を確実にしなければならないとされている以上、払込み

---

17) もっとも、どのような場合に払込みが仮装されたと評価すべきかは、なかなか難しい問題である。典型的には、**見せ金**と呼ばれる払込みの仮装がある。見せ金の明確な定義はないが、主として設立の局面を念頭に、発起人等が第三者から借入れを行って株式の払込みに充て、設立登記後に引き出して借入金の返済に充てる場合が典型例とされることが多い。設立の局面に関するものであるが、判例（SU39・百7 最判昭和38年12月6日民集17巻12号1633頁）は、A会社の発起人YがB銀行から借り入れた資金でA会社に対して払込みをしたものの、当該払込資金はA会社からすぐにYに貸付けの形で戻され、Yは直ちにB銀行に対して借入金の弁済をしたという事案について、払込みとしての効力を判断する際の考慮要素として、①会社が設立されてから借入金が返済されるまでの期間、②払戻金が会社資金として運用されたかどうか、③借入金の返済が会社の資金関係に及ぼす影響の有無などを挙げている。

18) たとえば、公正証書原本不実記載罪（刑法157条1項。百101 最決平成3年2月28日刑集45巻2号77頁参照）や偽計罪（金商法158条）に該当する犯罪として対処する方法が考えられる。会社法の中にも**預合い**の罪が定められている（965条）が、これは払込みの仮装のうちでも払込取扱金融機関との通謀がある場合に限定されると解するのが多数説である（預合いの意義については、百A44 最判昭和42年12月14日刑集21巻10号1369頁も参照）。

を仮装した引受人に全額の払込みをさせるようにしなければならない。そこで、213条の2では、払込みを仮装した引受人は「払込みを仮装した払込金額の全額の支払い」の義務（以下「仮装額払込義務」という）を負うと定められている[19]。さらに、払込みの仮装に関与した取締役等にも仮装額払込義務を連帯して課している（213条の3、施則46条の2）。

> 　もっとも、ifシナリオ S23-a のような不公正ファイナンスの場合には、そもそも引受人に仮装額払込義務を履行する意思も能力も欠けているのであり、この義務に多くを期待することはできないといえよう。また、関与した取締役等についても、職務を行うにつき注意を怠らなかったことを証明したときにはこの義務を負わないと定められているし、また、仮に義務を負うとしても、取締役等の個人資産で巨額の払込みの仮装に相当する金額を賄うことは容易ではないことから、これらの義務によって仮装払込みに関する問題のすべてを解決することを期待するのは難しいといえる。

(iii)　発行されたとされる株式の取扱い

　では、払込みが仮装され、それについての仮装額払込義務も履行されていない状況において、発行された（ことになっている）株式はどのように取り扱われるのだろうか。

　発行された（ことになっている）株式が払込みの仮装をした引受人の手元に留まっている限りは、まともな払込みをしていない者が大手を振って株主権を行使するようなことは許されるものではないから、仮装額払込義務を履行しない限りは、払込みを仮装した引受人はその発行された（ことになっている）株式の株主権を行使することはできないとされている（209条2項）。

　しかしながら、厄介なのは、仮装額払込義務が履行されない状態のままで、その発行された（ことになっている）株式が払込みの仮装をした引受人の手を離れてしまった場合である。とりわけ、上場会社については、そのような株式でも市場で売買されてしまうと、事情を知らないでそれを手にする人が現れる

---

19)　その履行を求める訴えは株主代表訴訟の対象となる（847条）。また、この義務を免除するには、総株主の同意が必要である（213条の2第2項）。

（というよりも、そもそも、払込みの仮装によって発行された募集株式であるのか、それ以前から流通していた問題のない株式であるのかは買い手には区別がつかない）ことが悩ましい。払込みが仮装されていたからといって、その株式は常に無効だとしてしまうと、その株式銘柄全体の流通を阻害することにもなりかねない。

そこで、払込みの仮装がある場合であっても、当該株式を譲り受けた者は、その株式についての株主の権利を行使することができるとされている。もっとも、たとえば、事情を知ったうえで引受人から直接譲り受けた者などは保護するに値しないことから、譲受人が払込みの仮装について悪意または重大な過失がある場合には、当該株式にかかる株主権の行使はできないとされている（209条3項)[20]。

●第23講のおさらい
・公開会社における株主割当て以外の方法による募集株式の発行等をする場合において、募集事項を既存株主に通知または公告しなければならないとする規律の趣旨はどのようなものであろうか⇒1 [2](i)
・払込みの仮装により発行がされた（ことになっている）株式について、譲受人が株主権を行使できるのはどのような場合だろうか？⇒2 [2](iii)

---

[20] 払込みが仮装された場合における発行された（ことになっている）株式の取扱いについては、実際にはさらにより複雑な議論がある。本文で述べたように、会社法において第三者が譲り受けた場合には当該株式の株主権は行使できると定められていることはよいとして、では、引受人の手元に留まっている状態において、①当該株式は有効に成立しているといえるのか、②①につき有効に成立しているとはいえないとすれば、それにもかかわらず外形的には成立しているかのようにみえる株式に関する種々の効力を否定するためにはどのような手段をとる必要があるか（新株発行等無効の訴え〔828条1項2号・2項2号。☞第24講2〕等によらなければならないのか）、といった点が問題となる（詳細については、コンメ（補巻）283頁〔小林量〕参照）。

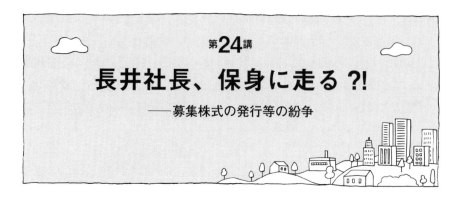

第**24**講

長井社長、保身に走る?!

—— 募集株式の発行等の紛争

　第22-23講で、募集株式の発行等の手続を説明した。本講では、それらの手続が守られない場合をはじめとして、保護すべき既存株主の経済的利益や支配的利益が侵害される可能性がある場合に、既存株主は、自らの利益を守るためにどのような対応がとれるかを、とりわけ、株主割当て以外の方法による募集株式の発行等を例に説明をする。

S24-1 ［SL食品、新株発行を公表する］（ストーリーS23-1の少し前の話）

投資ファンドであるNemoパートナーズは、SL食品の財務構造を改革すればもっと株価が上昇するとの見立てから、同社の発行済株式の4.8％を取得したこと、および、現在同社が保有している現金は過大であるため、それを株主へ還元すべきであり、それが実施されないようであれば次の定時株主総会で現経営陣の続投に反対するよう他の株主に働きかけていく予定であることを公表した。株式市場はこれを好感し、上昇基調にあったSL食品の株価はさらに20％ほど上昇して1200円になった。

この公表の後、SL食品は、発行済株式総数の10％に相当する数の株式を、直前1年の株価の平均値である1株900円で、付き合いのある商社に対して発行し（以下「本件新株発行」という）、本件新株発行により得た資金は、顧客対応充実のためのカスタマーセンターの設置とそれに伴う土地・建物の取得のほか、残額は製菓事業のテコ入れのための研究開発費に充てる予定であること、本件新株発行に関して株主総会決議を経る予定はないことを公表した。これに対して、Nemoパートナーズは猛反発している。

　本件の Nemo パートナーズのように、新株発行に不満のある既存株主としては、どのような対応ができるだろうか。

1　募集株式の発行等の差止め

　まず、既存株主の利益が害されそうな募集株式の発行等が行われようとする場合には、当該募集株式の発行等を差し止めてその効力が生ずるのを防ぐという方策が考えられる。そのために用いられる規定が210条であり、同条では、199条1項の募集に係る株式の発行または自己株式の処分（以下、210条の属する会社法第2編第2章第8節第5款のタイトルにならって「募集株式の発行等」と表現する）が、ⓐ法令・定款に違反する場合、または、ⓑ著しく不公正な方法により行われる場合において、株主が不利益を受けるおそれがあるときは、株主は、会社に対して当該募集株式の発行等をやめることを請求することができる、とされている。

　差止めが認められる要件である「株主の不利益」については、すでに繰り返し出てきた既存株主の経済的利益と支配的利益のことだと考えて概ね間違いはないので、ここでの説明は省略するとして、問題は、ⓐ法令・定款違反、または、ⓑ著しく不公正な方法としてどのような態様が考えられるか、である。

　以下では、ⓐの代表例として有利発行規制違反について、また、ⓑの代表例として、不当目的、とりわけ経営陣の保身（経営権の維持[1]）目的での募集株式の発行等について説明する。

┃　公開会社において、株主割当て以外の募集株式の発行等がなされる際の既存株主の支配

1）裁判例では、経営者の "支配権" の維持・争奪という語が用いられることもある。しかしながら、支配権という場合、とりわけ企業買収の局面におけるように、大きな持株比率を保有する株主が会社運営に実際にあたる取締役を自由に選任することのできる権力を意味するものとして用いられることもある。募集株式の発行等の紛争における "支配権" が、そのような株主としての支配を意味する場合もなくはないが、とりわけ上場会社の募集株式の発行等の紛争において問題とされる "支配権" とは、むしろ、現経営陣が引き続き現実に経営にあたることのできる状態、といった、より広い意味内容であることの方が多いように思われる。そこで、以下では（経営者自身が株主として大きな持株比率の維持・獲得を目指しているとは限らないという点に注意を向けるために）"経営権" の維持・争奪という語を用いることとする。

的利益の保護のための法的な手当ては極めて貧弱であって（☞第22講 2 [1]（ⅱ）)、既存株主の支配的利益を容認しがたい程度に侵害することになる募集株式の発行等であっても、法令の明文の規定に違反しているとは必ずしもいいきれないことから、裁判においては⑥の著しく不公正の要件に引っ掛ける形で争われている。後に述べるように、既存株主の支配的利益を害するような募集株式の発行等については、その「目的」の悪性が問題とされているように思われる場合であっても、「方法」の不公正という⑥の要件に該当するものとして差止めが認められているのであり、この点は初学者には違和感があるかもしれないが、このような取扱いは通説も認める確立した実務運用であるから慣れるほかない。

[1]　有利発行の差止め

　差止めの根拠規定である210条の法令違反には、募集株式の発行等の内容が会社法の定めるものと違っているという内容の法令違反と、法が定める必要な手続が行われていないという手続的な法令違反との両方が含まれうる。もっとも、ここで問題とする、既存株主の経済的利益の保護に関しては、公正な価格を大きく下回る払込金額で第三者割当てが行われる場合、理論的には既存株主の経済的価値が毀損されることになると考えられるものの、会社法の現行制度では、そのような募集株式の発行等であっても株主総会できちんと説明をして特別決議を経れば適法なものとして実行することができる（199条 3 項参照）のが原則である。逆にいえば、とりわけ公開会社の「特に有利」な払込金額が問題となる募集株式の発行等については、株主総会決議を経ていない場合に限って、ⓐ法令違反として差止めの対象となることになる。

　そうすると、実際の紛争の態様としては、会社側が「特に有利」でないと判断して取締役会限りで募集事項を決定したことに対して、既存株主側が「特に有利」であるにもかかわらず株主総会決議を経ようとしない法令違反がある、と主張して差止めを請求する、という形をとる。したがって、この場合の紛争の争点は、会社が決定した払込金額が「特に有利」かどうか、という点に収斂されることになるが、すでに第22講で述べたように、一体いくらであれば公正な払込金額であるといえるのか[2]が難しい。

　この点に関して、判例では、株価という（公正かどうかはともかくとして、少なくとも誰かの恣意によって変動させることが比較的困難という意味で）客観的な数値がある上場会社と、それ以外の会社とでは取扱いを異にしている。

(i) 上場会社の場合

　まず、<u>上場会社の場合には、払込金額を決定する直前の株価を基準として、特に有利かどうかを判断するのが原則</u>である。もっとも、これまで市場に出回っていなかった株式を新たに（新株発行の場合。自己株式処分の場合は再び）市場に流通させることになるため、需給のバランスが変わることによる価格変動なども折り込んでおかないと、募集株式を引き受けてくれる者がいなくなる可能性がある。そのため、払込金額が直前の株価から「多少」下にブレていたとしても「特に有利」とは評価されない[3]。これに対して、たとえば引受人が出資することに対する期待感といった思惑で株価が先に高騰している場合には、その高騰部分を除外して払込金額を決定することも許される（「特に有利」とは評価されない）[4]。

> 　ストーリーS24-1においても、Nemoパートナーズを含む既存株主としては、直近の株価1200円を示しつつ、900円という払込金額が特に有利であることを主張し、それにもかかわらずSL食品が株主総会決議を経ようとしない法令違反があるとして差止めを請求

2）本文で問題としているのは、「特に有利」な払込金額であるにもかかわらず株主総会決議を経ていないという199条3項違反に基づく差止めの可否の判断基準である。これに対して、差止め以外の事後的な紛争解決手段として、212条（平成17年改正前商法では280条ノ11）の引受人の差額支払義務というものもあり、これは、取締役と通じて著しく不公正な払込金額で募集株式を引き受けた引受人は、払込金額と公正な価額との差額に相当する金額を会社に支払う義務を負うというものである。これに対応した取締役の対会社責任や対第三者責任（423条・429条）も問題となる。199条3項の「特に有利」と、212条の「著しく不公正」の2つの基準が同じであるか違うのかは厳密には問題としうるが、いずれも公正な価額からどれだけ乖離しているかが問題とされている点において、前者の判断のために、後者の判断基準を参照することは有益であると考えられる。そのような理由から、以下で紹介する裁判例の中には、212条や423条、429条に関するものも含まれている点に留意されたい。

3）最判昭和50年4月8日民集29巻4号350頁。同判決では、公正な払込金額（発行価額）は、「発行価額決定前の当該会社の株式価格、右株価の騰落習性、売買出来高の実績、会社の資産状態、収益状態、配当状況、発行ずみ株式数、新たに発行される株式数、株式市況の動向、これらから予測される新株の消化可能性等の諸事情を総合し、旧株主の利益と会社が有利な資本調達を実現するという利益との調和の中に求められるべきもの」であるとする。

4）[百95]東京高判昭和48年7月27日判時715号100頁。これに対して、[SU27・百20]東京地決平成16年6月1日判時1873号159頁は、特定の株主による買い占めもあって相場が上昇している局面においても、上昇分を除外した金額で有利発行該当性を判断することを認めていない。両者の違いは、前者は、株価の高騰の原因が、引受人が引き受けることを前提とした期待感の高まりによるものであるのに対して、後者にはそのような事情がない点にあると思われる。

することが想定される。

(ii)　非上場会社の場合

　これに対して、株価という（ある程度客観的な）参照数値がない非上場会社
については、公正な払込金額を、何らかの形で算定することを考えなければな
らない。

　この点に関しては、株式の価値の算定方法として様々な方法が提唱されてい
るものの[5]、"この場面では絶対にこの方法でなければならない！"といった
意味での確立した算定方法が決まっているとはいえない。また、それらの算定
方法の多くは、ごく大雑把にいえば、一定のパラメーターから構成される計算
式に、その会社に妥当すると考えられる数値を代入して計算するものであると
ころ、その代入数値自体も客観的一義的に決まるとは限らない[6]。

　そこで、最高裁は、非上場会社が株主割当て以外の方法で募集株式の発行等
を行う場合には、「客観的資料に基づく一応合理的な算定方法によって発行価
額が決定されていたといえる場合」には有利発行にはならないとの立場を示し
ている[7]。

[2]　支配的利益の侵害と不公正発行

　公開会社については募集株式の発行等は取締役会限りの決定によって行うこ
とができることから、会社の経営者としては、自分たち限りで、自分たちにと
って不都合な株主の影響力を弱めることもできてしまう。そのような経営者に
よる不当目的での募集株式の発行等は、著しく不公正な方法によるもの（以下
「不公正発行」ということがある）として差止めができるとするのが現在の学説・
裁判例において確立した考え方である。

5）簿価純資産法、時価純資産法、配当還元法、収益還元法、ディスカウントキャッシュフロー
　（DCF）法、類似会社比準法などがある。詳しい説明は、企業価値評価に関する文献に譲る。
6）たとえば、その会社の将来の収益やフリーキャッシュフロー等の予測値、その会社に似ている
　会社としてどの会社を選ぶか、といった、算定者の主観からは自由とならない判断要素が含まれ
　ている。
7）[百21]最判平成27年2月19日民集69巻1号51頁。

　問題は、どのような場合に差止めを認めるかという具体的な運用にある。この点に関しては、"裁判例では**主要目的ルール**が採用されている"と説明されることが多いと思われる。

(i) 主要目的ルールとは

　では、その主要目的ルールとはどのようなものであろうか。個々の裁判例や学説が示す主要目的ルールの定義（らしきもの）は、それぞれの立場に応じてかなり異なる内容を示しているものの、その最大公約数をとるならば、当該募集株式の発行等の主要な目的が何かに応じて差止めの可否を判断する、といったものとなろう。

　この抽象的な定式化においても示されている通り、"主要な目的は何か？"を探る必要があるということは、募集株式の発行等の目的が複数ありうることを前提としている。主要目的ルールを模式的に表現するとすれば、天秤の一方の皿に正当目的を、他方の皿に不当目的を載せて、どちらが重いかを測って、不当目的の方が重いようであれば差止めをする、という判断基準であると理解することができる。そして、**ストーリー S24-1** で示唆されているように、実際の裁判例でも、不当目的として「（経営者の）会社経営権の維持」が、正当目的として「必要資金の調達」が挙げられることが多い（**図24-1**参照）。

図24-1　主要目的ルールのイメージ図

(ii) 主要目的ルールの難解さ（あるいは無意味さ）

　図24-1のような模式的な説明をされれば、主要目的ルールの内容が何とな

くわかったような気になって、すっきりとした合理的なルールだと思うかもしれない。しかしながら、正当目的と不当目的とを秤にかける、といっても、最終的には裁判で争うことになる以上、主張・立証[8]を誰がするのか、という問題がついて回るのであり、会社側と既存株主側のどちらが何をどの程度まで明らかにしなければならないかについて、実際の裁判例における運用は実に様々である。

　すなわち、少なくとも一般論のレベルでは、㋐新株発行に際し会社の現経営陣が自らの経営権を維持する意図を有していたとの疑いを容易に否定することができない状況であっても、経営権の維持が「唯一の動機」であるか否かや「正当な意図に優越する」かどうかを問題とするかのようにみえる裁判例[9]がある一方で、㋑経営権争いがある局面における第三者割当を「合理化するに足りる特段の事情のない限り、現取締役らの経営権維持を目的とするものであり、株主構成の変更自体を主要な目的とする不公正発行に該当するものと推認できる」とする裁判例[10]もある。

　近時の裁判例は㋑のような判断枠組みを用いる傾向にあるようである[11]が、不公正発行に該当するか否かの判断基準をめぐる裁判例の動向も学説の議論の展開も実に複雑であって一筋縄ではいかない[12]。少なくとも主要目的ルールが

---

8) 210条による募集株式の発行等の差止めは、訴訟によることが想定されているものの、通常の訴訟手続によっていたのでは、裁判所の判断が出た頃にはすでに募集株式の発行等の効力が生じてしまっていることになりかねない。そこで、あくまで仮の決定（という建前）ではあるものの、差し止めるかどうかを迅速に判断する仮処分の手続（民事保全法23条2項）が用いられることになる。仮処分の手続は迅速性を重視しているため、当事者が明らかにすべき事項（「被保全権利」と「保全の必要性」と呼ばれるもの）も、訴訟における「証明」よりもゆるやかな「疎明」で足りる（民事保全法13条2項）とされるなど、制度の建てつけは必ずしも通常訴訟と同じではない。詳細については、民事手続法（民事訴訟法や民事保全法）の文献を参照されたい。

9) SU26・百96 東京高決平成16年8月4日金判1201号4頁。

10) 大阪地決平成29年1月6日金判1516号51頁。

11) 東京地決平成20年6月23日金判1296号10頁、山口地宇部支決平成26年12月4日金判1458号34頁など。

12) 本文では、あくまで裁判所が示す規範の一般論の部分を取り上げたに過ぎない。詳細に分析すれば、実は、経営陣に有利にみえる㋐のような一般論を展開している裁判例の中にも、資金使途などを詳細に審査したうえでそれに基づいて差止めを認めないという結論を出している可能性もある。

それのみですべて解決できる一義的な基準を提供してくれるわけではないことは、意識しておく必要があるだろう。

> ストーリー S24-1 の状況は、Nemo パートナーズによる経営権の奪取をおそれた長井社長ら SL 食品の経営陣が、自らの保身を目的として行う新株発行であるとの疑いを持たせる。他方で、SL 食品側からは、新株発行により調達した資金の使途につき、それらしいことが示されている。そうだとすると、不当目的（経営権維持）と正当目的（資金調達）のどちらが主かを判断するためには、より細かなところまでみていく必要がありそうである。問題は、①資金使途に関する計画の実施実態（本当にカスタマーセンターを設置するつもりなのか）、②計画の必要性（いますぐにカスタマーセンターの新設が必要なのか）、③使途の妥当性（土地の購入まで必要なのか）、④資金調達手段の合理性（借入れ・株主割当て・公募[13]ではダメなのか、なぜその取引先に割り当てなければならないのか）、といった諸事情について、どこまでの深さで（①を簡単に示せばよいのか、④を示すことまで要求されるのか等々）、どちらが明らかにすべきか、それは既存株主の持株比率や現経営陣に対する姿勢等の事案の状況によってどのように変化するかについて、考え方が様々に分かれている点である。

2　新株発行等の無効の訴え

1 の差止めは、募集株式の発行等の効力が生ずる前に既存株主が差止めることによって募集株式の発行等がされないようにするという対処方法であった。これに対して、一旦発生してしまった募集株式の発行等の効力を否定するためには、会社の組織行為の無効の訴えという特別な類型の訴訟を通じて行わなければならないこととされている。

[1]　会社の組織行為の無効の訴えとしての新株発行等の無効の訴え

828 条 1 項は、「次の各号に掲げる行為の無効は、当該各号に定める期間に、訴えをもってのみ主張することができる」としたうえで、①設立、②会社の成立後における株式の発行、③自己株式の処分、④新株予約権の発行、⑤資本金

---

13)　なお、公募の場合には第三者割当ての場合よりも経営権維持目的が弱いと評価しうることを示唆する裁判例として、　百 A41　東京高決平成 29 年 7 月 18 日金判 1532 号 41 頁。

の額の減少、⑥組織変更、⑦吸収合併、⑧新設合併、⑨吸収分割、⑩新設分割、⑪株式交換、⑫株式移転、⑬株式交付の各行為を挙げている。828条の表題は**「会社の組織に関する行為の無効の訴え」**とされていることから、以下、本書では、828条に定める訴えのことを「組織行為の無効の訴え」と呼び、上記①〜⑬の行為のことを「組織行為」と呼ぶことにする。

　組織行為の無効についても、すでに説明した株主総会決議取消しの訴え（☞第7講2[1][2][3][6]）と同様に、<u>組織行為が無効であることを主張するためには、組織行為の無効の訴えという特別な訴訟類型の訴えを提起しなければならず、勝訴判決（請求認容判決）が確定するまではその組織行為は有効なものとして取り扱われる</u>（**形成訴訟**）一方、組織行為を無効とする判決が確定すれば、その段階から、第三者に対しても効力を有するとされている（838条。**対世効**）[14]。また、法律関係の早期確定のために訴えを提起できる期間および提訴権者を限定する定めも置かれており（**提訴期間・原告適格の制限**）、ここで問題となっている会社の成立後の株式発行と自己株式の処分（両者を併せて「新株発行等」[15]ということとする）の無効の訴えの場合には、株式の発行や自己株

---

14) なお、確定判決の効力を及ぼされる第三者の手続的保護として、責任追及訴訟においては一定の場合に再審を認める規定が会社法に置かれている（853条）のに対して、組織行為の無効の訴えについてはそのような規定がないが、判例（ 百A7 最決平成25年11月21日民集67巻8号1686頁）は、新株発行等の無効の訴えに関して、一定の場合には、確定判決の効力を受ける第三者が確定判決にかかる訴訟について独立当事者参加の申出をすれば、民事訴訟法の一般的な再審事由（民訴法338条1項3号）に基づく再審の訴えが認められるとする。

15) 828条1項2号・2項2号は、「募集株式の発行」ではなく「株式会社の成立後における株式の発行」を対象とすると定めているが、これは、199条以下の手続に従って発行される株式だけでなく、たとえば取得条項付株式の対価として交付される株式（☞第21講2[3](i)）や、新株予約権の行使により交付される株式（☞第25講3[2]）などの、いわゆる**特殊の新株発行**と呼ばれるものをも適用対象に含めることを意図したものであると考えられる。
　なお、"組織行為の無効の訴えの対象となる"という表現の意味は、無効の訴えにより効力を否定することができるという積極的な意味合いだけでなく、無効主張の一般原則によれば課されない種々の制約（提訴期間や原告適格の制限等）の下でのみ無効を主張することが許されるという制約的な意味合いも有する点には注意が必要である。とりわけ、先に述べた特殊の新株発行が組織行為の無効の訴えの対象となるか、や、前講で説明した払込みの仮装によって発行された（ことになっている）株式は新株発行等の無効の訴えの対象となるか、といった問題設定は、上記の積極的な意味と制約的な意味の両面から検討を要するものである。新株発行等の無効の訴えの対象となるということが、新株発行等の効力を否定したい既存株主にとって必ずしもありがたい結論を導くとは限らない点は、くれぐれも注意をしてほしい。

式の処分の「効力が生じた日」[16] から、公開会社であれば 6 ヶ月以内、公開会社でない会社であれば 1 年以内に、新株発行等を行った会社の「株主等」のみが新株発行等の無効の訴えを提起できると定められている（828条1項2号・3号、同条2項2号・3号。なお「株主等」には株主だけではなく、取締役・監査役・執行役といった会社の役員も含まれる点[17] に注意。同条2項1号参照）。

> 新株発行等の無効の訴えの提訴期間の定めのうち、公開会社の 6 ヶ月に関しては他の組織行為の無効の訴えの多くと揃っているのに対して、公開会社でない会社については、それよりも長く 1 年に設定されている。公開会社でない会社の中には手続をきちんと行わない会社も多く、そのため既存株主も新株発行等がなされたことを気づかないで時間が経つことも稀ではない反面、いくら手続が杜撰な会社の株主でも、定時株主総会が年 1 回あることくらいはわかっていてそこに出席することぐらいは前提としてよいだろう。そうだとすれば、その定時株主総会に出席してはじめて新株発行があったことを知る可能性もあるのだから、提訴期間も 1 年間（その間に 1 回は定時株主総会があるはずだから）に延長しておこう、という発想である[18]。

[2]　請求認容判決の確定の効果

　無効事由が何かを考えるうえでは、組織行為の無効の訴えの請求認容判決が確定した場合の効果を先に理解しておいた方がよいだろう。「無効」とは、通常は、行為の当初から効力がないことを意味するのであるから、その通りに処理するとすれば、組織行為を前提として行われていた活動（新株発行等の場合であれば、効力が生じたことを前提としてなされた株式の売買や配当の受領など）

---

16) 提訴期間の起算点となる「効力を生じた日」とは、募集事項の決定（199条参照）において払込期日が定められた場合には当該払込期日を指し（209条1項1号）、払込期間が定められた場合には出資の履行をした日を指すと考えられる（同項2号）。

17)「株主」としては、典型的にはその募集株式の発行等によって利益を侵害された既存株主が考えられているが、当該募集株式の発行等によって株式を取得した引受人も、無効の訴えの提訴期間中（つまり効力発生後 6 ヶ月あるいは 1 年間）は株主となっている以上、提訴権者に含まれると解されている。

18) とはいえ、提訴期間が効力発生から 6 ヶ月あるいは 1 年とされているのはかなり短いといわざるをえない。その期間を徒過してしまった既存株主の保護のために、新株発行等の不存在確認の訴え（☞3）を柔軟に認めるべきであるとする指摘がある。

をすべて巻き戻す必要があり、処理が煩雑であるし関係者間の法律関係が極めて錯綜してしまう。これに対処するために、<u>組織行為の無効の訴えの請求認容判決が確定したとしても、それはその段階以降から将来に向かってその効力を失うものとされている</u>（839条。**遡及効の否定**）[19]。とりわけ、新株発行等については、遡及効を否定しつつ新株発行等の効力を否定するためにどのような処理をすべきかについて、840条（新株発行の場合）および841条（自己株式処分の場合）に具体的な定めがある。その内容を一言で述べるならば、発行等がされた募集株式（以下「発行新株」という）を請求認容判決の確定時点において保有していた者に対して、発行会社が払込金額を返金する、という簡便な形で、新株発行等の効力を否定する処理を済ませることにしているのである。無効判決の確定時の株主以外の、それまでの間に発行新株を保有していた人々を巻き込まないことで、法律関係の混乱を最小限に抑えているのである。

　　もっとも、遡及効の否定によって法律関係の処理が簡便になるのはその限りであり、請求認容判決の確定時点において発行新株を保有している者[20]は、新株発行等の効力を否定する処理に巻き込まれざるをえない（対世効があるため、無効を望んでいない株主であってもこの処理を強制される）。しかも、返金額は原則として払込金額であるから、自分が購入した値段よりも低い金額しか受け取れない可能性もある[21]。そのような面倒や不利益を考えるならば、いくら遡及効が否定されているからといって、組織行為の無効判決がバンバン出されてしまうと、投資家に株式の購入をためらわせる要因となりうる。このように、いくら遡及効を否定したとしても、事後的な無効処理が株式取引の安全を害する可能性は高い。このような取引の安全に対する懸念が、次に述べる無効事由の解釈にも影響してくるのである。

---

19) なお、新株発行等の無効の訴えの請求が認容されれば、将来的にとはいえ、発行新株は無効となって議決権がなくなる可能性があり、そのことを見越して無効の確定判決が得られるまでの間の既存株主の支配的利益を保護する必要がある場合もある。発行新株の議決権行使禁止の仮処分（百A10 東京地決平成24年1月17日金判1389号60頁）により対応することが考えられる。

20) なお、上場会社の場合、市場を通じて購入した株式は誰から購入したものであるかを追跡するのは相当困難である（☞第20講注2）ことから、判決確定時点で無効とすべき株式を保有しているのは誰かを確定することも相当困難であるという問題もある。

21) もっとも、返金額が判決確定時における会社財産の状況に照らして著しく不相当である場合には、裁判所の決定で返金額を増減させることは可能であるとされている（840条2項・841条2項）。

[3]　無効事由

　では、新株発行等の無効の訴えにおいて、請求が認容される事情（以下「無効事由」という）にはどのようなものがあるだろうか。これは、条文に定められていないことから、解釈に委ねられている。

　既存株主の立場からすれば、違法な新株発行等があった以上は、効力を否定してもらわなければ困るが、他方で、いくら遡及効を否定しているからといっても株式の流通に対する配慮をする必要があるであろうし、また、会社の側から考えてみても、新株発行等により調達された資金を投資するなど、新株発行等が有効であることを前提とした活動を通じて取引をした第三者の保護も必要となってくる。そこで、会社機構の本質に関する重大な違法とされるもの[22]以外の違法について、これまでの判例は、とりわけ公開会社に関しては、<u>第三者への影響を重視して無効事由となる範囲を極めて狭く解してきた。</u>

(i)　公開会社の場合

　公開会社の株式の発行に係る手続上の法令違反は、一般的に無効事由にはならない（差止事由にとどまる）と解されており、最高裁判例も、<u>新株発行は、会社の業務執行に準じて取り扱われるものであるから、会社を代表する権限のある取締役が新株を発行したのであれば、たとえ、新株発行に関する有効な取締役会の決議がなくても</u>[23]、さらには、<u>有利発行の場合に必要な株主総会決議（199条3項。201条1項参照）を欠いていたとしても無効事由とはならない</u>とする[24]。また、<u>（平成26年改正前会社法を前提とするものであるが）新株発行が著しく不公正な方法によりなされた場合も同様に無効事由にはならない</u>とする判例[25]もある。

　では、逆に無効事由となるのはどのような場合だろうか。

---

22)　定款所定の発行可能株式総数を超過する発行や定款に定めのない種類の株式の発行は、株式会社機構の本質に反する重大な違法として、募集株式が譲渡制限株式であるか否か、また、当該会社が公開会社であるか否かにかかわらず、無効事由となると解されている。

23)　最判昭和36年3月31日民集15巻3号645頁。

24)　百22 最判昭和46年7月16日判時641号97頁。

　繰り返しになるが、このように新株発行等の無効事由を極めて制限的に解する判例のスタンスは、取引の安全を重視したものであると考えられる。そうすると、違法な新株発行等は、組織行為の無効の訴えによる事後的な効力の否定ではなく、なるべく事前の差止めによる是正によって解決するような制度とした方が混乱が少なくてよい、という形で、救済手段の重点の置き方も自ずと決まってくることになる[26]。このような考え方からは、無効事由の解釈においても、新株発行等の効力をめぐる争いは差止めが主戦場であることを踏まえた内容とすべきこと、より具体的には、差止機会が与えられなかった場合か、差止機会を逃さずに適切に差止請求権を行使したけれども結果的に差し止めることができなかった場合に限定して、事後的に無効とすることを認めるとするのが合理的であると考えられる。判例が、他の差止事由があるにもかかわらず募集事項の通知・公告（201条3項・4項。☞第23講1[2](i)）を欠くために差止めの機会が与えられなかった場合[27]や、実際に差止仮処分命令が出されたにもかかわらずこれに違反して新株発行等が実施された場合[28]に限定して無効事由ありとするのも、そのような趣旨によるものであると考えられる。

---

25) SU28・百100 最判平成6年7月14日判時1512号178頁。もっとも、本文でも述べた通り、この判例は、平成26年改正前会社法を前提とするものであることから、支配株主の異動を生ずる募集株式の発行等に株主の意思確認を求め、場合によっては株主総会決議が必要となった（206条の2。☞第22講2[1](ii)）平成26年改正によって、この判例が先例的価値を失うことになるのか（支配的利益を重視する方向に立法が転換されたので不公正発行も無効事由となることになったのかどうか）、また、この206条の2の規定に違反して発行された場合に新株発行等の無効の訴えの無効事由に該当するかが議論されている（詳細については、コンメ(19)141-145頁［舩津浩司］）。

26) もちろん、差止めがされなかったからこそ、効力発生後に無効の訴えが問題となってくるわけだが、無効の訴えによる保護が手厚いと、既存株主は差止めをサボっても無効の訴えで何とかしてくれる、と思う結果、効力発生前において真面目に差止めを用いようとしない可能性がある。

27) SU29・百24 最判平成9年1月28日民集51巻1号71頁。注意すべきであるのは、通知・公告義務違反のみでは無効事由とはされていない点である。既存株主に差止機会を付与していないのはけしからん！という発想から無効事由が認められるものではあるものの、そもそも通知・公告がされていて既存株主が実際に差止めの申立てができる状態をつくったとしても、それ以外に差止事由に該当する違法や不公正がなければ結局裁判所は差止めを認めなかったであろうから、そのような場合にまで通知・公告がないことのみをもって無効事由とするのはいきすぎであることになる。募集事項の公示がないことに加えて、それ以外の差止事由がなければ無効事由にならないとするのはそのような趣旨であると考えられる。

28) 百99 最判平成5年12月16日民集47巻10号5423頁。

(ii)　公開会社でない会社の場合

　他方で、公開会社でない会社の募集株式の発行等に関しては，募集事項の決定は株主総会の特別決議によって行うことが原則とされている（☞第23講1[1](ii)）。そして、公開会社でない会社においては、株主の支配的利益（議決権比率維持の利益）が重要であると考えられることに鑑みて、株主総会決議を欠く場合には無効事由ありと解するのが判例[29]・多数説である。

　学説においては、さらに進んで、公開会社でない会社は株式の流通に対する配慮がそれほど必要ないと考えられることから、事後的な無効が認められる余地は広くてもよいとするものもある。

3　新株発行等の不存在確認の訴え

　2の新株発行等の無効の訴えは、（瑕疵があるとはいえ）新株発行等の実体があることを前提とするのに対して、新株発行等の実体がそもそもない場合には、新株発行等は「不存在」として[30]、誰でも、いつでもその不存在を主張することができるが、さらに、新株発行等の不存在につき対世効をもたらしたい場合に用いることのできる訴訟類型として、新株発行等の不存在確認の訴えが829条に定められている（対世効につき838条）。

---

29)　SU30・百26 最判平成24年4月24日民集66巻6号2908頁は、公開会社でない会社については、「その性質上、会社の支配権に関わる持株比率の維持に係る既存株主の利益の保護を重視し、その意思に反する株式の発行は株式発行無効の訴えにより救済するというのが会社法の趣旨と解される」として、株主総会の特別決議を経ないまま株主割当て以外の方法による募集株式の発行がされた場合を新株発行等の無効事由とする。

30)　株式の発行が物理的に存在しない場合のみならず、物理的には存在しているものの瑕疵が大き過ぎて法的に存在しているとは認めがたい場合も新株発行不存在事由になると解するのが多数説であると思われる。

●第24講のおさらい

・上場会社の募集株式の発行等において「特に有利な」払込金額であるか
　を判断するうえでは、どのような考慮要素に注意する必要があるだろう
　か?⇒1 [1] (i)

・既存株主の支配的利益が侵害された場合に、その募集株式の発行等が差
　し止められるか否かはどのような判断枠組みで決せられるだろうか?⇒
　1 [2]

・判例が挙げる募集株式の発行等の無効事由とはどのようなものだろう
　か?公開会社と公開会社でない会社とのそれぞれについて挙げてみよう
　⇒2 [3]

・募集株式の発行等がされた事実はあるが手続的瑕疵が極めて重大な場合
　でも、その効力を否定するためには組織行為の無効の訴えによらなけれ
　ばならないだろうか?⇒3

第**25**講
茂文、余裕のない晴子に配慮する
――新株予約権

本講では、新株予約権について説明する。かなりテクニカルな話になるので、（現実離れしている感は否めないけれども）わかりやすいと思われる if シナリオを基に説明を進めていこう。

○ ○ ○ ○ ○ ○ ○ ○ ○ ○ ○ ○ ○ ○ ○ ○ ○ ○ ○ ○

Y25-1 ［ヤスダピーナッツ、事業資金を得たい］（ストーリー Y22-1 と同じ状況）

ヤスダピーナッツ株式会社は、事業規模拡大のために必要な資金として4000万円ほどを調達したいと考えている。

現在（20X3年6月時点）の同社の発行する株式は1種類のみであり、社長の茂文が1300株、茂文の母真知子が1600株、姉の道子と晴子が500株ずつ、友人の新藤が100株を保有している（なお、ヤスダピーナッツ株式会社20X3年6月時点の客観的な経済的価値は8000万円だったとする）。

if シナリオ Y25-a ［フルムーンキャピタル、ヤスダの上場を目論む］

ストーリー Y25-1 のような状況において、フルムーンキャピタルが新規資金の拠出者として名乗りを上げてくれた。フルムーンキャピタルとしては、ヤスダピーナッツに将来性を見出しており、現時点での4000万円の拠出はもちろんのこと、さらに事業規模を拡大していけば将来的には株式の上場も夢ではないと考えている。

　そこで、ヤスダピーナッツは、以下の事項を内容とする<u>募集新株予約権100</u>
<u>個を発行し、4000万円と引換えにフルムーンキャピタルに割り当てた</u>。すな
わち、当該新株予約権の内容は、20X4年 7 月から 5 年間を権利行使期間と
して、<u>新株予約権 1 個につき同社株式100株を 1 株につき 1 万6000円で取得</u>
<u>できるというものである</u>。これにより、ヤスダピーナッツは、将来的に
（20X4年 7 月以降に）この新株予約権の行使によって 1 億 6 千万円の資金を調
達できる可能性が生じた。

　本書を読み進めていくと気づくと思うが、新株予約権は様々な局面で登場する（役員に
対するストックオプションの付与のため〔☞第10講 3 [2] (i)〕、買収防衛策としての新株予約権の無
償割当て〔☞第31講 3 [1] (ii)〕等々）。とはいえ、一般の教科書では、新株予約権は資金調達
の章で叙述されていることが多いし、現に本書でも資金調達の流れで話をしているが、実
は、if シナリオ Y25-a のように、新株予約権の対価を資金調達源にするという形はあまり
多くないように思われる。次講で説明する社債と一体化した新株予約権付社債の形や、 1
[3]で説明するライツ・オファリングのためなど、直接の資金調達手段というよりも、会
社の資金調達を円滑化するための手段としての色彩の方が強いというのが筆者の印象であ
る。とはいえ、テクニカルな内容を説明するうえでは、新株予約権の対価自体も調達資金
となるような例に基づく方がわかりやすいと思われるから、やや現実離れした if シナリ
オだと思ったとしても、気にせずに読み進めていただければと思う。

1　新株予約権とはどのようなものか

[1]　新株予約権とは何か

　新株予約権とは、 2 条21号によれば、それを有する者（**新株予約権者**）が会
社に対してその権利を行使したときに、会社から株式の交付を受けることがで
きる権利のことである。**if シナリオ Y25-a** であれば、会社＝ヤスダピーナッツ、
新株予約権者＝フルムーンキャピタルであり、フルムーンキャピタルは、その
保有する新株予約権を行使すれば、その内容に従って払込みを行うことにより
ヤスダピーナッツから同社の株式の交付を受ける、という内容の権利を保有し
ているのである。また、特に重要な特徴として、新株予約権を発行する時点で、
その権利の内容として後日の新株発行の際の払込金額（比喩的にいえば、権利
行使をしたときに株式をいくらで買えるか）が定められており、<u>新株予約権者は</u>

権利行使期間においてその権利を行使すれば（その時点での株式の価値がいくらであろうと）事前に定められた払込金額で新株を引き受けることができるという点がある。

[2]　新株予約権の特徴

　新株予約権は、コール・オプションと呼ばれるデリバティブ（金融派生商品）の一種であり、極めてわかりづらいものであるので、ここでは、留意点を4点ほど挙げつつその特徴を説明しておこう。

（i）　2段階でやり取りがなされることが（理論的な）前提である

　まず、新株予約権をめぐって生じる会社と新株予約権者との一連の関係においては、2段階のやり取りを観念できる。すなわち、①新株予約権の発行と引換えになされる新株予約権に関する会社への払込みと、②新株予約権の行使の結果生じる株式の発行と引換えになされる株式に関する会社への払込みである（**図25-1**参照）。したがって、新株予約権に関する法的な議論をする際にも、どちらの段階のやり取りが問題になっているのか、常に気をつける必要がある。

図25-1　新株予約権をめぐる会社と新株予約権者とのやり取り

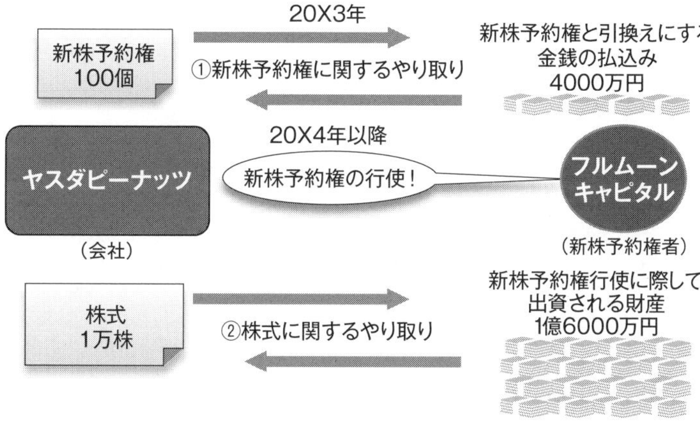

　if シナリオ Y25-a は、このような２段階のやり取りを前提とした理論モデルに忠実につくっている。ここでは、まず第①段階としての20X3年の新株予約権発行に際して、ヤスダピーナッツ側からは新株予約権100個が、フルムーンキャピタルからは4000万円がそれぞれ相手に渡されている。この第①段階の結果として新株予約権者となったフルムーンキャピタルが、20X4年以降、この新株予約権を行使した場合には、第②段階として（たとえば保有する新株予約権を一度にすべて行使したと仮定すると）フルムーンキャピタルの側からは１億6000万円が、ヤスダピーナッツ側からは同社の株式１万株が、それぞれ相手に渡されることになる。

(ⅱ)　権利であって義務ではない

　次に注意すべきであるのは、新株予約権というのは、文字通り、それを保有している人にとってはあくまで株式を取得できる権利であって、資金等を払い込んで株式を取得する義務を負うものではない、という点である。つまり、新株予約権者は権利行使ができる期間にその株式が欲しいと思えば権利を行使すればよいし、要らないと思えば権利を行使しないこともできるのである。したがって、第②段階のやり取りが生じるかどうかは、新株予約権者の意向次第というのが会社法の基本的な建てつけなのである[1]。

　その意味で、新株予約権者は非常に有利な立場にあるといえるが、新株予約

1）その意味で、会社法の規律のみを前提とした場合、第②段階の払込金をあてにして会社が資金調達を行うことには限界がある。会社の資金調達の目的のためには、会社側の資金ニーズに即応できるようにしなければあまり意味はないにもかかわらず、新株予約"権"という形で、資金供給者たる新株予約権者側の意向で資金調達のタイミングや額が決まってしまうからである。

　そこで、資金調達をより確実なものとするために、実務上様々な工夫が考えられている。たとえば、会社と新株予約権者との間で、「会社が決めたタイミングで新株予約権者は保有する新株予約権を行使して会社に払込みをしなければならない義務を負う」とする内容の契約を別途結んでおくのである。こうしておけば、会社が必要だと思うタイミングで確実に株式での資金調達ができる。そのタイミングでいきなり募集株式の発行等をするのと比較すると、引受人をあらかじめ確保している点で会社側にとっては安心材料といえるだろう（資金需要者が望むタイミングで資金供給者が資金を供給する約束を**コミットメントライン**というが、ここではそれを株式というエクイティを媒介としていることから、**エクイティ・コミットメントライン**と呼ばれたりする）。もっとも、これは会社法の定める新株予約権の制度の枠外で個別に合意がされた場合において、その個別合意の効果として新株予約権者に権利行使の義務が生じるというだけの話であって、会社法の制度の理解としては、あくまで"権利であって義務ではない"という点を確実に押さえておく必要がある。

権が行使されなかった場合でも第①段階のやり取りが巻き戻されるわけではなく、会社は、新株予約権と引換えになされた払込みを懐に収めてよい。新株予約権者は、有利な立場に立つための対価として、第①段階の支払いをしていると捉えることができる（**オプション・プレミアム**などと呼ばれる）。

> つまり、**if シナリオ Y25-a** の新株予約権の発行によってヤスダピーナッツが確実に調達できる資金はオプション・プレミアムである4000万円のみであって、20X4年以降に（新株予約権が行使される結果として発行される株式1万株と引換えに）1億6000万円がヤスダピーナッツに入るかどうかは、新株予約権者たるフルムーンキャピタルの意向次第、というのが会社法の建てつけなのである。

(iii)　**新株予約権そのものは株式ではなく、したがって新株予約権者は株主ではない**

　　さらに、新株予約権者は、権利行使をして第②段階のやり取りをすることではじめて株式を取得して株主になるのであり、したがって、権利行使をまだしていない段階（新株予約権を保有している状態＝「新株予約権者」である状態）では、株式を保有している株主とは全く異なる立場にある。株主であれば、株主総会で議決権を行使するなど会社の意思決定に一定程度関与する立場にあり、また、利益配当を受領したり会社が清算される場合には残余財産分配を受けることができるが、新株予約権者はそのような立場にはない。

　　新株予約権者と会社との関係は、新株予約権者がその保有する新株予約権を行使したときには、会社が当該権利行使者に対して（権利行使価額に相当する払込みと引換えに）当該会社の株式を取得させる義務を負う、という関係に過ぎず、したがって、新株予約権者は会社に対してある種の債権を有している会社債権者の一種であると理解しておくのが基本的には適切であると考えられる[2]。

(iv)　**現実にはどちらかの払込みがない場合もありうる**

　　(i)で、2段階のやりとりがあることが理論的には前提とされている、と述べたが、これは逆に、実際には2段階のやり取りのうちどちらかが行われない場合もあることを意味している。権利行使がされない結果として第②段階のやり取りが一切発生しない場合については先に述べた（☞(ii)）が、逆に、第①段階のやり取りのうち片方しかない、すなわち、新株予約権の発行はするものの、

新株予約権者側からの払込みがない場合も実際にはかなりある[3]。

[3]　新株予約権の資金調達円滑化機能——ライツ・オファリングを例に

　さて、if シナリオ Y25-a のように、新株予約権そのものの対価としての払込み（第①段階での払込み）で資金調達の目的を達する場合もありうるが、多くの場合は、新株予約権そのものの対価をアテにしているというよりも、後に権利行使により発行される新株に対する払込み（第②段階での払込み）の方をアテにしたものが多い。本講の冒頭で、新株予約権は資金調達を円滑化するための手段としての色彩が強いと述べたのはその趣旨であるが、そのような形で新株予約権が活用されている代表例として、新株予約権付社債（☞第26講 4）とライツ・オファリングを挙げることができる。ここでは後者を簡単に説明しておこう。

> **if シナリオ Y25-b ［晴子だけ追加出資する余裕がない］**
> **if シナリオ Y22-c-2** の状況において、ヤスダピーナッツは、既存株主の利益保護の観点から株主割当てによる募集株式の発行等によって資金調達をしようと考えたが、既存株主のうち晴子のみが資金に余裕がなく引き受けることができないと回答した。そこで、既存株主全員に 1 個につき100株を 1 株 1 万円で取得できる新株予約権を持株比率に応じて株主に無償で割り当てるこ

2）自己株式の取得や処分については、剰余金配当や新株発行と横並びの規律が必要だと考えられていることから、会社法上特別の規律が置かれているのに対して、発行会社が任意に行う新株予約権の取得（自己新株予約権の取得）や自己新株予約権の処分については、会社法に特別の規律（財源規制や手続規制）がない。これは、新株予約権が会社にとってはあくまで単なる債務に過ぎないことの表れであると考えられる。

　　もっとも、他方で、会社法の条文で「債権者」を対象として定められている規定すべてが、新株予約権者にも適用があると考えてよいかはなかなか難しい問題である。多くの場合はそのように考えて差し支えなさそうであるが、他方で、とりわけ合併等の組織再編に関しては、「新株予約権者」について「債権者」とは別の保護手続を定めていることに由来して、「債権者」の中に「新株予約権者」を含めて考えてよいか疑問の余地のある規定もある（たとえば828条 2 項）。

3）たとえば役員へのエクイティ報酬として新株予約権が利用される場合には、第①段階の払込みがないこと、または、第②段階の払込みがないこと、さらには両方の払込みがないことも考えられる（☞第10講注14）。

とにした。この新株予約権5個の割当てを受けた晴子は、ちょうど持株比率を上昇させたかった新藤に対して総額250万円でこの新株予約権5個すべてを売却し、新藤はこれに自らに割り当てられた1個を加えた6個の新株予約権のすべてを行使してヤスダピーナッツ株式600株を新たに取得した。

第22講において、新規の資金を募集株式の発行等で調達しようとする場合、既存株主の経済的利益および支配的利益の保護が問題となるところ、その両方の観点から比較的保護に厚い募集株式の発行方法として株主割当てが考えられること、しかしながら、そのような株主割当ての既存株主保護効果は、割り当てられた新株をすべて引き受けることのできる資力を既存株主全員が有する場合に限られ、引き受ける資力のない既存株主は保護を受けられないことになることを説明した（☞第22講3[1](ii)）。

このような株主割当ての限界を少しでも緩和するための方策として、ライツ・オファリング（あるいはライツ・イシューとも呼ばれる）が考えられる。

これは、既存株主に対して直接募集株式の割当てを受ける権利を与えるのではなく、既存株主の持株比率に応じて新株予約権を無償で割り当てるのである。このようにしておけば、資力のある株主については割り当てられた新株予約権を行使して払込みを行って株式を取得することができ、それにより会社は募集株式の発行と同様に株式の対価の形で資金を調達できる一方で、権利行使をして株式の払込みをする資力のない株主については、その無償割当てされた新株予約権を他の者に譲渡することができる。仮に、新株予約権の行使価額（募集株式の発行等の場合の発行価額に相当）が時価よりも低かった場合、払込みができない株主は保有株式の1株あたり経済的価値の低下の影響を受けることになるものの、低い払込金額で株式を取得することのできる当該新株予約権は、それに見合うだけの価値があると考えられることから、その新株予約権を他の者に譲渡した対価を取得することで、そのような1株あたり経済的価値の低下の結果生じる損失を填補することができるのである。

ifシナリオY22-c-2の状況において株主割当てによる新株発行を行った結果晴子が1株も引き受けられなかった場合にどのような経済状態の変化が生じるかは表22-3で示した

が、同様の状況において、**if シナリオ Y25-b** のような譲渡可能な新株予約権を無償で割り当てることによって、どのような経済状態の変化が生じるかを模式的に示した[4]のが次の**表25-1**である。表中の ⓒ 欄のところの括弧内が新株予約権の譲渡による効果であり、晴子は保有株式の価値は750万円に下がるものの、新株予約権の売却代金250万円を取得しているから、合計で新株発行前に保持していた1000万円の価値を維持することができ、無事に損失を被らずに済んでいるのである。

表25-1　ライツ・オファリングによる株主の利益保護効果

	新株発行前 （1 株あたり価値 2 万円）			引受新株 （1 株あたり 1 万円の払込み）		新株発行後 （1 株あたり価値 1 万5000円）		
	株数	比率	ⓐ価値	株数	ⓑ払込額	株数	比率	ⓒ価値
真知子	1600株	40.0%	3200万円	1600株	1600万円	3200株	40.0%	4800万円
茂文	1300株	32.5%	2600万円	1300株	1300万円	2600株	32.0%	3900万円
道子	500株	12.5%	1000万円	500株	500万円	1000株	12.5%	1500万円
晴子	500株	12.5%	**1000万円**	0株	**0万円**	500株	6.25%	**750（+250）万円**
新藤	100株	2.5%	**200万円**	600株	**600万円**	700株	8.25%	**1050（−250）万円**
合計	4000株	100.0%	8000万円	4000株	4000万円	8000株	100.0%	1 億2000万円

　さて、新株予約権とはどのようなものかが大まかにわかったところで、2 以下でいよいよ新株予約権に関する法的な規律を説明していこう。

2　新株予約権の発行手続

　まずは、新株予約権の発行手続である。

[1]　募集新株予約権の発行手続（第①段階の話）

　ここでは、まず、**if シナリオ Y25-a** のような、典型的な有償発行である第三者割当てによる募集新株予約権の発行（238条以下）を念頭に置いて説明しよう。

4）現実問題としては、ヤスダピーナッツのような上場していない会社の株式について、その新株予約権を喜んで取得してくれる人がどれほどいるのか、という問題がある。したがって、ライツ・オファリングにより既存株主が保護されるためには、新株予約権自体が流通する市場が整備されている必要があるであろう。

(i)　募集事項の決定と公示

　募集株式の発行等と同様に、募集新株予約権の発行についても、募集事項の決定から始まる。募集新株予約権の募集事項とは、募集新株予約権の内容および数、募集新株予約権と引換えにする払込みの金額または算定方法や払込みの期日（払込みを要しないこととする場合にはその旨）、募集新株予約権の割当日等[5]のことである（238条1項）。

　このうち、募集新株予約権の内容については、定めるべき事項が236条1項に規定されている。新株予約権を行使した場合に受け取ることになる株式数についての定めである**新株予約権の目的である株式の数**またはその算定式、その際に対価として権利行使者（新株予約権者）はいくらの金額を会社に払い込まなければならないのかという**権利行使価額**またはその算定式、さらに、新株予約権はいつからいつまで行使できるのかという**権利行使期間**、新株予約権の譲渡に制限をつける場合にはその旨、等である。

　　ここでは、条文の構造に注意をしたい。先にも述べたように、新株予約権に関しては、会社と新株予約権者との間で、①新株予約権自体に関するやりとりと、②その新株予約権が行使されたことにより生じる株式に関するやりとりとの2つが想定される。そして、ここで説明している新株予約権の発行手続において「募集事項」という場合には、新株予約権そのものをどのような条件で発行するかという、①新株予約権自体に関するやりとりの方の話である。

　　他方で、この「募集事項」の内容の1つとして、「新株予約権の内容」がある。これはその権利を行使した場合にどのような権利義務が発生するのか、つまり、②会社と新株予約権者との間で株式に関するやりとりがどのようなものとなるか、についての定めである。そして、条文構造としては、②新株予約権の内容（＝株式に関するやりとり）が、新株予約権全般に共通する（つまり、募集新株予約権の発行の場合以外も含めた）規律として、先に236条で規定されたうえで、これが募集事項の一内容を構成している（238条1項）という形になっている。このあたり、どの条文がどちらの話をしているのか、混乱しないようにしたい。

　5）募集新株予約権が新株予約権付社債（☞第26講4）に付されたものである場合には、社債の募集事項のほか、新株予約権買取請求権の行使についての別段の定めをするときはその定め等もその内容となる（238条1項6号・7号）。

図25-2　募集事項の決定機関に関する適用条文

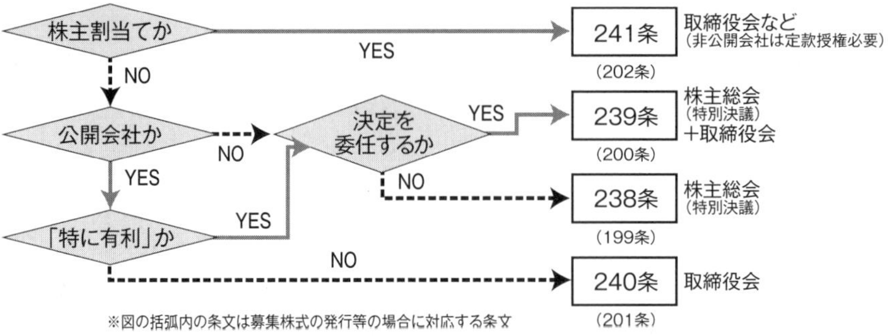

※図の括弧内の条文は募集株式の発行等の場合に対応する条文

　新株予約権自体の発行についての募集事項の決定機関や公示については、募集株式の発行等のときとほぼ同じだと考えておけばよいだろう。すなわち、株主割当てか、公開会社か、公開会社であればいわゆる有利発行に該当するかどうか、株主総会が必要だとした場合にさらに一部の決定を取締役会に委任するかどうか、といった分岐点により適用条文が変わる（**図25-2**）。このフローチャートの構造自体は、募集株式の発行等の場合（**図23-1**）と同じである。

　取締役会設置会社においても、株主割当以外の場合で新株予約権発行に株主総会の特別決議が必要な場合として、公開会社でない会社の場合と、公開会社であってもいわゆる有利発行に該当する場合があり、その趣旨はいずれも募集株式の発行等をこれら2つの場合について行う際に株主総会特別決議が必要である理由（☞第22講2）と同じであるが、特に後者の有利発行規制は、新株予約権が2段階のやり取りを前提としつつ、実際には第①段階の払込みを要しないとすることもできることもあって、かなりややこしい。

　すなわち、第①段階の新株予約権の対価としての払込みを要する場合（**有償発行**の場合〔238条1項3号参照〕）には、その金額が、新株予約権者となる者にとって「**特に有利な金額**」であるかを問題とする一方で、第①段階の新株予約権の払込みを要しないとする場合（**無償発行**の場合〔238条1項2号参照〕）には、新株予約権の払込金額についてはその多寡を考える余地はないことから、無償発行とすることが「**特に有利な条件**」と評価されるかで判断することになる（238条3項1号・2号、240条1項[6]）。

　行使してもよいししなくてもよいという権利だけをもっている状態というのは、その保有者にとって将来よいことはあっても悪いことはないのであるから、そのような権利には価値がある（＝お金を払わないともらえない）と考えるのが通常であろう。では、一体いくらくらいの価値があるのか、というのを一義的に決めることは（募集株式の発行等のところ〔☞第22講1[3](i)〕で株式の価値について述べたのと同様に）難しい。もっとも、近時のファイナンス理論では、様々な仮定を置きつつそのようなオプションの価値を算定する手法が確立されている。

　そのようなファイナンス理論の発展を受けて、近時は、会社法学においても、新株予約権の有償発行の場合に「特に有利な金額」かどうかは、そのようなファイナンス理論に基づき算定される理論価格と実際の新株予約権の払込金額との乖離が大きいかどうかで判断すべきであるとする理解が一般的である[7]。また、無償発行の場合も、そのような理論価格を前提として、そのような価値を無償で与えることを正当化する理由があるかどうかで「特に有利な条件」を判断する考え方が一般的である。その意味で、今後の会社法の理解のためには、そのような複雑難解な算定式も読み解けるような数学的リテラシーが必要となると考えられる。もっとも、理論価格は種々の仮定の上に計算されるものであって、算定式の複雑さ、難解さが数値の信頼性を裏打ちするわけでもないのであるから、そのような理論価格を絶対視することのないように注意する必要もある。

(ii)　申込み・割当て

　新株引受権の申込みと割当てについても、募集株式の申込みや割当てに関する203条から205条と基本的に同様の規律がされている（242-244条）。公開会社における支配権の異動を伴う募集新株予約権の発行[8]についても、募集株式の発行等の場合（206条の2。☞第22講2[1](ii)）と同様の規律がある（244条の2）。

6）念の為に条文構造をおさらいしておくと、新株予約権の募集事項の決定は238条2項・309条2項6号によって株主総会特別決議が必要だが、240条はその特則として公開会社については取締役会決議でよいとしているものの、同条1項はその冒頭で、そのような特則が適用されるのは、238条3項各号の場合を除いているため、結果的に「特に有利」な払込金額または条件の場合には原則に戻って株主総会特別決議が必要となるのである。

7）そのような考え方を示す下級審裁判例として、|百25|東京地決平成18年6月30日判タ1220号110頁。

8）大まかには、もし発行された新株予約権が全部行使されたとしたならば総株主の議決権の過半数を握る株主が現れることになるような内容・数の新株予約権を発行する場合である。

(iii) 払込み

次に、払込みに関する規律である（くどいようだがここでの話はあくまで第①段階の新株予約権に対する払込みであり、第②段階の新株予約権を行使により発行された新株の払込みではない点に注意）。

新株予約権の割当ての申し込みをした者および総数引受契約を締結した者は、割当日に新株予約権者となる（245条）。払込みを待たずに新株予約権者となるとする規律は、主として開示の観点からの要請による[9]。

新株予約権は株式とは異なり債権にすぎないという発想から、新株予約権自体に対する払込みの規制は極めて緩いものとなっており、募集新株予約権に対する払込みが現物だったとしても検査役調査は不要である（募集株式の発行等についての207条と対比）し、払込みの方法に関しても、全額払込みの原則は規定されている（246条1項）ものの、会社が承諾すれば相殺も可能である（同条2項）。

[2] 新株予約権無償割当て

次に、新株予約権無償割当ての手続をみておこう（277-279条）。新株予約権無償割当てとは、株式無償割当て（☞第20講3[4]）と同じく、すべての株主に持株比率に応じて、新たに払込みをさせないで新株予約権を割り当てることであり、その活用局面としては、ifシナリオ Y25-b で述べたライツ・オファリングのほか、買収防衛策の一種であるライツ・プラン（ポイズン・ピル）として発行されることがある（後者については、☞第31講3[1](ii)）。

> ここでのポイントは、「すべての株主に持株比率に応じて」無償で割り当てることにあり（278条2項参照）、持株比率に応じて割り当てていない場合には、たとえ無償で発行をしていても、それは募集新株予約権の無償発行（☞2[1](i)）であって、ここで説明している新株予約権無償割当てではない。

9）詳細については、コンメ(6)90-92頁［吉本健一］参照。

　その発行手続は、大まかには株式無償割当てと同様であると理解しておけば
よいだろう。すなわち、取締役会設置会社であれば取締役会で、新株予約権の
内容とその数または算定方法や割当ての効力発生日等を決定する（278条）。割
当ての効力発生日に、割当てを受けた者は新株予約権者となる（279条1項）。

3　新株予約権の流通と権利行使による株式の取得

[1]　新株予約権の流通

　さて、募集新株予約権の有償発行であれ無償発行であれ、新株予約権無償割
当てであれ、新株予約権が発行された場合、それが流通するということを想定
することができるだろう。新株予約権についても、株式と同様に自由に譲渡で
きるのが原則である（254条1項。ただし、新株予約権付社債につき☞第26講4 [3]
(i)）

(i)　譲渡制限

　もっとも、新株予約権の内容として、新株予約権の譲渡制限、すなわち、譲
渡による新株予約権の取得について会社の承認を要することとすることもでき
る（236条1項6号。「**譲渡制限新株予約権**」という〔243条2項2号〕)[10]。譲渡制限
新株予約権を譲渡するためには、譲渡人または譲受人が会社に対して譲渡承認
請求をしなければならず（262条・263条）、請求の日から原則として2週間以内
以内に承認するか否かの決定を請求者に通知しなかったときは、譲渡を承認し
たものとみなされるといった規律（266条）は、譲渡制限株式と同様である。
しかしながら、他方で、譲渡の不承認を取締役会が明確に決定し請求者に通知
した場合に、譲渡制限株式のような（☞第19講2 [2]）指定買取人あるいは会社
による買取制度は存在しない。これは、新株予約権の段階では譲渡が制限され
るとしても、権利行使をした後で当該株式につき譲渡あるいは買取制度を利用
することができ、新株予約権者による投下資金回収の方法としてはそれで十分

---

　10)　このような譲渡制限は、特に、特定の株主の持株比率の上昇を防ぎ、あるいは持株比率を下げ
　ることを目的とした買収防衛策のために用いる場合に重要になる。

であると考えられたためである。

(ii)　譲渡の方式

　新株予約権の流通に関しては、証券が発行されることは例外的であること（236条1項10号参照）、証券が発行されない場合には、株式の場合の株主名簿にあたる**新株予約権原簿**（その内容につき249条参照）を基準として権利者が決まる（257条1項）一方で、証券が発行される新株予約権（**証券発行新株予約権**）の場合には、証券（**新株予約権証券**と呼ばれる）を交付しなければ譲渡の効力は生じない（255条1項）し、さらに（記名式の場合には）[11] 会社に対抗するためには新株予約権原簿に記載・記録しなければならないこと（257条2項）、さらに、振替制度も用意されていること（振替法163-191条[12]）等の仕組みは基本的には株式と同様である。

[2]　権利行使による株式の取得（第②段階の話）

(i)　権利の行使

　新株予約権は、その行使期間中に、行使する新株予約権の内容と数および新株予約権を行使する日を明らかにして会社に対して行使する（280条1項）[13]。権利を行使した新株予約権者は、権利行使日に権利行使価額全額の払込みが必要になる（281条1項）[14]。ここで問題となっているのは第②段階のやり取り、すなわち、新株の発行とその対価としての払込みであることから、権利行使の対価として現物（金銭以外の財産）を給付することが内容とされている場合には、現物出資による募集株式の発行等と同様に検査役の調査が必要とされている。検査役の調査結果の報告や現物出資価格の裁判所による変更等に関する規律も

11）証券発行新株予約権は、株券と同様の記名式のほか、新株予約権原簿に新株予約権者の氏名等が記載・記録されない無記名式の新株予約権証券も発行できる（249条1項1号）。無記名式の新株予約権証券が発行されている新株予約権（無記名新株予約権）の場合、会社に対抗するためには証券の所持（占有）が必要である（257条3項参照）。

12）なお、新株予約権付社債（☞第26講4）については、振替法192-225条に規定がある。

13）また、新株予約権を表章した証券類があれば（証券発行新株予約権、証券発行新株予約権付社債）それらを会社に提出・提示する必要がある。

募集株式の発行等と概ね同じである（284条）[15]。

(ii)　株主となる時期

　新株予約権を行使した新株予約権者は、当該新株予約権を行使した日に株主
となる（282条1項）。

4　新株予約権をめぐる紛争

　最後に、新株予約権が適法に発行されなかった場合を中心とした、新株予約
権をめぐる紛争についての規律をみておこう。

[1]　新株予約権の発行そのものを争う方法

　新株予約権の発行自体を争う方法として会社法が用意している制度は、新株
発行等（☞第24講）と同様に、差止め、組織行為の無効の訴えおよび不存在確
認の訴えである。

　まず、新株予約権が発行される以前の状況において、既存株主が行う差止め
の規定がある（247条）。差止事由は、法令・定款違反と著しく不公正な方法で
あり、募集株式の発行等の差止めに関する210条と基本的には構造は同じであ

14）新株予約権を行使した結果発行される株式（第②段階）についての払込みを仮装した場合も、
　株式の発行に係る払込みの仮装であるから、募集株式の発行等と同様の仮装額払込義務（☞第23
　講2 [2](iii)）が権利行使者（＝払込みを仮装した者）および取締役等に課されている（286条の2
　第1項2号・3号、286条の3）。他方、新株予約権の発行それ自体（第①段階）の払込みの仮装
　については、募集新株予約権の発行段階で直ちに払込義務が発生するとはされておらず、払込み
　の仮装により発行された新株予約権が行使された場合にはじめて（いわば遡る形で）、第①段階
　の仮装額について、権利行使者（ただし、新株予約権を譲り受けて権利行使した者については、
　悪意または重過失がある場合に限る）および取締役等に払込義務が生ずる（286条の2第1項1
　号、286条の3）。
　　いずれの場合についても、払込義務を履行しない限り発行された株式についての権利行使をす
　ることはできない（282条2項、ただし、当該発行された株式の善意の譲受人については、同条
　3項参照）。

15）第①段階の新株予約権の発行それ自体には現物出資規制がないため（☞2 [1](iii)）、これに対応
　した価格填補責任の規定も存在しないが、他方で、第②段階の新株予約権を行使した結果発行さ
　れる株式についての払込みとして現物出資がなされる場合には、本文で述べたように厳格な現物
　出資規制があり、その場合についての填補責任も規定されている（285条・286条）。

る。

　次に、事後的な救済手段として、新株予約権の発行の無効の訴えが828条1項4号・2項4号に規定されている。これは組織行為の無効の訴えの一種であり、構造は基本的に新株発行等の無効の訴えと同じである[16]（また提訴期間に関して、公開会社が6ヶ月である一方、公開会社でない会社は1年である点も、新株発行等の無効の訴えと同様）が、提訴権者には、株主等のみならず、新株予約権者も含まれる点に特徴がある[17]。無効事由は、法定されているわけではないので解釈によらざるをえないが、あまり解釈論が進んでいるわけではなく、漠然と新株発行等の無効の訴えと同様だといわれている程度である。

　さらに、会社成立後の株式の発行の場合と同様に、新株予約権の発行についても不存在確認の訴えも認められている（829条3号）。

[2]　新株予約権特有の考慮要素

　[1]でみたように、新株予約権の発行そのものの瑕疵に関しては、募集株式の発行等をめぐる紛争と基本的に同様の解決枠組みが用意されている。しかしながら、新株予約権をめぐる紛争は、ⓐ新株予約権が発行される局面のみならず、ⓑ新株予約権が発行された直後の（権利行使がまだされていない）局面、ⓒ発行された新株予約権がまさに権利行使されようとしている局面、ⓓ権利行使がされて新株が発行された後の局面など、比較的長期にわたるいくつかの局面を考えることができ、それぞれの局面において違法行為等の瑕疵が加わる可能性もある。

　このような新株予約権をめぐる紛争の特徴に鑑みた、新株予約権特有の紛争解決方法もありうる。たとえば、適法に発行された新株予約権でも、行使条件に違反して権利行使がされ、それに基づいて株式が発行された場合には、当該発行された株式は、新株発行等の無効の訴え（828条1項2号・2項2号）によって無効とすることが可能だと解されている[18]。

16）無効判決が確定した場合の処理につき、842条参照。

17）もっとも、この場合に新株予約権者がなぜ無効の訴えを提起できるのかは理論的には検討の余地がある。

　このことは、さらに、ある局面の瑕疵を後の局面においてもなお争うことが可能であるならば、先行する局面における瑕疵の攻撃可能な範囲（たとえば、無効事由の範囲）は狭くてよいと解する余地が生じることにもつながる。このように考えていくと、新株予約権をめぐる紛争において既存株主の利益を必要十分なレベルで保護する方策を考えるうえでは、どの局面でいかなる保護を与えるのが適切かを、それぞれの局面における紛争解決手段を相互にリンクさせながら考える必要がありそうである。この問題に関する通説と呼ばれるような考え方は今のところないと思われるものの、どの局面での保護に重点を置くかという基本的な姿勢次第で、[1]で述べた新株予約権発行の差止事由や無効事由、およびその後の（権利行使によって生じる）新株発行の差止事由や無効事由の存否等の解釈が変わりうる点には留意する必要があろう。

●第25講のおさらい

・新株予約権の活用方法を挙げてみよう⇒1 [3]

・現物を対価とする募集新株予約権の発行について、検査役調査は必要だろうか？　その理由と併せて考えてみよう⇒2 [1](ⅲ)

・新株予約権無償割当てとはどのようなものであり、そのための手続はどのようなものだろうか？⇒2 [2]

・募集新株予約権の有利発行が株主総会特別決議を経ないでなされた場合、既存株主は自らの利益を守るためにどのような手段が取れるだろうか？⇒4

---

18) 新株が新株予約権の行使によって発行された場合（いわゆる特殊の新株発行の場合）に、828条の組織行為の無効の訴えの対象となる点については、☞第24講注15。このことを前提とする最高裁判例として、SU30・百26最判平成24年4月24日民集66巻6号2908頁。

第26講
SL 食品、上手にお金を借りたい
——社債・新株予約権付社債

　本講では、主として大規模会社の資金調達手段として想定されている社債についての規律を説明したのち、この社債と新株予約権（☞第25講）が合体した新株予約権付社債について説明する。

S26-1　[社債発行による資金調達]

ストーリー S24-1 において新株発行による資金調達計画があることを公表した SL 食品だったが、多方面からの反発を受けてこの計画は中止された。もっとも、SL 食品の資金状況になお不安のある同社の長井社長としては、消費者向け製品のメーカーであり消費者における圧倒的な知名度を活かして、個人向けの社債を発行して資金調達ができないか、財務部門に検討の指示を出した。

1　社債とは何か
[1]　市場型デットファイナンス手法としての社債

　会社の資金調達（ファイナンス）手段としては、大きく分けてデットとエクイティの2種類がある（☞第2講3[1](i)）。ここまで出てきた資金調達手段は主としてエクイティに関係するものであるのに対して、本講の主題である社債はデットによる資金調達手段の一種である。

　もっとも、読者にとって最も馴染みのあるデットによる資金調達手段は、銀行融資だろう。これは、典型的には、資金を欲している主体（以下「資金需要

主体」という。ここでは会社）と、資金を出してもよいと考える主体（以下「資金供給主体」という。ここでは主として銀行）とが個別に交渉をしてその条件を決めていくものであり、いわば、オーダーメイドであり個々の事情に合わせたカスタマイズができるのが利点である。反面、資金供給主体が複数いる場合、資金需要主体は、それぞれと交渉するといった手間がかかる。

　これに対して、社債というデットファイナンス手法は、市場を通じて、数多くの資金供給主体から少しずつお金を集める市場型と呼ばれるデットファイナンスの典型であると考えられる。その特徴は、次のように整理できるであろう。

　まず、資金供給主体が多数存在するため、資金需要主体との間で個別の交渉をするといったことは現実的ではなく、むしろ、条件等は資金需要主体が設定し、その条件で資金を供給してくれる者を募る、という形をとる。次に、資金供給主体は、満期まで貸し続けて資金需要主体（発行主体）から返済を受ける場合もあるが、株式と同様に、その貸金債権を自分が都合のよいタイミングで換金することができるような仕組み（簡便な権利移転の方法や売買のニーズをマッチングする市場）が存在した方が、さらにその資金調達手段の利便性は高まる。

　このように、典型的な市場型デットファイナンスとしての社債においてイメージされるのは、社債という貸金債権が金融商品の形で広く公衆に流通することが前提となると考えられ、したがって、<u>多くの資金供給主体＝デットの貸し手＝債権者が登場する</u>とともに、この<u>債権者が次々と交替していく</u>可能性が高いという点に（特に銀行融資等の相対によるデットファイナンスとは異なる）特徴があると考えられる。

[2]　会社法の「社債」の定義と以下の叙述における「社債」のイメージ

　もっとも、会社法の規定において、[1]で述べたような意味での社債の特徴を捉えた規律がなされているかというと必ずしもそうではない。本講で説明する規定の適用範囲を画する、会社法における「社債」の定義は、「この法律の規定により会社が行う割当てにより発生する当該会社を債務者とする金銭債権であって、第676条各号に掲げる事項についての定めに従い償還されるものをいう」とされている（2条23号）に過ぎず、そこには、多数の債権者の存在を前提としたり、社債という金融商品が転々流通することによって債権者が次々

交替するといったことを要素とするものにはなっていない。極端な話、1人の債権者に対して、会社が「これは社債である」としてデッドによる資金調達を行えば、たとえそれがその1人の下に留まり、流通することがなかったとしても、それは会社法が定める社債の規律を受ける可能性があるということを意味する[1]。このような目の粗い巨大なザルのような定義は、過剰規制にも過小規制にもなりうるものであり、そのような定義自体から生じる問題も見過ごすべきではないのかもしれない。とはいえ、初学者向けの教科書である本書では、"多くの債権者が登場"し、"債権者が次々と交替する"ことを特徴とする典型的な市場型デットファイナンス手法としての社債を念頭に置いた規律が重要であると考えて、以下でもそのようなものを念頭に置いて説明をしていくことにする。

2　社債に関する会社法の基本的な規律

ここでは、会社法が定める社債に関する具体的な定めの内容を説明していく。

[1]　社債発行の手続

まず、資金調達手段としての募集社債の発行手続[2]について説明する。

(i)　募集事項の決定

会社は、発行する社債を引き受ける者の募集をしようとするときは、その都度、募集社債に関する事項（676条各号、施則162条各号。募集社債の総額、各募集社債の金額、募集社債の利率、募集社債の償還の方法および期限、利息支払いの方法および期限、各募集社債の払込金額、募集社債と引換えにする金銭の払込みの期日等。以下「募集事項」という）を、取締役会設置会社であれば取締役会で決

1）現行法では、エクイティ部分について広く多くの人から資金調達することが予定されていない持分会社（☞第35講）であっても、社債を発行できることになっている。
2）以下の本文で述べる資金調達目的での発行以外だと、取得請求権付株式・取得条項付株式の取得対価（☞第21講2[3](i)）や組織再編の対価（☞第28講2[1]）として社債を発行する場合等が考えられる。

定する（362条4項5号参照）[3]。

> なお、社債権者と社債発行者の権利や義務の内容は、募集事項のみならず、社債の成立の段階で社債権者と社債発行会社との間で締結される（と観念できる）社債契約によっても定められる[4]。その内容としては、社債発行会社が一定の事項を遵守することの誓約（そのような条項は、**コベナンツ**と呼ばれる）や、社債の転売制限などが考えられる。この点に関しては、[2](ii)も参照。

(ii) 社債の成立

募集事項決定後の実際の発行手続はおおよそ次のような形をとる。

まず、申込みをしようとする者に対して会社から募集事項等の通知がなされる（677条1項）。この会社からの通知を受けて、申込みをしようとする者は、書面・電磁的方法での引受けの申込みをする（677条2項・3項）。

申込みを受けて、会社が割当てを行う（678条1項）[5]。ここでも誰にいくら割り当てるかを会社が自由に決めてよいとする割当自由の原則が妥当すると考えられている[6]。

3）もっとも、指名委員会等設置会社の場合、および、取締役への委任の要件を満たす（＝取締役の過半数が社外取締役であるか、定款に取締役への委任の規定がある）監査等委員会設置会社の場合には、取締役会決議により、募集事項の決定を執行役・取締役に委任できる（416条4項本文・399条の13第5項本文。☞第16講2[2]・4[2]）。

　　他方、監査役設置会社や取締役への委任の要件を満たさない監査等委員会設置会社であっても、募集社債の総額の上限、募集社債の利率の上限その他の利率に関する事項の要綱等、および募集社債の払込金額に関する事項の要綱については必ず取締役会を定めなければならないが、それ以外の事項については、取締役会で定めれば、その決定を取締役に委任することができるとされている。そのような委任を受けて、取締役は複数回に分けて発行することができる（その旨の委任の取締役会決議も必要である。施則99条1号）。市場の動向をみながら複数回に分けて断続的に社債を発行することは、**シリーズ発行**と呼ばれる。

4）社債要項・発行要項などと呼ばれる書面等にその内容が記されて交付されることもある。

5）募集株式の発行等の場合の205条と同様に、総額引受契約を締結した場合の特則があり、この場合には、申込みをしようとする者に対する通知等（677条）や割当て（678条）が不要とされている（679条）。

6）引受けの申込みの額が資金調達の目標額に満たない場合であっても、その額で発行する（**打切発行**）が原則であり、打切発行をしない（全部を発行しないこととする）場合にはその旨とそれをいつの時点の申込額を基準として判断するのかを募集事項として定めることになる（676条11号）。

　割当てを受けた申込者は、会社が定めた払込期日（676条10号）までに払込みをしなければならない契約上の義務を負っていると解されるものの、申込者は割当てによって社債権者となる（680条）のであって、払込みは要件とはなっていない[7]。

(iii)　社債発行の瑕疵

　募集株式の発行等や新株予約権の発行などとは異なり、社債の発行（新株予約権付社債を除く）は会社の組織行為とは考えられておらず、組織行為の無効の訴え（828条参照）による画一的な無効の制度は用意されていない。瑕疵のある社債発行に対しては、会社法の一般的な制度（取締役に対する違法行為差止請求〔360条・385条等〕や役員等の損害賠償責任〔423条〕）等による解決に委ねられている。

[2]　社債権者の権利

　デットへの投資であるから、元本の返済と利息の受取りが社債権者の基本的な権利となる。

(i)　利息の受取り

　もっとも、利息については、（読者に馴染みのあると思われる）毎年あるいは半年に1回いくらずつといった利息を受け取る形である**利付債**のほか、あらかじめ額面よりも低い価格で発行し（割引発行）、額面で償還する形で利息を支払う（差額が利息に相当する）こととしているために定期的に利息を受け取ることがない**割引債**もある[8]。

7）もちろん、払込みをしていない社債権者は払込義務を負うことになり、払込みの催告をしても履行しない場合には、会社から民法に基づき債務不履行解除をすることは可能だと考えられている。また、株式とは異なり、申込者の側からする相殺禁止の規定（208条3項参照）はなく、現物を対価とするとしても検査役調査（207条参照）は必要ない。

8）なお、社債については、利息制限法の規制の潜脱のために発行されたなどの特段の事情がない限り、同法1条は適用されない（ 百 A35 最判令和3年1月26日民集75巻1号1頁）。

(ii)　社債の償還等

　元本の返済（ただし、利息の支払いに相当する場合もある点につき、☞(i)）にあたる社債の償還は、額面金額につき募集事項で定められた期限および方法⁹⁾（☞[1](i)）でなされるのが基本である。満期に一括して償還する方法（満期一括償還）のほか、満期前に償還する権利を会社に与えておき、これを行使して償還する方法（繰上償還）、社債の一部について決められた一定の時期に定期的に償還する方法（定時償還）などがある。また、会社の資金繰りに余裕が出てきた場合などに、満期前に社債を買い上げることもある（買入消却）。

> 　もっとも、借り手である会社からみれば、募集要項で弁済期を定めてお金を借りたのだから、それまでは返さなくてよいのはごくあたりまえのようにも思えるが、他方で、社債権者の側からすれば、会社が危なくなりかけているときでも、募集事項で定められた弁済期までそのまま貸し続けなければいけないとするのでは、一部しか弁済されないか、最悪の場合一切弁済されないということにもなりかねない。そこで、社債契約（☞[1](i)）の内容として、社債償還資金を確保するために、会社に一定の財務状況を維持することを誓約させる**財務制限条項**（**財務維持コベナンツ**）を設けるとともに、その違反があった場合には、（直ちに、または一定のステップを踏んだのちに）期限の利益を喪失して弁済期前に社債全額の償還義務を会社が負う旨が定められることもある。

[3]　社債の流通と管理

　社債の流通に関しても、証券が発行されることは例外的であること（676条6号参照）、証券が発行されない場合には、株主名簿に類似する社債原簿（その内容につき681条参照）を基準として権利者が決まる（688条1項）一方で、証券が発行される社債の場合には、証券（「社債券」と呼ばれる）を交付しなければ譲渡の効力は生じない（687条）し、（記名式の場合には）¹⁰⁾会社に対抗するためには社債原簿に記載・記録しなければならないこと（688条2項）、さらに、振替制度も用意されていること（振替法66-87条）等、新株予約権（☞第25講3[1]

　9）社債を受働債権として相殺する（社債発行会社側から相殺をする）こともできる（[百A37]最判平成15年2月21日金判1165号13頁）。
　10）社債券は、記名式・無記名式いずれも発行できる（688条3項・698条等）。

(ii)）と同様の仕組みがとられている。

3　社債権者の集団的取扱いのための制度

[1]　総説：集団で取り扱うことの有用性

　社債を市場型デットファイナンスの手段と捉える限り、多くの債権者が登場し、債権者が次々交替する（可能性がある）という点に特徴があると考えられる。このような特徴からすると、特定の時点において債権者となっている者（社債権者）が有する利害関心は必ずしも大きくないことから、債権者として一定の対応が必要となるイベントが生じた場合に、社債権者が個別に行動して自らの権利を保全・実現することは期待しづらい（合理的無関心）。同時に、会社の側からみても、多数の社債権者が個別に様々なことを主張してきた場合に、それを1つひとつ処理するのは極めて煩雑であるといえる。そうすると、個々の社債権者の利害関心を取りまとめて（代理や代表のような形で）誰かが行動してくれた方が社債権者にとっては望ましい場合があると考えられるし、会社の側としても、社債権者を（言葉はやや悪いが）一括りに取り扱えた方が効率的であるといえる。

　そこで、そのような社債権者の集団的取扱いのための仕組みとして、社債管理者と社債権者集会が会社法において制度化されている。

[2]　社債管理者

　上記のように、個々の社債権者の利害関心を集めて社債権者のために行動する者を設置するのが、社債管理者制度である。

(i)　意　義

　社債管理者とは、社債を発行する会社（条文上は「社債発行会社」〔682条1項〕だが、以下本講では単に「発行会社」という）の委託を受けて社債権者のために社債の管理に必要な行為を行う者である。

　本来であれば、社債権者のための行為をしてくれる者を社債権者自身が探してきて委託するべきなのかもしれないが、社債権者が多数に上ることを考えると、その作業自体から

してうまくいかないことが予想されるから、発行会社自身が社債管理者となる者に対して委託することが原則として義務づけられており（☞(ii)）、社債管理者は、直接には発行会社から報酬等を受け取ることになる。

(ii)　社債管理者の設置が必要な場合

　社債を発行する場合には、原則として、社債管理者を設置することが必要である（702条本文）。しかしながら、①社債の金額が1億円以上である場合、または、②ある種類の社債の総額を各種類の社債金額の最低額で除して得た数が50を下回る（要するに、社債権者が50人以上にはならない）場合には、社債管理者を設置する必要はないとされている（702条ただし書）[11]。

　　①の設置免除事由は、1億円以上の貸付けをしていれば社債権者の利害関心は大きいだろうから真剣に権利行使をすることが期待できるし、②の設置免除事由は、50人を超えない程度の人数であれば協力し合って権利行使をすることも可能だろう、というのが、社債管理者の設置義務に関する基本的な考え方である。
　　多くの発行会社ではこの適用除外を用いて社債管理者を設置しないで社債を発行してきた[12]。しかしながら、このようにかなり広く設置免除を認めることが、社債権者の利益の保護にとって十分といえるかという点には疑問が呈されており、後述する社債管理補助者制度（☞4）の創設に繋がっている点にも注意が必要である。

---

11) なお、担保付社債についても、担保の目的である財産を所有する者と信託会社との間で信託契約を締結しなければならず、この受託会社が社債権者のために社債を管理することとされている（担保付社債信託法2条3項）ため、社債管理者は置かれない（担保付社債信託法2条3項）。
12) もっとも、社債管理者を設置しない場合であっても、元利金の支払事務等の債券管理を行う財務代理人（Fiscal Agent：FA）と呼ばれる管理人を置くことも多いようである（FA債と呼ばれる）が、一般的に、財務代理人はあくまで発行会社のためのサービスを提供する立場であって、社債権者のために行動する役割は与えられていないようである。なお、債券の発行者と債券管理者との間の（つまり債券の保有者は当事者とはなっていない）債券管理委託契約において債券の保有者の利益のために行動すべき権限と義務が定められていた場合において、債券保有者のために発行者に対して償還を請求した訴訟の原告適格を債券管理者に認めたものとして、百 A36 最判平成28年6月2日民集70巻5号1157頁がある（ただし、会社法上の社債ではなく、円建外債〔サムライ債〕の債券管理者の事例）。

(iii)　社債管理者の権限

　社債管理者は、社債権者のために社債に係る債権の弁済を受けたり社債に係る債権の実現を保全するために必要な一切の裁判上・裁判外の行為をする権限を有する（705条1項）。具体的には、社債の元本・利息の支払請求・催告、弁済金の受領[13]、支払請求のための訴え提起、社債権の保全のための仮差押えおよび仮処分の申立て等である[14]。

　もっとも、当該社債の全部についての、支払いの猶予、債務免除、債務不履行責任の免除または和解については、後述の社債権者集会の決定（☞[3](ii)）に基づいて行わなければならない（706条1項1号）[15]。

　これらの行為をするために必要があるときは、裁判所の許可を得て社債発行会社の業務・財産の状況を調査することができる（705条4項・706条4項）。

> 　以上の法定権限に加えて、社債発行会社と社債管理者との間で締結される社債管理委託契約で定められた権限（約定権限と呼ばれる）もありえ（施則162条4号参照）、たとえば、期限の利益の喪失事由（☞[3](ii)）に該当するかどうかを社債管理者（や社債管理補助者〔☞[4]〕）が判断するといった内容が考えられる。

(iv)　社債管理者の資格と義務

　社債管理者には債権管理の能力が要求されるため、社債管理者となれるのは、銀行、信託会社および法務省令（施則170条参照）で定める者のみである（703条）。

　社債管理者には公平誠実義務と善管注意義務が課されており（704条）、これらの義務に違反したり、社債権者集会の決議（☞[3]）に反する行為をした場

---

13)　もっとも、社債管理者が設置されたとしても、各社債権者が発行会社に対して償還を請求することは妨げられない（[百81]大判昭和3年11月28日民集7巻1008頁〔担保付社債の事例〕）。しかしながら、社債管理者が実際に裁判上の権限を行使した場合には、各社債権者が別個に請求することは認められないとするのが多数説である（コンメ(16)143頁〔藤田友敬〕）。

14)　コンメ(16)142頁〔藤田〕。

15)　さらに、社債の全部についてする訴訟行為や破産・民事再生・会社更生・特別清算に関する手続に関する行為のうち705条1項の行為以外の行為についても社債権者集会の決議を要するのが原則であるが、募集事項に定めることで（676条8号参照）、社債権者集会の決議によらずに行うことができる（706条1項2号・同項ただし書）。

合には、損害賠償責任が生ずる（710条1項）。また、社債管理者になれる者が銀行などの融資を取り扱う金融機関であることから、社債管理者が会社に融資をしている場合に、社債権者の利益よりも自己の利益を優先する抜け駆け的な弁済の受領することを防ぐことを目的として、支払停止3ヶ月前以降に行った利益相反行為に関する特別の責任が定められている（710条2項）[16]。

[3]　社債権者集会

(i)　意　義

社債権者集会とは、社債権者の利害に重大な関係がある事項について社債権者の総意を決定するために構成される合議体のことである。これは、上述の社債権者の集団性から生じる社債権者の利益保護の不足を補うとともに、集団的処理を可能とするために設けられたものである。もっとも、株主総会などとは異なり、常設のものではない。また、「社債権者」全体で構成されるわけではなく、社債の種類ごとに別個の社債権者集会が構成される（715条参照）ことから、種類株主総会に近いものだと理解した方がよいのかもしれない。

(ii)　権　限

社債権者集会は、会社法所定の事項および「社債権者の利害に関する事項」について決議する権限を有する（716条）。会社法所定の事項として重要なものとしては、①社債管理者に社債全部の支払猶予や債務免除等を行わせ、あるいは（募集事項で定めていない場合には）社債の全部についてする訴訟行為等をさせることの決定（706条1項1号・2号☞[2](iii)）、②法定の要件を満たす場合の期限の利益の喪失をさせるかどうかの決定（739条1項）、および、③資本減少や合併に際して異議を述べることの決定（740条1項[17]）等がある。

16）社債管理会社である銀行が救済融資に係る債務につき社債発行会社の資産に担保を設定したことが、誠実になすべき社債管理を怠らなかった場合に該当するとされた裁判例として、百80 名古屋高判平成21年5月28日判時2073号42頁。

17）なお、社債管理者も、社債管理委託契約で排除されていない限り、社債権者集会の決議がなくとも社債権者のために異議を述べることができるとされている（740条2項）。

(iii) 社債権者集会の運営

　社債権者集会の招集は、発行会社か社債管理者が行う（717条）のが基本である[18]が、その種類の社債の総額（償還済みの額を除く）の10分の1以上の額の社債権者が発行会社等に対して招集を請求したにもかかわらず遅滞なく招集されなかった場合には、当該請求者は裁判所の許可を得て自ら招集することができる（718条）。招集者は、社債権者集会の日時・場所、目的事項等を定めて（719条）、社債権者集会の日の2週間前までに招集通知を発しなければならない（720条）。株主総会と同様に、議決権の代理行使・議決権行使書面による書面投票・電子投票制度（725-727条）および社債権者集会参考書類（721条・722条）や議決権の不統一行使（728条）等についての規律がある。

　社債権者集会の決議方法であるが、まず、社債権者は保有する社債金額に応じて議決権を有する（723条1項）。決議は、普通決議（出席議決権の総数の2分の1超の同意。724条1項）と特別決議（議決権を行使することができる社債権者の議決権の5分の1以上かつ出席議決権の総額の3分の2以上の同意。同条2項）の2種類があり[19]、いずれも定足数は定められていない。株主総会の決議とは異なり、債権者集会の議決によって効力が当然に発生するのではなく、裁判所の認可（そのための申立ては決議後1週間以内に招集者が行う。732条）があってはじめて効力が生じる（734条1項）[20]。裁判所の認可を受ければ、社債権者集会で反対票を投じていた社債権者を含めて社債権者全員を拘束する（734条2項）。

---

18) 社債管理補助者（☞[4]）は、社債権者から社債権者集会の招集の請求を受けた場合および社債管理補助者が辞任するにあたって社債権者集会の同意を得るために必要がある場合に限って、社債権者集会を招集することができる（717条3項）。

19) なお、社債権者集会についても社債権者の全員の同意があった場合に社債権者集会の決議の省略も認められており、この場合裁判所の認可なしに効力が生じる（735条の2）。

20) 裏を返せば、裁判所が認可しない場合がありうるのであり、具体的には、社債権者集会の招集手続や決議方法が法令や募集事項の説明に用いた資料等に違反している場合、決議が不正の方法によって成立した場合、決議が著しく不公正である場合、決議が社債権者の一般の利益に反する場合が挙げられている（733条各号）。株主総会であれば決議取消事由等として事後的に対処することが予定されているような瑕疵について、事前に裁判所に審査させる形をとっている。

[4]　社債管理補助者

(i)　制度導入の趣旨

　[2]および[3]で述べたように、社債権者の利益保護および会社による一括取扱いの効率性という観点から、社債管理者に債権者の利益を代表させるとともに、重要な決定については社債権者集会が行うという仕組みがとられている。しかしながら、社債管理者には広範な権限に伴うかなり厳しい義務と責任が課せられており、その役割を引き受ける金融機関としても相応の対価を要求せざるをえないこともあり、このコストを回避すべく、実務では、社債管理者の設置免除の規定（☞[2](ii)）を利用する会社が極めて多い。しかしながら、社債管理者を設置しないで発行された社債について、その債務不履行が発生し、社債権者に損失や混乱が生ずるという事例がみられるようになった。そこで、社債管理者ほど厳格な位置づけでなくとも社債権者の利益を代表して保護するような立場の者が必要であるとの認識から、社債管理者が置かれていない場合に利用可能な制度[21]として、社債管理補助者制度が、令和元年改正によって導入された。

(ii)　権　限

　社債管理補助者は、あくまで社債権者による社債の管理の補助を行う者であって、社債管理者よりもその権限や裁量は制限されている。社債管理補助者ができる行為の具体的な内容として、まず、破産・民事再生・会社更生手続への参加、強制執行・担保権の実行手続における配当要求、および、会社清算手続における債権の申出は、社債管理補助委託契約の定めがなくとも、社債権者集会の決議によらずに当然にできる（714条の4第1項）。次に、社債管理補助委託契約で定めれば、その範囲内で、①社債に関する債権の弁済の受領、②社債に関する債権の実現を保全するために必要な一切の裁判上または裁判外の行為、③社債全部の支払猶予や債務免除等および社債の全部についてする訴訟行為等

21）　なお、担保付社債（☞注11）も社債管理補助者の設置の対象にはならない（714条の2ただし書）。

（706条1項1号・2号☞[2](ⅲ)）、④社債の総額についての期限の利益の喪失をさせるかどうかの決定（714条の4第2項）ができる。②の一部の行為と③④については社債権者集会の決議が必要である（同条3項）。

(ⅲ)　社債管理補助者の資格と義務

　社債管理補助者は社債管理者よりも権限が限定されているため、社債管理者になれる主体（銀行や信託会社等）のほか、主として裁判関連の権限行使を念頭に弁護士や弁護士法人も社債管理補助者となることができるとされている（714条の3、施則171条の2）。

　社債管理補助者についても、社債管理者の公平誠実義務および善管注意義務、ならびに損害賠償責任の一般規定は準用されている（714条の7による704条・710条1項の準用）ものの、危機時期における弁済受領等に関する特別の責任（710条2項。☞3[2](ⅳ)）は準用されていない点に注意が必要である。

4　新株予約権付社債

S26-2　[新株予約権付社債による資金調達]
SL食品の財務部門における検討の過程で、同社の株価は将来的な上昇が見込まれることから、大口投資家に対して転換社債型新株予約権付社債を発行することも選択肢に入るのではないかという意見も出された。

[1]　総説

(ⅰ)　金融商品としての特徴

　新株予約権付社債は、新株予約権と社債が一体となった金融商品である（2条22号参照）。新株予約権付社債を保有すれば、デットたる社債の保有者としての、元本＋利息を受領するという安定的な地位を確保しつつ、会社の業績あるいは株価が上昇すれば新株予約権を行使して株式を取得するというエクイティ保有者としての果実も受け取れる可能性を有することから、新株予約権付社債の保有者にとっては、社債と株式との"美味しいところ取り"ができる可能

性のある金融商品であるといえる。このように、普通の社債に加えて新株予約権の旨味も味わえる新株予約権付社債は、普通社債よりも社債部分の旨味が少なくても購入する投資家は現れそうであるから、発行会社にとっても、有利な資金調達手段として活用できる可能性もあると考えられる。

(ii) いわゆる転換社債型新株予約権付社債

新株予約権付社債と聞いた場合に読者がまず想像するのは、社債部分はそのまま社債として償還される一方、新株予約権はそれとは別個に権利行使され、別個に払込みがなされて株式が発行される形ではないだろうか。このような新株予約権付社債も現行法は想定している（ただし、新株予約権部分と社債部分とを分離して流通させることはできない[22]。254条2項・3項）が、かつて**転換社債**と呼ばれた種類の社債（平成13年改正前商法341条ノ2以下）も、現行法の下では新株予約権付社債の仕組みを用いて実現されている。すなわち、転換社債とは、普段は社債だけれども、社債権者が転換権を行使すれば社債が株式に転換されるというものであるところ、新株予約権付社債を、新株予約権の行使により株式と引換えに行う払込み（☞第25講3[2]）として、社債の償還金を充当する（284条9項5号参照）ものとして設計すれば、あたかも社債が株式に換わったようにみえるので、転換社債と同じ効果が得られるのである。このように、新株予約権の行使時の払込みに必ず社債の償還金が充てられることにより社債が消滅することになる新株予約権付社債は、**転換社債型新株予約権付社債**と呼ばれる。

[2] 発行手続

新株予約権付社債は、新株予約権と社債との両方の規律が基本的に適用されるが、その発行の手続については、社債の規定ではなく、新株予約権の募集事項に関する規定が適用される（248条）[23]。

---

22) 分離して流通させたいのであれば、社債の発行と新株予約権の発行とを同時にすればよいだけだからである。なお、新株予約権付社債も、社債が消滅したり、新株予約権が消滅した場合には、それぞれ消滅していない方が独立して流通することがある（254条2項ただし書・3項ただし書）。

[3]　新株予約権付社債の流通と新株予約権の権利行使による株式の取得

(i)　新株予約権付社債の流通

　新株予約権付社債は、新株予約権部分と社債部分は分離して流通させることができない（☞[1](ii)）とはいえ、その権利移転等については両方の規律の適用がある[24]。

(ii)　新株予約権の権利行使による株式の取得

　新株予約権付社債に付された新株予約権の権利行使による株式の取得については、転換社債型新株予約権付社債の場合の特殊性（☞[1](ii)）に注意をすれば、後は概ね新株予約権が単独で発行された場合（☞第25講3[2]）と同様であると理解してよいだろう。

●第26講のおさらい
・A会社の社債管理者であるB銀行が、A会社の弁済能力が低下していることを察知したため、直ちに自社（B銀行）の融資債権の回収に走ったという場合、会社法上どのような問題があると考えられるだろうか？　B銀行が社債管理補助者である場合はどうだろうか？⇒3[2](iv)・[4](iii)
・転換社債型新株予約権付社債とはどのようなものか説明してみよう⇒4[1]

---

23) この点に関して、前講において、新株予約権についてはその有利発行規制があり、これは現在の多数説では公正だと考えられる新株予約権の理論価格との差を問題とするものであることを説明した（☞第25講2[1](i)）が、これが新株予約権付社債にも当てはまるとすると、必然的に新株予約権部分と社債部分との価値を発行段階で分離して算定するという、理論的にも複雑で実務的にも極めて煩雑な作業が発生する。そこで、下級審裁判例の中には、非上場会社における募集株式の発行に関して「客観的資料に基づく一応合理的な算定方法によって発行価額が決定されていたといえる場合」には有利発行にはならないとする最高裁判例（百21☞第24講1[1](ii)）を援用したうえで、海外投資家へのブックビルディングを経たことをもって、「客観的資料に基づき一応合理的な算定方法によって発行条件が決定された」ということができるとしたものがある（百A34東京高判令和元年7月17日判時2454号64頁）。

24) コンメ(6)136頁[川口恭弘]。

第27講
SL 食品の大再編計画
──組織再編総説

　本講からしばらくは、合併、会社分割、株式交換・株式移転といった、一般に組織再編と呼ばれる制度の説明に入る。まず本講では、これらの手法がどのような場面で使われるのか、その法的効果はどのようなものであるか、といった制度の概要を説明する。組織再編手続の具体的な内容やそれに関する法的論点は、次講以降で検討するので、それに備えて、本講で組織再編の基本的な構造をしっかり頭に叩き込んでおいてほしい。

S27-1　[SL 食品、生き残りをかけた事業再編を模索する]

資金調達により製菓事業のテコ入れを図った SL 食品であったが、いまひとつ業績は改善せず、長井社長は自社のみでの業績向上の限界を感じていた。そんな中、大学の同窓会に出かけた長井社長は、ウメザキ製菓の梅崎社長と再会し、そこで 2 人は事業経営の厳しさについて語り合い、今後は大規模な事業再編を含めて両社で協力をしていこうという話になった[1]。

1）なお、買収や組織再編に限らず、企業同士が大きな取引などをする際には、すぐに完全な契約が調うことはあまりなく、少しずつ段階を踏んで合意を形成していくことが多いと思われる。そのような交渉期間中の適切な時期において、とりあえずここまでは合意できたということを確認する文書（覚書）を作成する実務も行われている。百94 最決平成16年 8 月30日民集58巻 6 号1763頁は、一部事業の移管について、そのような合意書の効力が問題となった事例である。

1 全体的な統合

> **if シナリオ S27-a［SL食品とウメザキ製菓が経営統合する］**
> ストーリー S27-1 でのトップ会談を契機として一気に話が具体化し、SL食品とウメザキ製菓の両社は、経営を統合することで合意した。

[1] 合 併

> **if シナリオ S27-a-1 ［合併による完全統合］**
> if シナリオ S27-a を踏まえた経営統合の手法として、SL食品がウメザキ製菓を吸収合併する形で1社に統合することが選択された。

　2つ以上の会社の経営を統合する、という場合に真っ先に思い浮かぶのは、複数の会社が1つになる（複数の法人格が1つの法人格に統合される）という**合併**の手法であろう。**if シナリオ S27-a** でいえば、SL食品株式会社という法人格とウメザキ製菓株式会社という法人格が1つの法人格になるのである。

　合併には、合併する会社のうちの1つの会社の法人格のみが残り、他の会社の法人格が消滅し、消滅する会社（会社法上は「吸収合併消滅会社」〔749条1項1号〕などという名称が付されているが、以下、単に「消滅会社」という）の権利義務の全部を存続する会社（同様に法律上は「吸収合併存続会社」〔749条1項柱書〕等だが、以下、単に「存続会社」という）が承継する**吸収合併**と、合併する会社のすべての法人格が消滅し、それらの消滅会社の権利義務の全部を新たに設立する会社（法律上は「新設合併設立会社」〔753条1項柱書〕等だが、以下、単に「新設会社」という）が承継する**新設合併**とがある（2条27号・28号）。

　合併を行う場合、原則として、当事会社間で合併契約を締結し（748条）、それを当事会社各社の株主総会の特別決議で承認し（783条・795条・804条）、当事会社各社のすべての債権者に対して異議を述べる機会を与える（789条・799条・810条）手続（以下**「債権者異議手続」**という）などが必要である。合併の効力が発生すれば、消滅会社の権利義務が存続会社・新設会社に移転し、消滅会社の株主には、消滅会社株式と引換えに何らかの組織再編対価（通常は存続会

社・新設会社の株式）が与えられる（750条・754条）。

　わかりやすいように、SL 食品の債権者として青井銀行、ウメザキ製菓の債権者として黄緑銀行がそれぞれ両社に融資を行っていると仮定したうえで、吸収合併の前後で両社の法人格、事業内容、債権者、株主の状況がどのように変化するかについて、典型的な場合（合併の対価として存続会社の株式が消滅会社株主に割り当てられる場合）を想定して図示すると、図27-1のようになる。

　吸収合併の場合、必然的に存続会社と消滅会社を決める必要があるが、関係者の感情としては合併当事会社間に優劣をつけることになりかねず、後々従業員の士気に影響するとも考えられているようである。そのために、実務的には"対等の"合併であることをアピールするために、合併後の社名を消滅会社の社名から優先的にとる、登記簿上の本店所在地を消滅会社のものにするなど、種々の工夫がされることもある。これに対して、新設合併は、既存のどの会社も消滅会社となるから、優劣がつくといった問題はないは

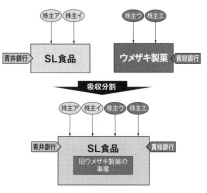

図27-1　典型的な吸収合併

ずであるが、実務的には新設合併はまれである。これは、許認可や税制上の利点等、これまで運営されてきた会社（既存の法人格）の有する種々のメリットを放棄しなければならない可能性が高いからであるといわれる。

[2]　（共同）株式移転

if シナリオ S27-a-2　［持株会社による統一的運営］

if シナリオ S27-a を踏まえた経営統合の手法として合併も検討されたが、SL 食品の社風が現代的・官僚的でドライなものであるのに対して、ウメザキ製菓は創業家の影響力がいまなお大きく、昔ながらの人情味溢れる会社であったため、全く異なる社風の会社がいきなり統合することで様々な軋轢を生むことが懸念された。そこで、両社の法人格はひとまずいままで通りの形で存続するものの、両社は、共同で設立した「UZSL ホールディングス株

式会社」という持株会社の傘下に入り、この持株会社を通じて緩やかな経営
統合を図り、5年を目処として合併も視野に入れた本格的な経営統合を目指
すこととした。

　合併は、2つ以上の会社をいきなり1つの会社に統合してしまうものであり、
かなりドラスティックな再編であるといえる。企業グループ（☞第17講4 [1]
(ii)）内の再編であればそれほど問題はないのかもしれないが、これまで全く別
の会社としてそれぞれ歩んできた会社（しかもそれらはライバル関係にあったり
する）が、一夜にして同じ会社の仲間になる、といってもなかなか従業員は納
得しなかったりする。そこで、**ifシナリオ S27-a- 2**のように、合併よりもマイ
ルドな統合の方法として、それぞれの会社の法人格はそのままにしておいて、
それらの会社の株式をすべて保有する共通の持株会社の下で、緩やかな経営統
合を図るという方法が考えられる。

　このような形で持株会社を設立する際に用いられる手法が、（共同）**株式移
転**（2条32号、772条2項参照）である。（共同）株式移転の場合、当事会社の法
人格を含めた組織・人員や財産状況等に全く変化は無く、ただ単に、当事会社
の株主構成が変化するだけである（**ifシナリオ S27-a- 2**でいえば、SL食品・ウメ

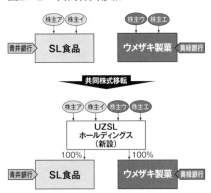

図27- 2　共同株式移転

ザキ製菓両社の株式はすべて新設の持株
会社である UZSL ホールディングスが保
有し、両社の株主は両社の株式と引換え
に持株会社の株式の交付を受けて持株会
社の株主となる。**図27- 2** 参照）。このよ
うな再編は両社の株主への影響が大き
いため株主総会の承認は必要（804条）
だが、財産状況は基本的に変化しない
ため債権者異議手続は原則として不要
である（例外につき810条1項3号）。

　共同株式移転の結果、法人格の一体化はされないものの、両社は共通の親会社（☞3
[1]）をもち、しかもこの親会社は両社の唯一の株主である（すべての株式を唯一の株主に保

有されている会社のことは**完全子会社**、この唯一の株主である会社のことは**完全親会社**と呼ばれる）から、両社はこの完全親会社たる持株会社によって指揮・管理されることを通じて、事業運営の事実上の一体化が期待できるのである。完全子会社の運営に携わる取締役は、完全子会社の株主総会によって選任される（329条参照）ところ、株主総会の決議内容は完全親会社の意向ですべて決まるから、よほどのことがない限り、完全子会社の経営陣は持株（議決権）のすべてを握る完全親会社の指揮・管理に従うに違いない、という想定であり、実際にもそのような形での運営がなされているといってよいだろう。

　このような統合形式であれば、法人格には何らの変更もないことから、事業部門で必要な許認可等や税制上の利点もそのまま維持できる可能性が高い。また、既存の事業会社は等しく持株会社の傘下の子会社という地位に立つことから、組織間の優劣が現れにくいという面があり、摩擦の少ない統合手法であるといえる。反面、組織そのものは従前と変わらないことから、経営統合の効果として期待される重複組織の整理などが中途半端となる可能性がある（むろん、これはあくまで事実上そうなることが多い、という話にすぎず、法的にそのような制約が課されるわけではない）。したがって、共同株式移転は、実務的には最終的な（法人格の一体化を含む）完全統合のための過渡的な措置として行われることが多いようである。

　なお、株式移転は単独でも可能であり、大きな1つの会社について役割分担を明確化するため、株式移転を行った後に、管理機能を持株会社に、事業運営機能を傘下の子会社に振り分けるといったことが行われることもある。

2　部分的な切離しや統合

if シナリオ S27-b ［煎餅事業の効率改善の必要性］
SL 食品にとって特に問題であったのは、同社の祖業である煎餅の製造販売事業（以下「煎餅事業」という）の効率の悪さであった。

　この if シナリオ S27-b のように、もし SL 食品株式会社の事業の中でも特定の事業が会社全体の業績の足を引っ張っているのだとしたら、それを改善するために、その事業を SL 食品本体から切り離して別の会社に移管するという方法が検討されることになるだろう。

[1]　分社化による経営状態の明確化

> **if シナリオ S27-b-1 ［煎餅事業の独立経営］**
> もっとも、SL食品では、煎餅事業を単独の管理単位とはしておらず、製菓
> 事業の1品目として他の製品と合わせて管理しているに過ぎないものであり、
> なんとなく業績が悪そうだというのは社内の共通認識であったが具体的にど
> れくらいダメなのかははっきりとわかっていなかった。そこで、実際にどれ
> くらいの実力があるのかを測る目的から、煎餅事業を独立の組織体とするこ
> とにした。

　1つの会社の中で複数の事業が営まれている場合、その事業の真の実力がよくわからないことがある。これをはっきりさせるために、**事業部制**と呼ばれるような、一法人の内部の組織であっても可能な限り独立した管理単位となるような経営組織形態をとることも考えられるが、成果の把握や運営責任をより明確にするために、「会社」として独立運営させるという方法がとられることもある。このように、会社の内部にある事業を1つの会社として独立させることを**分社化**と呼んだりする[2]。

(i)　事業譲渡

　分社化の手法として、かつては、新たに設立した会社に対して事業に関する資産負債・権利義務を個別に移転させる方法（**事業譲渡**と呼ばれる）しかなかった。この手法だと、まず、新たな会社を設立する手続（あるいは既存の会社を受皿会社として買ってくるというステップ）が必要であるうえに、移転の対象となる個々の権利義務1つひとつについて個別に承継の手続を踏む必要がある（たとえば、債務を新会社に完全に移転させるためには債権者の個別の同意をとらなければならず、債権者に反対されてしまったらその債務を元の会社から切り離すこ

2）分社化は、当該事業を売却しやすくするという、将来のさらなる再編の準備のために用いられることもある。

とはできない)³⁾⁴⁾。

(ii)　新設分割

　2000年に導入された会社分割制度のうちでも、**新設分割**制度は、既存の会社（法律上は「新設分割会社」〔763条1項5号〕等だが、以下、単に「分割会社」という）が新たに設立した会社（法律上は「新設分割設立会社」〔763条1項柱書〕等だが、以下、単に「新設会社」という）に対して分割会社の権利義務の全部または一部を承継させる手続である。分割会社が分割計画を作成し（762条）、それについて株主総会の承認を得ること（804条）、および新設分割により権利義務の承継が生じる結果として分割会社に債務の履行を請求することができなくなる債権者に対して債権者異議手続を行うこと（810条1項2号）など、一定の手続を踏むことで、多数の権利義務をひとまとまりのものとして新設会社に包括的に移転させることができる。この新設分割制度を用いることで、事業譲渡を用いるよりも簡便に分社化をすることができるようになった。

[2]　既存会社への移管

> **if シナリオ S27-b- 2　[煎餅事業のウメザキ製菓への移管]**
> **if** シナリオ S27-b の状況を踏まえて検討した結果、SL 食品としては、煎餅

3）さらに、会社法の規律としては、「事業の全部」または「重要な一部」の譲渡をする場合には、その効力が生ずる日の前日までに株主総会の特別決議で事業譲渡契約を承認する必要がある（467条1項1号・2号）点が重要である。株主総会特別決議が必要となる「事業の重要な一部の譲渡」の意義について、最高裁は、会社法総則にいう事業の譲渡（21条）と同一の意義、すなわち、①一定の事業目的のため組織化され、**有機的一体として機能する財産**（得意先関係等の経済的価値のある事実関係を含む）の全部または重要な一部の譲渡であって、②これによって譲渡会社がその財産によって営んでいた事業活動の全部または重要な一部を譲受人に受け継がせ、③譲渡会社がその譲渡の限度に応じ法律上当然に会社法総則に定める競業避止義務を負う結果を伴うものをいう、との立場をとる（ SU38・百82 最大判昭和40年9月22日民集19巻6号1600頁）。これに対しては、②につき譲受人の下で当該事業が継続することを要件とするべきではないという主張や、③につき競業避止義務の有無は株主総会が必要となるかの判断とは切り離すべきであるとの主張がある。

4）また、設立後2年以内の新会社が事業の譲受けをする場合には、原則として**事後設立**と呼ばれる手続を経る必要がある（467条1項5号。☞第33講注16）。

> 事業を専業和菓子メーカーであるウメザキ製菓に移管させれば、非効率な事業の切り離しができてSL食品本体の業績改善に繋がるという結論になった。ウメザキ製菓としても、自社の煎餅事業の規模の拡大に伴う効率化が期待できることから、この移管の話を受けることとした。

　ifシナリオS27-b-2の場合、会社（SL食品）が営んでいる事業を、別の既存会社（ウメザキ製菓）に移管させることになる。この場合に用いられる手法としても、[1]と同様に、事業譲渡と会社分割が考えられる。

　このうち、会社分割を用いる場合、既存の会社（法律上は「吸収分割会社」〔758条1号〕等だが、以下、単に「分割会社」という）が別の既存会社（法律上は「吸収分割承継会社」〔757条〕等だが、以下、単に「承継会社」という）に対して分割会社の権利義務の全部または一部を承継させる、**吸収分割**と呼ばれる手続となる。吸収分割では、分割会社と承継会社が吸収分割契約を締結し（757条）、それについて株主総会の承認を得ること（783条・795条）、および吸収分割により分割会社に債務の履行を請求することができなくなる分割会社債権者や承継会社の全債権者に対して債権者異議手続を行う（789条・799条）など、一定の手続を踏むことで、多数の権利義務をひとまとまりのものとして既存会社に包括的に移転させることができるのである。

　吸収分割においても、事業を切り出すことになる分割会社に対して、事業を受け入れる承継会社から何らかの対価が支払われることになるが、これは、典型的には、承継会社の株式である（759条8項1号参照）。

　吸収分割は、いうなれば、SL食品として煎餅事業をいったん新設分割で新しく設立し、その新設会社をウメザキ製菓と（ウメザキ製菓を存続会社、新設会社を消滅会社として）合併させる、という2つのステップを1つの手続で行うものであると考えるとわかりやすいだろう。実際、どの債権者が債権者異議手続の対象となるかを判断する際には、新設分割の場合と吸収合併の場合とを組み合わせて考えればよい。

　わかりやすいように、もっぱらSL食品の煎餅事業に関する融資を行っている債権者として緑橙銀行が、それ以外のSL食品の事業に関する融資を行っている債権者として青井銀行が、もっぱらウメザキ製菓の煎餅事業に関する融資を行っている債権者として黄緑銀行が、それ以外のウメザキ製菓の事業に関する融資を行っている債権者として赤井銀行が、それぞれ存在していると仮定した場合に、吸収分割前後で両社の法人格、事業内容、債権

者、株主の状況がどのように変化するかについて、典型的な場合（吸収分割の対価として承継会社の株式が分割会社に割り当てられる場合）を想定して図示すると、**図27-3**のようになる。

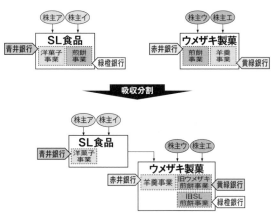

図27-3　典型的な吸収分割

[3]　合弁会社の設立

> **if シナリオ S27-b-3 ［煎餅専業合弁会社の設立］**
> **if シナリオ S27-b** の状況を踏まえて検討した結果、SL食品の煎餅事業とウメザキ製菓の煎餅事業とを統合した煎餅専業会社として「US煎餅株式会社」を設立して規模の拡大と効率化を図ることにした。

　新設分割は単独でも可能であるが、2社以上で共同して行うことも可能である（762条参照）。この場合、複数の分割会社が持ち寄った権利義務を基に新たな会社が設立されることになる。**if シナリオ S27-b-3** のSL食品とウメザキ製菓も、両社が共同してそれぞれの煎餅事業に係る権利義務を対象とした新設分割を行うことで、両社を株主とする煎餅専業の合弁会社を、会社設立手続や承継対象債務に係る債権者の個別の同意を得る手続等を経ること無く、迅速に設立することができるのである（**図27-4**参照）。

図27-4　典型的な共同新設分割

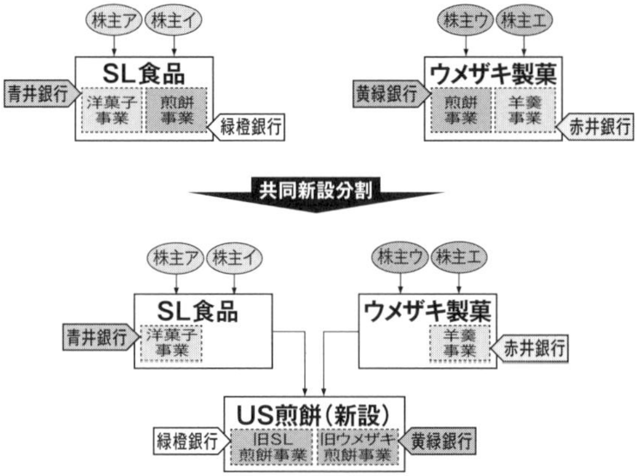

3　支配権の取得と完全子会社化

> **if シナリオ S27-c ［ウメザキ製菓を買収したい］**
> SL食品の長井社長としては、自社よりも規模の小さなウメザキ製菓との対等な経営統合や部分的な経営統合はあり得ず、むしろウメザキ製菓を買収して自社の傘下に収めてしまいたいと考えた。

[1]　第三者割当て、現金による買収と株式交付

　すでに述べたように、株式会社の経営を行うのは取締役などの経営陣であり、この経営陣を選解任するのは基本的にその会社の株主総会である（☞1[2]）から、株主総会の決議を支配できるだけの株式数（議決権数）を保有していれば、ひとまずは、その会社の経営陣の人事権を握ることができ、その経営陣を通じて会社運営を支配することができると考えられる。

　このように、他の会社の議決権の過半数を保有するなどによって当該他の会社の経営を支配している会社を**親会社**、支配されている側の会社を**子会社**と呼び（2条3号・4号、施則3条参照）、そのような支配関係を構築することを（企業）**買収**と呼んだりする。**if シナリオ S27-c** の長井社長が考えているように、SL食品が買収者となって、SL食品を親会社、ウメザキ製菓を子会社とする親

子会社関係を構築したい場合に、子会社としたい会社（以下、本講で「対象会社」という）の経営陣の協力が得られるのであれば、たとえば、募集株式の第三者割当てによる発行等をしてもらうことで、買収者（**if シナリオ S27-c** では SL 食品）は対象会社（**if シナリオ S27-c** ではウメザキ製菓）の支配権を取得することができるかもしれない（この場合、支配株主の異動を伴う募集株式の割当てとなるから、所定の手続を経る必要がある〔☞第22講 2 [1](ii)〕）。

　他方で、対象会社の経営陣の協力を得ることが難しいようであれば、買収者は、対象会社の株主に、その保有する対象会社株式を売ってくれるように直接働きかけることになる[5]。そのような形で対象会社の支配権を獲得する場合には、対象会社の株主に対して現金を対価として対象会社株式の売却を働きかけるのが通常であるが、そのためには、買収者は多額の現金を用意しておかなければならない。買収者が株式会社である場合（以下「買収会社」という）には、むしろ、買収会社の株式を対価として対象会社の株主からその株式を取得することが簡単にできるようになれば[6]、買収会社としては（少なくとも支配権取得の段階では[7]）多額の現金を用意しなくて済むことになる。

　そこで、令和元年改正によって、原則として買収会社の株主総会特別決議を経ることを条件として、現物出資規制に掛かることなく、対象会社を子会社とするために対象会社の株主からその保有する株式の譲渡しを受ける対価として、買収会社株式を（発行して）対象会社株主に交付することができる**株式交付**（2条32号の2）という制度が設けられた。

5）この場合、対象会社が上場会社である場合など、一定の場合には金融商品取引法が定める公開買付規制が適用される。

6）令和元年改正以前の制度でも、買収会社の株式を対価として対象会社の株式を取得することは可能であった。その際のスキームとして、たとえば対象会社株主に対象会社株式の現物出資をさせ、その見返りとして買収会社株式を割り当てるといったことが考えられるが、この場合、現物出資規制（☞第23講 1 [1](i)）が掛かってくるなど、かなり手続が煩雑となる。

7）株式は会社が発行したいと思えばお金をかけずに（授権株式数の範囲内で）いくらでも発行できるから、それを対価にするのが断然おトクじゃないか、と思うかもしれない。しかしながら、たとえば毎期1株あたり一定額を安定的に配当している買収会社の場合には、発行済株式総数が増えるということは、毎期の配当負担が恒常的に増えることも意味する。株式を対価とする買収が、必ずしもコストが低い方法であるとは限らない点には注意が必要である。

[2] 完全子会社化の手法

> **if シナリオ S27-d ［ウメザキ製菓の完全子会社化］**
> if シナリオ S27-c のプランを実行した結果、ウメザキ製菓の議決権総数の7
> 割近くに相当する株式を保有することになった SL 食品は、ウメザキ製菓に
> 対する支配を強化するべく、さらに完全子会社化を検討している。

　現金による買収か、株式交付によるかはともかく、買収者が対象会社の議決
権の過半数を保有し、経営陣の選解任権を掌握したとしても、それだけでは、
買収者は自由に対象会社の経営に口出しすることはできないと考えられている。
これは、対象会社に（大株主となった買収者以外の）少数株主が残っている限り、
なおそれらの少数株主の利益への配慮が必要であり、買収者の利益だけを追求
することはできないと考えられているためである。
　逆に、買収者からすれば、少数株主の利益保護という呪縛から解き放たれて
対象会社の経営に自由に口出しすることを望む場合には、自分（買収者）以外
の対象会社の（少数）株主に対象会社から（適切な対価を支払って）退出しても
らえばよいということになる。

(i) 親会社株式を対価とした完全子会社化

　少数株主を対象会社から退出させるための方策として、まずは、**株式交換**を
用いることが考えられる。これは、典型的には、買収会社と対象会社とが株式
交換契約を締結し（767条）、それについて両社の株主総会の承認を得る（783
条・795条）ことによって、対象会社の少数株主はその意向に関わりなく、買
収会社の株式を対価として与えられて子会社から退出する、という手続である。
　買収会社株式を対価とする株式交換である限りは（**図27-5**参照。そうでない
場合については、(ii)参照）、株式移転と同様、買収会社・対象会社双方の株主構
成に変更が生じるものの、両社の財産は基本的に変化しないことから、合併や
会社分割とは異なり、債権者異議手続は原則として不要である（例外につき、
789条1項3号・799条1項3号）。

図27-5　典型的な株式交換

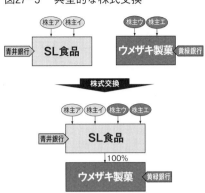

(ⅱ)　現金を対価とした締出し

　ところで、これまで説明してきた吸収合併・吸収分割・株式交換において、消滅会社・完全子会社となる会社の株主や分割会社に支払われる組織再編の対価は、"典型的には"相手方当事会社の株式であると説明してきた（**図27-1・27-3・27-5**参照）。しかしながら、実は、これらの組織再編の対価は、相手方当事会社の株式以外であってもよい[8]。

　そうすると、たとえば、"現金を対価とした株式交換"という形容矛盾の組織再編を用いることで、対象会社少数株主を、完全親会社となる買収会社への投資すら認めずに対象会社から締め出すこと（**キャッシュアウト**とも呼ばれる）も可能となる。

8）組織再編の対価は、かつては相手方当事会社が発行する株式だけであったが、会社法の制定によって、そのような限定が外された。このことを指して**対価の柔軟化**という表現が用いられることがある。対価の柔軟化によって、対象会社少数株主の出資先を対象会社から買収会社（完全親会社となる会社）に切り替える手法は、株式交換以外にも考えられるようになった。

　たとえば、完全親会社となる会社が受皿会社を設立し、完全親会社となる会社の株式を当該受皿会社に取得させたうえで、受皿会社と対象会社とを合併させ、その際の対象会社株主への対価として完全親会社となる会社の株式を割り当てるという、いわゆる**三角合併**と呼ばれる手法がある。そんな面倒なことをしなくても株式交換を使えばいいじゃないか、と思うかもしれないが、特に外国会社を当事者として日本の会社法上の組織再編制度（株式交換制度）を利用するハードルが相当高いと認識されていることから、外国会社が日本の会社を完全子会社化する際に、三角合併が用いられるニーズがあると考えられる（外国会社が受皿会社を日本に設立すれば、日本法上の合併手続を用いて実施することができる）。

　もっとも、これまでは、主として税制上の問題等から、少数株主の排除については、株式交換よりもむしろ全部取得条項付種類株式（☞第21講2[3](ⅱ)）が用いられることの方が多かった。これも対象会社の株主総会の特別決議を経ることが必要な手法であるが、平成26年の会社法改正によって、対象会社の議決権比率の9割以上を保有している買収者が対象会社の株主総会を要することなく現金対価で少数株主を締め出すことが可能となる**特別支配株主の株式等売渡請求制度**（179条以下）も整備された。締出手続の詳細については、友好的買収のところ（☞第32講1[2]）で説明する。

●第27講のおさらい
・持株会社の下に完全子会社として事業会社をぶら下げるための手法として、どのようなものが考えられるだろうか？⇒1[2]・2[1]
・会社の議決権のすべてを大株主（である別の会社）が掌握するための手法として、どのようなものが考えられるだろうか？⇒3[2]

第28講

SL 食品、再編内容をまだまだ検討中

──組織再編の手続

　本講では、前講で説明した種々の再編手法のうち、これまで実務で盛んに利用されてきた吸収合併・新設合併、吸収分割・新設分割、株式交換・株式移転（以下では、これら6つの類型[1]を総称するものとして「組織再編」という語を用いることとする）の手続の概要を、関係する会社がすべて株式会社であることを前提に[2]説明する。

S28-1［長井社長、再編手続のイメージが湧かない］（ストーリー S27-1 の続き）

ウメザキ製菓との大規模な事業再編を含めた協力で合意をした SL 食品の長井社長は、再編について様々なシナリオが思い浮かぶものの、それがどの程度大変なものかあまりピンときていない。明日、法務部長の船木孝一から説明を受ける予定ではあるが、「赤門大学を出たのにそんなことも知らないのか」と部下に思われるのも癪なので、少し勉強しておこうと思ったものの、六法を開いてもサッパリ内容が理解できない。

　1）本文で挙げた6類型に加えて、株式交付の規定構造も似たようなものであり、手続もかなり近いものとなっているが、異なる部分も多く、併せて説明すると混乱しかねないので、本講では除外している。株式交付制度の概要については、☞第31講1 [2](ii)。
　2）持分会社（☞第35講）を当事会社とする組織再編も一定の場合には可能である。だからこそ、株式会社（会社法第2編）と持分会社（同第3編）に共通する規定として、第5編に規定が置かれているのである。とはいえ、実務的に圧倒的に重要なのは株式会社同士の組織再編である。

1 会社法の規定構造

[1] 規定構造の全体像

会社法が制定される以前は、たとえば新設分割なら新設分割で、その実施のために必要な手続、効果およびその効力を争う方法などがひとまとまりで定められていた（平成17年改正前商法373条-374条ノ15）。要するに、組織再編の類型ごとに自立した規律が置かれていたのである。

これに対して、現行の会社法第5編では、<u>各種の組織再編類型ごとにその実施にあたって真っ先に決めなければならない具体的な内容や効力に関する定め</u><u>（第2章が合併、第3章が会社分割、第4章が株式交換・株式移転）を置いたうえ</u>で、第5章で、それらを実施するにあたって必要となる手続を一括して定めている。もっとも、第5章の手続の規定は細かく節に分かれているのであるが、組織再編の類型ごとに節を分けるのではなく、各組織再編類型のそれぞれに登場する当事会社のうち、似たような立場にある会社をひとくくりにして規律しているのである。

> このような条文構造は、条文の数を節約するためといった立法技術的な事情によるものと推測されるが、ある類型の組織再編に適用のある規定があちこちに散在しているため、その類型の組織再編を進めるうえで参照すべき規定がどこにどのような内容で存在しているのか一見してわからないという点で初学者泣かせのものとなっていることは否定しがたい（ストーリーS28-1の長井社長がサッパリ理解できなかったのも仕方のない話だといえる）。初学者としては、まずは、どのような規定がどのあたりの条文に定められているか、という予測がつけられるようになる必要があると思われることから、本講は、組織再編の手続の流れを条文を示しながら説明していくことにする。正直なところ、話としてはとてもつまらないものになるけれども、ここは我慢のしどころである。

[2] 吸収型と新設型の区分

まず、組織再編の6類型のうち、吸収合併、吸収分割および株式交換は、複数の既存会社が当事者となって「契約」を結び、その既存会社間（あるいはその株主との間）で何らかのやり取りが行われる手続であるのに対して、新設合併、新設分割および株式移転は、既存会社が「計画」（ただし、新設合併の場合は「契約」）を策定し、新しく会社を設立する手続であることから、両者は組

織再編の手続を定める第5編第5章においてそれぞれ節を分けて別々に規定されている。すなわち、前者は**吸収型**の組織再編とも呼ばれ、その手続は第2節（782-802条）に、後者は**新設型**の組織再編とも呼ばれ、その手続は第3節（803-816条）に定めが置かれている。

表28-1　会社法第5編の規定内容の大まかな把握

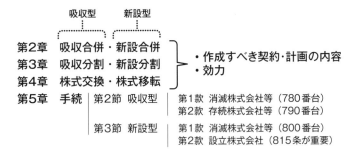

[3]　似た立場の会社の手続をまとめて同じ条文で規律している

また、吸収型組織再編の当事会社はそれぞれ（少なくとも）2社あることになるが、実は、吸収合併における存続会社、吸収分割における承継会社および株式交換における完全親会社となる会社は、相手方当事会社の権利義務や株式を受け入れるのと引換えに、対価（とりわけ自社の株式）を支払う立場に立つ（＝権利義務の受け手・株式を発行する側）という点において、類似した立場にあるといえる。他方で、吸収合併における消滅会社、吸収分割における分割会社および株式交換における完全子会社となる会社は、相手方当事会社に自社の権利義務（吸収合併・吸収分割の場合）や自社の株主が保有する自社の株式（株式交換の場合）を渡し、その対価（とりわけ相手方当事会社の株式）を自社が受け取り（吸収分割の場合）、あるいは自社の株主に受け取らせる（吸収合併・株式交換の場合）立場に立つ（＝権利義務等の出し手・株式の割当てを受ける側）という点において、類似した立場にあるといえる。そこで、会社法は、前者の会社を「**存続株式会社等**」（794条1項）、後者の会社を「**消滅株式会社等**」（782条1項）と定義し、各組織再編類型の手続を、「存続株式会社等」に適用されるもの（第5編第5章第2節第2款第1目〔794-801条〕）と「消滅株式会社等」に適用されるもの（同第1款第1目〔782-792条〕）とに整理して規律している（**表**

28-2参照)。

表28-2　吸収型組織再編における各当事会社の位置づけ

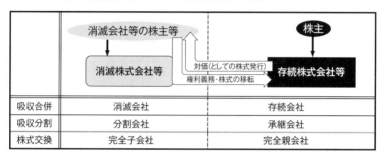

吸収合併	消滅会社	存続会社
吸収分割	分割会社	承継会社
株式交換	完全子会社	完全親会社

　同様に、新設型組織再編についても、効力発生までに手続を主体的に行う会社に関する手続と、効力発生後に新たに設立された会社(「**設立株式会社**」〔814条1項参照〕)の手続とに分けて規定されている(前者につき第5編第5章第3節第1款第1目〔803-812条〕、後者につき同第2款第1目〔814-815条〕)。前者の会社(新設合併の各消滅会社、〔共同〕新設分割の〔各〕分割会社、〔共同〕株式移転の〔各〕完全子会社となる会社)は、組織再編により設立される会社に自社の資産(新設合併・新設分割の場合)や自社の株主が保有する自社の株式(株式移転の場合)を渡し、その対価としての設立会社株式を自社が受け取り(新設分割の場合)、あるいは自社の株主に受け取らせる(新設合併・株式移転の場合)立場に立つという点(=権利義務等の出し手側・株式の割当てを受ける側)において、吸収型組織再編における消滅株式会社等と同じ立場にあることから、これらの会社も「**消滅株式会社等**」と定義されており(803条1項)、規律も同様のものが置かれている。

　　くどいようであるが、「消滅株式会社等」には、吸収合併・新設合併の消滅会社だけではなく、吸収分割・新設分割の分割会社および株式交換・株式移転の完全子会社となる会社が含まれる点は改めて注意喚起をしておきたい。会社分割の分割会社や株式交換・株式移転の完全子会社は、組織再編の効力が生じても法人格は消滅しないが、それでも定義上「"消滅"株式会社等」に含まれるのである。これを理解していないと条文が読めなくなってしまう。
　　もちろん、吸収合併と株式交換とでは生ずる効果も違うのだから、同じ消滅株式会社等

に関する手続であっても、当然、組織再編の類型ごとに異なる部分もある。したがって、会社法では、特定の条文について、まず「消滅株式会社等」に共通するルールを定めたうえで、組織再編類型に応じて規律内容が異なる場合には、それぞれの類型ごとに違いを明示する、といった形での定め方をしている（たとえば789条1項各号参照）。初学者泣かせではあるが、特定の条文で定められた手続について、組織再編の類型ごとの規律内容の違いが横並びで比較しやすいというメリットもあるといえる。

2　手続の流れ

すでに前講で、活用局面の説明に際して手続についてもある程度説明をしているが、ここで改めて一連の手続の流れを説明しておこう。

[1]　契約の締結・計画の作成

吸収型の組織再編を実施するためには、吸収合併契約、吸収分割契約および株式交換契約（「**吸収合併契約等**」。782条1項柱書参照）を締結しなければならず、新設型の組織再編を実施するためには新設合併契約、新設分割計画および株式移転計画（「**新設合併契約等**」。803条1項参照）を締結・作成しなければならない。

吸収合併契約等および新設合併契約等（以下「組織再編契約等」という）の記載事項の詳細については、それぞれ該当の規定（749条〔吸収合併〕・753条〔新設合併〕・758条〔吸収分割〕・763条〔新設分割〕・768条〔株式交換〕・773条〔株式移転〕）を参照いただきたいが、多くの場合、当事会社の商号・住所、組織再編の対価として交付する金銭等の内容とそれを誰にどのように割り当てるのか[3]、組織再編の効力を生じさせる予定の日（「**効力発生日**」。749条1項6号）[4]などを定める必要がある。

また、新設型組織再編の場合は、これらに加えて、新しくできる会社をどの

3）なお、対価が存続株式会社等や新設会社により新たに発行される株式である場合には、その新株発行に対応した純資産の部の会計処理（資本金および資本準備金の額。☞第18講2[2](i)）も定めなければならない。

4）もっとも、新設型の組織再編の場合には、このような組織再編の効力を生じさせる予定の日は新設合併契約等の記載事項とはされていない。これは新設型の場合には設立株式会社の設立登記がされないと組織再編の効力が生じないとされていることに由来する（☞[6]）が、実務的には新設型であっても設立登記をする予定の日を組織再編の"期日"などとして定めていることも多いようである。

ようなものとするか、具体的には、その商号・目的・本店所在地・発行可能株
式総数その他定款の規定内容、取締役等の役員の氏名なども定める必要がある。

　さらに、会社分割の場合に特有の記載事項として、分割会社が承継会社・新
設会社に対して承継させる権利義務の内容がある（758条2号〔吸収分割〕・763
条1項5号〔新設分割〕）。会社分割の場合、合併とは異なり、分割会社の有す
る権利義務を丸ごと承継会社・新設会社に承継させるわけではないので、分割
会社の有する権利義務のうちどれを承継会社・新設会社に移して、どれを分割
会社に残すのかを明らかにしておく必要があるためである。

[2]　事前開示

　組織再編によって影響を受けうる株主や債権者等の利害関係者は、[3]以下
で述べるような所定の手続（株主総会での承認、株式買取請求手続および債権者
異議手続等）を通じてその利益の保護が図られている。それらの手続において
は、株主総会決議に反対する、株式買取請求権を行使する、組織再編に異議を
述べる等、利害関係者が自らアクションを起こすことも想定されていることか
ら、これらの利害関係者の権利行使のために有益な情報を提供するべく、組織
再編契約等の内容をはじめとした当該組織再編に関する情報を各当事会社が開
示する制度が定められている（782条〔吸収型の消滅株式会社等〕・794条〔吸収型
の存続株式会社等〕・803条〔新設型の消滅株式会社等〕）。

　開示される内容は、組織再編契約等の内容のほか法務省令で定める事項であ
り（782条1項・794条1項・803条1項）、具体的には、組織再編の「**対価の相当
性に関する事項**」や「対価について参考となるべき事項」、当事会社の財政状
況を表す「計算書類」、および、特に債権者の関心が高いと思われる組織再編
による各当事会社の債務の弁済能力の変化を示す「**債務……の履行の見込みに
関する事項**」などである[5]。これらの情報が載った書面が作成されて本店に備

　5）詳細については、施則182条（吸収合併の消滅会社）・183条（吸収分割の分割会社）・184条
　　（株式交換の完全子会社）・191条（吸収合併の存続会社）・192条（吸収分割の承継会社）・193条
　　（株式交換の完全親会社）・204条（新設合併の消滅会社）・205条（新設分割の分割会社）・206条
　　（株式移転の完全子会社）が、それぞれ組織再編の類型と当事会社の立場ごとに規定している。

え置かれ、株主や債権者は、営業時間内に費用を払ってこれらの書面を閲覧したり、謄本・抄本の交付の請求をすることができる（782条3項・794条3項・803条3項）。電磁的記録による備置き・開示も可能である。

　この情報開示は、通常必要とされる組織再編契約承認のための株主総会（☞[3]）に先立って行われる[6]ものであることから、**事前開示**と呼ばれている。

[3]　株主総会による承認と差止請求

(i)　株主総会による承認

　組織再編契約等は、原則として（当事会社それぞれの）株主総会の承認を得る必要がある（783条〔吸収型の消滅株式会社等〕・795条〔吸収型の存続株式会社等〕[7]・804条〔新設型の消滅株式会社等〕）。この承認には特別決議が必要である（309条2項12号）[8]。株主の特別多数が賛成するような内容の組織再編でなければ進めることができないとすることで、株主の利益を保護していると考えられる。

> 　なお、当事会社の一方が他方の株式を保有していることも想定されるが、そのような場合であっても、その株式の議決権を行使することは可能である（たとえば、すでに親子会社関係がある会社間の合併において、子会社の合併契約承認のための株主総会で親会社は議決権を行使することができる）点には注意が必要である[9]。

6）事前開示を開始しなければならない日（「備置開始日」）は、①組織再編契約等の承認のための株主総会の日の2週間前の日、②株式買取請求手続に基づく株主への通知または公告の日、③新株予約権買取請求手続に基づく新株予約権者への通知または公告の日、④債権者異議手続に基づく債権者への通知または公告の日のうちのいずれか早い日であり、これらの手続をいずれも行う必要のない場合には、⑤契約締結・計画作成から2週間を経過した日である（782条2項・794条2項・803条2項）。

7）組織再編によって存続株式会社等が受け入れることになるプラスの価値以上のマイナスが現物対価の支払いや債務の承継によって生じる場合（いわゆる**差損**が生じる場合）にはその旨を、また、吸収合併・吸収分割の結果自己株式を承継することになるときにはその株式に関する事項を、株主総会で説明しなければならない（795条2項・3項）。

8）ただし、譲渡制限のついていない株式を保有する消滅株式会社等の株主に譲渡制限のついた存続株式会社等・新設会社の株式が対価として支払われる場合には、定款変更によって譲渡制限のない株式に譲渡制限をかける場合と同様に、頭数要件の加重された株主総会の特殊決議（☞第6講3[2](ⅲ)）が必要である（309条3項2号・3号）。

(ii)　株主総会の承認を要しない場合

　もっとも、いわゆる**簡易**手続や**略式**手続と呼ばれる要件を満たす場合には、株主総会を省略することができる。

　まず簡易手続からみていこう。簡易手続とは、<u>当該組織再編が株主に与える影響が小さい当事会社については、株主総会決議を省略できる</u>という規律の総称として用いられている（"簡易合併"や"簡易株式交換"といった呼び方をする）。

　<u>存続株式会社等の側</u>については、概ね、組織再編対価の支払先（消滅会社の株主、完全子会社となる会社の株主または分割会社。これを指すものとして「**消滅会社等の株主等**」の語が用いられている〔796条2項1号イ参照〕）に対して<u>支払う対価の合計額が、当該存続株式会社等の純資産額の20％以下である場合である</u>（796条2項・施則196条参照）[10]。もっとも、もし株主総会を開催したとしたら特別決議の成立が阻止できるほどの議決権数（概ね、総議決権数の6分の1以上[11]）を有する株主の反対があった場合には、株主総会を省略することはできず、効力発生日までに株主総会を開いて組織再編契約等の承認を受けなければならない（796条3項）。

　他方、消滅株式会社等の側については、まず、吸収合併・新設合併や株式交換・株式移転における消滅会社や完全子会社となる会社については、その株主の投資先の切替えが生じるなど、株主に与える影響が大きいと考えられることから株主総会決議の省略は認められていない。これに対して、吸収分割・新設

9）もっとも、本文で述べたような状況において、親会社がもっぱら自らの利益を図る目的で、子会社少数株主に不利な内容の組織再編契約等の承認がなされた場合等には、特別利害関係株主の議決権行使により著しく不当な決議が成立したという株主総会決議の取消しの瑕疵（831条1項3号参照。☞第7講2[4](iii)）に基づく組織再編無効の訴え（☞[7]）の無効事由になるとの理解が一般的である。

10）もっとも、本文で述べた数値基準を満たす場合であっても、①差損が生ずる場合（☞注7）や、②公開会社でない存続株式会社等が組織再編対価として当該存続株式会社等の株式を交付する場合には、株主総会の承認を省略することはできない（796条2項ただし書）。①は、分配可能額の減少等、存続株式会社等の株主にとって不利となりうる組織再編内容について、改めて株主総会で株主にその許容性を問う必要があるためであり、②は、公開会社でない会社が株主割当て以外の方法で募集株式の発行等をする場合には、（たとえどれだけ発行等をする株式数が少なくても）株主総会で募集事項を定めなければならないこと（☞第22講2[1](i)）に平仄を揃えた規律である。

11）詳細については、施則197条参照。

分割については、概ね、承継会社・新設会社に承継させる資産額が分割会社の総資産額の20%以下である場合には、分割会社の株主総会決議を省略することができる（吸収分割につき784条2項・施則187条、新設分割につき805条・施則207条）。

　　消滅株式会社等の側の簡易手続（株主総会承認の省略）が可能かどうかは、その株主の投資対象が大きく変化するかどうかで決められていると考えると理解しやすいと思われる。すなわち、吸収合併・新設合併の場合には、消滅会社の法人格が文字通り消滅して消滅会社の株主は他の会社（存続会社・新設会社）の株式を与えられてその会社の株主になることになる。このような株主の立場からすれば、合併というイベントによって強制的に投資先が消滅会社単体から（消滅会社を呑み込んだ）存続会社となる、という投資対象の切替えが生じ、影響が小さいとはいえないことから、株主総会の省略は認められない。株式交換・株式移転も、完全子会社となる会社の株主の保有する株式を完全親会社となる会社の株式と交換するという点で、株主が投資先の切替えを強制されている点は合併と同じである。

　　これに対して、吸収分割・新設分割の場合には、分割会社の株主は依然として分割会社の株主であり続けるという意味で、法形式的には投資対象の変更はない。もっとも、以前は分割会社が直接営んでいた事業を、別会社である承継会社・新設会社が営むことになり、分割会社はその承継会社・新設会社の株式に投資をするという形をとることになるから、その意味で、分割会社の株主の投資対象である"分割会社"の中身が実質的に変化している可能性がある。極端な話をすれば、分割会社の営んでいた事業をすべて承継会社・新設会社に承継させた場合には、分割会社は事業会社から純粋持株会社になり、分割会社（の経営陣）が事業に対して与えることのできる影響力も大きく変わってくることになる。そのような実質的な変化の有無を測る基準として、総資産の20%という基準が設定されたと考えることになろう。

　　念のため付言しておくと、存続株式会社等の側の簡易要件は「純」資産基準である一方、消滅株式会社等の側（会社分割の分割会社側）の簡易要件は「総」資産基準である。前者については、対価として交付するのが自社の発行する株式であることを念頭に置けば、純資産の部（とりわけ株主資本）に関わる部分へのインパクトを測定するのが適切であると考えられたことによるものであると理解できるし、後者は、上述の通り分割会社がトータルとしてみて従前から実質的に変化したといえるかを測定するためのものであると理解することができるであろう。

　次に、略式手続についてみておこう。

　略式手続とは、当事会社の一方が他方の議決権の大多数を保有している場合には、株主総会を開いて審議しても結論が目に見えていることから、そのよう

なほとんど意味のない株主総会については省略することができるという規律の総称として用いられている（"略式合併"や"略式株式交換"といった呼び方をする）。

　大株主がどれくらいの議決権比率を保有していれば"株主総会を開いても意味がない"と考えてよいかはなかなか難しいが、日本の会社法ではこの基準を90％に設定している。

　すなわち、ある会社（P会社）が、別の会社（S会社）の総株主の議決権の90％以上を保有している場合、保有している側の会社（P会社）のことを**特別支配会社**と呼び（468条1項参照）、吸収型の組織再編のうち、契約の相手方が特別支配会社（P会社）であるような場合には、支配されている側の会社（S会社）の株主総会の決議を省略することができる（784条1項・796条1項）[12]。

> 　略式手続と簡易手続は混同しやすいので注意が必要である。繰返しになるが、略式手続は、株主総会を開いても意味がない会社の株主総会は開かなくてもよいというのが趣旨であるから、簡易手続のようにその組織再編が当事会社の株主に与えるインパクトとは無関係である。だから、吸収合併の消滅会社であっても略式手続によって株主総会が要らない場合もあるのである。したがって、たとえば、規模の大きなP会社を存続会社、そのP会社に90％以上保有されているS会社を消滅会社とする吸収合併の場合、P会社については簡易手続により、S会社については略式手続により、いずれの当事会社も株主総会決議を経ないで実施することも可能である。

(iii)　株主の差止請求制度

　ところで、組織再編契約等を承認する株主総会決議に瑕疵があること（たとえば831条1項3号の決議取消事由の存在）を理由として組織再編の効力が覆される可能性があるのであれば、株主総会の承認というプロセスを通じてそれなり

---

12)　もっとも、①譲渡制限のついていない株式を保有する株主に譲渡制限のついた存続株式会社等の株式が対価として支払われる場合には、消滅株式会社等の株主総会の承認を省略することはできず（784条1項ただし書）、②公開会社でない存続株式会社等が組織再編対価として当該存続株式会社等の株式を交付する場合には、存続株式会社等の株主総会の承認を省略することはできない（796条1項ただし書）。①は頭数要件の加重された株主総会の特殊決議が必要であるためであり（☞注8）、②の趣旨については、☞注10の②。

に少数株主の利益にも配慮した組織再編内容となることが期待できるかもしれない[13]。しかしながら、株主総会決議が全く必要ないとなれば、株主総会決議の瑕疵に起因して組織再編の効力が覆されるおそれはなくなるから、少数株主に不利な内容の組織再編を大株主がゴリ押ししてしまう可能性がある。そうすると、略式手続における少数株主の保護が株主総会をめぐる規律を通じて行われることは期待できないことになる。そこで、略式手続により株主総会が開かれない当事会社の株主については、事前の救済策として、組織再編対価が当事会社の財産状況その他の事情に照らして著しく不当な場合において、株主が不利益を受けるおそれがあるときには、当該当事会社に対し、組織再編をやめることを請求することができるとされている（784条の2第2号・796条の2第2号）。効力発生後に事後的に是正するという方法（☞[7]）も考えられるが、それでは救済策として十分でないと考えられたのであろう。

　もっとも、実際問題として、事後的に組織再編の効力を否定するのが難しいことは、略式手続の場合に限られた話ではない。手続の違法などが明らかである場合に、組織再編の効力が生じないうちにその手続を差し止める方が、法律関係が複雑にならなくて済むし、株主の救済の実効性も高まるというのは、組織再編手続一般についてあてはまる話であると考えられる。

　そこで、平成26年改正によって、略式手続に限ることなく、組織再編が法令または定款に違反する場合において、当事会社の株主が不利益を受けるおそれがあるときは、当該当事会社の株主は、当該当事会社に対し、組織再編をやめることを請求することができるとする規定が導入されることとなった（784条の2第1号・796条の2第1号・805条の2）。

　　ここでのポイントは、略式手続の場合は対価の不当性が差止事由として明示されているのに対して、略式手続以外の手続も含む一般的な差止事由としては対価の不当性が明示されていない点である。このような条文構造から、略式手続以外では対価の不当性のみを理由として（別途、法令定款違反があれば別である）、組織再編を差し止めることはできないと

---

13) たとえ株主総会の承認を得ていたとしても、少数株主を害するような内容の株主総会決議は取消しの瑕疵を帯びうるし、組織再編無効事由にもなりうる（☞注9）。

解するのが多数説である[14]。

[4]　株式買取請求

　株主が複数人いる会社においては、ある組織再編の内容について、それを進めるべきか否かについて株主間で見解が分かれる可能性がある。そうすると、ある株主は組織再編に反対だったとしても、他の多くの株主が賛成していれば、結果として組織再編契約等が株主総会で承認され手続が進められることになる。そのような、意に反して組織再編を進められてしまう株主を保護するために、**株式買取請求**制度というものが設けられている。これは、典型的には、株主総会で組織再編契約等の承認に反対した株主に、その保有する株式を公正な価格で買い取ることを会社に対して請求する権利を与える制度である（785条・797条・806条の2)[15]。

　株式買取請求制度は、組織再編において株主保護を図るうえで極めて重要な制度であるので、第30講で改めて説明する。

[5]　債権者異議手続

　組織再編の中には、会社の財産状態が変化するために、その会社の財産をあてにしている債権者の利害にも影響を及ぼすものがある。そのような債権者を保護するために、債権者異議手続と呼ばれる制度が用意されている。

　債権者異議手続の概要を簡単に説明すると、当事会社は、組織再編を行うこと、その相手方当事会社および各当事会社の計算書類等の内容を示したうえで、一定期間内（1ヶ月以上の期間）に当該組織再編に異議があれば申し出るように公告し、かつ、自社で把握している債権者（「知れている債権者」）に対して個別に催告する（789条2項・799条2項・810条2項）。この公告・催告を受けて、当該組織再編に異議のある債権者が会社に対して異議を述べた場合には、会社は①当該債権を弁済してしまう、②その債権者に対して相当の担保を提供する、

14）コンメ(補巻)757頁［伊藤靖史］。
15）また、消滅株式会社等については、潜在的株式ともいうべき新株予約権についても同様の買取
　請求制度がある（787条・808条）。

③弁済原資となるように相当の財産を信託する、のいずれかの対応をとる必要
がある（789条5項・799条5項・810条5項）。逆に、異議を述べなかった債権者
は当該組織再編について承認したものとみなされ（789条4項・799条4項・810
条4項）、その真意にかかわらず組織再編契約等の内容の通りの債務者の切替
え等が生じることになる。

　組織再編における債権者の保護に関しては、特に会社分割において様々な問
題が指摘されていることから、その詳細な内容や論点については次講で改めて
取り上げる。

[6]　組織再編の効力の発生

　[1]〜[5]の手続を適法に履践した場合には、吸収型組織再編の場合には効力
発生日において、新設型組織再編の場合には新設会社の設立登記によって、組
織再編の所定の効果（750条〔吸収合併〕・754条〔新設合併〕・759条〔吸収分割〕・
764条〔新設分割〕・769条〔株式交換〕・774条〔株式移転〕）が生じる。

[7]　無効の訴えと事後開示

　組織再編の効力が生じた（☞[6]）とされた後であっても、その手続等に違
法がある場合には、組織再編の効力を事後的に覆すために、新株発行等の無効
の訴えと同様の組織行為の無効の訴え（☞第24講2[1]）が認められている（以
下、吸収合併無効の訴え、新設合併無効の訴え、吸収分割無効の訴え、新設分割無
効の訴え、株式交換無効の訴えおよび株式移転無効の訴えを、併せて「組織再編無
効の訴え」という）。

　組織再編無効の訴えの特徴は、概ね新株発行等の無効の訴えと共通する（☞
第24講2[1][2]）[16]が、組織再編の効力が生じた日から6ヶ月以内に提起しなけ
ればならず（828条1項7-12号）[17]、提訴できるのは、概ね、①組織再編の効力

---

16) 組織行為の無効は828条の無効の訴えのみをもって無効主張ができるのが原則であるが、詐害
　行為取消権の行使（☞第29講注13）のほか、例外的に無効の訴えを経由せずに効力の否定が認め
　られる場合がある（会社分割に伴う労働契約の承継に関して、百92最判平成22年7月12日民集
　64巻5号1333頁）。

が生じた日において当事会社の株主[18]や取締役等の役員（「**株主等**」。同条2項1号参照）であった者、②組織再編の効力発生後に存在する当事会社・新設会社の株主等・清算人・破産管財人[19]、③組織再編について承認をしなかった債権者、である（同条2項7-12号）。

　この組織再編無効の訴えを提起するのに有益な情報を利害関係者が収集できるように、組織再編の効力発生後遅滞なく、存続株式会社等、消滅株式会社等および設立株式会社（☞1[3]）に、実施した組織再編に関する情報を開示させる制度が定められている（791条・801条・811条・815条）。効力発生後に行われる開示であるから、**事後開示**と呼ばれているが、もっぱら無効の訴えのための情報開示であるから、開示の期間は無効の訴えと同じく組織再編の効力が生じた日から6ヶ月間とされている。開示される内容は、組織再編によって移転した権利義務、組織再編が「効力を生じた日」や株式買取請求手続・債権者異議手続の経過などである[20]。開示の具体的な方法は事前開示（☞[2]）と同様である。

●第28講のおさらい

・吸収合併における消滅会社、吸収分割における分割会社および株式交換における完全子会社となる会社をまとめた概念として、法律上何という語が充てられているだろうか？⇒1[3]

---

17) ただし、吸収合併契約等・新設合併契約等を承認する株主総会の決議に瑕疵があることを理由として組織行為の無効を主張したい場合には、決議取消しの訴えにおける提訴期間制限の趣旨（☞第7講2[3]）に鑑みて、株主総会決議の日から3ヶ月以内（831条1項柱書参照）に訴えを提起しなければならないとする説が有力である。第30講注13も参照。

18) なお、株主として訴えを提起する場合に、名義書換えが必要かどうかについては争いがある（百A39 名古屋地一宮支判平成20年3月26日金判1297号75頁は名義書換えが必要とする）。

19) 組織再編の類型ごとに細かな違いはあり、たとえば株式移転の効力発生後の完全子会社の株主等・清算人・破産管財人・債権者は、文言上、提訴権者には含まれていない（828条2項12号後段参照）。

20) 詳細については、施則189条（吸収分割の分割会社・承継会社）・190条（株式交換の完全子会社・完全親会社）・200条（吸収合併の存続会社）・209条（新設分割の分割会社）・210条（株式移転の完全子会社）・211条（新設合併の新設会社）・212条（新設分割の新設会社）に定めがある。

・組織再編を実施する際に株主総会決議が省略できる場合を、組織再編の類型ごとに、存続株式会社等と消滅株式会社等とに分けて整理してみよう。⇒2 [3](ii)

第29講
赤井銀行、やられたらやり返す
——会社分割における債権者保護

本講では、債権者異議手続をはじめとした、組織再編（吸収合併・新設合併、吸収分割・新設分割、株式交換・株式移転）に関係する会社の債権者を保護する仕組みについて説明する。

組織再編における債権者保護の問題が最も顕著となるのが、会社分割のケースである。そこで、本講では、（共同）新設分割を例に、組織再編における債権者保護の仕組みを説明していきたい。

S29-1　［煎餅事業の切出し］（ストーリー S28-1 の続き）

SL 食品とウメザキ製菓は、20X4年 4 月 1 日を効力発生日として、両社がそれぞれ営んでいる煎餅の製造販売事業（以下「煎餅事業」という）を統合した煎餅専業会社として「US 煎餅株式会社」を設立して規模の拡大と効率化を図ることにした。両社が共同で作成した新設分割計画では、それぞれの会社の「煎餅事業に係る一切の権利義務」を新設の US 煎餅株式会社に承継させる旨が定められている。

SL 食品では、事業全般に対する融資を行うメインバンクに青井銀行を据えているものの、もっぱら煎餅事業に関する資金繰りは緑橙銀行からの融資に依存している。他方、ウメザキ製菓も、事業全般に融資を行っているメインバンクは赤井銀行であるが、煎餅事業に関する融資については黄緑銀行に頼んでいる[1]。上記の新設分割計画には、両社がそれぞれ負っている煎餅事業に関する債務を、新会社（US 煎餅）に対するものに切り替え、SL 食品とウ

> メザキ製菓はこれらの債務から解放される旨の定めが設けられている。

　要するに、**図29-1**のようなできあがりとなる共同新設分割を実施するにあたって、債権者にはどのような保護が与えられているのかをみるのが、本講の主たる内容である。

図29-1　ストーリー S29-1の共同新設分割

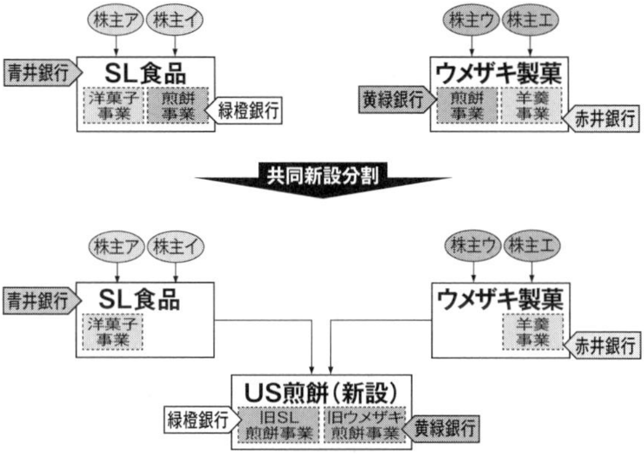

1　債権者異議手続による保護

　組織再編における債権者保護の役割を期待されている最も重要な制度は、債権者異議手続であると考えられる。すなわち、債権者が組織再編について「異議を述べ」た場合には、会社に当該債権の弁済確保のための各種の対応をとらせることによって、当該債権者の利益の保護が図られているのである。

1）事業会社における金融機関との付き合い方はさまざまではあるものの、**ストーリー S29-1**のように複数の銀行の使い分けをするのはあまり現実的ではないのかもしれない。ここでは、分割対象事業を構成している取引先関係（☞第27講注3）の1つとして、当該事業にのみ債権を有している債権者、というものを観念しておいた方が理解しやすいと思われることから、このような（やや現実離れしているかもしれない）設定としている。

[1]　異議を述べることができる債権者

　しかしながら、すべての組織再編類型のすべての当事会社のすべての債権者が、組織再編に「異議を述べることができる」わけではない。

　どの債権者が組織再編について異議を述べることができるのか、そうでない債権者は誰か、という問題（以下「異議権者の範囲」の問題という）については、789条1項・799条1項・810条1項が、組織再編類型ごとに号を分けて規定している。一見、無秩序にみえる規定内容であるが、それなりに筋の通った方針に従って、異議権者の範囲を設定していると一応はいえる。個別の規定内容に入る前に、その方針を先に説明しておいた方が理解しやすいだろう。

　まず、組織再編の効力発生によって、ある当事会社の債務が増加する場合には、その会社のすべての債権者が異議を述べることができる。これは、債務の増加は、一般的にその会社の債務弁済能力を低下させるからだと考えられる（以下「理由A〔会社債務の増加〕」という）。

　次に、ある債権者について、組織再編の効力発生によって債務者の交替が起こる場合には、当該債権者は異議を述べることができる。これは、債務の弁済をするのが債務者である以上、債務者が変われば弁済能力も変わってくるから、そのような弁済能力の変化を容認できない債権者を保護する必要があるからだと考えられる（以下「理由B〔債務者の交替〕」という）。

　最後に、組織再編対価などで会社から資産が流出する場合には、その会社のすべての債権者が異議を述べることができる。これは、会社の債務はその会社の保有する資産を弁済原資とするところ、資産を減らす行為は、会社の債務弁済能力を低下させるからだと考えられる（以下「理由C〔会社資産の流出〕」という）。なお、ここで流出するとされる資産とは、貸借対照表の資産の部に計上されているものを指し[2]、純資産の部（株主資本）の項目の数値を変動させ

　2）もっとも、組織再編対価として、存続株式会社等・設立株式会社の社債を交付することも認められており、この場合には、厳密には会社資産の流出ではなく会社債務の増加（理由A）という事象が発生していることになるが、法規定の構造上は理由Cに含めて論じた方がわかりやすい。さしあたり、対価が自社株式以外（＝現物）である場合には、直ちに会社資産が流出する（社債以外の現物）か、将来的な会社資産の流出を生じさせる（社債の場合）ため、いずれにせよ会社の債務弁済能力を低下させる事象だと理解しておこう。

るに過ぎない自社株式を対価とする場合（新株発行または自己株式の処分の場合）を含まない[3]。

(i)　合併の場合

　以上の大まかな規律方針を踏まえて、規定の詳細に入ろう。まず、合併（吸収合併・新設合併）の場合には、存続会社・消滅会社の両方の全債権者が「異議を述べる」ことができる（789条1項1号・799条1項1号・810条1項1号）。これは、消滅会社の債権者については、債務者が消滅会社から存続会社に切り替わるという理由B（債務者の交替）に基づき、また、存続会社の債権者については、存続会社に弁済を求める債権者として消滅会社の債権者が新たに加わるという理由A（会社債務の増加）に基づくと考えれば理解しやすい。

(ii)　株式交換・株式移転の場合

　これに対して、株式交換・株式移転は、完全子会社となる会社の株主構成を変えることに主眼があり、基本的には完全子会社となる会社の資産・負債に変動を来さないし、株式交換完全親会社については、対価が自社株である限りは資産（完全子会社となる会社の株式）が増加するだけである。したがって、合併とは異なり、異議を述べることができる債権者がいないために債権者異議手続が不要な場合が多い。

　もっとも、例外的に、①完全子会社となる会社が発行する新株予約権付社債（☞第26講4）を完全親会社となる会社が自社の新株予約権付社債と引換える場合（768条1項4号ハ・773条1項9号ハ）には、当該完全子会社となる会社の新株予約権付社債の保有者（社債権者。789条1項3号・810条1項3号）については理由B（債務者の交替）から、完全親会社となる会社のすべての債権者（799

3）新株発行や自己株式の処分は、それにより株主資本（純資産の部）の計数の変動が生じるのみであり、資産の減少も債務の増加も起こらない。仮に新株発行によって株主が新たに増加した（貸借対照表で資本金などの株主資本の数値が増大した）としても、このことは債権者よりも劣後して取り分を受け取る者が増えたことを意味するだけであるから、債権者に対する弁済能力には影響しないと考えられるのである。

条1項3号後段）については理由A（会社債務の増加）から、それぞれ「異議を述べることができる」債権者に該当する[4]。

　また、②株式交換に際して、完全親会社となる会社の株式以外の対価が完全子会社となる会社の株主に支払われる場合には、理由C（会社資産の流出）により完全親会社のすべての債権者が「異議を述べることができる」債権者に該当する（799条1項3号前段）。

(iii)　会社分割の場合

　最も厄介なのが会社分割である。

　まず、前提として、多くの会社分割においては、吸収分割契約・新設分割計画の定めによって、**ストーリーS29-1**で示したように、分割の効力発生後もなお分割会社（SL食品・ウメザキ製菓）の債権者のままでいる債権者（赤井銀行・青井銀行）と、承継会社・新設会社（US煎餅）にのみ請求できる債権者（緑橙銀行・黄緑銀行）とを生じさせる[5]。以下、前者を「**残存債権者**」（759

4）新株予約権とは、その会社が発行する株式の交付を受ける権利のこと（2条21号参照。☞第25講）であるが、株式交換・株式移転の目的が完全親会社（以下「P会社」とする）の下に完全子会社（以下、「S会社」とする）をぶら下げるという最終形態の実現にあると考えられることから、S会社の新株予約権については、株式交換契約・株式移転計画に定めることにより、P会社が何らかの対価と引換えにこれを取得することが認められている。これは、S会社の新株予約権を株式交換・株式移転後も存続させておくと、効力発生後に新株予約権者が権利を行使した場合にも交付されるのはS会社の株式であるから、新株予約権者が権利を行使した瞬間にS会社はP会社の完全子会社ではなくなり、意図していた最終形態にいつまで経ってもたどり着かないという事態に陥りかねないからである（なお、株式交換・株式移転に際して完全親会社となる会社が取得することになる完全子会社の新株予約権のことを、「**株式交換契約新株予約権**」〔768条1項4号イ〕または「**株式移転計画新株予約権**」〔773条1項9号イ〕という）。
　本文で述べている新株予約権付社債（上の例ではS会社の新株予約権付社債）についても、上記と同様の理由から、株式交換契約・株式移転計画に定めることにより、株式交換に際してP会社が取得することが認められている。ここで、S会社の新株予約権付社債の保有者としては、社債と株式との旨味を両取りしたような金融商品（☞第26講4）を保有していたのであるから、その取得の対価としては同じ性質の金融商品を求めるニーズも高い。そうすると、S会社の新株予約権付社債の取得の対価として、P会社は、自社の新株予約権付社債、つまり、P会社の債務である社債の性質も有する金融商品を発行すること（社債部分の法律構成としては債務の承継）になり、P会社については理由A（会社債務の増加）により、S会社が発行した新株予約権付社債の保有者についてはS会社からP会社への債務者の交替という理由Bにより、それぞれ債権者異議手続が必要となるのである。

4 項・764 条 4 項参照）、後者を**承継対象債権者**と呼ぶことにしよう。

　そして、会社分割前の分割会社債権者のうち、分割会社において異議を述べることのできる債権者は承継対象債権者のみであって、残存債権者は異議を述べることができる債権者とはされていないのが原則である。

　すなわち、まず、承継対象債権者については、債務者が分割会社から承継会社・新設会社に替わることになるため、理由 B（債務者の交替）から異議を述べることができる債権者に該当する（789 条 1 項 2 号・810 条 1 項 2 号）[6]。これに対応して、吸収分割の承継会社については、承継対象債権者に対する債務が新たに加わることになるから、理由 A（会社債務の増加）により全債権者が異議を述べることができるとされている（799 条 1 項 2 号）。

　問題は、残存債権者についてである。一見すると、会社分割によって、分割会社から承継会社・新設会社に承継対象となる資産が出て行くことになるから、会社分割効力発生後も分割会社の債権者である残存債権者は、理由 C（会社資産の減少）によって異議を述べることができる債権者に該当しそうである。しかしながら、分割会社は会社分割に伴って分割対価を受け取ることになる（758 条 4 号・763 条 6 号・8 号）。この対価は基本的には承継対象純資産（＝資産－負債）の価値と釣り合ったものが交付されるはずであるから、そうすると、残存

5）多くの会社分割において、と表現したのは、そうでない場合もあるからである。本文で述べたような状況が生じない場合としては、承継会社・新設会社に分割会社の債務を全く承継させない場合や、承継会社・新設会社のみならず分割会社に対しても請求できる債権者を生じさせる場合が考えられる。前者については分割会社のすべての債権者が残存債権者になるだけの話であり、後者については☞注 6。

6）もっとも、合併とは異なり、会社分割の場合には、効力発生後も分割会社が消えて無くなるわけではないから、債務は一応新会社に承継させるけれども、分割会社も連帯してその弁済の責任を負う（あるいは連帯保証をする）、というアレンジを吸収分割契約・新設分割計画において定めることも可能である。この場合には、当該承継対象債務の弁済能力を分割会社と承継会社・新設会社との合算でみることができ、結果として会社分割前と比較して弁済能力は低下しないと考えることができる。このような発想から、789 条 1 項 2 号・810 条 1 項 2 号では、異議を述べることができる債権者を、「分割後……分割株式会社に対して債務の履行（当該債務の保証人として吸収分割承継会社［新設分割設立会社］と連帯して負担する保証債務の履行を含む。）を請求することができない……債権者」と表現することで、後述する残存債権者と合わせて、分割後に承継会社・新設会社のみならず分割会社にも請求することができる債権者も、これに含まれないことが明らかにされている。

図29-2　分社型分割と残存債権者の利害

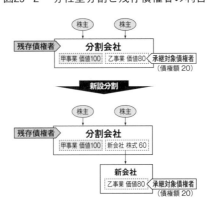

債権者の引当てとなる分割会社の純資産の大きさは、分割の前後で変わらないと考えることができる。だから残存債権者の利益は害されておらず、異議を述べさせる必要はない、というロジックである（株式のみを対価とする典型的な新設分割につき、**図29-2**参照。この図の残存債権者にとっては、〔仮に承継対象債務が先に弁済されたことを想定すれば〕会社分割の前後において引当てとなる財産は160〔＝100+80-20〕で変わっていない）。それが適切かどうかはともかく、現行法はそのようなロジックで異議権者の範囲を画していると考えられる。

　もっとも、残存債権者も「異議を述べることができる」場合として、会社分割に合わせて剰余金配当等を行う場合が挙げられる（789条1項2号第2かっこ書・810条1項2号第2かっこ書）。これは、典型的には、新設分割に際して、分割会社が受け取った分割対価である新設会社株式を、分割会社の株主に交付することで、分割会社の子会社とするのではなく、分割会社と同じ株主構成を有する（いわば分割会社からみればきょうだいのような）会社とする（**図29-3**参照）ために行われる。このような会社分割のことは、**分割型分割**や**人的分割**と呼ばれる（これに対して、会社分割に合わせて剰余金

図29-3　人的分割と残存債権者の利害

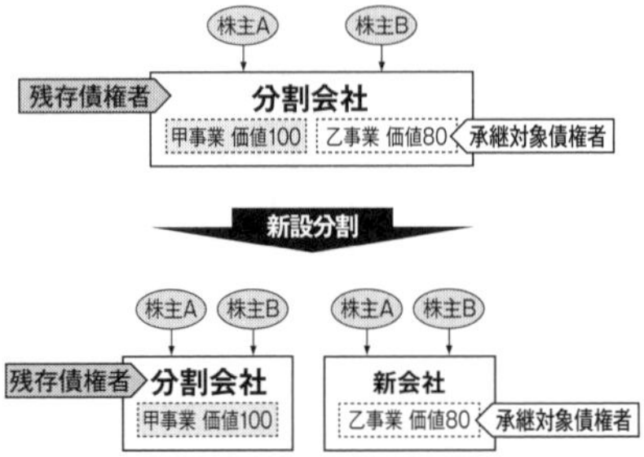

配当等を行わない通常の会社分割は**分社型分割**や**物的分割**と呼ばれる）が、分割型分割の場合には、残存債権者の引当てとなる分割会社の資産が社外に流出するという理由Cに基づき、残存債権者を含めたすべての分割会社債権者が、異議を述べることができる債権者となる。

[2]　債権者異議手続の内容

　では、「異議を述べることができる」債権者は、どのような流れで異議を述べることになるのであろうか。

(i)　異議を述べることができる債権者への情報提供

　まず、「異議を述べることができる」債権者に、組織再編の情報を知らせる必要がある。これは、前講でも説明したように、公告と個別の催告とを両方行うのが原則である。公告は、官報に掲載して行う必要がある。個別催告は、異議を述べることができる債権者のうち、会社に「**知れている**」者に対してだけすればよい[7]。

　公告・催告の内容（文面）としては、吸収合併等の組織再編を行うこと、その相手方当事会社の商号・住所および各当事会社の計算書類の入手方法等[8]を示したうえで、一定期間内（1ヶ月以上の期間）に当該組織再編に異議があれば申し出てください、といったものとなる（789条2項・799条2項・810条2項）。

　もっとも、個別催告とは、要するに、会社が把握している債権者に上記文面を刷った葉書を個別に郵送するといったことをするわけであるから、非常に手間と費用がかかる。そこで、官報による公告に加えて会社が定款で定めた公告方法（939条1項。日刊新聞紙への掲載か、電子公告）で公告をした場合には、個

　7）知れている債権者とは、債権者が誰でありその債権の発生原因と内容がどのようなものかの大体を会社が知っている者をいい（コンメ(18)175頁［伊藤壽英］）、債権の存否について会社が訴訟で争っているからといって、確定判決が出るまで知れている債権者に該当しないとして取り扱ってよいわけではない（百75大判昭和7年4月30日民集11巻706頁）。

　8）計算書類に関する事項の詳細については、施則188条・199条・208条参照。

別催告を省略できる（789条3項・799条3項・810条3項）。これが、いわゆる**ダブル公告**による個別催告の省略と呼ばれる特則である（ただし、不法行為債権者に関する重要な例外につき、☞3[1]）。

(ii) 異議を述べた者への対応および異議手続の不備等の場合

この公告・催告を受けて、当該組織再編に異議のある債権者が会社に対して異議を述べた場合には、会社は、債権の弁済や相当の担保の提供、弁済原資の信託などの対応をとらなければならない（789条5項・799条5項・810条5項）[9]。一方、異議を述べなかった債権者は当該組織再編について承認したものとみなされる（789条4項・799条4項・810条4項）。

仮に、会社が債権者異議手続を適法に行わなかった場合（公告をしていない、個別催告が必要な債権者に個別催告をしていない、債権者が異議を述べたのに対応をとらない等）には、組織再編の効力は生じないとされており（吸収型につき、750条6項・759条10項・769条6項参照）、それにもかかわらず登記がなされるなどによって組織再編が外形上効力を生じたかのような状態となった場合には、組織再編無効の訴え（☞第28講2[7]）によって効力を否定することができる無効事由があると解されている。

2　会社分割における不法行為債権者の保護

組織再編に際しての債権者保護は、基本的には1で述べた債権者異議手続により達成されることが予定されている。しかしながら、それだけでは保護が不十分となる債権者への対処が、2と3での話題である。

------

if シナリオ S29-a［異物混入事件が発生］
実は、煎餅事業はSL食品・ウメザキ製菓の両社にとって不採算事業であり、

9）もっとも、当該債権者を害するおそれがない場合には、これらの対応をとらなくてもよいとするただし書も定められているが、どのような場合に「債権者を害するおそれがない」といえるかは難しい問題である（資本金の額の減少に関するものであるが、百 A33 大阪高判平成29年4月27日判タ1446号142頁）。

今回の共同新設分割を経てもなお業績が向上しないようであればUS煎餅を
清算することについて、両社は秘密裏に合意していた。SL食品はダブル公
告により個別催告を省略した形での債権者異議手続を行ったものの異議が出
されることはなく、20X4年4月1日にUS煎餅株式会社の設立登記がなさ
れた。

その後の20X4年6月に、（新設分割効力発生前に製造された）SL食品の煎餅を
小売店で購入して食べた消費者の健康被害が多発していることが判明した。
どうやら分割効力発生以前の20X4年1月ごろに、SL食品における当該煎餅
の製造工程の不具合により有害物質が混入していたようである。

　このif シナリオ S29-a の場合、健康被害を受けた消費者（以下「被害者」という）として
は、新設分割がなければSL食品に対して製造物責任等に基づき生じた損害の賠償を請求
することができたはずである。しかしながら、新設分割の効力発生によって、被害者が
SL食品に対して有している損害賠償債権も、US煎餅株式会社に移転してしまい、もは
やSL食品には請求できないことになる。SL食品が不誠実な会社であれば、早々にUS煎
餅を倒産させることで、被害者に泣き寝入りを強いてSL食品は損害賠償債務を逃れるこ
ともできてしまう。「そうならないために、債権者異議手続があるじゃないか！」と思う
かもしれないが、これがなかなかうまく機能しないのである（詳細については、☞[2]）。そ
こで、分割会社の不法行為によって被害を受けた者（**不法行為債権者**）に関しては、以下
で述べるような一段手厚い保護がなされている[10]。

[1]　個別催告の省略不可

　実務上、債権者異議手続において、異議を述べることができる債権者への組
織再編に関する情報提供は、多くの場合ダブル公告によりなされ、個別催告は
省略されているものと思われる。しかしながら、官報も日刊新聞も電子公告も、
情報の受け手側が意識してアンテナを張りめぐらせておかないと情報を取得で
きない媒体である。会社と取引関係にある債権者であれば取引相手である当該

10）合併の場合には、不法行為債務も含めて加害会社が丸ごと別の会社と一体化するに過ぎず、被
　害者は合併後の会社に対して請求が可能であるため、賠償責任逃れのために合併を使うことは想
　定しづらい。また、株式交換・株式移転の場合には、それを機に不法行為債務を移転させること
　はできないため、特段の手当はなされていない。

会社の情報の収集を期待できたとしても（これがダブル公告により個別催告を省略できるとすることの論拠であると考えられる）、直接の取引相手ではない可能性もある不法行為の加害企業の動向にいちいち目を光らせることを一般消費者等に期待するのは難しい。そこで、<u>会社分割の場合において、不法行為によって生じた分割会社に対する損害賠償債権を有する承継対象債権者については、ダブル公告による個別催告の省略はできない</u>とされている（789条3項かっこ書・810条3項かっこ書）。少なくとも会社が把握している不法行為債権者については、異議手続による保護がなされるように、会社から不法行為債権者に情報をきっちりと伝達させることを意図した規定である。

[2]　不法行為債務に対する連帯責任

　不法行為債権者に関してさらに問題を複雑にしているのは、その者が会社と取引関係にあるとは限らないため誰が債権者であるかを債権者異議手続の段階で会社が特定できない場合や、被害が顕在化していないためそもそも会社が債務を負っているという認識がない場合があることである。

> **if シナリオ S29-a** のような製品事故の場合などには、会社が製品を直接売った相手方ではない人も被害を受けているため、その被害者が債権者異議手続開始前に直接会社に対して賠償請求訴訟を提起していた場合などでない限りは、どこの誰が不法行為債権者であるかを会社がすべて把握することはできない。また、たとえば、健康被害は分割効力発生以前に発生していたものの、その原因（誰が債務者か）が分割効力発生後になってようやく突き止められることもある。これらの場合でも、分割効力発生前にすでに製品に起因する事故は発生している以上、分割会社に対する債権は発生しており、その被害者の損害賠償債権は承継対象の権利義務に含まれてしまう。このような被害者（不法行為債権者）は、「異議を述べることができる」債権者であるはずだが会社に「知れて」いないのである。

　そうすると、不法行為債権者に対しては、[1]の規律により必ず個別催告をしなければならない、といってみたところで、会社に「知れている」債権者でなければ個別催告は受けられない（☞1 [2](i)）し、また、そもそも自分が当該会社分割について「異議を述べることができる」債権者であることすら認識していない可能性もある以上、異議を述べることが実際には不可能であることも

多い。そこで、不法行為債権者については、たとえ吸収分割契約・新設分割計画上は分割効力発生後に分割会社に対して請求できないとされていたとしても、結果として（＝債権者異議手続がとられた時点において会社に「知れている」かどうかとは無関係に）個別催告を受けていなかった場合には、効力発生時点において分割会社が有していた財産の価額を限度として、分割効力発生後も分割会社に対しても請求ができるという規定が設けられている（759条2項・764条2項）[11)12)]。

3　会社分割における残存債権者の保護

　他方で、（分社型分割における）残存債権者についは、そもそも異議を述べることができない（☞1[1](ⅲ)）。

> **ifシナリオ S29-b［赤井銀行、やられたらどうやり返す？］**
> 　今回の共同新設分割は、事業の多角化の失敗により債務超過に陥っていたウメザキ製菓の祖業である煎餅事業を救済するために、SL食品が手を貸した

---

11)　759条2項・764条2項の規定は平成26年改正で現在のような形に改められたものであるが、これらの規定は、本文で述べた不法行為債権者に限らず、会社に知れていない債権者を一般的に保護するものとなっている。すなわち、承継対象債権者（分割後分割会社に履行を請求できない債権者）のうち、不法行為債権者以外のものについては、官報公告に加えて、個別催告または定款所定の公告もする必要があるところ、後者のいずれもしていない場合には、債権者異議手続の時点において会社に知れていたかどうかを問わず、当該債権者の債権につき分割会社も連帯責任を負うことになる（これが不法行為債権者である場合には、知れている債権者には必ず個別催告をしなければ分割会社も連帯責任を免れられないという点において厳格化されているのである）。

　また、似たような文言の規定として759条3項・764条3項があるが、これは、分割型分割の場合（＝分割会社の全債権者が異議を述べることができる債権者となる）において、官報公告以外に定款所定の公告も個別催告もしていなかった、という場合について、分割後承継会社・新設会社に請求できないとされている債権者（会社に知れているかどうかは問わない）であっても、承継会社・新設会社にも請求することができるとする規定である（なお、この規定については、3で述べる残存債権者の保護の問題〔＝分社型分割において異議を述べることができる債権者とはされていない債権者保護の問題〕を取り扱った規定〔759条4項・764条4項〕との混同に注意が必要である）。

　いずれの規律も、理論的には興味深い内容を含むが、分割型分割で、かつダブル公告を用いることが主流であると思われる現在の実務において、問題となることの少ない規律であると思われることから、本文では不法行為債権者に焦点を絞って説明をしている。

ものであった。ウメザキ製菓の実態としては、利益を生み出せる事業は煎餅事業のみであったことから、この虎の子の事業を新会社（US 煎餅）で継続させる一方、不採算事業のみとなったウメザキ製菓本体は、分割効力発生後の20X4年10月に早々に倒産した。新会社に債務が承継されなかった赤井銀行については、ウメザキ製菓に対する融資債権がほぼ無価値となってしまった。

　経営危機に瀕した会社が、会社分割により優良事業と不採算事業とを分離し、優良事業を生き残らせるという苦肉の策は、比較的よく行われるもののようであるが、このようなことをされてしまうと、不採算事業のみを有する分割会社に残された債権者が害されることになる。

　すでに述べたように（☞1 [1]((iii)）、確かに、新設分割後のウメザキ製菓は、貸借対照表上は、不採算事業に関する資産・負債だけではなく、煎餅事業の移転の対価として US 煎餅の株式を保有することになるから、残存債権者の引当てとなる純資産の規模は変わらないと理論的にはいえるのかもしれない。しかしながら、価値があるとされる資産が貸借対照表上どれだけ計上されていようとも、資金がなければ借金は返せない。この if シナリオ S29-b では、ウメザキ製菓にとって、資金を生み出してくれるのは煎餅事業のみであるところ、その虎の子の事業を新会社に移してしまっては、返済に回す資金を得ることができず倒産してしまうのは必然ともいえる。そうすると、残存債権者たる赤井銀行は、会社

12）以上の話は、会社分割の効力が生じた後に存在している2つ（以上）の会社のうち財務状態の悪い会社を倒産させるという、トカゲのしっぽ切りのような会社分割（詐害的会社分割）から生じる債権者の不利益をどのように保護するか、という観点では、3の話題と共通する。3については分割会社側の債権者一般を保護することで対処しているのに対して、2の承継対象債権者の保護は、その中でも不法行為債権者に限定されている。前者（残存債権者）は、およそ債権者異議手続の対象でないから一般的に追加の保護措置の対象とすべきであると考えられたのに対して、後者（承継対象債権者）は、債権者異議手続の対象とされているけれども機能が限定的だという理解に基づいて、機能が及ばない不法行為債権者についてだけ特別の制度を置いたのである。しかしながら、そもそも、取引債権者といえどもダブル公告をどれだけみているのかはかなり怪しいから、債権者異議手続の機能に過大な期待を寄せるべきではないだろう。そうすると、不法行為債権者以外の承継対象債権者についても、例外的に保護すべき場合もありそうである。この問題に関して、分割会社が（分割契約上は）承継会社に承継される債務について弁済の責任を負わないと主張することは信義則上許されない、とすることで、分割会社の弁済の責任を認めた判例（百90 最決平成29年12月19日民集71巻10号2592頁）がある。もっとも、このような考え方をどこまで及ぼすことができるかは慎重に検討する必要があるだろう。

分割に異議を述べて効力発生前に債権の弁済を確保しておきたいところだが、会社法の建てつけ上、残存債権者は（いわゆる分割型会社分割でない限り）「異議を述べることができる」債権者には該当しないから、そのような対策はとれないのである。

債権者（とりわけ残存債権者）を害することを意図して行う会社分割のことを**詐害的会社分割**と呼んだりする。平成12年の会社分割制度の導入以降、このような詐害的会社分割が頻発していたことから、平成26年改正によって、残存債権者を害することを知りながら会社分割が行われた場合には、残存債権者は、承継会社・新設会社に対しても、それらが当該会社分割によって承継した財産の価額を限度として、債務の履行を請求することができるとする**直接履行請求権**が定められた（759条4項・764条4項）[13]。この規定により、異議権者の範囲に関する基本的な考え方（☞1[1]）は維持したまま、残存債権者の保護が図られている[14]。

4　無効の訴えと債権者

債権者保護の仕組みの話の最後に、組織再編無効の訴えによる保護について整理しておこう。

すでに述べたように、組織再編無効の訴えの提訴権者には、組織再編について承認をしなかった債権者が含まれる（828条2項7-12号。株式交付も同様〔同項13号〕）。ここで、組織再編について「承認をしなかった債権者」とは、典型

---

13) なお、平成26年改正以前は、残存債権者を害する詐害的会社分割に対応するために、民法が定める詐害行為取消権（民法424条以下）によって会社分割による権利の承継の効力を否定することが行われていた（[百91]最判平成24年10月12日民集66巻10号3311頁）。本文で述べた直接履行請求権とは要件や効果が異なることから、平成26年改正後もなお詐害行為取消権による救済も認められると解するのが多数説である（コンメ（補巻）721頁［神作裕之]）。さらに、分割会社の商号等と関連する名称が承継会社において引き続き用いられていた場合には、商号続用責任（22条1項）を（類推）適用するなどにより、承継会社に残存債権者に対する責任を負わせるという方法も考えられる（[百A40]最判平成20年6月10日判時2014号150頁）。

14) この直接履行請求権は、会社分割が残存債権者を害することを知ってなされたものであることを残存債権者が知った日から2年以内に請求または請求の予告をしない債権者については消滅し、また、分割の効力発生から10年の経過により消滅することも定められている（759条6項・764条6項）。

的には、債権者異議手続に応じて異議を述べたにもかかわらず会社によって適
切な対応がとられなかった債権者が考えられる[15]。逆に、適法な債権者異議手
続が履践され、それに反応して異議を述べることをしなかった債権者は、組織
再編について「承認をしたものとみな」されるため、提訴権者に含まれない。

　これに対して、残存債権者に関しては、組織再編について「承認をしなかっ
た」という提訴権者の要件が、「異議を述べる」ことと結びついていると考え
る限りは、制度上そもそも異議を述べることができる債権者に含まれないため、
原告適格は与えられないと解することになる。他方、承継対象とされた不法行
為債権者については、文言上は「異議を述べることができる」債権者に含まれ
ると考えられるものの、会社に知れていないがゆえに個別催告を受けず、現実
に異議を述べることはしなかった（できなかった）という事実をどのように評
価するかによって、結論が分かれうる問題であると考えられる[16]。

　いずれにせよ、債権者が提訴権者として無効の訴えを提起する場合には、組
織再編後に現に存在する会社の株主等である者とは異なり、債権者異議手続が
適法に行われなかったなどの、債権者の利害に関係する無効事由のみ主張でき
るとする考え方が有力である[17]。

15）もっとも、これらの債権者が組織再編の無効の訴えを提起した場合でも、訴え提起後にその者
　（原告）の債権を弁済してしまえば「債権者」ではなくなってしまうため、原告適格は失われ訴
　えは却下されると解されている。この点を重視して、組織再編の無効の訴えの提訴権者に債権者
　が含まれる趣旨は、組織再編の効力を覆すことで債権者の利益保護を図るというよりも、債権者
　に無効の訴えの提起権という武器を与えることで、その威嚇力を通じて債権の弁済を強制させる
　点にあるとする見方も有力である（コンメ(19)167頁［舩津浩司］）。

16）実質的には、会社に知れていない不法行為債権者の保護は連帯責任規定で図られることになっ
　た（☞2[2]）のであるから、改めて無効の訴えの原告適格までを認める必要はないと考えるか、
　連帯責任規定だけでは不十分であるから無効の訴えの仕組みも用いることができるようにすべき
　だと考えるかの違いであると考えられる。

17）この点に関して、とりわけ会社分割の場合に、各当事会社の**債務の履行の見込み**がないにもか
　かわらず会社分割が行われた場合に、そのことが無効事由となるかが問題とされている。会社法
　制定以前は、「各会社ノ負担スベキ債務ノ履行ノ見込アルコト」を記載した書面が事前開示資料
　とされていた（平成17年改正前商法374ノ2第1項3号・374ノ18第1項3号）こともあって、債
　務の履行の見込みがあることが効力要件であるとする説が有力であった。これに対し、現行会社
　法の開示内容が「履行の見込みに関する事項」とされている（施則183条6号・192条7号・205
　条7号）ことを受けて、債務の履行の見込みは無効事由とはならないとする見解が有力となりつ
　つある（コンメ(17)269-272頁［神作裕之］）。

●第29講のおさらい

・組織再編の各類型における債権者異議手続の対象となる債権者を確認しておこう⇒1 [1]

・会社分割における不法行為債権者や残存債権者を保護する方策として、会社法はどのようなルールを置いているだろうか?⇒2・3

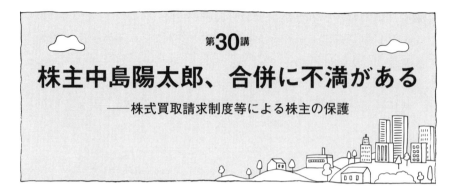

株主中島陽太郎、合併に不満がある
──株式買取請求制度等による株主の保護

　本講では、組織再編によってその利害に大きな影響を受ける株主の保護について説明する。組織再編は類型ごとに効果に様々な違いがあるものの、株主の利害に与える影響は類型によってそれほど大きく異なるわけではないので、本講では、読者が最もイメージしやすいと思われる吸収合併を例に説明を進めていきたい。

S30-1　［中島株主の不満］
煎餅事業での協業が順調な SL 食品（発行済株式総数 1 億株）とウメザキ製菓（発行済株式総数250万株）は、いよいよ両社を 1 つに統合するべく、20X5年 4 月 1 日を効力発生日として、SL 食品を存続会社、ウメザキ製菓を消滅会社とする吸収合併を実施することとなった（以下「本件合併」という）。合併対価として、消滅会社株式 1 株に対して存続会社株式10株を割り当てるとされている。
SL 食品の株式200株を保有する株主である中島陽太郎氏は、本件合併に不満があるため、どのような対応をとれるか考えている。

　ストーリー S30-1 の記述だけでは理由は明らかではないものの、とにかく中島株主は本件合併に不満があるようである。もっとも、合併をするかしないかを決めるのは基本的には株主総会であるというのが大前提であり、そこで多数決によって実施すると決められた以上は、個々の株主がいくら「こんな合併

はするべきではない！」と考えていたとしても、合併の効果が生じることを阻止することは基本的には（＝3で説明する場合を除いては）できない。

　そうすると、本件合併自体は実施されることを前提とせざるをえないが、そうはいっても合併は嫌だと思っている株主にまで、その合併がもたらす経済的な効果をそのまま及ぼすことは適切ではない。そこで、会社法では、組織再編に不満のある株主に対して**株式買取請求**制度を用意している。これは、典型的には、株主総会で組織再編契約等の承認に反対した株主に、その保有する株式を会社に「公正な価格」で買い取ることを請求することができる権利を与えるものである（785条・797条・806条）[1]。この株式買取請求制度が本講の話題の中心である。

1　株式買取請求制度の趣旨と公正な価格の意義

[1]　株式買取請求制度の趣旨

　株式買取請求制度は、どのような役割を果たすことを期待されて会社法において制度化されているのであろうか。この点に関して、最高裁の判例[2]では、次のように述べられている。

　「反対株主に『公正な価格』での株式の買取りを請求する権利が付与された趣旨は、吸収合併等という会社組織の基礎に本質的変更をもたらす行為を株主総会の多数決により可能とする反面、①それに反対する株主に会社からの退出の機会を与えるとともに、退出を選択した株主には、②吸収合併等がされなかったとした場合と経済的に同等の状況を確保し、さらに、③吸収合併等によりシナジーその他の企業価値の増加が生ずる場合には、上記株主に対してもこれを適切に分配し得るものとすることにより、上記株主の利益を一定の範囲で保障することにある」。（下線と番号は筆者による）

　この決定要旨の①の部分からは、株式買取請求権は、組織再編に不満がある

1）また、消滅株式会社等については、潜在的株式ともいうべき新株予約権（☞第25講）についても同様の買取請求制度がある（787条・808条。ただし、新株予約権の内容として、組織再編が生じた場合には存続株式会社等または新設会社〔「設立株式会社」〕の新株予約権を交付することおよびその内容があらかじめ決められており（236条1項8号参照）、その内容通りのことが組織再編契約・計画に定められている場合には、買取請求権は発生しない）。

2）[百84]最決平成23年4月19日民集65巻3号1311頁。

株主にお金を受け取って会社から退出する（投資を引き揚げる）ことを保障することが、まず、最も基本的な機能として考えられていることがわかるであろう。もっとも、お金を受け取って出ていく、といっても、受け取る額が少なければ出て行きたくもなくなるであろうから、会社が一体いくらで株式を買い取ってくれるのか、という点が決定的に重要になる。これは、先の条文の文言に即して表現するならば「公正な価格」とはいったいどのようなものなのか、という問題であり、この点について述べているのが先の決定要旨の②と③の部分である。もっとも、初学者がこれを読んだだけでは何を言いたいのかさっぱりわからないだろうから、以下でもう少し丁寧にみていこう。

[2]　組織再編に対する株主の経済的な不満の類型

　ある組織再編が行われようとする際に、それに対して株主が抱くであろう経済的な不満には、大まかに2種類のものが考えられる。1つは、組織再編によってこれまでよりも経済状態が悪化することに対する不満であり、もう1つは、組織再編によってこれまでよりも経済状態が悪化するわけではないが、他の当事会社株主と比較して不公平に取り扱われていることに対する不満である。

(i)　組織再編によって損をする

　まず、組織再編によってこれまでよりも経済状態が悪化することへの不満について考えよう。

---

if シナリオ S30-a［合併によって中島株主に損失が発生する］
中島株主としては、両社は社風が全く異なり、長年ライバル関係にあったこともあって、従業員間の対立感情が強く、人事面でも事業面でも統合が全く進まず、かえって社内対立が激化して業績を落とすことを懸念している。中島株主は、現在の SL 食品の企業価値が1000億円（1株当たり価値は1000円）、ウメザキ製菓の企業価値が250億円（1株当たり価値は1万円）であると評価したうえで、仮に本件合併を進めた場合、合併後の会社の企業価値は1100億円（1株当たり価値は880円＝1100億円÷1億2500万株〔1億株＋250万株×10株〕）ほどにしかならないと予想している。

図30-1　企業価格が毀損される場合

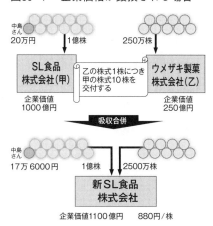

この中島株主の予想通りに事態が進んでしまうと、それまで20万円（＝1000円×200株）の価値を保持していたはずの中島株主は、本件合併後には17万6000円（＝880円×200株）しか保持しなくなってしまい、2万4000円の損失を被ることになる。このような損失は中島株主のみならずSL食品の株主全員に生じることになるから、本件合併に賛成してしまった株主は自分たちの見通しの甘さを呪うほかないが、中島株主のように本件合併そのものに反対の株主としては、自分の意に反して実施された組織再編の巻き添えで損失を被ることになるのは納得がいかないだろう。そこで、このような反対株主には、組織再編がない状態を前提として、保有する株式を会社に買い取らせるというせめてもの救済方法を用意する必要がある。

(ii)　損はしないが分け前に不満がある

　次に、組織再編によってこれまでよりも経済状態が悪化するわけではないが、他の当事会社株主と比較して不公平に扱われているという不満がある場合を考えよう。

---

if シナリオ S30-b ［中島株主、分け前に不満がある］

中島株主としては、両社は重複事業も多いため、経営統合してそれらを整理・統合し、事業運営を合理化することで収益率が向上する、とする両社の説明に説得力を感じている。現に、中島株主の見立てでは、現在のSL食品の企業価値が1000億円（1株あたり1000円）、ウメザキ製菓の企業価値が200億円（1株あたり8000円）であるところ、両者が合併した場合の企業価値は単純合算した1200億円よりも高い1250億円（1株あたり1000円＝1250億円÷1億2500万株〔1億株＋250万株×10株〕）以上になると見込んでいる。

図30-2　シナジーの分配が不公正な場合

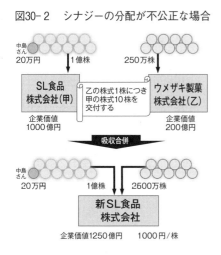

ifシナリオS30-bでは、2つの会社の経営統合後の企業価値は、統合前の両者の企業価値の単純合算である1200億円よりも高い1250億円になると予想されている。このように、組織再編の結果として、当事会社のそれぞれの企業価値を単純合算した額よりも大きな企業価値が生み出される場合、その企業価値の増分のことを（正の／プラスの）**シナジー**と呼んだりする（逆に、ifシナリオS30-aのように、組織再編の結果として、当事会社のそれぞれの企業価値を単純合算した額よりも企業価値が減少してしまう場合、**負〔マイナス〕のシナジー**の発生などと表現することもある）。50億円のシナジーが発生するという中島株主の予想通りに事態が進んだ場合、中島株主を含むSL食品の株主は、本件合併以前と比べて保有株式の価値が減るという意味での損はしない（1株あたりの価値は本件合併の前後で変わらず1000円である）けれども、本件合併により発生したシナジーの分配を全く受けないことになる。

　この場合、企業価値の増加分50億円は、組織再編対価である存続会社（SL食品）株式の交付を通じて消滅会社（ウメザキ製菓）の株主のみが懐に収めることになる（本件合併前にウメザキ製菓の株式を1株〔8000円相当〕保有していた株主は、本件合併後に1万円〔1000円×10株〕の価値を手にしている）。シナジーをどのように分配するのが適切であるかは難しい問題であるが、SL食品の株主としては、自分が投資してきた会社も合併によるシナジーの発生に寄与していると考えるだろうから、自分たちにもシナジーを分け与えられるような対価の配分とすべきだという不満にもある程度耳を傾ける必要があるだろう。

　　仮に組織再編対価として組織再編前の各当事会社の（1株あたり）企業価値に応じて等価交換するとすれば、8000円の価値のあるウメザキ製菓の株式1株に対して、1株あたり価値が1000円のSL食品株式を8株（＝8000円÷1000円）割り当てるべきことになる。これ

に対して、本件合併ではウメザキ製菓株式1株に対してSL食品株式10株を割り当てているから、先の等価交換の場合よりも2株多く対価をウメザキ製菓株主に配分したことによって、発生したシナジーをすべて消滅会社株主が懐に収めてしまったわけである。むろん、組織再編対価は常に1株あたり企業価値に応じて交付しなければならないわけではなく、シナジーの発生の貢献度などの諸事情を踏まえて分配を決定してよいものであると考えられるが、少なくとも、統合によって生じたはずのシナジーについて、一方当事会社の貢献が全くないとして対価の配分を決定することは公平とはいえないように思われる。

[3]　「公正な価格」の意義

(i)　ナカリセバ価格とシナジー分配価格

[2]で述べたように、株主が特定の組織再編に経済的な不満をもつ理由には、大きく2種類あるところ、現行の会社法においては、これらの2種類の不満のいずれにも対処しうるものとして株式買取請求制度を機能させるべきことを述べているのが、[1]の判例の決定要旨②と③の趣旨なのである。

すなわち、決定要旨②の「吸収合併等がされなかったとした場合と経済的に同等の状況を確保」するとは、**if シナリオ S30-a** の中島株主のように組織再編以前よりも経済状況の悪化する株主に対して、組織再編前に有していた経済状況を保障するために、1株1000円（本件合併前の1株あたり企業価値）が「公正な価格」であると評価して、会社（SL食品）にその価格で株式を買い取らせるべきことを意味する。

他方、決定要旨③の「吸収合併等によりシナジーその他の企業価値の増加が生ずる場合には、上記株主に対してもこれを適切に分配」するとは、**if シナリオ S30-b** の中島株主のようにシナジーの分配に不満がある株主に対して、シナジーを適正に分配するような、1株1000円（本件合併前の1株あたり企業価値）を超える価格（たとえば1042円〔≒1250億円÷1億2000万株（1億株＋250万株×8株）〕）こそが「公正な価格」であると評価して会社にその価格で株式を買い取らせるべきことを意味する。

前者の価格のことを、組織再編がなかったならば有していたであろう価格ということで**ナカリセバ価格**と表現し、後者の価格のことを、**シナジー（適正）分配価格**などと表現することも多いので覚えておいてほしい。

(ii)　企業価値の増加の有無による区分

　以上の考え方からすると、ある局面ではナカリセバ価格が「公正な価格」であることになる反面、別の局面ではシナジー分配価格が「公正な価格」になることになる。その切り分けはどのようになされるのであろうか。

　この点について、最高裁の判例[3]では、組織再編によって「シナジー効果その他の企業価値の増加が生じない場合」にはナカリセバ価格、「それ以外の場合」にはシナジー分配価格によるとされている。

　　要するに、企業価値が増加する場合にはシナジー分配価格だが、そうでなければナカリセバ価格だ、と簡略化した定式を覚えておけばさしあたり大過はないと思われる。
　　なお、ここまでの説明では、株主の経済状態の悪化という不満の原因はもっぱら負のシナジーの発生（企業価値の減少）であるかのように述べている（if シナリオ S30-a 参照）ものの、これは議論をわかりやすくするためにわざとそのような状況設定にしたに過ぎず、プラスのシナジーが発生（企業価値が増加）する場合であっても、対価があまりに不公正であれば、組織再編以前よりも株主の経済状態が悪化することも起こりうる（たとえば、if シナリオ S30-b で SL 食品がウメザキ製菓の株主に合併対価として発行する株式が4000万株なら、従前の SL 食品株主は 1 株当たり107円〔≒1000円 - (1250億円 ÷ 1 億4000万株)〕程度の損失を被る）。この場合でも、上記の簡略化した定式からすれば、本来反対株主に与えられるべきはシナジー分配価格であろうが、仮に企業価値の増加を示すことができなかった[4]としても、最低限ナカリセバ価格（1000円）での買取りは保障されると解すべきであろう。

(iii)　「公正な価格」を示すための判例の工夫

　さて、理論的には(i)(ii)で述べたような考え方に基づき、株式買取請求がなされた日における「公正な価格」[5]を算定すべきだとしても、実際に「本事案における買取価格はナカリセバ価格であるべきであり、それは具体的には○○円

---

3 ）SU36・百85 最決平成24年 2 月29日民集66巻 3 号1784頁。

4 ）そもそも誰がどのような形で企業価値が増加したこと（あるいは増加しないこと）を示さなければならないか、という問題もあるが、ここでは立ち入らない。

5 ）ある株式を「公正な価格」で買い取らせるといっても、いつの時点での公正な価格なのか、という問題がある（公正な価格の算定基準日の問題と呼ばれる）。理論的には、株主総会による承認がなされた時点や組織再編の効力が発生した時点なども考えられるが、判例（☞注 3 ）は、株式買取請求がなされた日であるとする。

だ！」などと決めることはかなり難しい。

　(i)(ii)での説明では、株式の価値や企業価値というものが客観的に決まっていて、しかもその情報は簡単に入手できるということを暗黙の前提としていたが、実際には、ある会社の株式（あるいは企業全体）のその時点での価値を評価するのにも様々な方法や考え方があって一義的な答えが出せるわけではない（☞第22講1 [3](i)）し、また、それが一義的に算出できたとしても、組織再編によってそれが将来どのように変動するかは、未来予測に属するものである以上、誰も確定的に断言することはできないはずのものである。そのような困難を抱えつつも、現行制度上は最終的には裁判所が「公正な価格」の決定をしなければならない。そこで、最高裁の判例では、その困難さが幾分かでも緩和されるような算定手法・公正性の判断手法が示されている。

　まず、上場会社の場合には、株価という、比較的客観性が高く入手も容易な指標があることから、問題となった組織再編の内容が公表される前の株価をナカリセバ価格（組織再編がなければ有したであろう価格）の参考値として用いることが行われている[6]。

　他方で、シナジー分配価格については、まず、当事会社のどちらかが他方に大規模な出資をしているといった「特別の資本関係」がない場合には、大株主

---

6) 最決平成23年4月19日（☞注2）は、「ナカリセバ価格を算定するに当たっては、それが企業の客観的価値を反映していないことをうかがわせる事情があれば格別、そうでなければ、その算定における基礎資料として市場株価を用いることには、合理性が認められる」とする。なお、そこで述べられているのは、「公正な価格」の算定基準日が買取請求権を行使した日であることを前提として（☞注5）、それを推定するためにどのような参考資料を使うことができるか、という話である。買取請求権を行使した日の株価もあるにはあるのだが、それは組織再編の影響を受けている（その時点ではすでに株主総会で承認される等によって組織再編の実施自体は会社として決定している〔☞2 [1](i)〕がゆえに、反対株主に株式買取請求権が発生しているのである）ため、「ナカリセバ価格」とはいえないことから、組織再編がない状態の株価として組織再編が公表される前の株価を参考資料として推定することになるのである。
　　もっとも、その際に参考資料として用いた株価（たとえば組織再編公表前3ヶ月間の平均株価）は、公正な価格の算定基準日よりも前の株価であって、その後の（組織再編とは無関係に生じる）市場全体の動向の影響までを反映させなければ、算定基準日である買取請求権を行使した日の「公正な価格」であるとはいえない可能性もある。そこで、参考資料として用いた時期以降、算定基準日までの市場のトレンドを踏まえて、回帰分析等の手法を用いて価格を**補正**することも行われている（百 A38 東京高決平成22年10月19日判タ1341号186頁）。

の私的利益によって取締役や株主総会の判断が歪む（当事会社のどちらかに一方的に有利な対価を設定する）といった危険性は小さいから、<u>適切な情報開示がなされたうえで株主総会で決定した対価は公正なものとみることができる</u>とされている[7]。では、当事会社間に特別の資本関係があるなど、取締役や株主総会の判断が歪む危険性がある場合はどうなるのかが問題となるが、これについては、（組織再編ではないが、それと同種の株主利益の変動を生じさせうる）全部取得条項付種類株式を用いた少数株主の締出しの事案における判例[8]を参考に、そのような判断の歪みを排除するような<u>「一般に公正と認められる手続」をとった場合には、それにより決定された対価は公正なものと認めてよい</u>と理解する説が有力である。

　これらの比較的容易に結論を出すことのできる事案類型以外について、「公正な価格」を具体的にどのように算定すべきかについての確立したルールはいまのところないようである。最高裁は、理論的に許されない算定方法[9]でない限りは、担当する裁判所が臨機応変に対応すればよいと考えているというのが筆者の推測である。

7）最決平成24年2月29日（☞注3）は、「相互に特別の資本関係がない会社間において、株主の判断の基礎となる情報が適切に開示されたうえで適法に株主総会で承認されるなど一般に公正と認められる手続により株式移転の効力が発生した場合には、当該株主総会における株主の合理的な判断が妨げられたと認めるに足りる特段の事情がない限り、当該株式移転における株式移転比率は公正なものとみるのが相当である」とする。

8）百86 最決平成28年7月1日民集70巻6号1445頁は、多数株主が株式会社の株式等の公開買付けを行い、その後に当該株式会社の株式を全部取得条項付種類株式とし、当該株式会社が同株式の全部を取得することで少数株主の締出しを行った事案について、「独立した第三者委員会や専門家の意見を聴くなど多数株主等と少数株主との間の利益相反関係の存在により意思決定過程が恣意的になることを排除するための措置が講じられ、公開買付けに応募しなかった株主の保有する上記株式も公開買付けに係る買付け等の価格と同額で取得する旨が明示されているなど一般に公正と認められる手続により上記公開買付けが行われ、その後に当該株式会社が上記買付け等の価格と同額で全部取得条項付種類株式を取得した場合には、上記取引の基礎となった事情に予期しない変動が生じたと認めるに足りる特段の事情がない限り、裁判所は、上記株式の取得価格を上記公開買付けにおける買付け等の価格と同額とするのが相当である」とする。

9）たとえば、株価の算定に関して、同じ要素を二重に考慮するような場合（百88 最決平成27年3月26日民集69巻2号365頁参照）が考えられる。

2　株式買取請求に関する法規定の内容

以上の株式買取請求制度の趣旨を踏まえて、具体的な法規定の説明に入ろう。

[1]　株式買取請求の手続

(i)　概 要

組織再編に反対の株主が株式買取請求権を行使するためには、典型的には、まず、組織再編議案を審議する株主総会に先立って会社に対して反対する旨を通知し、そのうえで株主総会で実際に組織再編議案に反対票を投じる必要がある（785条2項1号イ・797条2項1号イ・806条2項1号）。株主総会に先立って反対する旨の通知をさせるのは、反対株主の動向を踏まえて（あまりに反対が多いようであれば議案を取り下げるなどの）対応を会社側がとることができるようにするためのものであるとされる。

その後、吸収型の組織再編の場合には、会社は、効力発生日の20日前の日までに、株式買取請求権の発生条件が整ったことを知らせるために、組織再編をする旨およびその相手方当事会社の商号・住所を株主に対し通知または公告する（785条3項・4項・797条3項・4項）。そして、反対株主は、効力発生日の20日前の日から効力発生日の前日までの間に、買取りを請求する株式の数（種類株式発行会社の場合は株式の種類と種類ごとの数）を明らかにして会社に対して買取りを請求する（785条5項・797条5項）。

新設型の組織再編の場合には、上記の会社による通知または公告は株主総会決議の日から2週間以内にしなければならず、また、株主による買取りの請求は上記通知または公告の日から20日以内に行う必要がある（806条3－5項）。

(ii)　価格決定手続

1［3］で述べたような意味での「公正な価格」での買取りが求められているものの、まずは反対株主と会社との間で協議し、合意に至ればその価格で買取りがされる（その場合、会社は組織再編の効力発生日から60日以内に買取代金を支払わなければならない。786条1項・798条1項・807条1項）。

しかしながら、実際の事案では、買取価格の協議はそう簡単に調うものではない。株主は、株主総会で承認された組織再編対価の内容が不満だからこそ株

式買取請求権を行使する以上、それよりも高い価格を主張するのに対して、会社側は、組織再編対価の内容と同額かそれ以下の価格を主張して譲らない（そうでなければ株主総会に提案した組織再編対価の設定が間違っていたことを認めることになってしまう）からである。そこで、株式の価格の決定について、組織再編の効力発生から30日以内に協議が調わないときは、そこから30日以内に株主・会社のどちら側からでも裁判所に価格決定の申立てができる（786条2項・798条2項・807条2項）。

(iii)　買取りの効力発生

　注意を要するのは、株式買取請求権を行使した場合、組織再編の効力発生日（新設型の場合は新設会社の成立の日）に買取りの効力が生じることである（786条6項・798条6項・807条6項）。協議が調わず買取価格が決まっていなくても、ともかく売買の効力は生じるのである[10]。

　なお、株式買取請求権が行使された場合、会社側にとっては自己株式を取得することになるが、この場合には<u>分配可能額規制（461条参照）の対象とはされていない点</u>（☞第18講注11）には注意が必要である。

[2]　株式買取請求権を行使できる株主の範囲

(i)　株主総会で反対の意思を表明する機会のない株主

　株式買取請求権が与えられる株主の典型例は、[1]でも述べた通り事前に反対の通知をしたうえで実際に株主総会で反対票を投じた株主である。しかしながら、①組織再編を承認する株主総会で議決権がなかったり（785条2項1号ロ・797条2項1号ロ・806条2項2号）、②そもそも組織再編の承認のための株主総会が開かれない（省略可能である）場合（785条2項2号・797条2項2号）

---

10)　組織再編の効力発生日前であれば自由に撤回できるかというとそういうわけではなく、会社の同意が必要である（785条7項・797条7項・806条7項）。これは、とりあえず買取請求をしておいて、相場動向によっては買取請求権を行使するよりも市場で売却した方が得だとなれば撤回する、といった機会主義的な行動を防止するための規律であると考えられる。もっとも、効力発生日から60日以内に裁判所に対する価格決定の申立てがないときは、その後、株主はいつでも株式買取請求を撤回することができる（786条3項・798条3項・807条3項）。

には、反対の意思を表明しようにもその機会がないことになる。そこで、これらの株主については、事前の通知と株主総会での反対という要件を課すことなく、直ちに株式買取請求権が認められている。①に該当する株主として、議決権制限株式（☞第21講2[2](i)）の株主が主として想定されている一方、株主総会の基準日後に株式を取得した株主については争いがある。②に該当する株主として、略式手続（☞第28講2[3](ii)）によって株主総会が省略される側の会社の株主が想定されている。これに対して、簡易手続（☞第28講2[3](ii)）によって株主総会が開かれない場合は、そもそもその組織再編がもたらす株主への影響が軽微であることが理由であるから、そのような重大でないイベントについて株式買取請求権は認められていない（785条1項2号・797条1項ただし書・806条1項2号）。

(ii) いつまでに株式を取得している必要があるか？

(i)のうち、株主総会は開かれるけれども反対の意思を表明する機会のない株主にも株式買取請求権を与えるために、条文では「当該株主総会において議決権を行使することができない株主」という文言が用いられている（785条2項1号ロ・797条2項1号ロ・806条2項2号）。この文言だけを読むと、株主総会後に株式を取得した者にも株式買取請求権を与えられそうである。しかしながら、そのような株主は、組織再編が所定の条件で行われることが確実であることを知ったうえで株式を取得しているはずである。そうだとすると、たとえばその組織再編ではマイナスのシナジーが生じてしまう、あるいは、対価が相手方当事会社の株主に有利に、したがって当該会社の株主に不利に設定されている、といった、株式買取請求を根拠づける株主の不満のタネがありうることをわかったうえで、自ら進んで株式を新たに取得したと捉えても問題ないと考えられる。そこで、通説は、株主総会後に株式を取得した株主には、株式買取請求権は与えられないと解している。

さらに、このような「組織再編の条件を知ったうえで自ら進んで株式を取得した株主には株式買取請求権を与えない」という考え方を、どこまで拡張できるかが問題となる。

とりわけ上場会社などの場合には、組織再編を行うにあたっては、株主総会

を開催する前にプレスリリースなどを通じて対価の内容を含む当該組織再編の詳細な条件までを公表することが通例であるから、先のような考え方を、このような株主総会以前の組織再編条件公表後の段階で株式を取得した株主にも及ぼして株式買取請求権を否定することも考えられる。

　しかしながら、公表されただけではまだ組織再編がその条件通り実施されるかは確実であるとはいえないし、組織再編の条件を知ったうえで、そのような不当な条件の組織再編を阻止すべく、株主総会において数多くの反対票を投じるために株式を取得するという行動も、一定程度合理性のあるものであると考えられる。このような行動をとろうとする株主にも株式買取請求権という形で退路を残しておけば、安心して議案への反対のために株式を取得する者が増え、不当な条件の組織再編に反対する者が増える結果、適正な組織再編となるようにチェックする機能が働くことになって社会的に望ましいとも考えられる。このような理由から、組織再編条件が公表されただけの時点で株式を取得した株主には、なお株式買取請求権が認められると解するのが多数説である。

3　他の制度による救済

　組織再編における株主保護に関しては、差止請求や組織再編無効の訴えなどの制度も用意されている。ここでは、主として株主の経済的利益の保護という観点から、これらの制度がどの程度利用可能であるかを簡単にみておこう。

[1]　差止請求

　組織再編が法令または定款に違反する場合において、当事会社の株主が不利益を受けるおそれがあるときは、当該当事会社の株主は、当該当事会社に対し、組織再編をやめることを請求することができるとする差止請求制度（784条の2第1号・796条の2第1号・805条の2）があることはすでに紹介した（☞第28講2[3](ⅲ)）。

　if シナリオ S30-a や **S30-b** のような場合、マイナスのシナジーの発生やシナジーの不適正な配分によって、「株主」は経済的な「不利益」を受けるおそれがあるといえるから、後半の要件は満たしているといえそうである。しかしながら、そのような株主の経済的不利益を生じさせるような組織再編態様（統合

効果の薄い再編）やシナジーの不適正な分配が、具体的にどの法令に違反する
行為になるのかは必ずしも明らかではない。むしろ、すでに述べたように、略
式手続の場合には対価の不当性を差止事由として明文で規定している（784条
の 2 第 2 号・796条の 2 第 2 号）ことを考慮して、略式手続以外の場合において
は、対価の不当性は差止事由とはならないと解するのが多数説である（☞第28
講 2 [3](ⅲ)）。

　もっとも、株主総会において、相手方当事会社の議決権行使によって著しく
不当な対価を内容とする組織再編が決議された場合などには、株主総会決議取
消事由（831条 1 項 3 号）があることになる（☞第 7 講 2 [4](ⅲ)）が、このような
決議取消しの瑕疵がある株主総会決議に基づいて進められようとしている組織
再編が「法令」違反に該当するかどうかは争いがある[11]。

　このように考えると、差止制度は、必要な手続を全く行っていないなど、組
織再編手続の脱漏の場合には比較的使いやすいものの、株主の経済的利益の保
護を図る目的では使いにくい制度であるように思われる。

[2]　無効の訴え

　組織再編の効力が生じたとされた後であっても、一定の場合に組織再編の効
力を事後的に覆すための無効の訴えの制度が設けられていることについてもす
でに紹介している（☞第28講 2 [7]）。そして、組織再編無効の訴えの提訴権者
の中に、組織再編の効力が生じた日において当事会社の**株主等**（828条 2 項 1 号
参照）であった者や、組織再編の効力発生後に存在する当事会社・新設会社の
株主等も含まれる（同条 2 項 7 -12号）ことから、不当な条件を渋々受け入れた
株主が（あるいはもしかしたら株式買取請求権を行使して当事会社と縁を切った旧
株主も）、対価の不当性を理由として組織再編の効力を事後的に覆すことを考
えるかもしれない。

　この点に関して、組織再編無効の訴えの請求が認容される無効事由について
は、明文の規定はなく、解釈論に委ねられているとされているものの、対価の

---

11) 詳細については、コンメ（補巻）760頁-761頁［伊藤靖史］参照。

不当性については、株式買取請求制度があることから無効事由にならないと解する裁判例がある[12]。

　もっとも、[1]でも述べたように、株主総会において、相手方当事会社の議決権行使によって著しく不当な対価を内容とする組織再編が決議された場合などには、株主総会決議取消事由（831条1項3号）があることになるところ、このような決議取消しの瑕疵がある株主総会決議に基づいて組織再編が効力を生じた場合には、この決議取消しの瑕疵が組織再編無効の訴えの無効事由になると解するのが多数説である[13][14]。

●第30講のおさらい

・「シナジー分配価格」と「ナカリセバ価格」は、それぞれどのような局面でどのようなものとして用いられるのだろうか？⇒1 [3]

---

12)　[SU37・百89]東京高判平成2年1月31日資料版商事法務77号193頁。

13)　組織再編を承認する株主総会決議（以下「承認総会決議」という）がないという手続的な違法は無効事由になると解されているものの、取消しの瑕疵のある株主総会決議は取り消されるまでは有効であるから、本文で述べたような特別利害関係株主の議決権行使によって著しく不当な決議が成立した場合（これは決議取消事由である）において、組織再編無効の訴えの請求が認容されるためには、前提としてまず承認総会決議の取消しの訴えを提起してその請求が認容される必要があると考えることもできないではない。しかしながら、承認総会決議の取消しの訴えの確定を待っていたのでは、828条1項の定める提訴期間内に無効事由の有無が判明しないという不都合が生じうることから、多数説は、端的に承認総会決議に取消しの瑕疵があることをもって当該組織行為の無効事由と解している。この場合、組織行為の効力発生までは承認総会決議の取消しの訴えを提起しておき、効力発生後は組織行為の無効の訴えに切り替えて組織行為の効力を争うべきであるとする（承認総会決議の取消しの訴えは組織行為の効力発生後は組織行為の無効の訴えに吸収されるという考え方であり、**吸収説**と呼ばれている）。この場合、組織再編無効の訴えにおいて争われているのは、実質的には承認総会決議の取消しの瑕疵であることから、決議取消しの訴えの提訴期間が決議後3ヶ月に限定されていること（831条1項）との平仄を揃えるために、決議取消しの瑕疵を組織再編の無効事由として主張できるのは決議後3ヶ月以内に限られると解されている（コンメ（19）115頁［舩津浩司］）。

14)　このほか、不当な対価を設定した取締役の責任の追及をすること（429条等）も考えられる。もっとも、独立当事者間での組織再編の場合、設定された対価の不当性を理由として取締役の責任を追及するためには、その判断の前提となった事実を認識する過程における情報収集やその分析に誤りがあるか、あるいは、その意思決定の過程や内容に企業経営者として明らかに不合理な点があることを要するとする下級審裁判例がある（[百A29]東京地判平成23年9月29日判時2138号134頁）。

・株式買取請求権を行使できる株主とは、どのような株主だろうか？⇒2
　[2]
・対価の不公正は組織再編の差止事由になるだろうか？また、無効事由に
　なるだろうか？⇒3

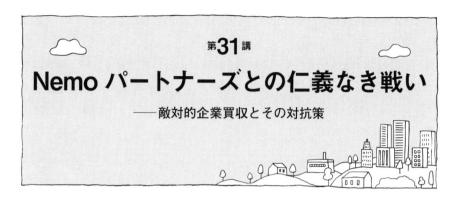

第31講
Nemoパートナーズとの仁義なき戦い
―― 敵対的企業買収とその対抗策

　本講と次講は、いわゆる企業買収の話題である。本書では、企業買収を、株式の取得を通じてある会社の経営を支配することを目指す活動であるとしておこう。以下では、このような活動を行う主体を**買収者**と呼び、買収者が経営支配を目指す会社のことを**対象会社**と呼ぶことにする。

1　株式の取得を通じた経営権の獲得

S31-1　[Nemoパートナーズが攻勢を強める]
ウメザキ製菓を吸収合併して新たな出発をしたSL食品の経営陣に対して、以前から積極的に同社の株式の取得を進め、現在発行済株式総数の約10％を保有することとなった投資ファンドのNemoパートナーズは、改めてさらなる株主還元の充実を求める申し入れを行った。これに対してSL食品の経営陣は、保有する現預金は新生SL食品の将来的な発展のために必要な資金である、としてこの要求を拒否している。

　この**ストーリーS31-1**では、対象会社（SL食品）の経営に現在関与していない者（Nemoパートナーズ）が、対象会社の経営に注文をつけているものの、対象会社経営陣はいうことを聞いてくれない。Nemoパートナーズとしては、SL食品の経営に関する自らの考えを推し進めていくためには、どのような方法が考えられるだろうか。

[1]　株式の取得による経営権の獲得（「企業買収」）の特徴

すでにネタバレしているが、Nemo パートナーズとしては、SL 食品の株式を大量に保有することによって同社の経営を支配することを目指す、というのが先の問いの答えになるだろう。

株式をより多く保有することによって、株主総会における議決権の数も増大する[1]。公開会社のデフォルト・ルールでは、株主は、株主としての資格で会社の具体的な業務執行に関与する権限はないが、株主総会決議を意のままにできるまでの議決権数（議決権比率）を保有することによって、取締役などの会社の業務執行に携わる経営陣の選解任権を実質的に掌握することができる[2]から、それによって自分の息のかかった者を送り込み、対象会社の経営を支配することができるのである[3]。

> もっとも、あくまで会社経営は現経営陣に任せるけれども、自分たちの方針に従って経営をしてほしいという買収者もいるであろうが、その場合でも、最終的には "クビにするぞ！" という脅しがある方が現経営陣を自らの意に従わせやすくなる、という意味で、やはり株主総会決議を意のままにできるだけの議決権数を握っていることが重要であると考えられる。

[2]　株式の取得方法

では実際に、買収者はどのような形で経営権を握れるだけの数の株式（議決権）を集めるのであろうか。

ストーリー S31-1 のような状況におけるポイントは、買収者（Nemo パート

1）ただし、議決権のない株式もありうる点については、☞第6講2 [2](ⅱ)。

2）実際に会社経営に携わるのは、監査役（会）設置会社や監査等委員会設置会社の場合には（監査等委員でない）取締役であり、これは株主総会の（定足数軽減制限のついた）普通決議で選解任される（341条参照。☞第8講2 [2]・第16講4 [1]）。他方、指名委員会等設置会社の業務執行は執行役が行い、その選解任は株主総会ではなく取締役会の決議によることになる（402条2項・403条。☞第16講2 [1]）が、買収者が取締役会の決議を自らの思い通りにするためには、やはり自らの息のかかった者を取締役として株主総会で選任してもらう必要がある。

3）なお、買収者は自ら株式を取得し保有しなくとも、株主総会で自分の意に沿うような決議を成立させることができれば経営権を獲得できる。そのために、株主提案権（☞第5講3 [1] [2]）や委任状勧誘（☞第6講注8）などが用いられることもある。この場合には、買収者は、対象会社の一般株主に対して自らの提出した議案に賛同してもらうように働きかけていくことになる。

ナーズ）は、対象会社（SL 食品）の経営陣からの協力が得られそうにない、という点である。対象会社の経営陣の同意を得ないで対象会社の経営権の獲得を目指すことは、**敵対的買収**と呼ばれることが多いが、たとえば募集株式の第三者割当てを引き受けることによって大量の株式を保有しようと思っても、そもそも公開会社の募集株式の発行等については取締役会決議が必要である（201条。☞第23講 1 [1](ii)）ため、対象会社経営陣の協力が得られない敵対的買収の場合には、これを用いることができない。

(i)　金銭対価の売買

　敵対的買収のために用いることのできる最もシンプルな方法は、対象会社の株式を保有している株主（以下「一般株主」という）1 人ひとりから個別に（金銭を対価として）対象会社株式を譲渡してもらう方法である。要するに、株主総会を支配できるだけの数の対象会社株式を一般株主が売ってくれさえすれば、買収者は対象会社の経営権を獲得することができるのであり、この方法による限りは、理論的には対象会社の経営陣の協力なしに行える。

　対象会社が上場会社の場合には、買収者は株式市場を通じて対象会社株式を購入することができるものの、株主総会決議を支配できるほどの多数の株式が市場で常に売りに出されているわけではないだろうから、それだけの数を買い集めるためには少しずつ継続的に買い集めることをせざるをえず、それによって市場が混乱するなどの問題が生ずることもある。そこで、買収者は、市場を通さずに直接株式を売ってくれる人を募る**公開買付け**という手続を用いることが多い。公開買付けによる場合には、金融商品取引法（同法27条の 2 以下）をはじめとした資本市場の諸ルールが適用され、その規律の中で一定程度株主の保護が図られている[4]。

4）本書では、上場会社以外の会社にも基本的に妥当する会社法の一般的な規律のみを説明するにとどまらざるをえず、公開買付けに関するルールまでを詳しく説明することはできない。金融商品取引法における公開買付規制については、金融商品取引法の体系書・教科書（たとえば、黒沼悦郎『金融商品取引法〔第 2 版〕』〔有斐閣、2020年〕第 5 章、飯田秀総『金融商品取引法』〔新世社、2023年〕第 9 章）を参照されたい。

(ii)　株式交付

　さらに、買収者が日本の会社であって、対象会社が買収者の子会社となるまでの議決権比率の株式を対象会社株主から取得することを目的とする場合には、**株式交付**（2条32号の2）によって、買収者の株式を対価として買収を行うことができる（☞第27講3[1]）[5]。株式交付を公開買付けの際に利用すること、すなわち対価を自社株式（買収者の発行する株式）とする公開買付けも可能である。

　株式交付は、主として現物出資規制を回避するための立法的な工夫として、組織再編（とりわけ株式交換[6]）と横並びの規律をしている部分が多々みられるものの、その本質は買収者（法律上は「株式交付親会社」〔774条の3第1項1号〕）と対象会社（法律上は「株式交付子会社」〔同条同項同号〕）の株主1人ひとりとの間の、買収者株式と対象会社株式の物々交換取引であると構成されており、したがって、会社法上対象会社による手続的な関与は（譲渡制限株式の場合の譲渡承認を除いて）一切必要ない[7]。したがって、（とりわけ対象会社が上場会社の場合には）対象会社経営陣の協力なしに利用できる制度であるため、理論上は敵対的買収にも株式交付を用いることができる[8]。

5）株式交付は、株式交付親会社が株式交付子会社を子会社とする（対象会社の議決権を過半数保有する）ために一括して株式交付子会社の株式を取得するためにのみ用いることのできる制度である点（774条の3第2項、774条の11第5項3号参照）には注意が必要である。言い換えれば、議決権比率を3割から4割に（あるいは6割から7割に）増やしたい、といった目的のためには用いることができない制度なのである。

6）もっとも、株式交換制度が、対象会社少数株主が保有するすべての対象会社株式を強制的に買収会社（完全親会社となる会社）の株式と交換するのに対して、株式交付制度は、買収会社の株式と引換えに対象会社株式を渡してもよいと思う対象会社少数株主のみと株式を交換することになるのであり、株式の交換が強制されるか任意かといった構造的な違いもあるため、株式交付には株式交換とは大きく異なる規律も数多くみられる点には注意が必要である。

7）株式交付においては、株式交付計画が作成されるが、これは株式交付親会社のみが作成するものであり（774条の3）、また、その承認のために株主総会決議が必要となるのも株式交付親会社のみ（816条の3第1項）であって、したがって、反対株主の株式買取請求権も株式交付親会社の株主のみに与えられる（816条の6）。株式交付子会社の株主からしてみれば、他社の支配下に入ることは自分たちの利害に大きな変化をもたらしうる重大なイベントであるはずだが、株式交付子会社において株主総会決議は要求されておらず、反対株主の株式買取請求権も認められない。

2 敵対的企業買収への対応を考える視点

S31-2 ［中島株主、買収後の状況に不安を覚える］

SL 食品の経営陣が自分たちの提案を受け入れる気配がない様子をみた
Nemo パートナーズは、持株比率が発行済株式総数の50.1％に達するまで
SL 食品の株式を1株1200円で公開買付けにより取得する計画を公表した。
これに対して、SL 食品の経営陣は、「Nemo パートナーズが経営権を掌握し
た場合、めぼしい資産をあらかた売り飛ばして会社をバラバラに解体するこ
とが予想され、SL 食品の企業価値が大きく損なわれる」として、この公開
買付けに反対する旨の意見を表明している。

SL 食品の株式を200株保有する中島株主としては、SL 食品の企業価値は、
現経営陣の下では1株1500円程度になると見込んでいるものの、Nemo パー
トナーズが経営権を掌握した場合、1株当たり企業価値が800円程度にまで
低下してしまうことを危惧している。

---

[1] 買収者のよからぬ企みの可能性

1でみたように、株式の取得を通じた企業買収は、あくまで一般株主と買収
者という、対象会社外にあって対象会社に対する投資意向を有する者同士の自
由意志に基づく取引であるから、それを売買契約の当事者以外の者が止めに入
るような無粋なことを認める必要はなさそうにみえる。**ストーリー S31-2** の
中島株主も、提案された価格が低いと感じるのであれば売らなければよいだけ

---

8) 本文では、株式交付制度は"理論的には"敵対的買収にも利用可能であると説明しているが、
現実には友好的買収に際してのみ用いられることが予想されている。これは、株式交付を用いた
敵対的買収に対して対象会社側が買収に抵抗し、対抗策を講じた場合に、株式交付の効力が生じ
ない可能性があるからである。具体的には、株式交付とは、買収者（株式交付親会社）が対象会
社（株式交付子会社）を子会社にする場合のみに用いることのできる制度である（☞注5）ため、
株式交付手続中に、対象会社が募集株式の発行等をすることによって、買収者としては当初の予
定（株式交付計画）通りの数の株式の譲渡しを受ける目処が立っていたとしても、それだけの数
の株式ではなお対象会社を買収者の子会社とするには足りないことになり、株式交付の効力が生
じず（774条の11第5項3号参照）、あるいは株式交付無効事由となるのではないか、という問題
がある。

　の話であるし、そのように考える一般株主が他にもたくさんいれば、買収者は目論見通りの数の株式（議決権）を取得できない結果、不当に安い値段での買収は不成功に終わるだけだとも考えられそうである。

　しかしながら、中島株主が不安視しているように、買収者が、経営権を獲得した後に対象会社の企業価値を減ずるような方策をとるとすれば話は変わってくる。この点に関しては、対象会社を食い物にした報いは、対象会社株式の減価を通じて大株主たる買収者自身に跳ね返ってくるのだから、そのような無茶なことはしないのではないか、という楽観をしたいところだが、買収者による経営権獲得後もなお対象会社に少数派株主として残る一般株主がいれば、多数派株主となった買収者が会社から利益を吸い上げ、その損失を少数派株主に押しつけることができてしまう。

　さらに問題であるのは、そのような買収者による経営権獲得後の対象会社の惨状が予想される場合には、買収（対象会社の経営権獲得のための買収者による対象会社株式の取得）の段階で買収者が一般株主に対して提示する株式の売買価格が不当に安いものであったとしても、一般株主は"逃げ遅れてもっとひどい目に遭うよりはマシ"だと考えて、提示された安い価格での売却に応じてしまう可能性がある点である。このように、<u>買収が成立した後のさらなる不利益をおそれて、買収の段階で一般株主が不当に安い価格での売却に応じてしまう作用</u>のことは**強圧性**と呼ばれている。

　このように、強圧性のある買収をはじめとして、買収の態様次第では一般株主に不利益が及ぶ危険性がある。したがって、株主の利益の保護という観点からは、そのような買収が生じないように対抗措置を一定程度講ずる必要性が認められるところ、（特に上場会社のように、所有と経営〔会社運営〕が完全に分離した会社を念頭に置くと、一般株主自身がそのような対応をとることは時間的にも能力的にも期待できないことから）それらの対応については、会社運営を委ねられた取締役等の対象会社の経営陣に一定程度委ねざるをえないことになる。

［2］　既存経営陣が保身に走る可能性

　では対象会社経営陣が敵対的買収への対抗措置を自由に講じてよいかというと、それはそれでまた問題がある。

　対象会社の経営陣の視点から企業買収を捉えた場合、自社の株主総会を支配する大株主が現れることになるのであるから、それは要するに、その大株主の一存で、自分たち経営陣のクビが切られてしまう可能性が生じることを意味する。そうすると、買収が成功することによって、これまで自分たちが享受してきた様々な便益（会社から得られる報酬、経営トップ層としての会社内での強大な権力、社外におけるステータス等々）を一挙に失ってしまう可能性が生じることになる。

　このように、対象会社の経営陣は、支配権を誰が握るかについて個人的な利害を有していることから、真に対象会社やその株主の利益を考えるのではなく、自らの利益を守るという保身目的で、買収に対する対抗措置を講ずるおそれがあるのである。

[3]　会社法学の観点からの基本的な考え方

　経営陣に（自己利益の追求ではなく）会社の利益を追求させるためにはどのような仕組みをつくればよいか、という問題は株式会社法の永遠のテーマであるが、敵対的買収の存在はむしろこのために役に立つという指摘もある。すなわち、敵対的買収の脅威にさらされることによって、経営陣は買収がされにくくなるように（自己利益の追求を控えて）会社の業績を上げる努力をする効果[9]があるといわれている。このような効果のことは、**敵対的企業買収の規律効果**と呼ばれたりする。

　敵対的な買収者に対して、対象会社経営陣はどのような要件が揃えばどのような方策によって対抗することが許されるか、という問題は、[1]や[2]で述べたように、買収者による株主・会社の搾取の危険性と、対象会社経営陣の自己利益の追求の危険性とのバランスを考える必要のある非常に難しい問題であるが、上記のような企業買収の規律効果を考えれば、対象会社の企業価値を減じたり、対象会社株主に不当に安価での対象会社株式の売却を強要するような敵

9）会社の業績が向上すれば株価も上昇し、買収者が経営権を獲得するための株式の取得費用が上がることによって、買収がされにくくなると考えられる。

対的企業買収に対して、そのような結果が生じないようにする目的である限り
において、これを阻止することを認めるのが適切だということになりそうで
ある。

> 世の中で企業買収が話題になる際には、慣例的に"敵対的"な企業買収から"防衛"す
> る、といった、買収者を一方的に悪とする印象を植えつけかねない言葉が用いられること
> が多い（そして本書もそれを踏襲している）が、その言葉の響きに惑わされないように気を
> つける必要がある。
> なお、この点に関連して、わが国では、敵対的買収が従業員の雇用の削減に繋がるもの
> と捉えられ、買収者を従業員の敵とみなして従業員集団が買収に反対する意見を表明する
> ことがある。企業買収の局面において従業員の雇用はどこまで守られるべきか、という問
> 題は、軽々に論じられるものではないが、本書では、会社法の役割は株主利益の維持増大
> のためのルールを定めることにある（したがって、従業員保護は会社法の果たすべき本来の役
> 割ではない）ことにして、そのような狭い守備範囲を前提とした会社法の解釈として、敵
> 対的企業買収についてどのように考えるべきか、という狭い視点でのみ議論を展開してい
> ることをお断りしておきたい。

3　買収防衛策の具体例

　2で述べたことからすると、一定の条件の下においては、対象会社経営陣は、
敵対的企業買収に対して、それを阻止することを含めた一定の対抗措置を講ず
ることが許されることになる。その一定の条件とは具体的にどのようなものか
が最も重要な問題であるところ、この点に関しては、4において判例の考え方
の一端を紹介することにするが、ここでは、その判例を理解するために必要な
基礎知識を得ることも兼ねて、様々に考えられている買収防衛策のうち、有力
なものについて簡単に説明しておきたい。

　なお、この問題を語るうえでは、まず、大きく2つの状況に分けて考えるの
が通例である。すなわち、対象会社の経営権の獲得を目指した買収者が具体的
に登場している状況において、その買収者に対象会社が蹂躙されないように対
抗策をとるという局面と、そのような買収者が具体的に現れているわけではな
いものの、よからぬ買収者が現れて蹂躙されないための予防策をあらかじめ講
じておくという局面である。前者を**有事**の対抗策、後者を**平時**の予防策、と呼
ぶことにしよう。

[1]　有事の対抗策

　1 [1]で述べたように、買収者の狙いは、株式の取得によって議決権比率を上昇させ、対象会社の株主総会を支配することにあるから、買収者に対象会社の経営権を渡さないためにとりうる対抗策は、買収者以外の対象会社株主の議決権を増やすことで、買収者が議決権比率を高めることを阻止する、あるいは高まった議決権比率を低下させる、という形が基本となる。

(i)　ホワイトナイトへの第三者割当て

　敵対的買収者が有する対象会社に対する影響力を削ぐ（あるいは影響力の増大を阻止する）のに最も効果的であるのは、現経営陣に友好的な者を割当先とする第三者割当てによる募集株式の発行等をすることである（この場合の経営陣に友好的な割当先のことを**ホワイトナイト**〔白馬の騎士〕と呼んだりする）。この対抗策は、現経営陣に敵対する買収者の議決権比率を下げるのと同時に、現経営陣に賛同してくれる議決権を増やすことができる[10]という点で非常に強力な対抗手段であるが、特に後者の特徴は、経営陣の保身（自己利益の追求）を助長しかねないという副作用が大きいと考えられる。

(ii)　行使価格が低廉な新株予約権の無償割当て

S31-3　[新株予約権無償割当てによる対抗策]
ストーリー S31-2 で公表された Nemo パートナーズの公開買付けに対抗するため、SL 食品では、新株予約権無償割当て（保有する SL 食品株式 1 株につ

---

10)　たとえば、敵対的買収者が発行済株式総数 1 万株の対象会社の株式を5001株取得すれば株主総会の普通決議を常に支配することができるが、対象会社側はさらに 1 万 1 株を新たに発行してホワイトナイトに割り当てれば、買収者ではなくホワイトナイトが株主総会の普通決議を支配できる（ただし、206条の 2 の規律〔☞第22講注 3〕に注意）。買収者がそのような新株発行にもめげずにこの対象会社の経営権を獲得しようとするためには、さらに追加的に5000株以上を取得しなければならないところ、そのためにはホワイトナイトから株式を売却してもらう必要があるが、そもそもホワイトナイトが買収者に株式を売ることはない（そのために対象会社経営陣は割当先に選んだ）のである。

き新株予約権 3 個を割り当てる）を実施することとした。割り当てられる新株
予約権は、権利行使によって新株予約権 1 個につき SL 食品の新株 1 株を払
込金額 1 円で取得できることを内容とするものであるが、併せて、⒜ Nemo
パートナーズの関係者はこの権利を行使することができないこと、および、
⒝一般株主については、株主に割り当てられた新株予約権 1 個につき SL 食
品の新株 1 株と引換えに、当該新株予約権を会社（SL 食品）が取得できる
とする取得条項も定められていた。

　対抗策が必要とされる趣旨（☞ 2）に照らせば、経営権を握れるような議決
権比率を買収者に得させなければよいだけであって、第三者割当てによって代
わりに誰か特定の者の影響力を強めるようなことまでをする必要はない[11]。し
かも、募集株式の発行等は資金調達のための制度であるという法的な建前は比
較的強固であるから、これを用いた対抗策の実施に際しては、何らかの形で資
金調達の必要性が問われることになる（☞第24講 1 [2]）。このように考えてい
くと、資金調達とは無関係に買収者の議決権比率だけを下げるような方策が、
募集株式の発行等に関するこれまでの裁判例の流れからは許容されやすい対抗
策であるといえそうである。そこで用いられるのが、（権利行使価額を極めて低
額にした）新株予約権を既存株主に無償で割り当てる新株予約権無償割当て
（277条。☞第25講 2 [2]）である。

　もっとも、新株予約権無償割当ては、新株予約権を株主の持株比率に応じて
割り当てなければならないとされている（278条 2 項）ことから、買収者がすで
に多数の株式を取得している場合には、買収者に割り当てられた新株予約権も
行使されてしまうと、買収者の議決権比率を低下させる効果は無くなってしま
う。そこで、新株予約権自体は買収者に一般株主と同様に割り当てることによ
って278条 2 項の規定は守りつつ、買収者（およびその関係者）以外の者のみが
新株予約権を行使できるという条件をつけること（**ストーリー S31-3 の下線部**

11）なお、敵対的な株主の議決権比率を下げることを目的として株主割当てや公募を用いたと思わ
　れる事例もないわけではないが、それほど多くないと思われる。

ⓐ参照）で、この問題に対応している。

　さらに、新株予約権はあくまで新株予約権者が権利を行使して新株に対する払込みをした場合にのみその者が新株を取得するに過ぎない（281条1項参照。☞第25講1 [2](ii)）から、一般株主が割り当てられた新株予約権を行使して新株を取得・保有してくれないと買収者の議決権比率は低下しないことになってしまう。これに対応するために、無償で割り当てる新株予約権に取得条項を付しておき、その取得の対価として対象会社の新株を与える（236条1項7号ニ）ことにするのである（**ストーリー S31-3** の下線部ⓑ参照）。このようにすれば、（一般株主のアクションを待つことなく）会社の決定だけで、買収者の議決権比率を強制的に引き下げることができるのである。

[2]　平時の予防策

　[1]は、具体的な買収者が現れてから講ずる対抗策であるため、買収者のみならず一般株主にとっても不意打ちとなり、不測の不利益を被らせるおそれがある。また、買収者が誰であるかがわかったうえで発動する対抗策であるから、対象会社経営陣にとってその買収者が気に入らない場合にだけ発動するような恣意的な運用となる危険性もある。

　そこで、平時において、一定比率以上の議決権を有する買収者が現れた場合に、対象会社の一般株主の利益を保護するために買収者が守るべき手続（買収者は買収後に対象会社の経営をどのようにするつもりなのかに関する情報を開示すべきこと等）を定めておき、その手続に従わなかった場合に限って [1](ii) のような対抗策を発動させることをあらかじめ宣言しておくということも行われている。これは**事前警告型**買収防衛策と呼ばれている[12)13)]。

---

12)　事前警告型買収防衛策は、買収者に情報開示などの一定の手続を踏ませることで急激な買収の進展を防止することに主眼があることが多い。これは、そのようにして与えられた情報・時間を用いて対象会社経営陣が真に株主利益に適った対応策をとることができるようにするとともに、一般株主に買収者の提案（と現経営陣の提案と）を（比較して）検討することができるようにするためのものであるといった説明がされることが多い。

4　ブルドックソース事件最高裁決定

　では、実際に、どのような条件が揃えば、どのような内容の買収防衛策が許されるのであろうか。この点に関しては、対象会社の直面する様々な状況によって変化しうるものであって、一般的な規範を定立することは困難であるので、ここでは、有事の対抗策として差別的な内容の新株予約権の無償割当て（☞3[1](ii)）を行った事案に関するブルドックソース事件最高裁決定[14]（以下「ブルドック最決」という）の要旨をかいつまんで紹介するにとどめる。

[1]　株主平等原則との関係

　ブルドック最決の事案では、対抗策としてストーリーS31-3と同様の差別的な内容の行使条件や取得条項の付いた新株予約権の無償割当てが用いられた。先にも述べたように、この場合、新株予約権自体は株主全員に持株比率に応じて割当てをしていることから、278条2項の規定には反しない（☞3[1](ii)）。しかしながら、権利は株主全員に平等に与えるけれども一部の株主はその権利を行使できない、というような条件が付いているのであるから、実質的には株主平等になっていないようにも思える。この点に関して、ブルドック最決も、「株主は、株主としての資格に基づいて新株予約権の割当てを受けるところ、法278条2項は……株主に割り当てる新株予約権の内容が同一であることを前提としているものと解されるのであって、法109条1項に定める株主平等の原則の趣旨は、新株予約権無償割当ての場合についても及ぶ」と述べる。しかしながら、その後の箇所で、「特定の株主による経営支配権の取得に伴い、……

13）なお、平時において、"有事になったら権利行使可能になり、しかも権利行使価額はタダ同然の新株予約権"を一定の日の株主に割り当てるという防衛策も考えられる。しかしながら、この新株予約権は株式に伴って（分離されることなく）権利が移転する（随伴する）ようにしていなければ、その割当日以降に株式を取得した株主はその新株予約権を保有していないために、（ある日突然買収者が現れることで新株予約権が一挙に行使される結果、株式数がX倍にも増えてしまうけれども権利行使価格はタダ同然だから株式の価値はX分の1に下落してしまうため）不測の損害を被ってしまうことになるし、そうすると、そのような怖い株式を誰も買わなくなるため株価が低迷するなど、新株予約権を取得できる割当日の株主にも被害が及ぶと考えられる。そこで、このような株式に随伴しない新株予約権を平時に割り当てる買収防衛策は、不公正発行として差止めの対象となると解されている（ 百A42 東京高決平成17年6月15日判時1900号156頁）。

14） SU34・百98 最決平成19年8月7日民集61巻5号2215頁。

会社の企業価値がき損され、会社の利益ひいては株主の共同の利益が害されることになるような場合には、その防止のために当該株主を差別的に取り扱ったとしても、当該取扱いが衡平の理念に反し、相当性を欠くものでない限り、これを直ちに同原則の趣旨に反するものということはできない」とも述べている。

　要するに、差別的な内容の新株予約権無償割当てという、一見すると株主平等原則の趣旨に反するかのようにみえる有事の対抗策も、会社の利益ひいては株主の共同の利益が害されることを防止するという**必要性**があり、かつ、対抗策の内容に**相当性**があれば有効であるとしたのである。

[2]　対抗策の必要性の判断主体

　[1]でみたように、会社の利益ひいては株主の共同の利益が害されることを防止するという必要性があれば有事の対抗策も認められる。では、その必要性は誰が判断すべきであろうか。

　この点に関してブルドック最決は「特定の株主による経営支配権の取得に伴い、会社の企業価値がき損され、会社の利益ひいては株主の共同の利益が害されることになるか否かについては、最終的には、会社の利益の帰属主体である株主自身により判断されるべきものである」とする（下線は筆者による）。

　もっとも、そこで述べられている判断権者としての「株主」とは誰（どの範囲の株主）を指すのか、仮に株主総会による意思決定を求めるものだとすれば、その要件はどのようなものか（定足数や決議要件等）は明らかではない[15]。

---

15)　さらにいえば、ブルドック最決によって取締役会の決定のみで買収防衛策を講じることが完全に封じられたのかも明らかではない。この点に関して、ブルドック最決以前の高裁レベルの裁判例であるが、SU33・百97 東京高決平成17年 3 月23日判時1899号56頁では、取締役会限りで決定する新株予約権の発行について、「株主全体の利益の保護という観点から新株予約権の発行を正当化する特段の事情がある場合には、例外的に、経営支配権の維持・確保を主要な目的とする発行も不公正発行に該当しない」としたうえで、特段の事情として、買収者が**グリーンメイラー**（真に会社経営に参加する意思がないにもかかわらず、ただ株価をつり上げて高値で株式を会社関係者に引き取らせる目的で株式の買収を行う者）である場合や焦土化経営を行う目的で株式の買収を行っている場合など、「当該会社を食い物にしようとしている場合」を挙げている。このような目的を有する買収者は、**濫用的買収者**と呼ばれることが多い。

　ブルドック最決の事案で用いられた新株予約権無償割当てそのものは、取締役会設置会社においては取締役会限りでできるはずのものである（278条3項）。それにもかかわらず、実際の事案では、新株予約権の無償割当てを株主総会決議事項とする定款変更をしたうえで無償割当ての実施についての株主総会の決議を行い、無償割当てを実施した。このため、ブルドック最決では、本文で引用した要旨に続けて「株主総会の手続が適正を欠くものであったとか、判断の前提となった事実が実際に存在しなかったり、虚偽であったなど、判断の正当性を失わせるような重大な瑕疵が存在しない限り、当該判断が尊重されるべきである」と述べたうえで、出席議決権数の8割超の賛成で株主総会決議がなされたことをもって、上記「会社の利益ひいては株主の共同の利益が害されることになるか否かについて」の「株主自身」の判断として取り扱い、対抗策の必要性を肯定した。確かに、8割超という多くの株主が買収に No！と言っているのだからそれを尊重すべきだ、とはいいやすいであろうが、では対抗策に賛同したのが過半数にとどまったらどうなるのか、といったあたりは、ブルドック最決からはよくわからないのである[15]。

[3]　対抗策の相当性

　どのような対抗策であれば相当であるか、という点についても、ブルドック最決は、当該事案における対抗策の相当性を判断しているに過ぎないため、そこから一般論を導き出すことは難しい。

　とりわけ、ブルドック最決のように差別的な内容の新株予約権の無償割当てを用いた対抗策の場合、最も問題となるのは、強制的に持株比率を低下させられる買収者の不利益[16]をどこまで緩和する設計をする必要があるか、であろう。

15）このような株主の意思を尊重するブルドック最決を受けて、実務では、経営陣が買収防衛策（これは、新株予約権の無償割当ての実施等の法的手続の場合もあるし、買収者に対して追加的な株式の取得の中止やさらなる情報の提供を求めるという事実上の行為の場合もある）を発動する際に、（定款に株主総会決議事項として定められていないにもかかわらず）株主総会でそれに同意をする決議をすることも行われている。法令・定款に定める決議事項ではないことから、このような決議は**勧告的決議**と呼ばれる。もっとも、勧告的決議がされたこと自体にいかなる法的意義があるのか（ブルドック最決に照らして防衛策の必要性を根拠づける要素となるか、等々）はやはり不明である。この点に関して、法的に何の意味もないのであれば、その決議に何らかの瑕疵があっても放っておいても何も問題ないはずであるが、勧告的決議の無効確認の訴えの利益を一定程度認める下級審裁判例もある（[百 A43]東京地判平成26年11月20日判時2266号115頁）。

16）差別的取得条項付新株予約権による買収防衛策を発動された買収者は、自分を除く他の株主全員がタダ（同然）で株式の交付を受けることになるから、ちょうど、客観的価値よりも低廉な払込金額の株主割当てを引き受けられない既存株主（☞第22講3 [1] (ii)）と同様の経済的な不利益を被ることになる。

　この点に関して、ブルドック最決の事案では、新株予約権の取得条項として、買収者が保有する新株予約権については、買収者のみが持株比率を低下させられることによって生じる経済的価値の減少に相当する額を対価として対象会社が取得することも定められていた。このような買収者に対する経済的な補償措置があることを踏まえて、最高裁は結論として対抗策の相当性を認めている。対抗策の発動に伴い買収者に生じる損失の補償は、買収者の財産権の保護という観点からは至極当然の措置のようにも思えるが、学説では、対抗策の発動に伴って買収者に生じる経済的損失を必ず補償しなければならないわけではないとの理解が一般的である。買収がうまくいかなくても最低限買収資金は戻ってくるし、株価が高騰していればさらに高い価格で補償してくれるかもしれない、という期待を買収者が抱いてしまうと、社会的に望ましくない濫用的な買収を助長することになりかねないからである。

●第31講のおさらい
・敵対的企業買収の規律効果とはどのようなものだろうか？⇒2 [3]
・事前警告型の買収防衛策とはどのようなものだろうか？⇒3 [2]
・有事における敵対的買収者の議決権比率を低下させるような買収防衛策をとることは、株主平等原則に違反しないのだろうか？これが認められるための要件はどのようなものだろうか？⇒4

第32講
伸也相談役、経営第一線への返り咲きを狙う
——友好的買収と締出し

本講では、前講とは異なり、企業買収に際して対象会社経営陣の同意や協力が得られる場合、すなわち、いわゆる**友好的買収**の問題を取り上げる。まずは次のストーリーから始めよう。

S32-1 ［創業家が動く］

Nemo パートナーズからの敵対的買収をなんとか退けた SL 食品に、また新たな買収の話がもち上がっている。8 年前に取締役を辞して相談役となり表舞台から姿を消したものの、いまなお社内に強い影響力を有する創業家 3 代目の宮崎伸也は、ウメザキ製菓を吸収合併したことによる一般株主の増加が敵対的買収を招き、新興のファンドに伝統ある SL 食品の支配権を握られかねない状況に陥ったのだと考え、別の投資ファンドの支援を受けた創業家の資産管理会社（株式会社宮伸エンタープライズ）が SL 食品の全株式を取得することにより同社株式を上場廃止とすることを計画した。

　株式を買うこと自体は、資金さえあれば基本的には誰にでもできるから、対象会社の経営に携わってきた（元）経営陣のうちの誰かが買収者として名乗りを上げることも排除されない。それまで会社の経営に携わってきた人間が株式を大量に取得して株主としても影響力を強めることは、無関係の買収者による買収よりも従業員や世間一般に受け入れられやすく、（他の）経営陣からの賛同・協力も得やすい。このように、対象会社の経営に関与してきた者が買収者

となって登場する企業買収は、**マネジメントバイアウト**（Management Buy Out〔以下「MBO」と略称する〕）と呼ばれ、友好的買収のうちのそれなりの割合を占めている。また、MBOの場合には、**ストーリーS32-1**のように、買収者が単に多数の株式を取得するだけでなく、さらに対象会社になお残存する一般株主を締め出して発行済株式のすべてを買収者が取得することもよく行われている。後に説明するように、対象会社から買収者以外の株主を締め出すためには対象会社の協力が不可欠であり、（対象会社の協力を受けて行う株式の買受けという、狭い意味での）友好的買収と共通する問題も多いことから、本講では、締出しの問題も併せて取り上げることにする。

1　二段階買収の方法

> **S32-2　[MBO計画の公表]**
> SL食品のMBO実施計画が公表された。その内容は、ⓐ7800万株以上の売却応募があることを条件として、宮伸エンタープライズが公開買付けによってSL食品の株式1株を1050円で取得すること（これによりすでに保有している分と合わせて、SL食品の発行済株式総数の3分の2を超える株式数を宮伸エンタープライズおよびその関係者が保有することとなる）、および、ⓑこの公開買付けが成立した場合には、速やかに株式併合（3000万株を1株に併合）を実施し、公開買付け後もなおSL食品に残存するSL食品の一般株主には1株あたり1050円の対価を支払って締め出しをすることを内容とするものであった。相変わらずSL食品の株式200株を保有している中島株主としては、公開買付価格1050円は安すぎると考えており、公開買付けに応募するつもりはないが、他の株主はどのように考えているのか気になっている。

　買収者が、対象会社の株式をあまり保有していない状態から、発行済株式のすべてを保有する状態にまでもっていくためには、通常は、まず、株主総会の特別決議を支配できる程度の株式を買い集めたうえで、その議決権を背景として、会社法に定められた手続（＝対象会社〔の経営陣〕の協力が必要な手続）を用いて対象会社になお残存する一般株主（以下「少数株主」という）の締出しを

行うのが一般的である（このような2つのステップを一連のものとして実施する買収のことを指して、**二段階買収**と呼ぶことが多い）。以下の叙述の便宜のために、株式の買集めを第一段階、少数株主の締出しを第二段階と呼ぶことにしよう。

[1]　第一段階（買集め）の方法

　上場会社を対象会社とする締出しの場合、第一段階において用いられるのは、通常、公開買付けである[1]。公開買付け自体は対象会社（の経営陣）の協力が得られない状況でも実施可能であるが、公開買付けにおいて対象会社の現経営陣からの意見表明（応募〔公開買付者への売却〕を推奨するか否か等）が義務づけられており（金商法27条の10第1項）、この意見表明が一般株主に与える影響は小さくない（対象会社現経営陣が応募を推奨してくれれば公開買付けへの応募者が増える可能性が高まる）と考えられる。

　なお、公開買付けに際して、金銭対価のみならず、株式交付制度（☞第31講1 [2](ii)）を用いた株式対価によることが可能である。

[2]　第二段階（締出し）の方法

　第二段階の締出しのために用いられる方法としては、（金銭対価）株式交換（☞第27講3 [2]）のほか、株式併合、全部取得条項付種類株式および特別支配株主の株式等売渡請求が考えられる。

(i)　株式併合や全部取得条項付種類株式を用いた締出し

　対象会社の株主総会の特別決議を支配できるだけの議決権を集めた（けれども後述する総議決権の9割には届かない）買収者が第二段階で用いる締出手法として、かつては、全部取得条項付種類株式の全部の取得によるものが大勢を占めていたが、平成26年改正後は、主として株式併合が用いられているようであ

1）市場買付けの場合の難しさについては、☞第31講1 [2](i)。他方、対象会社の経営陣の協力が得られるのであれば、対象会社から募集株式の第三者割当てを受けるという方法も理論的にはありうるが、募集株式の発行等の場合には資金調達目的が問われるのが通常であり、単に締出しを実施するためだけにこれを用いることは、不公正発行に該当する可能性がある（☞第24講1 [2]）。

図32-1　株式併合の端数処理による少数株主締出しのイメージ

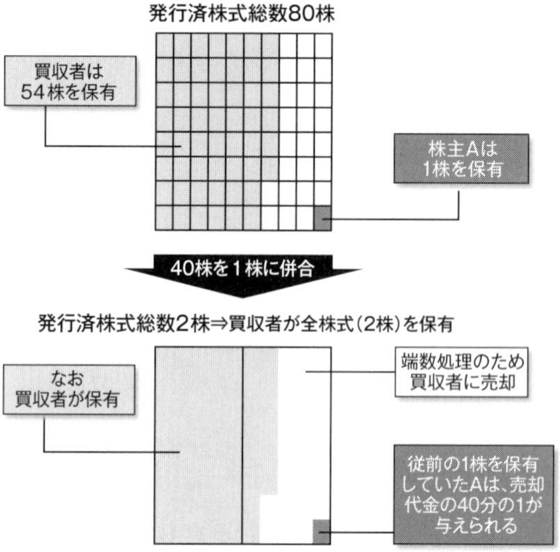

発行済株式総数80株

買収者は
54株を保有

株主Aは
1株を保有

40株を1株に併合

発行済株式総数2株⇒買収者が全株式（2株）を保有

なお
買収者が保有

端数処理のため
買収者に売却

従前の1株を保有
していたAは、売却
代金の40分の1が
与えられる

る。株式併合は、株式分割とともに投資単位の調整が本来的な利用方法である
（☞第21講）が、**ストーリーS32-2**の計画のように、筆頭株主である買収者以
外の株主は端数となるような大きな割合で株式併合を行うことで、少数株主は
金銭を受け取って対象会社から退出し、買収者のみが株主となる締出しを行う
ことができるのである（**図32-1参照**）[2]。

　全部取得条項付種類株式についても、締出しのための利用に絞ってごく大ま

2）株式併合とは、要するに、細かく割っていたものを大きく括り直す作業であるから、必然的に、
　従前の細分化されていた株式についてわずかの数しか保有していない株主は、大括りした後の大
　きな塊1つ分（併合後の1株）には満たないことになり、この株主に計算上割り当てられること
　になる端数をどのように処理するかが問題となる。株式分割や株式無償割当てにおいて、1株よ
　り細かな数での分割や割当てを行った場合（1株につき1.1株など）や組織再編対価の交付等の
　際にも、同様に端数が生じうる。現行会社法では、これらの端数をそのまま置いておくことはせ
　ずに、端数を集めて一塊となった株式を売却して得た代金を、端数の割合に応じて（元）株主に
　支払うという形で金銭による精算をすることになっている（235条1項）。端数を集めてできた株
　式は、競売の方法によって換金するのが原則であるが、裁判所の許可を得て特定の者に売却する
　（あるいは発行会社自身が買い取る）こともできる（235条2項・234条2-5項）。締出しを目的
　とした株式併合の場合には、買収者か会社自身が買い取ることにより買収者が全株式の保有する
　ことを実現できるのである。

かに説明すると、全部取得条項付種類株式は、会社のある種類の株式すべてを一斉に別の種類の株式に強制的に（株主総会の意思で）交換することができる制度であることから、この交換（ある種類の株式を全部取得するのと引換えに別の種類の株式を交付する）の際に、株式併合による締出しの場合と同様に、筆頭株主である買収者しか株式が割り当てられないような交付比率を設定することによって、少数株主を締め出すことが可能となる[3]。一種類しか株式を発行していない会社が全部取得条項付種類株式を用いて締出しを行う場合には、まず、複数の種類の株式を発行することについての定款変更の株主総会特別決議（466条・309条2項11号）および発行済の株式に全部取得条項をつける定款変更のための株主総会および種類株主総会の特別決議（108条2項7号・111条2項・324条2項1号）、さらに、当該全部取得条項に基づいて実際に取得することについての株主総会の特別決議（171条・309条2項3号）という複数の決議が必要となるが、実務上はこれらすべてを同日に行うことが一般的である[4]。

　全部取得条項付種類株式にしろ、株式併合にしろ、制度設計時にあまり想定されていなかった締出しという形での利用が一般化したことから、平成26年改正を経て、対価の相当性に関する事項などの情報開示（171条の2・182条の2、173条の2・182条の6、施則33条の2・33条の9、同33条の3・33条の10）の充実や、差止制度（171条の3・182条の3）の導入など、少数株主保護のための制度の拡充がなされている。

　もっとも、締め出される株主の主たる救済手段として、反対株主の株式買取請求権の行使（116条1項2号・117条、182条の4・182条の5）や全部取得条項付種類株式の取得の価格の決定申立て（172条）によって、締出しに際して支払われる対価の公正性を争うことができるものの、事後的な効力を覆すための（組織行為の無効の訴えのような）特別な制度は設けられていない。締出しの実

3）少数株主に対価が支払われ、買収者が全株式を保有するプロセスは、株式併合（☞注2）と同じく端数処理による（234条）。

4）本文で述べたように、全部取得条項付種類株式を用いた締出しの場合、複数の株主総会決議・種類株主総会決議が必要となるが、その一部について議決権行使の基準日を設定していなかったことを理由として、全部取得の決議が取り消された事例がある（百 A13 東京高判平成27年3月12日金判1469号58頁）。

施を承認する株主総会決議（株式併合であれば株式併合の決議、全部取得条項付種類株式の場合であれば、その取得の決議）に瑕疵があれば、決議取消しの訴え（831条）を提起し、決議取消しの請求認容判決が出れば遡及効に基づき締出しがされる前の状況に戻される、という形での救済が考えられているようである[5]。

(ii) 特別支配株主の株式等売渡請求を用いた締出し

また、すでに説明したように（☞第27講3[2](ii)）、第二段階の実施の時点で総議決権の9割以上を買収者が保有している場合には、**特別支配株主の株式等売渡請求制度**（179条以下）も用いる[6]ことが可能である。

この制度は、対象会社[7]の総株主の議決権の9割以上を保有する「**特別支配株主**」（179条1項参照）が、対象会社の少数株主（法律上は「**売渡株主**」〔179条の2第1項2号〕）に対して売渡しを請求し、所定の手続を経れば、売渡株主の同意や対象会社の株主総会決議を要することなく、少数株主が保有する対象会社株式の特別支配株主に対する売渡しの効力が発生するというものである。

特別支配株主は、いきなり直接に対象会社の少数株主に対して売渡しの請求をするのではなく、まずは売渡対価の額など所定の事項（179条の2第1項）を対象会社に対して通知する（179条の3）。これを対象会社の取締役会が検討し、承認した場合に限り、手続を進めることができる。対象会社の取締役会には、少数株主の保護の観点から、対価の水準が妥当であるかをチェックする第一関門としての役割を果たすことが期待されているのである。

また、手続をさらに進める際にも、なお対象会社が売渡株主に対する窓口と

5）なお、831条1項後段の「当該決議の取消しにより株主……となる者」にも（種類）株主総会決議取消しの訴えの提訴権を与える規定は、締め出されて提訴時には対象会社の株主ではなくなってしまった者が、締出しに関する（種類）株主総会決議を取り消すことで対象会社の株主に復帰することを前提とした規定であると解される。

6）なお、買収者が対象会社の総議決権の9割以上を保有している場合には、略式株式交換（☞第28講2[3](ii)）を利用して、対象会社の株主総会決議を経ることなく、少数株主を締め出すこともできる。

7）特別支配株主の株式等売渡請求の場合、「対象会社」は条文上用いられている法律用語である（179条2項参照）。

しての機能を担わされている点も特徴的である。すなわち、特別支配株主から売渡請求がなされたことは、対象会社からの通知または公告[8]によって売渡株主に知らされることになる（179条の4）し、対価の相当性等に関する情報開示も対象会社が行うものとされている（179条の5・179条の10）。

　締め出されることになる売渡株主の主たる救済手段は、法令違反がある場合や売渡対価が著しく不当である場合等において売渡株主が不利益を受けるおそれがあるときに可能な差止請求（179条の7）や、対価に不満がある場合に行う売渡株式等の売買価格の決定申立て（179条の8）[9]がある。また、事後的な効力を覆すために、提訴期間制限・原告適格の制限・専属管轄・対世効・遡及効の制限等の組織行為の無効の訴えに類似した特徴を有する売渡株式等の取得の無効の訴えが設けられている（846条の2-846条の9）が、対価の不当性が無効事由に該当するかは争いがある。

2　なぜ締出しが行われるのか

　ところで、ここまでの前提は、対象会社経営陣の選解任権を掌握することによって、対象会社の経営を支配できる、というものである。そして、経営陣、とりわけ取締役の選解任は株主総会の普通決議で行われるから、買収者として

8）179条の4第2項には、通知を公告で代えることができる旨の規定があるが、「（売渡株主に対してするものを除く。）」とあるから、売渡株主に対する通知を公告で代えることはできない。ただし、対象会社が振替株式を発行している場合には、株主名簿の記載と真実の株主とが一致するとは限らないことから、通知ではなく公告が必要である（振替法161条2項）。特別支配株主は、対象会社の株式の売渡請求に併せて対象会社の新株予約権の売渡請求を行うこともできる（179条2項参照）ところ、その場合の新株予約権者（「売渡新株予約権者」。179条の2第1項4号ロ参照）に対する通知は公告で代えることができる。

9）百83 最決平成29年8月30日民集71巻6号1000頁は、特別支配株主の株式等売渡請求は、対象会社の通知・公告（179条の4）によって特別支配株主と売渡株主との間で売買契約と同様の法律効果が生じるものであるとの理解に基づき、売渡株主の売買価格決定申立ては、上記通知・公告の時点の株主で対価の額に不服のある者に対して適正な対価を得る機会を与えるものであるから、それ以降に対象会社株式を取得した株主は価格決定申立てをすることができないとする。他の類似の制度（組織再編や株式併合等の株式買取請求制度、全部取得条項付種類株式の取得価格決定申立制度）において、対価の額を争えるのはいつの時点までに株主となった者か、という問題（☞第30講2 [2] (ii)）は、この判例の趣旨をどのように理解するかによって、見解が分かれうると思われる。

は、最低限、株主総会の普通決議を支配できるだけの議決権を掌握すれば対象会社の経営の支配は可能であるし、さらに株主総会の特別決議を支配できる程度まで議決権を掌握できれば支配は安泰だと考えられるのだから、それを超えてわざわざ少数株主を対象会社から締め出して発行済株式のすべてを取得する必要はないようにも思える。

　確かに、そのような形で、経営を支配できる程度の議決権比率の株式のみを保有し、対象会社の少数株主を残したままにすることは、法律でも金融商品取引所などのルールでも禁止されておらず、実際そのような例も少なくない[10]。しかしながら、他方で、経営の支配を獲得した後にさらに対象会社少数株主の締出しを行う例は、近時増加している。支配権を獲得した後に、さらに締出しまでを行うには追加的な資金が必要であるにもかかわらず、なぜ、買収者は締出しを行うのであろうか。

[1]　買収者にとっての必要性

　まず、すでに組織再編の総説のところ（☞第27講3[2]）で説明したように、対象会社に少数株主が残っている限り、なおそれらの少数株主の利益への配慮が必要であり、少数株主の利益を犠牲にして大株主である買収者の利益だけを追求することは許されないと考えられている。そうすると、買収者の立場からすれば、少数株主の利益保護という呪縛から解き放たれて対象会社の経営に自由に口出しできるようにするために、買収者以外の対象会社の少数株主には対象会社から（適切な対価を支払って）退出してもらう必要がある。

[2]　対象会社の一般株主にとって重要である可能性

　[1]は、いわば買収者側の都合での締出しの理由であり、それに付き合わされて対象会社の株式を強制的に取り上げられてしまう少数株主とすればたまったものではない、と思うかもしれない。実際、そのような買収者の都合だけで

---

10)　その典型例は、議決権の過半数を親会社が保有しながら、その株式が金融商品取引所に上場されている**上場子会社**と呼ばれる存在であろう。

締出しが行われることの当否はなお議論の余地がある[11]が、締出しという少数株主の意に反する形であったとしても、買収者による支配権獲得後にもなお株式の換金可能性を与えることが、（すべての局面ではないものの）対象会社の一般株主の保護に役立っている可能性があることにも注意する必要がある。

具体的には、支配権獲得後の締出しによって、前講で説明した企業買収時における強圧性を緩和する効果を期待できる場合があるのである。すなわち、強圧性とは、買収後のさらなる不利益が予見されることによって、買収時（第一段階）において一般株主が買収者の提示する不当に安い買付価格での売却に心ならずも応じてしまう作用である（☞第31講2[1]）ところ、第一段階の公開買付けに応じなかった株主にも、支配権獲得後において第一段階の買付価格と同額での換金を保障することによって、第一段階において一般株主が率直な意思を表明できる（後顧の憂いなく買付価格が高いか低いかのみで判断できる）可能性を高めているのである。

　　ストーリーS32-2を例に、この点を補足しておこう。ストーリーS32-2では、第一段階での株式の売却を一般株主に勧誘する前の時点において、第一段階における取得下限株式数（議決権比率）を定めたうえで、①その取得下限株式数に満たない応募しかなかった場合にはそもそも第一段階の買付けを実施しないこと（ストーリーS32-2の下線部ⓐ参照）[12]、および、②売却の応募が取得下限株式数以上であった場合には、買付実施後速やかに締出しを行って、対象会社に残存する一般株主の保有株式についても第一段階と同条件での対価ですべて買収者が取得する（少数株主の締出しを実施する）こと（ストーリーS32-2の下線部ⓑ参照）を公表している。

　　このような状況の下で、第一段階の買付価格が安過ぎると考える一般株主である中島さんがいるのである。中島さんが自身の買付価格に対する評価（安過ぎるという評価）に忠実に、売却の申込みをしなかった場合において、中島さんと同様に考える一般株主が他にもたくさんいたときには、取得下限株式数に満たない数の応募しか集まらない結果、①の条件によって、そもそもそのような低額の（と多くの一般株主が評価するような）対価での買収は実施されないことになる。これに対して、中島さんの評価とは異なり、他の一般株主

11) たとえば、締出しを実施する際には買収者に正当な目的が要求され、それがない締出しは違法とすべきではないか、といった議論がされてきた。もっとも、現在は、正当な目的の存在を締出し実施の要件としない見解が多数説であると思われる。

12) 金商法27条の13第4項1号により、このような定めも可能であると解されている。

の多くが買付価格に満足して売却に応じたときには、取得下限株式数を超える応募が集まる結果、買収者（宮伸エンタープライズ）が対象会社（SL食品）の支配権を獲得することになるものの、中島さんは②の条件によって、第一段階で売却を選択した他の一般株主と同額の対価を受け取って対象会社から退出することになる。いずれの場合であっても、支配株主が存在する会社に少数株主として取り残されたり、第二段階で不当に安い対価で買い叩かれる懸念はなくなるから、中島さんとしては、他の一般株主の動向を気にすることなく、純粋に第一段階の買収対価が適正かどうかだけを判断基準として売却の是非の意思決定をすればよいことになる。そして一般株主は誰もがみな中島さんと同じ立場に立つのであるから、上記の仕組みにより、一般株主はみな、第一段階の公開買付けに対して自分の評価に素直な意思決定をすれば足りることになる[13]。

　以上のロジックを辿ると、中島さんをはじめとした対象会社の一般株主にとって決定的に重要であるのは、第二段階における締出しの実施そのものではなく、第一段階の意思決定の段階で以後の不利益を受けないことが明らかにされている点にあることに気づくだろう。したがって、理論的には、第一段階の買収成立後も買収者が引き続き第一段階と同額での買取りを少数株主に保証してくれさえすれば、一般株主は第一段階で強圧性を受けることなく自由な意思決定ができそうである。とはいえ、いつ終わるかわからない買取保証をしたのでは買収者は出捐の可能性がいつまでもダラダラと続いてしまうし、新たな公開買付けの実施等の手続的負担も生じる可能性もあって面倒であるから、買収成立後一定の時期に締出しという形で一気に決着をつけているのだと考えられる。

3　友好的買収の問題点とその対応策
[1]　友好的買収の問題点

　対象会社の経営陣は、第一段階での買収価格を決める基本的な情報を握っていたり、また、第二段階での締出しの対価の額を決定する権限を第一義的に与えられているなど、（友好的）買収における対象会社の一般株主の利害に大きな影響を与えうる立場にある。経営陣がこれらを適正に処理することを通じて、

---

13)　なお、本文で述べた状況において、第一段階の公開買付けが成立した場合、残存株主は、必然的に当初の買付価格に対する自身の評価よりも低い価格で締め出されることになるから、対価に対する不満は全く解消されない。しかしながら、本文のような仕組みで二段階買取を行った場合、他の多くの一般株主は自由な意思に基づいて対価の額を適正であると評価して応募をしたことになる（からこそ取得下限株式数を超える応募が集まって第一段階の買付けが実施された）のであるから、むしろ残存株主の対価の評価の方が正しくない（保護に値しない）と考えてよいのではないか、という考え方も示されている。大株主である買収者以外の一般株主＝少数派の大多数が賛同しているという意味で**マジョリティ・オブ・マイノリティ（MoM）**と呼んで、買収対価の公正性を裏づける要素として重視するのである。

一般株主の利益の保護が図られるべきではあるが、現実にはそう簡単にはいかない。経営陣が株主の利益を第一に考えてくれない、というエージェンシー問題（☞第4講1[3](ii)）は、友好的買収の局面ではかなり深刻なものとなる可能性がある。

(i)　友好的買収一般の問題点

　前講でも述べたように、対象会社の経営陣の視点から企業買収を捉えた場合、その者の一存で自分たち経営陣のクビを切ることのできるような大株主が現れることを意味する。現経営陣がそのような大株主の登場に抵抗することを選択すれば、前講で説明した敵対的買収とその防衛策の当否、という問題が出てくるが、抵抗を選ばず、買収者に迎合し、買収者の下で自らの身分の安泰を図るという可能性もある。買収成立後も対象会社の経営陣に名を連ねることなどによる有形無形のメリットを享受するために、対象会社の経営陣としては、買収の始まりの段階から買収者の覚えがめでたいように行動してしまう結果として、対象会社の一般株主に不利益が及ぶ危険性があると考えられる。

　　具体的には、まず、対象会社の積極的な協力が必要となる手続に関して、対象会社経営陣は、買収者に有利な条件を設定する（募集株式の第三者割当てによる場合には、払込金額をなるべく低く設定する、締出しであれば対価の額を買収者側に有利な条件とする）という形で対象会社の一般株主の利益を直接に損なわせるおそれがある。他方、株式の取得による買収は対象会社の協力なく可能ではあるものの、公開買付けに対する意見表明などを通じて対象会社経営陣も買収を促進させる役割を担いうること（☞2[1]）からすれば、対象会社の取締役会が買付価格の水準の低さを無視して応募を呼びかける意見を述べることで、対象会社の株主による不当に安い対価での株式の売渡しを促してしまう危険性もある。

(ii)　対象会社の運営を担う者が買い手となることからくる危険性の増大

if シナリオ S32-a ［創業家の指示が現経営陣に飛ぶ］
買収のための支出をより低く抑えたい伸也相談役は、息子で SL 食品の取締役会長を務める琢也を通じて、同社の長井社長に対して、今回の MBO 計画を公表する前に、可能な限りの費用・損失を計上することで今期の決算の黒

> 字幅を縮小することを指示した。

　（i）に加えて、経営者自身が買い手でもある MBO の場合には、一般株主に与えられるべき買収対価は、買収者たる経営者のコストとなることから、一般株主と買収者たる経営者の利害関係は完全に対立し、買収者たる経営者が、より過激な行動、たとえば、**if シナリオ S32-a** にあるように、買収対価の算定の基礎となる決算数値に操作を加えたり、ことさらに自社の株価を引き下げるような情報を公表したり、対象会社側に立って交渉等を担当する役員に対して圧力をかけるといった行動をとることが懸念される[14]。

[2]　対象会社取締役の義務

　このように、友好的買収には対象会社経営陣の自己利益の追求によって対象会社の一般株主が害される危険性がある。しかしながら、対象会社の一般株主の利益を保護する役割を果たしうるのは、やはり経営陣をはじめとした対象会社の役員しかいない。そこで、近時は、対象会社の役員には、企業買収に際して、公正な企業価値を反映した買収対価を株主に受け取らせるべき義務といったものがあることが特に強調されるようになっている[15]。高裁レベルの裁判例では、MBO に際して、対象会社の取締役等は、公正な企業価値の移転を図らなければならないという**公正価値移転義務**や、株価操作目的の恣意的な情報開示の禁止および公開買付けに対する意見表明時の不実開示の禁止を内容とする**適正情報開示義務**を負っている旨を明言するものも現れている[16]。

---

14)　百87 東京高決平成20年9月12日金判1301号28頁は、MBO の実施の公表前に、MBO の実施を念頭に置いて業績予想の下方修正を行っていたため、業績予想の下方修正の公表後の株価のみを締出し対価の算定の基礎とすることは相当ではないとの見方を示した裁判例である。また、百 A28 大阪高判平成27年10月29日判時2285号117頁は、MBO を頓挫させないために、買収者側でもある対象会社代表執行役兼取締役が、対象会社側の担当者である執行役に圧力をかけた事案である。

15)　その義務の制定法上の現れの1つとして、特別支配株主の株式等売渡請求制度における、売渡請求に対する対象会社取締役会の承認の制度（☞ 1 [2](ii)）があると考えられる。

[3]　具体的対応策

> **S32-3　[特別委員会による買収交渉]**
>
> 創業家による MBO の対象となった SL 食品は、宮伸エンタープライズの取締役を兼務する琢也会長を除く取締役会決議によって、本件 MBO に関して SL 食品側の対応の検討および買収者側との交渉にあたる特別委員会を設置した。この特別委員会は、根本パートナーズとの紛争後にガバナンスの向上のために社外取締役として招聘した（株主総会の決議を経て取締役に就任した）経済官庁出身で現在は大学で教鞭をとる北村佳代を委員長とし、ほかに、現在 SL 食品と契約関係にない弁護士 1 名および公認会計士 1 名で構成されている。

　もっとも、対象会社の取締役には企業買収に際して対象会社の一般株主の利益を保護する義務があるとしても、具体的にどのような対応をすることが求められるのかは、現時点では必ずしも明確ではない。しかしながら、実務の積み重ねを通じて、少しずつベスト・プラクティスが明らかにされつつある。とりわけ実務では、自己利益の追求を図る危険性の高い対象会社の現経営陣をその買収（あるいは締出手続）に関与させず、社外取締役や社外監査役などの対象会社の現経営陣から一定の独立性を有する者や、それらの者複数名から構成される特別委員会（"独立委員会" や "第三者委員会" などと称されることもある）が、買収者との交渉等にあたるということが行われるようになってきている[17]。

　これらの特別委員会が買収の条件等にどこまで関与することができるのか（権限の範囲）は、特別委員会の設置が法律上強制されているわけではない[18]

---

16)　[SU35・百52]東京高判平成25年4月17日判時2190号96頁。もっとも、これらの株主の利益を保護する義務を、対象会社の取締役や監査役は誰に対して負っていると考えるかは必ずしも見解が一致しているわけではなさそうである。株主を保護するという内容の義務なのであるから、株主に対する直接の義務だと考えるのが素直であるように思えるが、上記裁判例は、「善管注意義務の一環として」と述べていることからすると、会社に対する義務として公正価値移転義務や適正情報開示義務を負っていると解しているようである。

こともあって、事案によって様々である[19]が、特別委員会の設置が望まれる
趣旨が経営陣の自己利益の追求を排することで対象会社としての交渉力を強化
することにあるのだとすれば、特別委員会に買収対価を実質的に決定できる権
限までを与える方がより望ましいといえる。しかしながら、社外取締役がその
ような権限を行使し、あるいはそのような権限を行使する特別委員会のメンバ
ーに名を連ねた場合、業務執行に該当して社外性が失われる（2条15号イ参照）
のではないかという懸念が示されていた。そこで、令和元年改正によって、典
型的にはMBOのような、会社と取締役との利益が相反する状況にあるときに、
取締役会の決議に基づく委託を受ければ、社外取締役が会社を代表して買収者
と交渉するなど業務執行に該当しうる行為も行うことができ、そのことによっ
て社外性が失われることはない旨が定められた（348条の2）[20]。

17）その背後には、相互に利害関係のない者同士が交渉すること（独立当事者間交渉）によって、
　　公正な条件での合意がされるという期待（これは、株式買取請求における「公正な価格」を考え
　　る際に最高裁〔SU36・百85〕最決平成24年2月29日民集66巻3号1784頁☞第30講注6）もとっ
　　ている考え方であると思われる）を前提として、当事者間に利害関係がある場合であっても、極
　　力独立当事者間交渉に近い状況を作出する努力をすべきである、という基本姿勢があると考えら
　　れる。
18）本文で述べたように、特別委員会の設置が法的に義務づけられているわけではないが、これを
　　設置して有効に機能させれば、裁判所が対象会社の決定した対価（裁判において問題とされるの
　　は直接には第二段階の締出しの対価であるが、これは、会社と買収者との間の交渉を踏まえて決
　　定される第一段階の買収対価でもあることが多い〔☞2[2]〕）を尊重してくれるという意味にお
　　いて、裁判実務においては法的にも意味のあるものとして特別委員会が位置付けられている点に
　　も注意が必要である。すなわち、百86最決平成28年7月1日民集70巻6号1445頁（☞第30講注
　　8）では、「独立した第三者委員会や専門家の意見を聴くなど多数株主等と少数株主との間の利
　　益相反関係の存在により意思決定過程が恣意的になることを排除するための措置」が講じられ、
　　第一段階と同額での換金が第二段階においても保障されている旨を第一段階の公開買付けの開始
　　の時点で明示することを「一般に公正と認められる手続」の例として挙げたうえで、そのような
　　一般に公正と認められる手続により二段階買収が実施された場合には、これら一連の買収対価・
　　締出しの対価は公正なものとして尊重され、第二段階の対価の額に対して少数株主からの異議申
　　立てがあっても、裁判所が対価を算定し直すことはしない旨を述べている。
19）対象会社側の意思決定権限はなお現経営陣が握っており、特別委員会は単に情報を精査して経
　　営陣の意思決定に資するようなアドバイスをするだけ、といったものも実務にはあるようである。
20）なお、社外監査役については、そもそも業務執行を禁止する（あるいはそれにより社外性が失
　　われるといった）規定が存在しないため、監査役の職務の性質に応じて可能な行為か否かを決す
　　る立場が有力であると思われ（☞第12講3[1]）、本文で述べたMBOにおける買収者との交渉な
　　どは可能であると解されてきたことから、特段の立法的な手当てはなされていない。

●第32講のおさらい

・少数株主に対価を支払って対象会社からの出資を強制的に引き揚げさせる、いわゆる締出しに利用される手法としてはどのようなものがあるだろうか？　それらを行うために必要な手続（特に対象会社の機関決定）にどのような違いがあるだろうか？⇒1 [2]

・MBO とはどのようなものだろうか？それは、対象会社の一般株主の観点からみてどのような問題を含んでいるだろうか？⇒3 [1]

・社外取締役が業務執行をしても社外性が失われないとする令和元年改正後会社法348条の2の規定において想定されている状況およびその場合の「業務執行」とは、どのようなものが考えられるだろうか？⇒3 [3]

第33講

あの時、君は若かった

—— 会社の設立手続

本講では、ストーリーの主たる舞台の１つとなっているヤスダピーナッツの設立のころに遡って、株式会社の設立に関する規律を説明する。

1　会社の設立方法（発起設立と募集設立）

○ ○

Y33-1　[茂文登場]（Y2-1の一部を再掲）
20X0年、安田茂文は、落花生卸売業を営む「ヤスダピーナッツ株式会社」という会社を立ち上げようとしている。茂文には自己資金が800万円あるが、それだけでは考えている規模の事業ができそうもない。そこで、茂文は、父の滋にお願いして3100万円出資してもらい、また、友人で大学の宇宙物理の研究職に就いている関智弘からも100万円出資してもらう予定である。

会社の設立とは、会社の実体を形成し法人格を取得する行為である[1]が、株式会社の設立の手続としては、発起設立と募集設立の２つの方法がある。設

---

1) これに対して、新設合併・新設分割・株式移転などのいわゆる新設型組織再編によっても新たな会社（法人格）が生じることになるが、これは、（すでに活動実体のある）既存の会社（の事業）を基にして、法人格のみを新しく生じさせるものであるといえる。会社法第２編第１章に定めのある会社の設立の規律は、それらの新設型組織再編に対してはほとんど適用がない（814条参照）ことから、以下では、**ストーリーY33-1**のように法人格のない状態から会社をつくる場合を念頭に置いて説明する。

立の手続において中心的な役割を果たす人のことを**発起人**という[2]が、発起設立と募集設立の違いは、端的には、設立手続において発起人だけが出資を行う場合が**発起設立**（25条1項1号）、発起人以外の人も出資する場合が**募集設立**である（同2号）。この説明からわかるように、発起設立よりも募集設立の方が発起人以外の者も出資するというプロセスを経る分、手間が掛かるし規律もややこしくなる。実務においても、多くの場合は発起設立が用いられる。

　そこで、以下ではまず、発起設立の手続を説明した（2）のち、募集設立については発起設立との違いとして特徴的な部分についてのみ触れることとする（3）。最後に、設立手続が法に定められた通りに実施されなかった場合に関する問題を取り上げる（4）。

　　ストーリー Y33-1 を例にとるなら、会社を組織したいと考える茂文が発起人となることはまず間違いないだろう。問題は、そのような主体的な意思を有する者以外の出資者（滋と関）をどのように取り扱うか、である。
　　滋も関も発起人にすれば、「ヤスダピーナッツ株式会社」という会社の設立にあたって出資する者は全員発起人となるから、発起設立の手続によることになる。他方で、後ほど説明するように、発起人には設立手続に主体的に関与していくことが規定上求められており、その分責任も重くなる。そこで、とりわけ関のような、お金は出す（出資はする）が煩わしい手続は面倒だから任せたいと考える出資者を、発起人という重い責任を伴う地位に就かせることなく気軽に出資することができるようにするために、募集設立という手続が用意されていると考えられる。

2　発起設立の手続

　発起設立は、発起人が定款を作成して認証を受けた後、出資の履行がなされ、成立後の会社を運営する役員を選任し、設立登記をすれば会社が成立する、というのが基本的な流れである。

　2）そうであるがゆえに、会社の設立手続において主導的な役割を果たす発起人には、会社成立後の事業運営にあたる取締役等と同様に、任務懈怠に基づく対会社責任・対第三者責任が課されている（53条）。

[1] 発起人による定款の作成と認証

　新しく会社を発足させたいと考える発起人（1人でもよいし、複数名でもよい[3]）は、まず、定款を書面または電磁的記録をもって作成し、発起人全員がその作成した定款に署名・記名押印あるいは電子署名をしなければならない（26条1項・2項。以下では、記述の煩雑さを避けるため、必要な手続はいずれも書面によりなされることを想定して説明する）。このように、会社の設立のために作成される、その会社にとってのいわば一番はじめの定款は、**原始定款**と呼ばれる。原始定款には、目的・商号・本店所在地といった、会社の成立後も効力を有する事項（☞第1講2[2](ⅲ)参照）のほか、設立に際して出資される財産の価額またはその最低額、ならびに、発起人の氏名（法人の場合は名称）および住所を記載しなければならない（27条1−5号）[4]。

　原始定款は、公証人の認証を受けなければその効力を生じない（30条1項）。会社の設立は多くの利害関係者の利害に影響を及ぼすことから、後日の紛争に備えて、公証人という公的機関に、原始定款に違法な内容が含まれていないかを確認してもらったうえで、どのような内容が定められたのかを証明してもらうのである。したがって、公証人の認証を受けた後会社が成立するまでの間は、原則として定款変更をすることはできず（30条2項）、変更したければ公証人の認証を受け直さなければならない（以下、このようなルールを「定款変更禁止ルール」と呼ぶことにする）[5]。

---

3) 発起人が複数名いる場合には、組合関係として処理される（**発起人組合。**　百A1　最判昭和35年12月9日民集14巻13号2994頁）。

4) これらは定款に必ず定めておかなければならない**絶対的記載事項**と呼ばれ、これを定めていなければ定款を作成したとはいえず、設立無効事由となる。また、そのような意味で必ず定めなければならないわけではないが、定款に定めていなければその定めの内容は効力を有しない（定めていない内容を実施することができない）ような記載事項は**相対的記載事項**と呼ばれ、原始定款に特有のものとしては、いわゆる変態設立事項（☞注13）がこれにあたる。さらに、**任意的記載事項**は、絶対的記載事項にも相対的記載事項にも該当しないものである（これを定款に定めておくことの意義については、☞第1講注5）。

5) なお、公証人による認証が必要なのは原始定款だけであり、会社成立後に定款を変更する場合（466条）には株主総会の特別決議が必要である（309条2項11号）ものの、公証人による認証は必要ない。

[2]　財産的基盤の確保

　会社が独立した法人格を有して活動をしていくためには、事業のために用いる元手が必要となる。会社の設立に当たっては、ゼロから会社の財産的基盤をつくっていくことになるから、会社に対してきちんと出資をさせる必要がある。

(i)　設立時発行株式に関する事項の決定

　事業活動の元手となる資金は、出資者に株式を発行することで調達をするのが株式会社の基本的な仕組みであり、会社を設立するためにももちろん株式を発行する必要がある（会社の設立に際して発行される株式を「**設立時発行株式**」という。25条1項1号参照）。誰に対していくらで株式を発行するのか、といった株式の発行に関する事項について、会社の設立時には、会社成立後の募集株式の発行等の場合のように会社の機関というものがまだ存在していないことから、発起人がこれを決定することとされている。すなわち、原始定款（☞[1]）または発起人全員の同意によって、①発起人が割当てを受ける設立時発行株式の数、②その設立時発行株式と引換えに払い込む金銭の額、③成立後の会社の資本金および資本準備金の額に関する事項を決定しなければならない（32条1項）[6]。この定款の定めまたは発起人全員の同意による設立時発行株式に関する事項の決定によって、発起人はそれぞれそこで定められた数の設立時発行株式の引受けをしたことになる[7]。

(ii)　金銭出資の場合

　会社の設立に際しても金銭を出資することが一般的であるが、その場合、発起人は引受け後遅滞なくその引き受けた設立時発行株式について、その出資に係る金銭の全額を払い込まなければならない（34条1項）。この払込みは、発

　6）なお、発行可能株式総数も定款に定める必要があるが、これは、会社の成立の時までに発起人全員の同意により、定款を変更する形で決めればよく（37条1項・2項）、この定款変更は定款変更禁止ルールの例外とされている（30条2項）。公開会社においては、会社成立時点での発行可能株式総数もいわゆる4倍規制（☞第22講2[1](ii)）の対象となる（37条3項）ことから、失権する株式数（☞(iv)）を反映して確定した発行済株式総数を基に、設立手続の最後の段階で決めれば足りるとされているのである（コンメ(2)65頁［鈴木千佳子］）。

起人が銀行や信託会社などの金融機関（条文上は「払込みの取扱いの場所」）を指定し、そこに入金する形をとる（34条2項）。

(iii)　現物出資の場合

> **ifシナリオ Y33-a［現物出資をする］**
> 茂文は、滋から、「ワシが出資する3100万円は、事務所として使うためのワシ名義の建物の購入資金に充てられる予定なのだから、ワシは、現金3100万円を銀行に払い込むのではなく、事務所の建物そのものを新会社の所有名義にするのと引換えに3100株をもらうということにすれば、手間が省けるじゃないか」という提案を受けた。

(ii)で述べたように、会社の事業運営のために、会社に資金が確実に払い込まれている必要があるものの、払い込まれるべき資金の使途がすでに明確な場合は、金銭の払込みという形を取らずに、現物出資という形で必要な資産を直接

7）ある発起人の設立時発行株式の引受けに係る意思表示に関して、その発起人が本心ではない意思表示をしたり（心裡留保）、他の発起人と通謀して嘘の意思表示をした場合（虚偽表示）であっても、それらに関する民法の意思表示の無効の規定（民法93条1項ただし書・94条1項）は適用されず、意思表示通りの効力が生じる（51条1項）。たとえば、関が「100万円を出資して100株引き受ける」と言った以上は、それが本心ではないことを他の発起人（茂文）は知っていたのだからとか、茂文もグルになって嘘をついていたのだから、といった理由で、無かったことにすることはできないのである。先に掲げた民法の規定は、相手方の保護の必要性がないから意思表示を無かったことにしても問題ないという価値判断に基づくものであるところ、株式の引受けに関しては、その意思表示の実質的な効果を享受する会社の利益だけを考えればよいわけではなく、成立後に事業活動を行い取引先（債権者）が生じることなども考えれば、なるべく設立の効力に影響がない方が望ましいとの判断から、これらの民法の規定の適用が排除されていると考えられる。

他方で、心裡留保や虚偽表示とは異なり、引受けの意思表示をした発起人が被害者的な立場であるような意思表示の瑕疵もありうる。具体的には、騙されて勘違いしたり（詐欺・錯誤）脅されたり（強迫）によって引受けの意思表示をしてしまった場合であり、この場合には、引受けの意思表示をした発起人もある程度保護する必要があると考えられる。とはいえ、先に述べたように会社の成立後に生じる利害関係者の保護も重要であるから、それらのバランスをとって、錯誤・詐欺・強迫による引受けの意思表示の取消しは、会社の成立まではできるが、会社が成立した後はできない、という規律となっている（51条2項）。

設立時募集株式についても、同様の規定がある（102条5項・6項）が、創立総会での議決権行使の場合に注意。

調達することもできる。すなわち、**if シナリオ Y33-a** のような形で、設立時発行株式（や会社成立後の募集株式）に対する金銭の払込みに代えて金銭以外の財産を給付することで設立時発行株式（や募集株式）を取得することは**現物出資**と呼ばれ、会社法上、そのような形での設立（や募集株式の発行等）が認められているものの、目的物の過大評価の危険性がある[8]ことから、金銭出資の場合よりも手続が加重されている。

　本講のテーマである設立に際しての現物出資を念頭に説明するならば[9]、まず、現物出資をする発起人がいる場合には、その氏名または名称、現物出資の目的となる財産およびその価額ならびにその者に割り当てる設立時発行株式の数を、公証人の認証を受ける原始定款に記載しておくことが前提となる（28条1号）。

　そのうえで、定款認証の後遅滞なく、この現物出資財産の価額を調査させるため、裁判所に**検査役**を選任してもらう（33条1-3項）。検査役の資格に関する規定はないが、通常は弁護士が選任されているようである。検査役は、必要な調査を行い、当該調査の結果を記載・記録した書面・電磁的記録を裁判所に提供して報告をし（同4項・5項。発起人に対しても、この書面の写しや電磁的記録に記録された事項を提供する〔同6項〕）、この報告を受けた裁判所は、現物出資財産の価額を不当と認めた場合には、これを変更する決定をする（同7項）。検査役の調査は現物出資財産が過大評価されていないかを調査するものである

---

8) もっとも、目的物が過大評価されると何が問題か、という点に関しては争いがあり、かつては、設立時に設定した資本金を信頼して取引に入る債権者を保護するために、「資本金の裏付けとなる資産を会社に拠出させる必要がある」ことから検査役調査が求められているという説明が有力であった。上のカギ括弧内のような規範を**資本充実の原則**と呼んだりするが、これに対しては、会社の成立後に会社運営のマズさから会社財産が大きく毀損した場合でも会社財産の追加補充の義務はないことからすれば、資本金の裏づけとなる資産を会社が保有していることへの期待はそもそも大きくないという指摘がある。したがって、近時は、現物出資をする者としない者との間（あるいは現物出資をする者が複数いる場合には現物出資者間）の公平性を確保するために現物出資規制があることを強調する考え方が有力である。もっとも、そのような公平性を確保するために現行法の検査役調査のような事前規制が果たして合理的であるといえるのか、また、検査役調査が要求される範囲が適切であるのかはなお問題となりうる（☞注15・注16も参照）。

9) 以下で述べる現物出資の検査役調査の内容については、基本的に募集株式の発行等の場合にもあてはまる（207条参照）。

から、その結果現物出資財産の価額が不当だと評価された場合には、現物出資財産の価額を引き下げ（したがって、それに対応して現物出資者が引き受けるべき株式数を減少させ）る決定をすることになる。このような変更決定がなされると、引受け時の想定とは前提が変わってしまい、不測の損害を被りかねないことから、発起人は、当該決定の確定後1週間以内に限り、その設立時発行株式の引受けに係る意思表示を取り消すことができる（同8項）[10]。他方、発起人全員の同意によって、当該決定により変更された事項についての定款の定めを廃止して設立手続を続行することもできる（同9項）。これらの調査の結果必要となる定款変更については、定款変更禁止ルールの例外とされている（30条2項）。

　注意すべきは、金銭以外の出資がすべて検査役調査の対象となるわけではない点である。①現物出資財産の価額の総額が500万円以下の場合、②市場価格のある有価証券を現物出資財産として市場価格以下を現物出資価額とする場合、③弁護士、公認会計士、税理士等から現物出資価額が相当であることについて証明を受けた場合については、検査役の調査は不要とされている（33条10項。証明者として不適格な者につき同11項参照）[11]。

> 　現物出資であれば、一旦お金で会社に資金を拠出してもらってそれを使って資産を購入するという二段階を踏まなくてもよいため便利にみえるが、実は先に述べた検査役の調査がかなり面倒だという認識が実務にはあるため、現物出資はあまり用いられておらず、用いられるとしても検査役調査の不要な範囲でのみ行われているというのが実態であると思われる。

(iv)　出資未履行時の対応

　発起人のうちの誰かが、設立時発行株式に関する事項の決定に従った金銭出

---

10) この場合において引受けに係る意思決定を取り消すことができる発起人は、現物出資をする発起人に限られるのか、それ以外の発起人も含むものかについては争いがある。規定上限定する文言がないこともあって、後者が多数説であると思われる（コンメ(2)27頁［川村正幸]）。

11) なお、会社成立後の募集株式の発行等における現物出資規制の適用除外としては、本文に掲げる①～③のほか、④引受人に割り当てる募集株式の総数が発行済株式総数の10分の1以下である場合、⑤現物出資財産が弁済期の到来した会社に対する金銭債権であって、募集事項として定めた現物出資価額が当該金銭債権に係る負債の帳簿価額を超えない場合がある（207条9項。☞第23講注3）。

資の払込みや現物出資の目的物の給付（両者を併せて「出資の履行」という。35
条）をしなかった場合には、それ以外の発起人が、出資の履行をしていない発
起人に対して、期日を定め、その期日までに履行をすべきことを通知する（36
条1項）。この通知は当該履行期日の2週間前までに発しなければならない（36
条2項）。この期日が来てもなお履行をしなかった場合には、その未履行の部
分に関する設立時発行株式の株主となる権利を失う（36条3項）。これらの手
続は**失権手続**と呼ばれる。

　注意すべきであるのは、もし、発起人のうちの誰かが、出資の履行を全くし
ていなかった場合には、引き受けたはずの設立時発行株式の株主となる権利を
すべて失う結果、その発起人は会社成立後には株主ではなくなってしまう点で
ある。発起人は設立時発行株式を必ず1株以上引き受けなければならないとす
る規律（25条2項）があることから、先のような場合には、会社の設立手続を
続けることはできず、そのような出資の履行をしない者を発起人から除外した
定款をつくり直して公証人の認証を受けるという手続のやり直しをしなければ
ならないと解されている。また、そもそも履行済みの出資が原始定款に定めら
れた設立時最低出資金額（27条4号）に満たない場合も、その金額を変更する
などの手続のやり直しが必要となる。

(v) その他の検査役調査を要する事項（財産引受け等）

　さて、以上のように、原始定款に定めた「設立に際して出資される財産の価
額又はその最低額」以上がきちんと会社に払い込まれ、また、その額に見合う
だけの現物出資の目的物が給付されるようにするための規律がなされている。
とはいえ、払い込まれた後にあっという間に会社から流出してしまっては意味
がないことになる。そこで、会社法では、①会社の成立後に財産を譲り受ける
約束がある場合、②会社の成立によって発起人が受ける報酬その他の特別の利
益がある場合、③会社の負担する設立に関する費用のうち損害を与えるおそれ
のあるものがある場合[12] には、現物出資と同様に、その内容等を原始定款に
記載しなければ効力が生じず（28条2-4号。同1号が現物出資）、かつ、それに
ついて検査役の調査が必要であるとしている（(ⅲ)で述べた検査役調査の規律は、
概ね「28条各号に掲げる事項についての記載又は記録があるとき」に妥当する。33

条1項)[13]。

　ここでは特に、①について取り上げておこう。発起人が成立後の会社のために会社が成立することを条件として特定の財産を譲り受けることを約束することは、**財産引受け**と呼ばれる。先に述べたように、現物出資を行う場合には、検査役調査が必要となるなど、金銭出資と比較して極めて煩雑であると考えられる。そこで、一旦先に金銭で出資しておいて、その会社の成立後に会社の資金で現物を購入してもらえば、設立時発行株式の出資の履行として現物を給付する、という現物出資の定義にぴったりとはあてはまらないことになってしまう。しかしながら、現物出資規制を一応合理的なものであると考える限り[14]、その潜脱を許すべきではないから、設立の場合については[15]、発起人が成立後の会社のために会社が成立することを条件として特定の財産を譲り受ける約束がある場合についても、現物出資と同様の規律を設けている[16]。もっとも、現物出資は募集設立の場合（発起人以外の者も設立時発行株式の引受人となる場合）であっても発起人のみが可能であるとされているのに対して、財産引受けは、所定の手続を経れば発起人以外の者でも財産の譲渡人となることができる点には注意が必要である。その点を踏まえて、財産引受規制については、現物出資規制の潜脱防止を超えて、目的物の過大評価によって不当に会社財産が社外に流出することを防止する機能を重視する考え方もある[17]。

---

12) 発起人と第三者との間で行われた取引の債務につき、設立費用として適法な手続を経た場合において、当該費用が未払いのまま会社が成立したときに、相手方に対する関係で第一義的に弁済の責任を負うのは発起人か成立後の会社か、という問題がある。判例（百6 大判昭和2年7月4日民集6巻428頁）は会社であるとするが、これには批判も強い。

13) 本文①〜③と現物出資とを併せて、**変態設立事項**と呼ばれることもある。現代的な感覚からは違和感しかない語であるが、これは qualifizierte Gründung というドイツ語の古くからの訳語が現在でも用いられているのである。

14) 現行の現物出資規制の合理性に関しては、☞注8。

15) 会社の成立後の募集株式の発行等の場合、現物出資については設立と同様の規律が設けられているのに対して、（募集株式の発行等の前に財産の譲受けの約束をしておいて、募集株式による資金調達が効力を生じてからその財産の譲受けを実施するような）財産引受けに類する行為をしても検査役調査は必要ない（また、用語からも明らかなように、後述する事後設立規制〔☞注16〕に類似した規律も会社成立後の株式発行には存在しない）。

（vi）　出資の履行等に関する責任

　会社の設立に際しても、会社に財産をしっかりと拠出させることが重要であ
ることから、①現物出資財産等（現物出資と財産引受けの目的財産。33条10項1
号かっこ書）が定款記載の価額に著しく不足する場合や、②出資の履行を仮装
した場合（会社成立後の募集株式の発行等に関して、☞第23講2[2]）には、発起
人や設立時取締役等（☞[3]）に不足額の払込責任が定められている（52条・52
条の2）。

[3]　設立時取締役等の選任とその役割

（i）　選　任

　会社として活動していくためには、機関を構成する自然人が必要となる。会
社の設立に際して取締役となる者のことは**設立時取締役**（38条1項参照）と、
会社の設立に際して監査役となる者のことは**設立時監査役**（同条3項2号参照）

16）対象財産と引換えに（設立時発行）株式あるいは会社資金が渡される取引のうち、会社成立前
　に合意して会社成立前に履行する形態が現物出資であり、会社成立前に合意して会社成立後に履
　行する形態が財産引受けであるところ、会社成立直後に合意をして直ちに履行する形態について
　は、現行法においては検査役調査が課されていない。最後の形態のうち、特に会社の成立後2年
　以内に事業のために継続して使用する財産を会社が取得することは、**事後設立**と呼ばれ、株主総
　会の特別決議が要求されている（467条1項5号・309条2項11号）ものの、検査役調査は要求さ
　れていない。かつては事後設立も検査役調査が必要であったが、過剰規制との批判を受けて、会
　社法制定時に検査役調査が廃止された。どのような態様の取引までを"現物出資規制の潜脱"と
　捉えて検査役調査を課すべきかは、難しい問題である。

名称	合意時期	財産移転時期	必要手続
現物出資	成立前	成立前	原始定款に記載＋検査役調査
財産引受け	成立前	成立後	原始定款に記載＋検査役調査
事後設立	成立後	成立後2年以内	株主総会特別決議

17）なお、判例（SU40・百5 最判昭和61年9月11日判時1215号125頁）は、財産引受けの規制は
　広く株主・債権者等の会社の利害関係人の保護を目的とするものであるから、原始定款に記載の
　ない財産引受けは何人との関係においても常に無効であって、成立後の会社が追認をしたり法定
　追認行為をしたとしても有効とはならないと述べる（もっとも、当該事案が、財産引受けの対象
　財産の給付をすべて履行済みであってそれについて新会社が苦情を申し出たことがなく、また、
　新会社は財産引受けが有効であることを前提に行動し、しかも、原始定款に所定事項の記載がな
　いことを理由とする無効事由が契約後約9年を経てはじめて主張され、それまで両会社の株主・
　債権者等の会社の利害関係人によっても問題にされたことは全くなかったといった状況であった
　ことから、会社側からの無効主張を許さない特段の事情があるとされた）。

と呼ばれ、(ii)で説明するように会社の成立前から役割を与えられている。これらの設立時役員等は、原始定款に定めがなければ、出資の履行が完了した後、遅滞なく発起人が選任することとされており（38条）、これは、設立時発行株式1株につき1個の議決権として発起人の議決権の過半数によって決定することとされている（40条1項・2項）[18)19)]。

　なお、監査役設置会社および監査等委員会設置会社の場合の設立時代表取締役の選定・解職、ならびに、指名委員会等設置会社の場合の三委員会の設立時委員および設立時執行役・設立時代表執行役の選定・解職は、設立時取締役の過半数で決定する（47条・48条）。

(ii)　設立時調査

　設立時取締役（および監査役設置会社の場合は設立時監査役）は、その選任後遅滞なく、現物出資・財産引受けのうち検査役調査が省略可能な場合における対象財産の価額の相当性（☞[2](iii)の①②の場合）や証明の相当性（☞[2](iii)の③の場合）に関する調査、出資の履行の完了およびその他設立の手続が法令または定款に違反していないことについての調査をしなければならない（46条1項）。これらの調査によって、法令・定款違反や不当な事項を発見した場合には、発起人に通知しなければならない（同2項）[20)]。

[4]　設立登記による会社の成立

　上記[1]～[3]の手続を適法に実施し、本店所在地において設立の登記をすることで、株式会社は成立する（49条）[21)]。

---

18) 種類株式の定めがある場合について、40条3項・5項、41条参照。

19) 発起人は、会社の成立の時までであれば、選任された設立時役員等を解任することもできる（42-44条）。

20) 指名委員会等設置会社の場合には、さらに調査の終了ならびに発起人に通知した場合にはその旨およびその内容を設立時代表執行役に通知しなければならない（46条3項）。

21) なお、設立手続中に（設立が予定される）会社の名義で発起人が行った設立に関する行為とはいえない契約により負担した債務は、成立後の会社に当然帰属するものではない（百4 最判昭和33年10月24日民集12巻14号3228頁。設立予定の会社の宣伝のために野球興行を実施させる契約をした事例）。

　会社の成立により、発起人は設立時発行株式の株主となる（50条1項）。会社の成立以前には設立時発行株式（らしきもの）を譲渡することはできない（50条2項[22]参照）が、会社の成立によって株式を譲渡することができるようになる。

3　募集設立の特則

[1]　発起人以外の設立時発行株式の引受人への対処のための追加的規律

　募集設立では、設立手続において発起人以外の者も出資を行う（25条1項2号）から、その手続的規律も、発起人のみが出資を行う発起設立のそれに加えて、設立時発行株式を引き受ける者への対処のためのものや、その者を保護するためのものが加わることになる。

　まず、発起人は、その全員の同意を得て設立時発行株式を引き受ける者を募集する旨を定めることができ（57条。この者に対して割り当てる設立時発行株式を**「設立時募集株式」**という〔58条1項柱書〕）、設立時募集株式の数をいくらにするのか、その1株と引換えに払い込む金額をいくらにするのか、払込期日または払込期間をどのように設定するのか、といった事項については、発起人全員の同意により定める（58条）[23]。

　設立時募集株式の申込みや割当て等（59-62条）については、概ね会社成立後の募集株式の発行等の規律（☞第23講1 [3]）から類推できるため省略する。

　また、履行された出資は会社成立までは発起人の管理下に置かれることになるところ、発起設立の場合には出資をするのは発起人だけであるのに対して、募集設立の場合には発起人以外の者も出資をすることになるから、いわば他人のお金を発起人が浪費することのないように、より厳格な管理を求める規律となっている点も特徴的である。すなわち、設立時募集株式の引受人も、発起人と同様に発起人が定めた払込取扱場所において払込金額の全額を払い込まなければならない（63条1項）[24]が、発起人は、この払込みを取り扱った銀行等に

22）厳密には、「株主となる権利の譲渡は、成立後の株式会社に対抗できない」である。

23）また、一定の日までに設立登記がされない場合に引受けの取消しをすることができる旨を定めることもできる（58条1項4号）。

対して払込金の保管証明書の交付を請求することができ[25]、この**払込金保管証明書**を交付した銀行等は、成立後の会社がその証明書の記載金額の払戻しを請求した場合には直ちに払い戻す義務を負うとされている（64条）。銀行等が、たとえば、実は証明書より少ない金額しか発起人[26]や引受人から預かって（払い込まれて）いなかった、とか、引受人との間では会社に払い戻さなくてもよいという合意があった、といったことを理由として会社に対して払戻しを拒絶することができないようにすることで、銀行等に払込金の厳格な管理を要求しているのである[27]。

[2]　創立総会

　また、募集設立の場合には、発起人以外の出資者が存在するところ、設立時の出資割合に応じて決定権を与えられる設立時取締役等の選任（☞2 [3]）についても、発起人以外の出資者にも決定に関与させる手続を整備している。すなわち、設立時取締役等の選任は、会社が成立すれば株主となる**設立時株主**から構成される**創立総会**と呼ばれる機関（65条1項）によってこれを決定することとされている（88条。解任につき、91条）。また、発起人による設立に関する事項が創立総会に報告される（87条1項）ほか、発起設立においては発起人に対してなされる設立時取締役等による設立時調査の報告も、創立総会に対して行われる（93条2項）。このほか、創立総会は、会社の設立の取りやめ（「設立の廃止」）や定款変更などを決定する権限を有する（66条・96条）。

　創立総会の招集手続・議事等については、概ね会社成立後の株主総会に関す

24）出資が未履行の場合には、発起人については失権手続（☞2 [1] (iv)）を経ることになるが、引受人の場合は直ちに失権する（63条3項）。

25）もっとも、この払込保管証明書は設立登記の際に必要である（商登法47条2項5号参照）から、事実上必ず発行される性質のものである。

26）設立時募集株式の引受人がする払込みだけでなく、募集設立の場合、発起人がする払込みについても払込保管証明の対象となる。

27）このほか、発起人ではないけれども設立時募集株式の募集に関する書面等に自己の氏名・名称を付して設立を賛助する旨を記載することを承諾した者（これを**擬似発起人**という）に、発起人と同じ責任を負わせること（103条4項）で、設立時募集株式の引受人を保護している点も、発起設立にはない募集設立の特徴であるといえよう。

る規律（☞第5講2、第6講）から類推することができる規律が多いが、手続の主体となるのは発起人である（設立時取締役等ではない）点、および、一般的な議決要件は、慎重を期すべく、行使可能な議決権の過半数かつ出席議決権の3分の2以上の賛成とされている（73条1項）点には注意しておこう。

4 会社の不成立と設立無効

[1] 会社の不成立

　定款の作成後、何らかの原因により設立の登記までに至らず挫折してしまった状態を、会社の不成立と呼ぶ。この場合、発起人は連帯して株式会社の設立に関してした行為についての責任を負い、株式会社の設立に関して支出した費用を負担しなければならない（56条）。この規定により、募集設立において設立時募集株式の引受人に対してすでに履行された払込金の返還について連帯責任を負い、また、定款認証などに要した費用は全額発起人の負担となる。

[2] 設立の無効

　無事に設立登記が受理されたとしても、設立が法の要件を満たさない場合には、合併や募集株式の発行等と同様に、その効力を否定するために、会社の成立の日から2年以内に限り提起が可能な設立無効の訴え（828条1項1号）が組織行為の無効の訴え（☞第24講2[1]）の一類型として制度化されている。

　設立無効の訴えを提起できるのは、設立する会社の株主等（株主、取締役・監査役・執行役・清算人）である（同条2項1号）。無効事由は解釈に委ねられているが、設立手続に重大な瑕疵がある場合に限定され、定款の絶対的記載事項の定めに重大な瑕疵がある、設立時発行株式を1株も引き受けない発起人がいる、公証人による定款の認証がない、発起人全員の同意による設立時発行株式に関する事項の決定がない、設立に際して出資される財産の価額の最低額（27条4号参照）に相当する出資がない、募集設立において創立総会が開催されていない、設立登記が無効である、といった事由が挙げられる[28]。

---

28) コンメ(19)119-122頁［舩津浩司］。

　設立無効の訴えの請求を認容する確定判決は第三者に対しても効力を有し（838条）、会社の設立は将来に向かって効力を失い（839条）、会社は清算手続に入る（475条 2 号）。

●第33講のおさらい
・発起設立において発起人の 1 人が出資の履行をしなかった場合には、その後の会社の設立手続はどうなるだろうか？⇒**2**［**2**］(iv)・**4**［**2**］

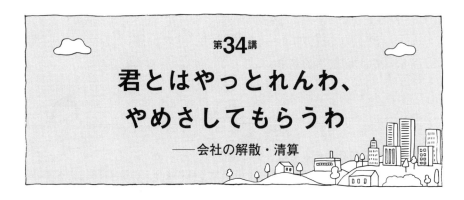

第34講

君とはやっとれんわ、やめさしてもらうわ

—— 会社の解散・清算

本講では、会社を畳む話、すなわち解散と清算の手続について説明する。

1　解　散

　会社の法人格の消滅の原因となる**事実**を解散という。もっとも、解散によって会社の法人格が直ちに消滅するとは限らない（というよりも、後述するように〔☞2〕、直ちに消滅する方が例外である）。いってみれば、会社の法人格の「終わりの始まり」を告げるのが解散である。

[1]　解散事由

　解散事由は、定款で定めた存続期間が満了した場合や解散事由が発生した場合、合併の消滅会社となった場合、破産手続開始の決定がされた場合および解散を命ずる裁判が出された場合といった、特定のトリガーイベントが生じた場合のほか、株主総会の決議という形で、株主の意思によって解散することも可能である（471条）。株主総会決議による場合、特別決議が必要である（309条2項11号）。

　解散を命ずる裁判としては、裁判所による解散命令（824条）と、会社解散の訴え（833条1項）の請求認容判決がある。前者は、「公益を確保するため会社の存立を許すことができない」という、かなり物騒な話であるのに対して、後者は、①会社が業務の執行において著しく困難な状況に至り、会社に回復することができない損害が生じているか生ずるおそれがある場合、または、②会社の財産の管理または処分が著しく失当で、会社の存立を危うくする場合にお

いて、「やむを得ない事由」があるときに、総株主（無議決権株式の株主を除く）の議決権または発行済株式総数の10分の1（定款で軽減可能）以上の株主が、訴えをもって会社の解散を請求することができるとするものである。

○ ○

Y34-1　［母の死でデッドロックに陥る］

20X9年、母の真知子が死去し、その保有する株式を3人の子（道子・晴子・茂文）が相続した結果、ヤスダピーナッツ株式会社の株式は、茂文1900株、茂文の姉の道子と晴子が1000株ずつ、茂文の友人の新藤が100株を保有するに至っている。

これまで、家業の存続を第一に考え、どちらかというと茂文寄りの姿勢を示してきた真知子の存在によってなんとか会社運営が成り立っていたことから、母の死後は、姉2人と茂文との間の対立は激化している。新藤を味方につけた茂文と、道子・晴子の姉連合との持株数はいずれも2000株で拮抗しており、このため、真知子の後任の取締役を株主総会で選任することもままならず、取締役である茂文と道子の2人が対立した状態にあるため、取締役会決議も成立しない状態であった。もっとも、日常の会社運営は唯一の代表取締役である茂文が会社を代表することでなんとか処理している状況にあるが、晴子としては、茂文に対する積年の不信感から、これ以上茂文に会社を任せるべきではなく、現預金が比較的潤沢なうちに会社を畳んで残余財産分配を受けた方がよいと考えている。

対立する2派の持株数が同数であるため過半数での株主総会決議ができないというケースが、ヤスダピーナッツのような同族会社で起こることもまれではない。**ストーリーY34-1**のようなデッドロック状態に陥った場合に、833条の会社解散の訴えによる解決（同条1項1号に該当）が図られる事案も多いようである[1]。

1）百93 東京地判平成28年2月1日判例集未登載（および百選の宍戸善一解説）参照。

　さらに、休眠会社（12年間登記がなされていない会社）は、法務大臣による公告から2ヶ月以内に登記所に事業を廃止していない旨の届出をするか、当該休眠会社に関する登記をしなければ、解散したものとみなされる（472条）。

[2]　会社の継続決議

　[1]の解散事由のうち、定款で定めた存続期間が満了した場合や解散事由が発生した場合、株主総会で解散の決議をした場合、および解散したとみなされる休眠会社については、清算が結了するまで（休眠会社のみなし解散の場合〔☞[1]〕は、解散したものとみなされてから3年以内）の間に、株主総会で決議をすれば会社を継続することができる（473条）。

2　清算手続

○○○○○○○○○○○○○○○○○○○○○○○○○○○

Y34-2　[ヤスダピーナッツ、解散]

晴子は、会社の解散の訴えの提起までを視野に入れつつ、きょうだい3人で会社の解散・清算について話をすることを提案し、3人での会合が持たれた。晴子から、実はこれまで母の真知子が茂文の見えないところで取引先との関係を取りもってくれていたことを聞いた茂文は、いままで自分の実力でなんとか利益を上げてきたという自信が打ち砕かれ、一気に経営への意欲を失った。試算では、今会社を畳めば当分は困らない程度の残余財産分配が受けられるようであることもわかったので、茂文もヤスダピーナッツ株式会社の解散・清算に同意した。

　解散した会社は、合併による解散と破産手続開始決定の場合を除き、清算手続に移行する[2]。その場合、清算手続が完了（「清算結了」。508条1項参照）す

2）また、会社の解散に該当しない場合でも、設立無効の訴えや株式移転無効の訴え（828条1項1号・12号参照）の請求認容判決が確定したときには、その効果は遡及しない（839条）ことから、後始末のために清算手続がとられる（475条2号・3号）。

ることで法人格が消滅する。清算手続は、すでに営利法人としての活動の終了の宣言・宣告である解散がなされた会社について、その法人格を消滅させるための残務処理と位置づけることができる。

> これに対して、合併の場合には、消滅会社の法人格自体は消滅してしまうものの、そこで営んでいた事業や資産負債・権利義務は存続会社や新設会社に引き継がれるから、法人格をなくすための残務処理自体は必要ない（このため、合併の場合には、解散事由である合併が生じると同時に清算手続を要することなく法人格が消滅する）。他方、破産の場合には、基本的には破産法が定める破産手続の中で残務処理がされ（破産法35条参照）、会社法の清算手続は適用されない[3]。

[1]　清算中の会社

(i)　清算中の会社の位置づけ

解散により、法人格の消滅に向けた清算手続に入るのであるから、当該会社（条文上は「清算株式会社」だが、以下、単に「清算会社」という）は、清算の目的の範囲内において権利能力を有するとされている（476条）[4]。

(ii)　清算会社の機関

理論的には、清算会社は清算以前の通常の会社とは別の目的で存在することになるから、清算以前の通常の状態における会社の機関とは別の機関が清算手続を担うことになる。機関設計のあり方を定めた第4章第2節（326-328条）の規定は清算会社に適用されず、477条以下の規律が固有に設けられているのは

3）破産手続の中で清算が行われない、いわゆる同時破産廃止（破産法216条）の場合には、会社財産が残存する限りで会社法上の清算手続がとられるとされている。

4）解散前の会社が行えることで、清算会社には行えないものとしては、剰余金の配当および自己株式取得（509条1項1号・2号。株主への還元は残余財産分配で一括して受け取ればよいから。ただし、無償での自己株取得には一定の例外がある〔同条3項、施則151条〕）、ならびに、清算会社が存続会社となる合併、清算会社が承継会社となる吸収分割、株式交換・株式移転および株式交付（474条・509条1項3号。事業運営をやめて法人格が消滅する会社が存続会社となって合併したり、他社の事業を承継したり、他社と〔完全〕親子会社関係を創設しても手続が無駄に増えるだけだから）などがある。また、清算会社を対象会社とする特別支配株主の株式等売渡請求もできない（509条2項）。

そのような理論的なあり方に基づく。もっとも、多くの場合、事業運営を担ってきた取締役が清算手続も主導することが想定されることから、定款や株主総会の決議で清算人が決められていない場合には、清算の開始によって取締役は清算人になるとされている（478条1項1号）。清算開始時に公開会社または大会社であった場合、清算人のお目付役として監査役を設置しなければならない（477条2項・4項。清算手続開始前に監査役だった者はそのまま清算会社の監査役となり、監査委員や監査等委員だった者は監査役にスライドする。同条5項・6項。480条も参照）。清算人と清算会社との関係に関しては、通常の会社の取締役と会社との関係と同様の規律が置かれている[5]。

　清算手続を担うのは、基本的には清算人であるが、定款に定めることにより清算人会を設置している場合には、取締役会と代表取締役・業務執行取締役の関係のように、清算人会が重要事項を決定し、清算人のうち清算人会により選定された清算人（「代表清算人」〔483条1項・489条7項1号〕および選定業務執行清算人〔同項2号参照〕。以下、単に「業務執行清算人」という）が清算人会の決定事項以外の決定や執行を担うというのが基本的な建てつけである。清算人会の招集や議決等の会議運営に関する規律は、取締役会に関する規律とほぼ同じであるので省略する。他方、清算人会がない場合には、取締役会設置会社以外の会社における取締役と同様の立場として清算人が存在していると考えておけば大過ないと思われる。

　重要な意思決定を行う株主総会はなお存続し、清算に伴う事業譲渡の承認や、清算人の選解任（478条1項3号・479条1項）等を行う。

[2]　清算手続

　清算手続は大まかに、(i)現務の結了、(ii)財産状況の把握、(iii)債務の弁済、(iv)残余財産の分配に分けられる。

5）会社に対する責任、第三者に対する責任およびこれらについての連帯責任は清算の局面に特化した規定がある（486-488条）ほか、取締役に関する多くの規定が適用されることが定められている（491条）。

(i)　現務の結了

　会社の存在を消すために、まず継続中の事業を終えて、取引関係を終息させていく必要がある。これを、「現務の結了」という（481条1号参照）。

(ii)　財産状況の把握

　（業務執行）清算人は、その就任後遅滞なく、清算株式会社の財産の現況を調査し、法務省令で定めるところにより、清算開始原因が生じた日における財産目録および貸借対照表（「財産目録等」）を作成し、（清算人会の承認を受けた後、）これを株主総会に提出・提供して承認を受けなければならない（492条1-3項）[6]。財産目録等は、その作成時から清算結了の登記の時までの間、保存しなければならず（492条4項）、場合によっては、裁判所から提出を命じられることもある（493条）。

(iii)　債務の弁済

　株主有限責任であるから、株主に会社財産を分配する前に、まずは会社債権者に対して弁済をしなければならない（502条参照）。もっとも、債権者に弁済するといっても、五月雨式に弁済してよいわけではない。もしかすると債務の弁済をするのに十分な会社財産が残されていない可能性があり、その場合には、債権者間の平等を図る必要があり、場合によっては倒産手続（特別清算手続や破産手続）に移行する必要もある[7]。

　そこで、清算手続が開始した場合には、清算会社から債権者への弁済を一旦止めたうえ（500条1項参照）で、債権者の存在とその正確な額を把握する債権申出期間を設定する必要がある。すなわち、まず、清算会社は、清算開始事由

6）清算に時間を要し、1年以上かかるようであれば、清算開始原因が生じた日から1年ごとに決算をする必要がある（494-498条）。

7）清算会社の財産が債務完済に足りないことが明らかになった場合には、清算人は直ちに破産手続開始の申立てをしなければならない（484条1項）。また、清算会社に債務超過の疑いがあるときは、清算人は特別清算開始の申立てをしなければならない（511条2項）。両者の関係については、特別清算手続は破産手続に先行する制度であると考えられる（515条・574条参照）ことから、先に特別清算手続開始の申立てを行うべきであり、債務完済の見込みが当初より絶対にない場合に限って、破産申立て義務が生ずると解されている（コンメ(12)199頁［畠田公明］）。

が生じた後、遅滞なく、会社債権者に対し、一定の期間内にその債権を申し出るべき旨を官報に公告[8]し、かつ、知れている債権者には、各別にこれを催告しなければならない（499条1項）。債権者に申出をさせる手続については、組織再編のところなどで債権者異議手続として度々出てきたが、清算手続における債権の申出の場合には、そのタイミングを逃してしまうと会社がなくなってしまい、どこからも弁済を受けられなくなってしまうことから、申出期間は、2ヶ月以上で設定しなければならないし、また、組織再編で認められることの多い、ダブル公告による個別催告の省略も認められておらず、知れている債権者には必ず個別に催告をしなければならない。この期間内に申出をしなかった債権者は、知れている債権者を除いて、清算から**除斥**される（503条）[9]。

　清算会社は、債権申出期間中は、債務の弁済をすることができない[10]のが原則である（500条1項）が、裁判所の許可を得れば、少額の債権、担保権の付された債権等、弁済をしても他の債権者を害するおそれがない債務については弁済をすることができる（同条2項）。

　債権申出が完了し会社債務が確定したら、弁済を行う。債権（会社からみれば債務）といっても、様々な内容があり、条件付債権や存続期間が不確定な債権、額が不確定な債権に係る債務であっても、（必ずしも確定前に弁済する必要はないが）迅速な清算手続の完了のために清算会社は弁済することができる旨が定められている[11]。もっとも、そのような債権はいくら弁済すべきかが不確定であるため、裁判所から選任される鑑定人の評価に従って弁済することになる（501条）。

8）公告には、さらに、異議期間内に債権者が申出をしないときは清算から除斥される旨を付記しなければならない（499条2項）。

9）注意すべきは、除斥の対象となる債権者から、知れている債権者は除外されている点である（503条1項かっこ書）。つまり、知れている債権者に対して個別催告までしても届出がなかったからといって、その債権が存在しないかのように取り扱えるわけではないのである。

10）このような会社法上の弁済禁止規定といえども、債務不履行の責任を免れさせる効果はない（500条1項後段）。

11）これに対して、額は確定しているが弁済期が到来していない債権については、民事法の一般原則に従うとされており、具体的には、期限までの利息を支払って期限の利益を放棄することで、期限前の弁済を行うことが想定されている（コンメ(12)278頁［川島いづみ］）。

　他方、清算から除斥された債権者は、期間内に申し出た債権者および知れている債権者に弁済した残余の財産からしか弁済を受けられない（503条2項）。すでに株主への残余財産分配も完了している場合には弁済を受けることができないし、残余財産の分配前であっても、仮に残余財産が除斥された債権を全額弁済するには足りない場合であっても倒産手続に移行しない。また、一部の株主に残余財産分配を開始している場合には、除斥された債権者は、分配を受けていない株主にも同一割合で分配したとした場合に残る財産からのみ弁済を受けることができるに過ぎない（503条3項）。

(iv) 残余財産の分配

　債権者への弁済が終わると、ようやく株主に残余財産の分配をすることになる[12]。

　清算人の決定[13]（または清算人会の決議）によって、残余財産の分配に関する事項として、残余財産の種類と株主に対する残余財産の割当てに関する事項を決定する（504条1項）[14]。残余財産の割当てに関する事項についての定めは、株主の有する株式の数に応じて残余財産を割り当てることを内容とするものでなければならない（同条3項）。

　残余財産の分配を金銭以外の財産（いわゆる現物財産）で行うこと（以下「現物分配」という）も可能である。しかしながら、この場合、株主には、現物財産に代えて金銭を交付することを清算会社に対して請求する権利（「金銭分配請求権」）がある。したがって、現物分配を行う場合には、清算人の決定（または

---

12) なお、債権の存否や額について争いがあってまだ解決していない場合でも、その債務について弁済をするために必要と認められる財産を会社に残しておけば、残余財産の分配を始めることができる（502条ただし書）。

13) 清算人会設置会社以外の会社の場合でも、残余財産の分配に関する事項は清算人の決定（2人以上いる場合には、定款に別段の定めがない限り、その過半数で決する。482条2項参照）によるのであって、定款に別段の定めがない限り（295条2項参照）株主総会に決定権があるわけではない点に注意が必要である。

14) 清算会社が実際に2種類以上の株式を発行している場合には、それぞれの種類の株式の内容に応じて残余財産の種類と株主に対する残余財産の割当てに関する事項を決定することができる（504条2項）。

清算人会の決議）で、金銭分配請求権を行使することができる期間を定め（505
条1項1号）、当該権利行使期間の末日の20日前までに、株主に対し、当該権
利行使期間を通知しなければならない（同条2項）[15]。事業継続中の現物配当の
場合（454条4項1号。☞第18講3[1](i)）とは異なり、現物分配の場合には金銭
分配請求権が必ず付与される点が特徴的である[16]。

[3]　事後処理

(i)　清算事務の終了等

　清算会社は、清算事務の終了後遅滞なく、法務省令で定めるところ（施則
150条参照）により、決算報告を作成し、（清算人会の承認を受けた後、）これを株
主総会に提出・提供し、その承認を受けなければならない（507条1-3項）。こ
の株主総会の承認があったときは、任務を怠ったことによる清算人の損害賠償
の責任は、職務執行に関して不正の行為があった場合を除き、免除されたもの
とみなされる（同条4項）。

(ii)　清算結了とその登記

　清算事務の終了および株主総会による決算報告の承認によって、清算は結了
し、これにより清算会社の法人格が消滅すると解されている[17]。したがって、
設立時の法人格の成立とは異なり、清算結了の登記は、法人格の消滅を導く創
設的な効果をもつものではなく、消滅したことを事後的に公示するものに過ぎ
ない。逆に、清算が結了したと評価できない場合、たとえば、現務が結了して
いない場合や会社に帰属する財産が残っている場合には、たとえ清算結了の登
記がなされたとしても清算事務は終了しておらず、法人格はなお消滅していな

15）基準未満株式（505条1項2号参照）に対する現物の分配に代わる金銭の分配について、現物
　　配当の場合（☞第18講注8）と同様の規律がある（506条）。
16）これは、現物配当の場合と異なり、現物分配の実施について株主が株主総会決議を通じて関与
　　する余地がないこと（☞注13および対応する本文参照）に起因していると考えられる（コンメ
　　(12)288頁［弥永真生］参照）。
17）476条が清算会社は「清算が結了するまではなお存続する」と定めているので、清算が結了し
　　たら消滅すると考えるのである（コンメ(12)297頁［川島]）。

いものとして取り扱われる[18]。

(iii)　帳簿資料の保存

　また、（業務執行）清算人は、清算会社の本店の所在地における清算結了の登記の時から10年間、清算会社の帳簿ならびにその事業および清算に関する重要な資料（「帳簿資料」）を保存しなければならない（508条1項）が、利害関係人の申立てに基づき裁判所が、代わりに帳簿資料を保存する者を選任することもできる（同条2項）。

　●第34講のおさらい
　・株主は、いつの段階で残余財産分配を受けられるのだろうか？⇒2 [2]
　・清算が結了したと思ったら、会社名義の預金が出てきた、という場合、どのように処理されるだろうか？⇒2 [3](ii)

---

18)　コンメ (12) 298頁［川島］。

第35講

転生したら無限責任だった件

――持分会社と組織変更

　ここまでは、日本の会社形態で最も数が多く社会的影響も大きな株式会社に関する規律をみてきた。本講では、株式会社以外で会社法に規定のある会社形態、すなわち**合名会社**、**合資会社**および**合同会社**という３つの会社類型（会社法ではこの３つの会社類型の総称として「**持分会社**」という語が用いられている。575条１項）に関する規律の概要を説明する。

○○○○○○○○○○○○○○○○○○○○○○○○○○○○○

Y35-1　［ヤスダピーナッツ設立前の状況］（ストーリー Y0-1、
Y1-1および Y2-1の一部を再掲）
20Y0年、安田茂文は、落花生卸売業で大事業を営む実業家になる野心を抱いて会社を立ち上げようとしている。茂文には自己資金が800万円あるが、それだけでは考えている規模の事業ができそうもない。そこで、茂文は、父の滋にお願いして3100万円出資してもらい、また、友人で大学の宇宙物理の研究職に就いている関智弘からも100万円出資してもらう予定である。さらに、足りない資金については赤井銀行から4000万円の融資を受けたいと考えている。なお、茂文は、持家（3000万円相当）に住んでいるが、茂文はこの持家を買うために黄緑銀行から住宅ローン1500万円を借りている。

　持分会社の３つの会社類型は、株式会社とは異なり、出資者（「**社員**」）が業務執行をすることが前提となっている点で共通した特徴を有するものの、合名会社と合資会社は、さらに会社債権者に対して無限の責任を負う社員（「**無限**

責任社員」と呼ばれる）の存在を前提としている点で株式会社と大きく異なっている。これに対して、合同会社は、株式会社と同様に、出資した額しか責任を負わない社員（「**有限責任社員**」と呼ばれる）しか存在しない点で、前二者とは異なる特徴を有する（**表35-1**参照）。

表35-1

	合名会社	合資会社	合同会社	株式会社
業務執行	出資者			出資者以外の経営者
出資者の責任	無限	無限＋有限		有限

　以下では、1で持分会社全体に共通する規律の内容を説明したのち、2で合名会社と合資会社の規律を説明し、3で合同会社に特有の規律を説明する。そのうえで、4において、合名・合資・合同・株式の4つの会社類型の1つから他の類型に移行する場合の手続について説明をする。

1　持分会社の規律の特徴

[1]　持分会社における出資者間の合意の尊重

　持分会社に一般的な特徴としてまず挙げておくべきは、定款自治の尊重の度合いが株式会社よりもはるかに大きいことである。これは、持分会社が小規模閉鎖的な人的範囲での出資および会社運営を前提としているためである。

　より具体的には、社員の権利や義務はどのようなものか（576条1項5号・6号、621条2項、622条、666条等）、誰が会社の業務を執行するのか（590条）、それらの変更についてどのような手続に拠るべきか、といった内容について、会社法に一応の規定はあるものの、その多くについては「定款に別段の定め」を置くことで、そのルールを変更することもできるのである。以下では、会社法の規定を説明することになるが、それらも基本的には「定款に別段の定め」がない場合において適用されるデフォルト・ルールに過ぎない点は注意が必要である（以下の記述で"原則として""デフォルトでは"といった表現がある場合は、定款による別段の定めが許されている）。

　そのように、出資者間の合意が尊重されるものであるからこそ、定款変更には（定款に別段の定めがない限り）社員全員の同意が必要である（637条）。とり

わけ社員の氏名と住所は定款記載事項である（576条1項4号）から、社員に変動を生じさせるためには社員全員の同意が必要となる[1]という形で社員の閉鎖性が保たれる仕組みとなっている。

[2]　持分会社の会社運営

　持分会社に共通の特徴の2点目は、所有と経営の一致、すなわち社員による業務執行という点である。

(i)　会社の業務執行と会社の代表

　持分会社の業務は、全社員、すなわち無限責任社員か有限責任社員かの区別なしに、それぞれ業務執行し（590条1項）、会社を代表する（599条1項）のが原則であるが、定款で業務執行をする社員（以下「業務執行社員」という）を定め（590条1項[2]）、あるいは会社を代表する社員を定めることができる（599条1項ただし書）とされている[3]。裏を返せば、業務執行をしない社員（以下「非業務執行社員」という）というものも存在しうる。

　業務執行社員が2人以上いる場合には、持分会社の「常務」（日常の取引等、通常業務）を超える業務は、デフォルトでは業務執行社員の過半数をもって決定する（590条2項・591条1項。常務については、業務執行社員が単独で行うことができる〔590条3項・591条1項〕一方で、支配人の選解任は、業務執行社員以外の社員も含めた総社員の過半数で決定するのが原則である〔591条2項〕）。

　法人が出資して社員となることも可能であるが、さらに、株式会社と異なり（331条1項1号参照）、法人が業務執行社員となることもできる。この場合、当該法人は業務執行社員の職務を行う自然人を選任しなければならず、この自然人は業務執行社員と同等の義務と責任を負う（598条）。

1）ただし、注11の定款変更の特則に注意。
2）業務を執行する社員を定款で定めた場合には、業務執行社員は、デフォルトでは正当な事由がなければ辞任することができないとされている（591条4項・6項）一方で、正当な事由がある場合には、デフォルトでは他の社員の一致によって解任することができる（同条5項・6項）。
3）なお、業務執行社員に除名（☞2[4](ii)）事由等がある場合には、業務執行権または代表権の消滅を訴えをもって請求することができる（860条）。

(ii)　社員の調査権・報告徴取権

　（一部の）業務執行社員が暴走する可能性に備えて、（非業務執行社員も含めたすべての）社員は、会社の業務および財産の状況を調査することができるとされている（592条1項）。もっとも、定款の定めによりこの調査権を制限することは可能であるが、それでも事業年度の終了時の調査や重要な事由がある場合の調査を制限することはできない（592条2項）。

　また、社員は、原則として業務執行社員に対してその職務執行の状況の報告等を求める権利を有し（593条3項・5項）、また、原則として計算書類の閲覧等請求権を有する（618条1項・2項[4]）。

(iii)　業務を執行する社員の義務

　業務執行社員については、会社との関係では、善管注意義務や法令遵守義務を負い（593条）、競業取引を行う場合や競合会社の取締役等に就任する場合には原則として当該社員以外の社員全員の承認が、利益相反取引を行う場合には原則として当該社員以外の過半数の社員の承認が必要[5]であるとされ（594条・595条）、任務を怠った場合には会社に対する損害賠償責任（596条）を負い[6]、また、とりわけ業務執行をする有限責任社員については、職務を行うについて悪意または重過失がある場合には第三者に対して損害賠償責任を負う（597条）とされている。

2　合名会社と合資会社

　以上を踏まえて、合名会社と合資会社の規律の特徴的な点を説明する。その特徴とはすなわち、無限責任社員の存在を前提としているため、債権者保護に関する規律が緩やかである点である。

4）計算書類の閲覧等請求権を定款によって制限することができるものの、事業年度終了時の閲覧等請求権までを制限することはできない（618条2項）。

5）業務執行社員への報酬の支払いに関しては、特別の規律はないため、利益相反取引の一般規定である595条の規律に服すると解されている（コンメ(14)150頁［尾関幸美］）。

6）会社＝社員間の訴えの会社側代表者につき601条、社員の会社に対する責任の追及がなされない場合における他の社員による会社を代表した訴訟追行につき602条参照。

if シナリオ Y35-a［合資会社を設立］

関の本職は大学教員であり、茂文から頼まれて断りきれずに100万円を出資したものの、会社経営に携わる気も、会社の債務に関して出資額を超えた責任を負う気もない。滋としても、自分が創業した家業は大事であるから今後も自分の全財産を賭してでも守りたいと考えているものの、もう高齢であるから会社の業務は茂文に任せたいと考えている。これらの出資者の意向を踏まえて、茂文と滋を無限責任社員、関を有限責任社員としてヤスダピーナッツ合資会社が設立された。

　合資会社に関する会社法の規律は、合名会社にも適用される規律をベースとして、さらに有限責任社員に関する規律を上乗せしているという構造であるから、合資会社の説明をすれば、合名会社の規律も併せて説明したことにできるため、大は小を兼ねるということで、合資会社を設立したことにしている。

[1]　設　立

　株式会社の設立に際しては、会社財産を確保するために、現物出資規制や失権手続など、様々な規律が設けられている（☞第33講 2 [2]）のに対して、無限責任社員が存在する合名会社と合資会社については、会社財産以外に無限責任社員の個人財産も会社債権者の引当てとすることができることから、出資の履行に関する厳格な要求はない。

　すなわち、定款の作成と設立登記だけで会社を設立することができ（575条・579条）、出資の履行は設立のための要件ではないとされている（合同会社に関する578条と対比）[7]。

7）なお、合同会社を含めた持分会社一般につき、設立に係る意思表示に取消事由があるときには当該社員が、また、社員がその債権者を害することを知って持分会社を設立したときには当該債権者が、持分会社の成立の日から 2 年以内に訴えにより持分会社の設立の取消しを請求することができるとされている（832条）。

[2]　社員の地位

(i)　持　分

　株式会社の出資者としての地位を表すものは「株式」と呼ばれるのに対して、持分会社の社員の地位（その資格において会社に対し有する各種の権利義務の基礎）を表すものとして「**持分**」という概念が用いられている。

　また、持分には、社員が会社財産に対して有する分け前を示す計算上の数額という意味もある。株式会社の場合には、均一性を有する株式を何株持っているかという形で、出資者の権利の大きさを株数で表すのに対して、持分会社の場合には、持分は1人1個とされている。したがって3000万円出資した人も、100万円出資した人も、持分はただ1個のみを持っていて、その大きさが3000万円と100万円で違うのだ、という形で表記をする。各出資者は1つの持分のみを有するため、**持分単一主義**と呼ばれたりする。もっとも、その持分の大きさがそれぞれの社員の享受する権利の大きさに繋がるのか、というと、必ずしもそうとは限らない。デフォルト・ルールだと出資金額が権利の大きさの基準となるが、定款で別段の定めをすることが許される（☞[3](ii)）。

(ii)　出資に関する義務

　先にも述べたように、合名会社・合資会社においては、会社の設立前や社員になる前に出資を履行しておかなければならない、といった規律はない。出資の履行期は、定款や社員全員の同意で自由に決めることができるし、決めていなければ会社が請求したときに履行期が到来すると考えられる[8]。

　無限責任社員は労務出資も認められているが、有限責任社員の出資は金銭等に限るとされている（576条1項6号）。現物出資についての規制も特にない[9]。

8）コンメ(14)92頁［今泉邦子］。これを徒過した場合には利息支払いと損害賠償の責任が生じる（582条1項）。

9）もっとも、債権の現物出資をした場合には、当該債権が弁済期に弁済されなかった場合には、出資した社員が利息・損害賠償を含めて弁済責任を負う（582条2項）。

(iii)　会社の債務に関する責任

　無限責任社員は、会社債権者に対して直接無限責任を負う。もっとも、会社債権者の立場からすれば、会社対して有する債権について、会社に請求してもよいし無限責任社員に請求してもよい、というものではなく、<u>会社が債務全額を支払えない状態となった場合にのみ無限責任社員が会社債務に対する責任を負う</u>[10]、という構造になっている（580条1項。**二次的責任**という表現が用いられることもある）。

　これに対して、有限責任社員は、まず、すでに持分会社に対して出資の履行を全額している場合にはそれ以上の責任を負うことはない。もっとも、合資会社の場合には、株式会社（や後述の合同会社）とは異なり、有限責任社員が出資の全部の履行していなくても会社は設立できるし社員にもなれることから、有限責任社員であっても、会社に対する出資のうち未履行の部分がある場合には、その価額を限度として、無限責任社員と同様の直接責任を負うことになる（580条1項・2項）。

> 　合名会社や合資会社では、設立時も設立後も、社員になるために事前に出資を全額履行する必要はない。if シナリオ35-a の滋が設立の段階では2000万円しか出資しないということもできるし、一切出資の払込みをしない、といったことも可能である。
> 　そのような、出資が全額は履行されていない状態で、会社が倒産状態になった場合には、たとえ有限責任社員であっても未履行部分（たとえば if シナリオ35-a の関が設立時に出資の払込みを一切していないのであれば100万円）について、会社債権者に対して直接責任を負うことになる。

(iv)　投資の回収方法

　持分会社においても、持分の譲渡が考えられないではないが、そのためには、かなり多くの人の同意が必要とされている[11]。持分会社における出資者の投資

---

10)　なお、社員は、会社が弁済できなかった残額だけについて責任を負うのではなく、会社の債務の全額の弁済責任があると解するのが通説である（コンメ(14)79頁［今泉］。全額説）。もっとも、持分会社が主張することができる抗弁をもって当該持分会社の債権者に対抗することはできる（581条）。

回収は、持分会社から払戻しを受ける形（出資の払戻し〔☞[4](iv)〕[12]や、退社[13]〔☞[5]〕）が主として想定されている。

[3]　計算

(i)　計算と開示

　計算と開示に関しては、会計の原則（614条）、会計帳簿の作成・保存義務（615条）については株式会社と同じ規定ぶりである。また、計算書類の作成・保存義務（617条）や社員の計算書類の閲覧等の権利（618条）も定められているが、ここでの「計算書類」とは、貸借対照表は含まれる（作成義務がある）ものの、無限責任社員の存在を前提とする合名会社と合資会社に関しては、損益計算書、社員資本変動計算書および個別注記表は必ずつくらなければならないとはされておらず、その会社で作成すると決めた場合に作成する義務が生ずるに過ぎない（617条2項・計則71条1項1号）。また、会計帳簿や計算書類について、命令により裁判所に提出すべき場合はある（616条・619条）ものの、債権者や一般公衆に開示するような制度にはなっていない。

11）無限責任社員や業務執行権のある有限責任社員の持分の全部または一部の譲渡については、会社や他の社員に与える影響が大きいため、原則として他の社員全員の同意がないと譲渡できないとされている（585条1項）。他方で、有限責任社員であって業務執行権を有しない社員の持分の全部または一部の譲渡については、原則として業務執行社員全員の同意により可能とされている（同条2項）。後者の場合において定款変更が必要である場合には、637条の社員全員同意の原則の例外として、業務執行社員全員の同意によってすることができる（585条3項）。

　　持分の全部の譲渡をした社員は会社から脱退（用語につき注13）することになる。この場合、脱退社員は、その旨の登記がされるまでに生じた債務については、持分の全部譲渡前に負っていたのと同様の責任を負うが、この責任は登記後2年以内に請求または請求の予告をしない債権者に対しては、登記後2年を経過したときに消滅する（586条）という、退社についての612条の定め（☞[4](ii)）と同様の規律がある。

12）なお、持分会社では、自己持分の譲受けはできず、何らかの形で取得した場合にはその持分は消滅する（587条）。

13）会社法において退社とは、会社の存続中に特定の社員の社員権が絶対的に消滅する場合に限定され、持分の全部譲渡の場合は含まないと解される（コンメ(14)212頁［小出篤］。だからこそ、持分の全部を譲渡した社員の責任規定である586条が、退社した社員の責任規定である612条とは別に定められていると考えられる）。もっとも、他方で、本書では加入については持分の承継取得の場合も含まれるとの理解で説明している。

(ii)　損益分配

　次に配当に関する規律を説明したいのだが、その前に「損益分配」という概念について理解する必要がある。

　まず、持分会社においても、会社全体の計算として、「社員資本」の項目において資本金や資本剰余金・利益剰余金が計上される（計則76条3項参照[14]）とともに、それらが各社員ごとに割り振られるという点が特徴的である。

---

if シナリオ Y35-b［合資会社を設立］

20Y0年4月1日に、ヤスダピーナッツ合資会社が設立され、滋・茂文・関はそれぞれ3100万円・800万円・100万円の出資を履行した。同社の定款には、利益について滋：茂文：関＝9：40：1の割合で分配する、との定めがある。

　具体的に数値でみてみよう。上記ifシナリオの例は、話を簡単にするために出資は全額履行済みにしている。20Y0年4月1日においてヤスダピーナッツ合資会社が設立されたときは、3人の出資者から4000万円払込みを受けたものであり、設立当初の同社の社員資本の項目には、資本金4000万円のみが計上されているとしよう（計則44条参照）。それぞれの社員（出資者）の出資額に応じて、この4000万円の資本金が個人別に割り振られるから、設立当初、滋は資本金3100万円、茂文は資本金800万円、関は資本金100万円分の持分を持っていることになる。

---

if シナリオ Y35-c［事業運営がうまくいく］

20Y0年4月1日から20Y1年3月31日までの1年間で、ヤスダピーナッツ合資会社は利益を1000万円上げることができた。

　そして、一事業年度の成果が判明した段階で、会社に帰属する（1年間で増加した分の）利益剰余金も各社員に割り付けられる。割り付け方については、定款に定めがあればそれに従い、定めがない場合には出資価額に応じて割り付けられることになる（622条1項）。

14）他方、株式会社のような資本準備金・利益準備金の項目は存在しない。

> ifシナリオY35-cでは、設立後1年間で1000万円儲かったとしている。この場合、ヤスダピーナッツ合資会社は、資本金4000万円、利益剰余金1000万円の会社となる。一連のifシナリオの場合、定款で利益は滋：茂文：関＝9：40：1の割合で分配すると定められているのだから、利益剰余金1000万円は、滋には180万円、茂文には800万円、関には20万円が割り付けられることになる。つまり、たとえば関であれば、20Y1年3月31日時点で資本金100万円と利益剰余金20万円という内訳の総額120万円分の持分を有していることになるのである（逆に、1年間で損失を出した場合には、それぞれにマイナスの利益剰余金を割り付けることになる[15]）。

　このように、事業活動の成果である損益を、社員の帰属する持分に割り付けてこれを計算上増減させる作業のことを「**損益分配**」（622条）と呼ぶ。

(iii)　利益の配当

　これに対して、実際に社員に対して会社財産を払い出すのが、「利益の配当」である。社員は、損益分配により自らの持分に割り付けられた利益剰余金相当額までの現実の払出しを受けることを、自らの好きなタイミングで請求できるとされているのが原則であり（621条1項）、株式会社のように会社側からの何らかのアクションがなければ請求ができないわけではない。もっとも、会社としては、処理の便宜等のために、定款で配当の請求方法や請求時期等を定めることができるとされている（同条2項）。

　もっとも「利益額」を超えた配当の交付がなされた場合には、配当を受け取った有限責任社員は（複数いる場合は連帯して）受け取った配当額全体について会社に対する支払義務を負う（623条1項）[16]。注意すべきは、ここでの「利益額」とは、当該社員に割り付けられている利益剰余金の額と、会社全体の利益剰余金の額のどちらか小さい方である（計則163条）点である。

---

15) バラ色の未来ばかり考えていて損失をどう分担するかについては定めていなかった、といった場合には、利益の分配割合と同割合で損失を分配する定めをしたと推定する規定がある（622条2項）。

16) 無限責任社員については、これらの規律の対象とはされていないため、どのような場合に配当ができるのかは明確ではない。

(iv)　出資の払戻し

　持分会社においては、社員がすでに出資として履行した金銭等の払戻しを請求することもできる（624条1項）。これを「出資の払戻し」といい、その計算上の意味は、各社員に割り付けられた資本金・資本剰余金に相当する部分を払い戻すことである（計則30条2項2号・31条2項2号）。出資の払戻しがなされた額だけ、払戻しを受けた社員の未履行出資額が増加することになるから、とりわけ、合資会社の有限責任社員が出資の払戻しを受ける場合には、当該社員が債権者に直接責任を負う額が増加することを意味する。

　出資の払戻しは、出資が現物でなされた場合であっても、金銭での払戻しが請求できる。もっとも、払戻しの請求方法等について定款自治が認められている（624条2項）。

　合名会社・合資会社の場合、無限責任社員の存在を前提としているため、出資の払戻しについて、株式会社（や後述する合同会社）のように債権者異議手続は要求されない。

[4]　加入と退社

　次に、社員が会社に出資者として新しく登場する加入と、出資者でなくなり会社から退出する退社についてである。

(i)　加　入

　合名会社と合資会社の社員の加入は、株式会社（や合同会社）とは異なり、出資の履行とは切り離されており、定款変更さえすれば社員となる（604条2項）。加入した社員は、加入前に生じた債務についても弁済責任を負う（605条）。

(ii)　退　社

　退社事由には、社員の方から退社の意思を示して退社する**任意退社**（606条）[17]と、法定の事由が発生した場合に社員が社員でなくなる**法定退社**とがある。法定退社事由としては、定款で定めた事由が発生した場合、社員全員が退社に同意した場合、社員が死亡した場合や社員たる法人が合併によって消滅した場合（ただし、608条の特則に注意）、**除名**された場合[18]等である（607条1項各

号）[19]。

　退社に伴い、持分の価値がプラスである場合には、持分の払戻しが発生し、退社した社員は、その出資の種類を問わず、その持分の払戻しを受けることができる（611条1項。退社に伴う**持分の払戻し**。この場合、債権者異議手続は必要ない）[20]。逆に、退社した無限責任社員の持分がマイナスの場合（当該社員が負担すべき損失が当該社員の出資の価額を超える場合）には、定款に別段の定めがない限り、退社した無限責任社員はそのマイナス部分を支払う義務を負う[21]。それらの計算に際しては、退社の時（除名の場合は除名の訴え提起時）における持分会社の財産の状況に従うことが基本となり（611条2項）、払戻しについては出資形態にかかわりなく金銭で行うことができる（同条3項）。

　債権者との関係では、退社した社員は、その登記をする前に生じた持分会社の債務について、従前の責任の範囲内でこれを弁済する責任を負うと定められている（612条1項）。この責任は、登記後2年以内に請求・請求の予告をしない持分会社の債権者に対しては、登記後2年経過時に消滅する（同条2項）。

17）任意退社には、予告による退社とやむをえない事由による退社がある。前者は、持分会社の存続期間を定款で定めていない場合や社員が生きている間持分会社が存続するという定款の定めがある場合に、6ヶ月前までに退社の予告を持分会社に対してすることで、当該社員はその事業年度終了時に退社をすることができるとするものである（606条1項）。後者は、各社員はやむをえない事由があるときはいつでも退社できるとするものであり（同条3項）、これは強行規定だと解されている。

18）除名は、法定事由に該当する場合に、その社員を除く過半数の社員の決議に基づいて、訴えをもって裁判所に除名を請求する形で行う（859条）。

19）このほか、社員の持分を差し押さえた債権者が6ヶ月前までに予告した後に退社権を行使して事業年度終了時に社員を退社させることができるとする規定（609条。なお、差押債権者への弁済以外にどのような場合に退社の予告の効力が失われるかにつき、百76 最判昭和49年12月20日判時768号101頁）や、会社継続に同意しなかった社員が退社するという規定（642条2項）、さらに、設立無効・取消しの訴えの請求認容判決が確定したものの、設立無効・取消原因となった社員以外の社員の全員の同意によって会社の継続を決定した場合には、当該原因となった社員は退社したものとみなされるという規定（845条）がある。退社事由がどのようなものであれ、社員が退社した場合には、当該社員が退社したときに、当該社員に係る定款の定めを廃止する定款の変更がされたものとみなされる（610条）。

20）出資を履行せずに退社した社員が持分払戻請求をすることができるかについて、百77 最判昭和62年1月22日判時1223号136頁。

21）百78 最判令和元年12月24日民集73巻5号457頁。なお、有限責任社員の場合、出資額を超えて支払いをする必要はないと解されている（コンメ(14)255頁［松元暢子］）。

[5]　解散・清算

　解散事由については概ね株式会社のものと同じ[22]であるし、継続の決定も可能である（641条・642条）。解散後の合併等の制限も同様である（643条）。

　清算に関しては、法定清算と任意清算の2種類の制度がある。

(i)　法定清算

　解散をした場合や設立無効・取消しの訴えの請求認容判決が確定した場合には、原則として644条以下の規定に基づく法定清算が行われる（644条）。株式会社の清算と同様に清算人が清算事務を行うことになり（646条・650条）、基本的には業務執行社員が清算人となることが想定されている（647条1項1号）。

　持分会社の清算においても財産目録等を作成するが、その内容を社員に通知するとともに、社員の請求に応じて毎月清算の状況報告をしなければならない（658条）。

　債務の弁済の過程で、会社債務を完済するに足りる会社財産がない場合には、未履行の出資がある社員に対して、定款の履行期の定めにかかわらず出資を履行させることができる（663条）。

　債権者に弁済を済ませた後でなければ残余財産分配ができないのは株式会社と同様である（664条）が、合名会社・合資会社の場合には債権の届出制度（☞第34講2 [2](iii)）はない（660条参照）ため（順次債権者に弁済していくことが予定されている）、清算結了後も債権者が現れるという可能性も高い。その場合にはなお清算は結了していないとして社員は従前と同じ立場で責任を負うが、解散の登記から5年以内に請求・請求の予告をしなかった債権者に対する社員の責任は消滅する（673条）。残余財産分配は定款の定めに従って行われるが、定

---

[22]　株主総会の決議に代えて、総社員の同意や社員の不存在が挙げられている（641条3号・4号）のが特徴的である。また会社解散の訴えの請求認容判決（同条7号）に関しては、会社解散の訴えが株式会社では業務執行の著しい困難や存立の危機が要件とされている（833条1項）のに対して、持分会社は「やむを得ない事由」とのみ定められている（同条2項）点が異なる。そのため、持分会社においては、会社の業務が一応困難なく行われている場合でも、会社の業務の執行が多数派社員によって不公正かつ利己的に行われ、その結果少数派社員がいわれのない恒常的な不利益を被っているにもかかわらずこれを打開する手段がない場合には、解散事由に該当すると解されている（ [百79] 最判昭和61年3月13日民集40巻2号229頁）。

めがなければ出資の価額に応じて行う（666条）。

(ⅱ)　任意清算

　解散事由のうち、定款で定めた存続期間の満了や解散事由の発生、および総社員の同意の場合には、法定清算ではなく任意清算によることができる。この場合、会社財産の処分方法は定款または総社員の同意によって定められる（668条）。債権者異議手続（670条）を行い、異議を申し出た債権者には弁済、担保提供または信託の設定をする等によって債権者を保護したうえで、任意清算が実施される。解散の登記から5年で社員の責任が消滅する点は法定清算と同様である。

3　合同会社に特有の規律

　ここでは、2で述べた合名会社・合資会社に関する規律と比較して、合同会社の規律がどのように違うかという点に絞って簡単に説明しておきたい。

[1]　総　説

(ⅰ)　合同会社の規律の特徴

　合同会社には有限責任社員しかいないから、株式会社同様、会社債権者の引き当てになるのは会社財産しかなく、そうであれば、債権者の引き当てとなる財産を社員の財産とは別のところ（要するに会社）に確保しておいた方が好ましいだろう。そのような観点から、出資を会社に集めて確保し、会社財産を維持するという要請が働くことになる。

　それとの関連で、持分会社の特徴として定款自治が認められる範囲が広いと述べた（☞1 [1]）ものの、合同会社においては、債権者保護に係る規律（625-636条等）は強行規定であると解されている点には注意が必要である。

(ⅱ)　合同会社の活用方法

　合同会社は、出資者の有限責任を享受しつつ、出資者による直接のコントロール可能性を強く確保しておきたいというニーズに合致している会社形態であるといえる。具体例としては、子会社経営陣に独立性をもたせる必要のない場

合の子会社として、あるいは出資者の意思を確実に反映させる必要のある合弁会社としてとして用いられることや資金調達目的の器（ヴィークル）として用いられることが多いようである。

[2]　財産の確保に関する規律

　上述の通り、有限責任社員のみで構成される合同会社については、会社財産の確保が重要であると考えられる。

(i)　出資の履行に関する規律

　そこで、まず、合同会社を設立する際には、定款の作成後、設立登記をするまでの間に、その出資の履行を完了（金銭の全額の払込みや目的財産の全部の給付）しなければならない（578条。定款の作成と登記だけで会社が設立できる合名会社・合資会社と対比）[23]。

　また、社員の加入に際しても、出資の履行が完了してから社員になるという規律になっている（604条3項）。

(ii)　計算と開示

　また、合同会社の財産状態は債権者にとっても重要となる。そこで、計算書類の債権者に対する開示義務が定められている（625条）点において、無限責任社員の存在を前提とする合名会社・合資会社とは異なる。そして、合同会社において作成義務のある「計算書類」には、貸借対照表だけではなく、損益計算書、社員資本等変動計算書および個別注記表も含まれている点にも注意が必要である（617条2項、計則71条1項2号）。

[3]　会社財産の社外流出に対する規律

　合同会社が有限責任社員のみで構成されていることに由来して、会社財産の

23）なお、株式会社とは異なり現物出資についての検査役調査等の特別な規律は置かれておらず、社員となる者の相互の監視に委ねられているとされる。

社外流出に関する合同会社に固有の特則が設けられている。

(i)　利益の配当に関する特則

まず、合同会社については、「利益額」を超える利益の配当が明文で禁止されている（628条）。「利益額」を超える配当をした場合については、業務執行社員と配当受領者の連帯責任や善意の配当受領者に対する求償の制限、期末の欠損てん補責任等、株式会社における違法な分配に類似した規律が設けられている（623条1項、629-631条。とりわけ631条1項と465条の違いに注意）。

(ii)　資本金の額の減少に関する特則

また、合同会社については資本金にも一定の債権者保護機能が与えられており[24]、損失のてん補（620条1項参照[25]）のためや、出資の払戻しや退社に伴う出資の払戻しの目的で資本金の額を減少させることができる（626条）ものの、この場合には債権者異議手続が必要とされている（627条）。

(iii)　出資の払戻しに関する特則

出資の払戻しに関しては、定款変更によって当該社員の出資金額を減少させることで行うことができるものの、減少させた出資金額よりも「剰余金額」（計則164条参照）の方が少ない場合には、払戻しは後者の範囲に制限されるという財源規制も設けられている（632条）。この財源規制に違反した場合にも、違法な利益の配当と同様の業務執行社員と払戻受領者の連帯責任や善意の払戻受領者に対する求償の制限等が定められている（633-634条）。

(iv)　退社に伴う持分の払戻しに関する特則

退社に伴う持分の払戻しに際しては、持分会社の社員の投資回収手段として重要であることから、債権者異議手続を経ることで「剰余金額」を超えた払戻

24）そのため、持分会社では合同会社のみ資本金の額の登記が要求されている（914条5号）。

25）損失の填補のための資本金の額の減少に関する規定（620条1項）の主語は「持分会社」であるが、実質的に意味があるのは合同会社についてのみである。

しをすることを認めている（635条1項）。さらに、清算手続に準じて加重された債権者異議手続（通常1ヶ月以上とされる異議期間を2ヶ月以上とし、また、通常であればダブル公告で省略できる個別催告を省略できない）をとれば、払戻額が純資産を超えるような払戻しも認められる（635条2項ただし書中のかっこ書・3項ただし書参照）。これらの規律に反した場合、業務執行社員と払戻受領者の連帯責任等が定められている（636条）。

[4]　清算手続

　債権者が会社財産のみを引き当てにする合同会社の場合、株式会社と同様に債権届出手続があり（660条）、届出期間中の債務の弁済は禁止され（661条）、届出のなかった債権者は清算から除斥される（665条）点が、合名会社・合資会社とは異なる特徴である。また、任意清算（☞2 [5](ii)）は合同会社では認められない。

4　会社形態の変更
[1]　持分会社の種類の変更

　合名会社から合同会社に変更する、といった持分会社内で会社の種類を変更するとき（持分会社の種類の変更）は、定款変更によって行う（638条）[26]。もっとも、合資会社において、無限責任社員が欠けた場合には合同会社に、有限責任社員が欠けた場合には合名会社に、それぞれ変更する定款変更をしたものとみなされる（639条）。

　持分会社の種類の変更は、必然的に社員の責任の変更を伴い、無限責任社員が有限責任社員に変わるなど、債権者の立場からすれば不利益な変更が生じるにもかかわらず、後述の組織変更とは異なり債権者異議手続は必要とされていない。このような不利益は、社員の責任の変更に際して変更後に負うべき責任を定める583条[27]によって保護が図られていると考えられる。

26）ただし、商業登記上は、変更前の種類の会社の解散と変更後の種類の会社の設立の形をとる（919条）。

[2]　持分会社から株式会社への変更、株式会社から持分会社への変更

　他方、持分会社から株式会社への変更、および、株式会社から持分会社への変更は、組織変更という手続が必要となる。

　株式会社から持分会社への変更は、大まかには、組織変更計画を作成し（743条・744条）、事前開示（775条）をしたうえで組織変更計画について総株主の同意を得て（776条）、債権者異議手続を行う（779条。ダブル公告による個別催告の省略〔☞第29講1[2](i)〕が可能）といった手続をとることになる。

　持分会社から株式会社への変更は、組織変更計画を作成して（743条・746条）、それについて持分会社の総社員の同意を得て、債権者異議手続をとる（781条。ダブル公告による個別催告の省略は、合同会社の場合のみ可能）。

●第35講のおさらい
・持分会社の株式会社とは異なる特徴としてはどのようなものがあるだろうか？⇒1
・損益分配とはどのようなものだろうか？⇒2 [3](ii)
・合資会社の有限責任社員と合同会社の有限責任社員とでは、その義務に関して、違うところはあるだろうか？その違いは何に由来するだろうか？⇒3 [2](i)

27）なお、有限責任社員が無限責任社員となった場合には、無限責任社員となる前の会社債務についても無限責任を負う。無限責任社員が有限責任社員となった場合には、有限責任社員となる旨の登記がなされる前に生じた会社債務については無限責任社員としての責任を負う。この責任は、登記後2年以内に請求または請求の予告をしない債権者については消滅する。

事項索引

・この索引は網羅的に単語を拾うのではなく、その語を最もよく理解できる箇所を中心に拾うことを心がけた。したがって、とりわけ、その講やその節の中心的トピックに関係する語については、該当ページ以外の箇所（とりわけその周辺）にも出現する可能性があるので、注意をして見てほしい。
・法令用語は太字とし、また、法律上明確な定義規定があるものについては、参照の便宜のため定義規定の条文を〔　〕内に示している。

判例索引

法令索引

会社法施行規則（施則）

会社計算規則（計則）

社債、株式等の振替に関する 法律（振替法）

《著者紹介》

舩津　浩司（ふなつ　こうじ）　同志社大学教授

●──略歴
1975年　京都府生まれ
1998年　東京大学法学部卒業
2003年　神戸大学大学院法学研究科博士前期課程（社会人コース）修了
2007年　東京大学大学院法学政治学研究科博士課程修了

●──主な著作
『「グループ経営」の義務と責任』（商事法務、2010年）
『StartUp 会社法判例40！』（共著、有斐閣、2019年）
「特殊の新株発行の効力を争う方法についての序論的検討」岩原紳作先生・山下友信先生・神田秀樹先生古稀記念『商法学の再構築』（有斐閣、2023年）

やさしい会社法講義（かいしゃほうこうぎ）

2024年3月30日　第1版第1刷発行

著　者──舩津浩司
発行所──株式会社　日本評論社
　　　　　〒170-8474 東京都豊島区南大塚3-12-4
　　　　　電話 03-3987-8621（販売：FAX－8590）
　　　　　　　 03-3987-8592（編集）
　　　　　https://www.nippyo.co.jp/　振替　00100-3-16
印刷所──精文堂印刷株式会社
製本所──牧製本印刷株式会社
装　丁──淵上恵美子